河東節三百年

竹内道敬 著

発行＝河東節十寸見會

歌舞伎十八番之内　総角乃助六（明治29年）忠清筆［14代長谷川勘兵衛］（部分）

助六由縁江戸桜

河原崎權十郎
相淺とめ十郎

七鼓霞そと當やいつ来美よく豊の山に三浦うらく里
うっとり色やく初花や初うぐ土手を雞がひすてはやめてな
國の名乃豊芦原や吉原みちごとて一ちょう江戸ざくら
旬ふみだれ枕のたよき鐘り上野の浅草も其名そつく花川戸
助蛇そちて牝人の呼るきはれるあくね逢瀨とりまうく紅世の
中の町よりやらり綺ぞこ思ひ出むせややなぎききを頁もの
ぞらつまく○うれんくぞましといふ桜がちらるち乱るまの名とら
北菜乃花せら○ふちでん日結ばは
よくぢきく○偕がさくら年待合の辻うゝ葉やきれて雨
あすぶ花そろる君そちまえ　ち　すぎさころ
雨のこまちぎりるききて君が人色そえそうっらら
そぐそきさ京の松乃夢ずる○つんみ小町風誘ふ
同巷の柳花乃雪傘みたわり山りぴん富士を筑ばき人
草きちぬ金鼻髭花とあ印籠むらい中より歸人
せきやうる紅世ち車花ぶる同道の約束おますかう立つ
おどづきん黒いくちぢる鼻と思思の手　ぶまれもちてむつで
なりふり御　～君申じ　ふあくゝかれあるちょっあきのら　　ら
助六のまくやりふさ　くあり

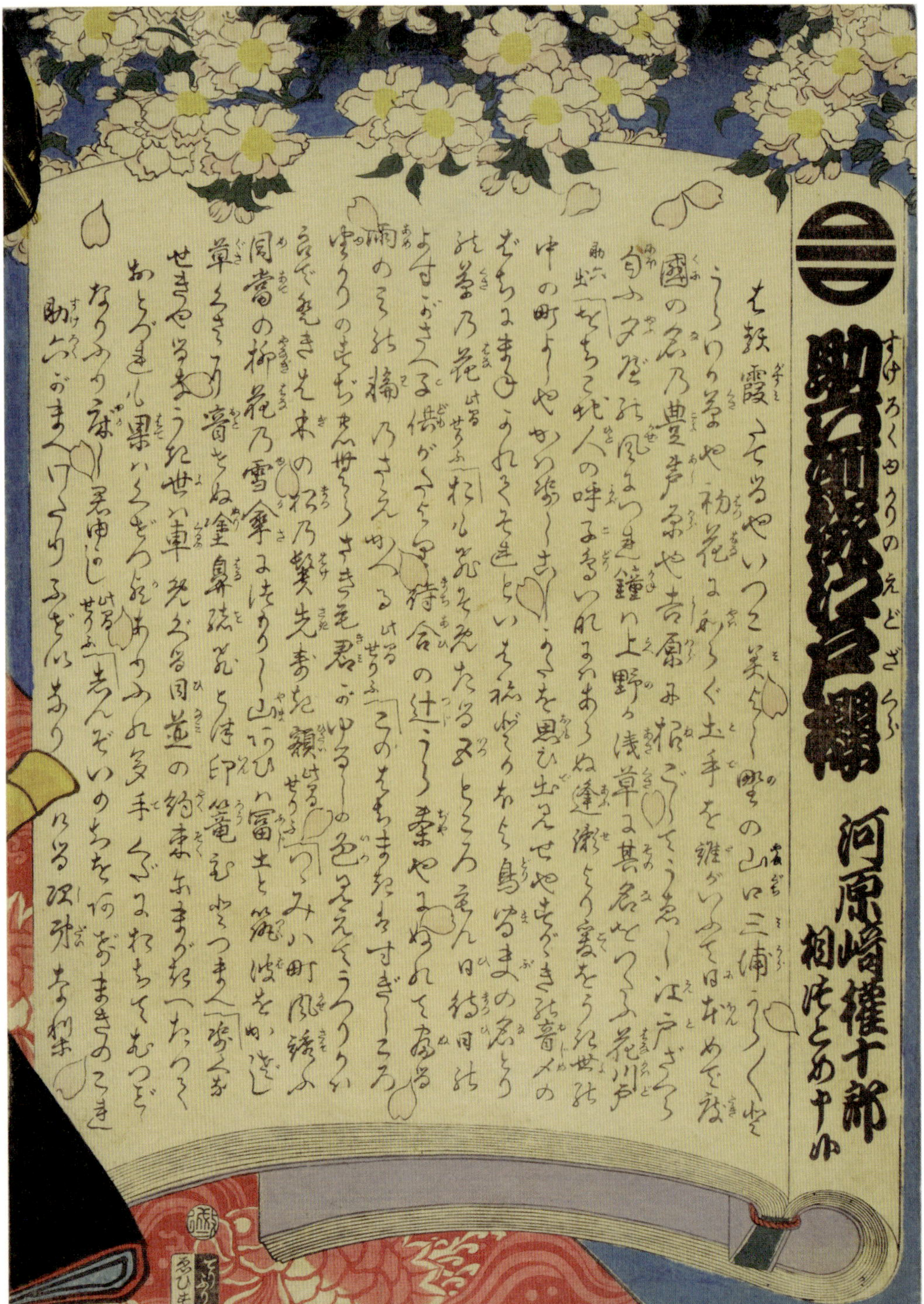

助六所縁江戸桜　河原崎権十郎　相つとめ申候（文久２年）

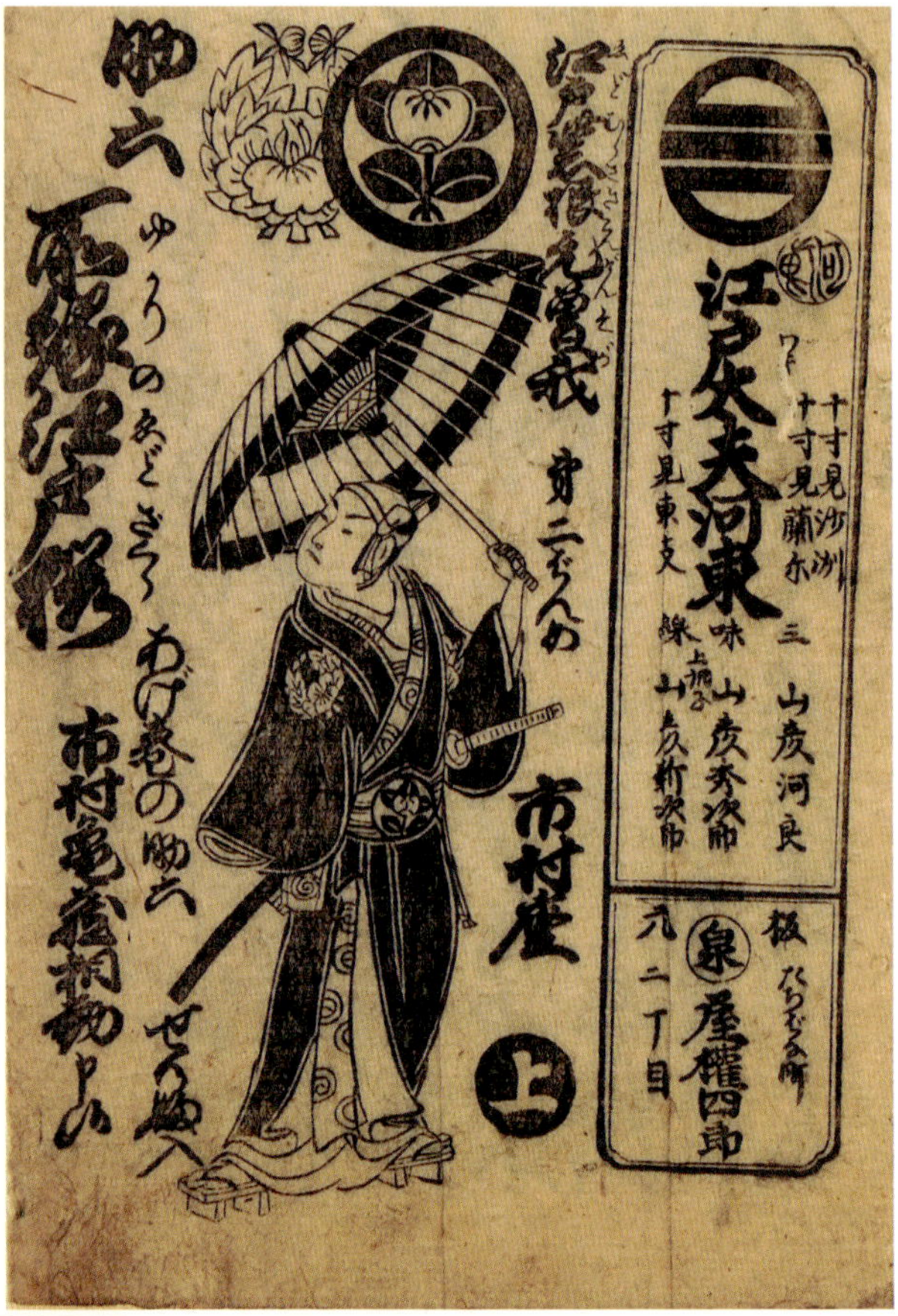

《助六所縁江戸桜》初演時の正本（宝暦 11 年）

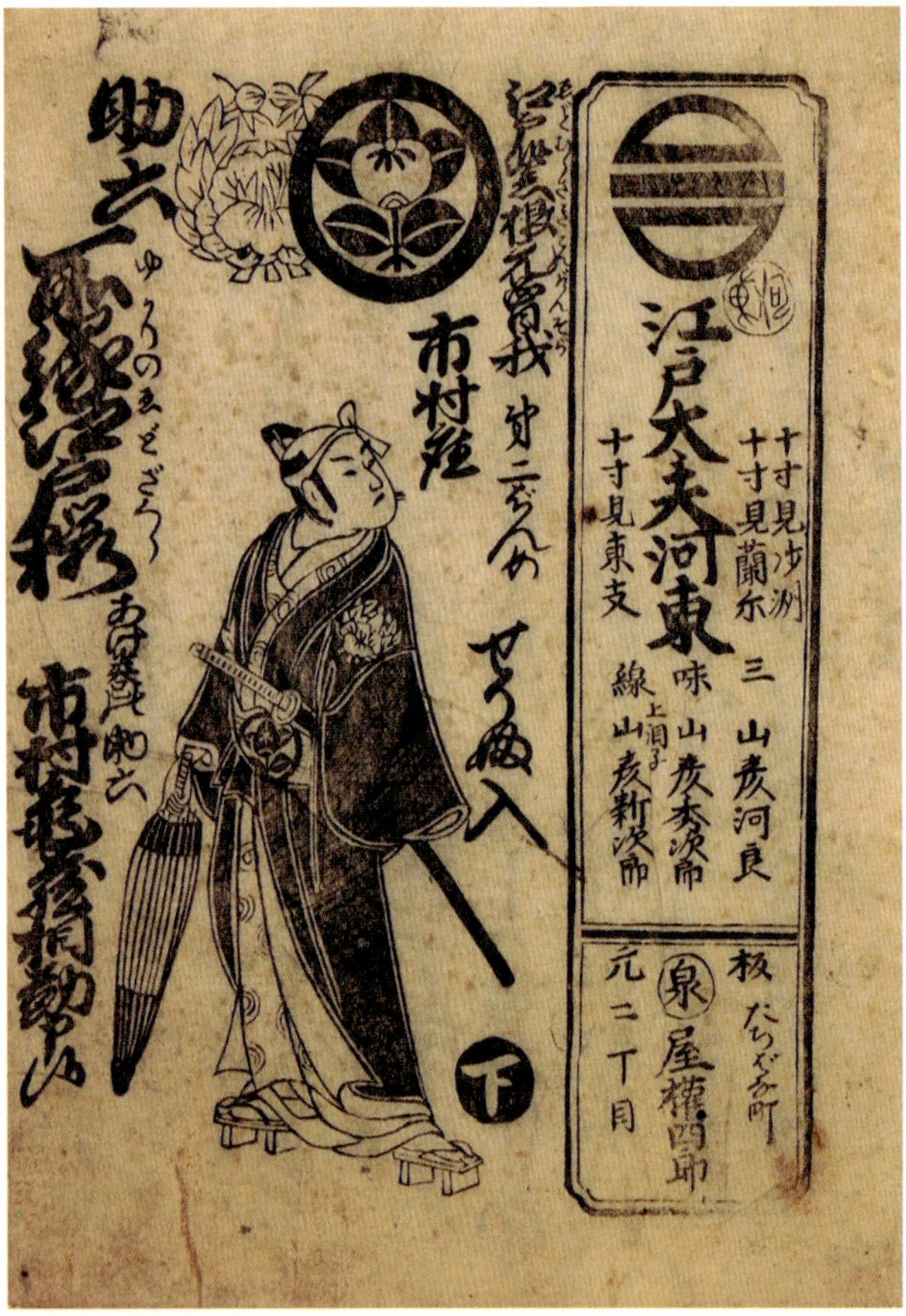

（口絵図版　国立音楽大学附属図書館蔵）

はじめに

竹内 道敬

本書は河東節創流三百年を記念して、今年までの河東節の歴史を年表形式にまとめたものである。前著『河東節二百五十年』以後に発見・紹介された新資料によって前著の誤りを訂正し、より完全な年表を計画したが、まだこれからも新しい資料が発見されることがあり得るので、現時点での最終年表であることをお断りしておく。したがって本書の編輯方針は、前著を参考にしたので、大きな変更はしていない。図版その他の資料として、このたびとくにお世話になったのは、上野学園大学日本音楽史研究所、国立音楽大学附属図書館、東京藝術大学附属図書館、早稲田大学坪内博士記念演劇博物館である。

さらに前著はほとんど私一人の製作・編輯であったが、このたび本書では新しい研究者の吉野雪子氏に加わっていただき、主として年表の江戸時代と、河東節の墓についての部分の執筆をお願いした。私は年表の明治以降と、年表には書けなかった略史とを担当したが、本書全体の責任は私にある。

本書の成るについては、河東節十寸見会の絶大なる御後援を頂戴した。記して厚く御礼を申し上げる次第である。

二〇一七年 九月

目次

年表凡例

一、本書は河東節に関するす事項を前著『河東節二百五十年』に準じて年代順にまとめたものである。

一、各種番付類、正本類などは、できるかぎり図版を収め、出典、所蔵者、所蔵機関を記した。正本類は初版と推定されるものを収めることを原則とした。

一、太夫連名などは、字の大きさに微妙な違いがあり、また汚れや破れ、或は筆者未熟のため誤りのあることを恐れて、できるだけ翻字した。

一、各種の番付、正本などの内には汚れ、破れなどでふさわしくないもの、不十分なものもあったが、現在の状況を知るため、あえて紹介したものもある。

一、引用した資料、あるいは翻字はなるべくもとのまま旧字としたが、やむなく現代の通行字を使用したものもある。

一、年号は和暦を優先し、必要に応じて西暦を括弧で記入した。

一、わかりやすくするため、次のような略号を用いた。

《　》河東節初演時の曲名。再演時には適宜「　」を用いることがある。初演時の曲名はゴチックで示した。

「　」事項、引用文など。

『　』書名。論文名は「　」とする。

〽　語り出しの詞章（同名の曲は、途中からの場合もあるので）。

○　確定事項（傍証などで確定したもの）。

◇　研究・考証した事項。筆者が研究してあきらかになった事項。今回吉野が新たに加筆した部分については名前を記した。

●　未確定事項（推定したものだが、確定できない事項）。

▼　参考事項、または参照事項。

※　参考または注意すべき事項（たとえば人名の異同や誤りなど）。

□　汚れ、破れなどで判読不能の文字。

右のほか、〔　〕（　）、＝、〜、傍線、／などを適宜用いた。

参考文献は本書の終りにまとめて記した。なお『十寸見声曲編年集』は『編年集』、『東都一流江戸節根元集』は『根元集』と略した。

河東節三百年年表

享保二年　丁酉（一七一七年）

○二月十七日より、市村座「傾情《けいせい》冨士《ふじの》高根《たかね》」第一番目。「江戸太夫河東節《**松《まつ》の内《うち》**》の浄るり大評判」（『歌舞伎年表』）。

「此浄瑠璃ハ元祖河東一流をなしてはじめての節附なりといふ」（『編年集』）。

（『歌舞伎図説』第七十九図）

「けいせい冨士高根」（『歌舞伎評判記集成』第六巻）

「けいせい冨士高根」二月十七日ゟ／市村座
あさいなニ大谷廣次
五郎ニ市川団蔵
少将ニ三條勘太郎
京の次郎ニ村山平右衛門
とらニ市村玉柏
十郎ニ勝山又五郎
すけつねニ山中平九郎
かぢ原ニ中嶋三甫右衛門
やつはしニ藤村半太夫

◇歌舞伎評判記にみる「けいせい冨士高根」

右は同年の歌舞伎評判記『野傾髪透油』（享保二年四月刊、八文字屋）所収の「けいせい冨士高根」の挿絵。『歌舞伎図説』第七十九図の正本絵表紙には、この評判記と同じ登場人物の絵が描かれている。鞠をついているのが傾城八橋（藤村半太夫）、三味線を弾くのが五郎（市川団蔵）、その右が梶原源太（中嶋三甫右衛門）、左奥が化粧坂の少将（三條勘太郎）とみられる。

歌舞伎評判記『野傾髪透油』の市川団蔵の条に、次のようにある。

「此度富士ノ高根ニお定リの五郎時宗角前がみ、かぢ原三甫右衛門殿少将すそまくり、下紐引出し取所へ、うしろにすつくと立てどこへならぬと引合、びつくり共せぬかほつきよし、」。また中嶋三甫右衛門の条には、

「此度富士の高根ニかぢ原源太と成、半かう立髪三つ髭大小、すさまじくてにくげなく、眼ひつくりかへさるゝ、事得物、あさいな廣次殿と遊女論、少将にくどけ共なびかぬ時、すそより少将の下紐引出しての顔付、古勘左殿に其儘、五郎団蔵殿ニ布（ふたの）を引合てのみぶりどふも〳〵」とある。評判記の挿絵の右下に、梶原（中嶋三甫右衛門）と五郎（市川団蔵）が遊女の下紐を引き合っている図が描かれている。

遊女の下紐を争うという趣向については『根元集』に、その年の正月の年礼に仲の町で、新吉原三浦屋の何某という女郎が緋縮緬の下紐を落とし話題になったのを、竹婦人が取り込んで作詞したのだという逸話がある。ただし作者については、「竹婦人」とする説（『根元集』）のほかに「つるみ一魚」とする説（『奈良柴』）があり、どちらとも断定できない。

◇正本にみる《松の内》

（竹内道敬蔵）

《松の内》の古正本は現在もいくつか残っているが、その出版年を特定できるものは少ない。歌舞伎の上演に際して大名題や出演者の名などを記した絵表紙の正本は、享保始め頃から残っている。半太夫節や河東節の絵表紙はその中でも古い方で、特に『歌舞伎図説』第七十九図のさかみや板（湯嶋天神女坂）の《松の内》の絵表紙正本は、表紙のみではあるが貴重なものである。先にも述べたように芝居の登場人物の姿を描き、当時の歌舞伎評判記の挿絵とも一致することから、芝居の上演時に近い頃の出版と考えられる。表紙に「半太夫ふし」とあり、この場面の浄瑠璃が半太夫節であるということはわかるが、河東の名はなく、三味線方の名もない。しかし中央上部の紋は半太夫の紋（扇の中に「本」）ではなく、「口一口《くちひとくち》」の河東の紋である。『声曲類纂』によると、河東は「享保の頃歌舞伎芝居へ出て、所作に合せて語りし事度々なり。尤も出語りの事なし。

簾の内にてかたりしなり」とある。《松の内》も出語りではなく御簾内で語ったならば、江戸吉原を舞台とした曽我狂言で、御簾内から本物の吉原の座敷浄瑠璃がきこえてくるという粋な演出で、あえて演奏者の名を出していないのかもしれない。

一方、いつゝや板（井筒屋　芝神明前）の正本には芝居の大名題はあるが役者の絵はなく、「江戸半太夫ふし」「御座敷上るり江戸太夫河東正本」と、河東の名前がある。こちらの正本には「江戸半太夫ふし」の上部に半太夫の紋もある。これは「傾情冨士高根」で江戸太夫河東が語った《松の内》が人気を博した後、すなわち芝居上演後に出版された正本（出版年は不明）と考えられる。なおこちらの正本にも三味線方の名はない。

◇《松の内》初演時の三味線方について

では《松の内》の三味線方は誰だったのか。これについては『根元集』に、「節付は元祖河東、三絃は梅都（うめのいち）と申盲人手付なりと言、源四郎前弾を付しなり、これより源四郎、河東の相方となる」とある。また『編年集』には「此三絃の手附ハ、梅都（うめのいち）、一本ニふみいち、と云者なれど、盲目にては芝居へ出難き故、源四郎前弾を手附して河東相方と成り、芝居をつとめし云々」とあり、『根元集』を踏襲した内容である。盲人の梅都については、他に記録がない。

源四郎（のちの山彦源四郎、この時はまだ山彦姓は名乗っていない）が《松の内》から河東の相方であったとする説については、疑問がある。《松の内》から二年後の享保四年刊『鳰鳥』には三味線方の名はなく、翌享保五年刊『丹ほ鳥大林集』には三味線方として「岡安小三良（郎）」の名がある。正本や詞章集で源四郎の名がみえるのは、享保七年頃からである。《松の内》の三味線方については、今のところ『根元集』『編年集』の説を裏付ける資料は見あたらない。《松の内》には〽三日は客のきそはじめ」のところに当時江戸で流行していた上方浄瑠璃の一中節が取り入れられていることから、一中節にも通じた三味線方だろう。半太夫節の三味線方、岡安小三郎のような芝居系の三味線方、あるいは梅都のような盲人（当道系）かもしれない（吉野）。

○五月、右にひきつづき市村座「国性爺合戦《こくせんやかっせん》」。市村竹之丞道行の《かいつくし》。この月、江戸三座とも「国性爺」を興行。義太夫の操狂言を江戸歌舞伎で演じた最初であると『歌舞伎年表』にある。なかでも市村座は大当りで、五月から十月まで興行したという。

◇左の正本の表紙をみると、やはり「江戸半太夫ふし」とあるだけで河東の名はない。右上に紋が三つあるが、上の「橘」は役者の市村竹之丞の紋、右下が「口一口」の河東の紋。その左は河東の紋と似ているが、江戸太夫双笠の紋である。河東と双笠が出演したと思われる。なお江戸太夫双笠については、享保十年十一月市村座上演《愛別離苦三つのかなわ》の項を参照されたい（吉野）。

（『江戸時代音楽通解』20ページ）

享保三年　戊戌（一七一八年）

○三月か、市村座「七種《ななくさ》福貴《ふつき》曽我《そが》」第三番目《さきわけあいの山《やま》》。小姓吉三郎（市村竹之丞）。

（東京藝術大学附属図書館蔵　768.41 K027）

○三月か、市村座「心中江戸ざくら」。このとき《松《まつ》の後《のち》》。八百屋お七（三条勘太郎）、小姓吉三郎（市村竹之丞）。ともに「半太夫ふし」とある。

（国立音楽大学附属図書館蔵　02-0025）

（竹内道敬蔵）

享保四年　己亥（一七一九年）

○三月『鳰鳥《におどり》』刊。**半太夫節・河東節の最初の詞章本**。懐中本（横本）。五巻二冊（「乾」一〜三巻。「坤」四〜五巻）。天地十五・九センチ、左右二十一・三センチ。題簽には「仁本鳥」とあり、目次その他には「鳰鳥」とある。合歓堂（俳人沾徳の別号、一六六二〜一七二六）と、江戸半太夫事坂本梁雲の序文があり、そのあと「江戸半太夫子　坂本半次郎、江戸半太夫弟子　手欄干　河東、同　閑室　蘭洲」の三人の連名がある。連名の後に書肆名を記す本と記さない本がある。終わりに河東の跋文がある。梁雲の序文によって、蘭洲の書であることがわかる。

序

声を以て曲をなし曲をもて木偶に及ぶ喜怒哀楽も声のあたに自由する事けに人作る浴あれと声を作るの法なし是其声松におゐて千歳の声竹におゐて千尋なる張たのもしきうたい物まことに大紋の袴と夕日に山と発声の灘鳰鳥のいきなか川の遠

く久しき一章也　筆　合歓堂

序

僕レ東江の水に浴し樹をうこかして風を教ゆるの枝に搏チ今泰平の唱を轉に一条〳〵にしてつくはねのこのもかのもは有としありといへとも武蔵の、しけきかもとを尋ていまた録しも侍らさりしを爰に弟子蘭洲の男みつから書し集てより袖にするにかろしまことや此道のあとたえすにほとりの息なかく伝はらは後生をして烏鷺のあらそひをと、めんものか　江戸半太夫事　坂本梁雲〔印〕、江戸太夫子　坂本半次郎〔印〕　江戸半太夫弟子　手欄干　河東〔印〕　同　閑室蘭洲〔印〕

曲目（目録　カッコ内は内題）

〔賀之部　巻第一〕蓬莱（蓬莱）・京わらへ（京童）・四季（四季）・すけ六（助六）・かっこ（小哥鞨鼓）・仕形松（仕形松）・松の内（松之内）・松の後（松之後）・小もん尽（小紋尽）・三つの朝（三旦）

〔飾声部　巻第二〕公家（公家）・草つくし（草尽）・きぬた（擣衣）・元ふく（元服）・袖とめ（袖留）・かみ梳（髪梳）・和髪すき（和髪梳）・帯引（帯引）・名寄祭文（名寄祭文）・傾情請状（傾情請状）・色あたか（色安宅）・竹馬踊（竹馬踊）・咲分相山（咲分相山）

〔思懐部　巻第三〕かみ結（髪結）・筐をくり（筐送）・物くるひ（物狂）・一重帯（一重帯）・鉄輪（鉄輪）

〔紀行部　巻第四〕おせん（おせん）・黒小袖（黒小袖）・ほうか僧（放下僧）・やまふき（鞆絵款冬）・大和之助（大和之助）・五人曽我（五人曽我）・露のまへ（露前）・袂のまへ（袂前）・うてなの前（台前）・しのた妻（信田）・はしら暦（柱暦）・和そか（曽我）・さくら姫（桜姫）・きよつら（清貫）・明ほの（曙）・なる神（鳴神）・伊達の姫（伊達姫）・扇子売（扇子売）・江くち（江口）・袖とめ（袖留）・浮世車（浮世車）

〔物語部　巻第五〕湯そろへ（温泉揃）・名剱（名剱巻）・黒木売（黒木売）・小袖もやう（小袖模様）・清見八景（清見八景）・相撲物語（相撲物語）

跋文

此書成而更に／芝居の唄に／あらず恭々燦々／たる其上流を／汲もの也／　河東跋〔印〕

享保四己年亥春三月於武陽章台録畢／梓行井上氏

以上、天理大学附属天理図書館蔵本による。上野学園大学日本音楽史研究所本には、序文連名の後に「書林　載文堂　群奇堂」の書肆名がある（載文堂は京都の書肆）。他に国立音楽大学附属図書館（六世十寸見蘭洲・紅葉堂蘭州旧蔵）、京都大学国文学研究室などにも所蔵されている。

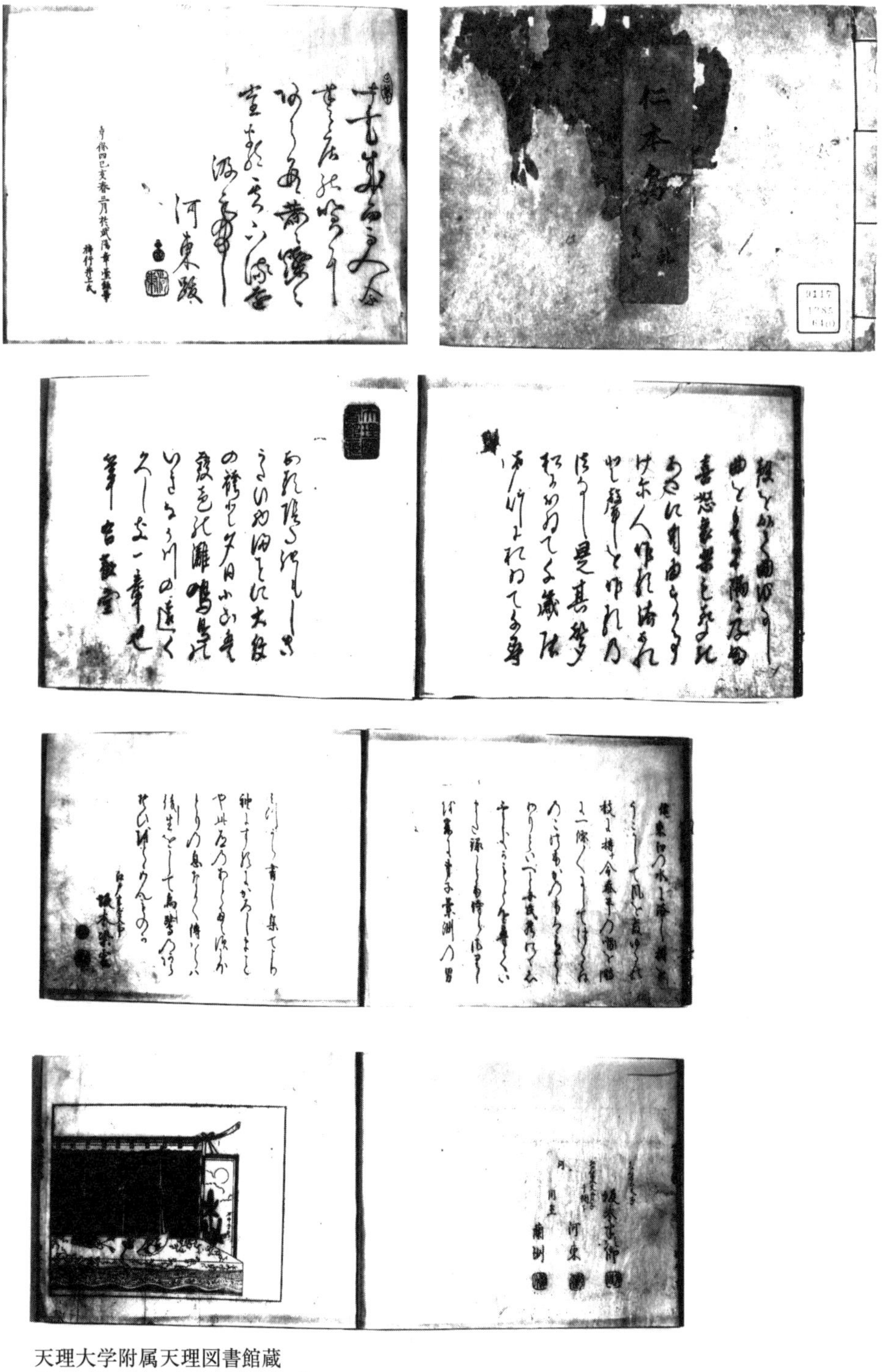

天理大学附属天理図書館蔵
『河東節二百五十年』より転載

享保五年　庚子（一七二〇年）

○初春『**色里新哥《いろさとしんうた》かるた**』刊。懐中本（横本）一冊。天地十二・三センチ、左右十八・七センチ。「江戸半太夫ふし」として、きぬた・松の内・床の内・江戸の内・浅きかたびら・髪すきそが・おせん道行・風呂入りそが・けいせい夜待・ひとへ帯・しらゆき・玉つさ・くだかけ・うつをぶね。以上十四曲を収めてある。

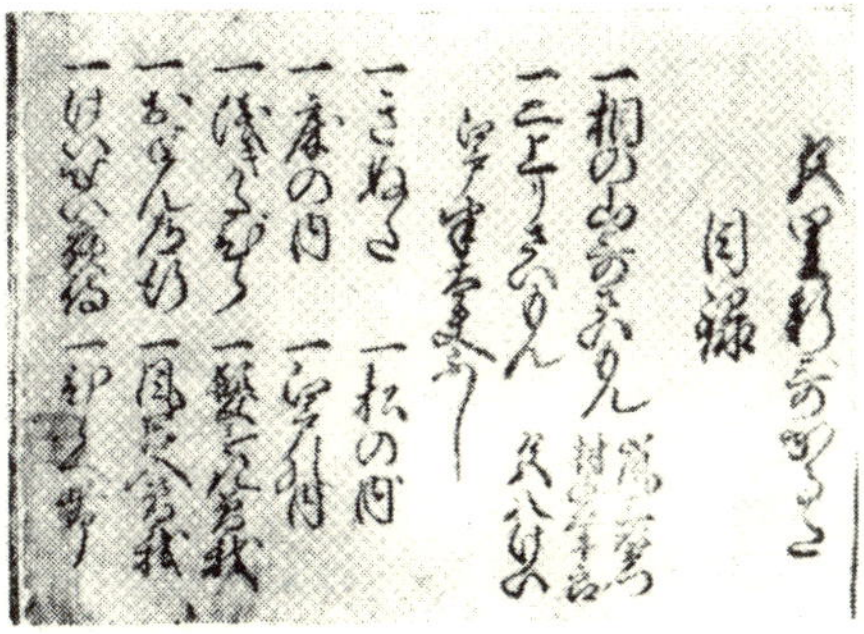

（国立音楽大学附属図書館蔵　12-2029）

○三月『**丹《に》ほ鳥《とり》大林集《たいりんしゆう》**』刊。小松屋板、半紙本薄物正本集・寄せ本。一冊。天地二二・五センチ、左右一六・〇センチ。青表紙原装　中央題簽剥離のあとあり。見返しに目録あり。目録は上中下三段十三行に曲名を記す。上段十三曲・中段十三曲・下段十一曲計三十七曲。下段末二行は黒くつぶす。巻末裏表紙見返しに奥付がある。

曲目（目録による）

（上段）四きのほうらい・くげおどり・あけほの道行・ほうか僧道行・ふうじぶみ・とら少将扇うり・やまとのすけ・江口の道行・風りうきぬた・けいせい請状・風流しかた松・かみすきそが・はしらごよみ

（中段）たての姫道行・とらかみゆい・十郎ゑぞうし売・きよつら道行・はつねむこ・くわいけいそが紋つくし・露のまへ道行・まつの内・たもとのまへ道行・みつのあさ・うき世八けい・ひとゑおび

（下段）きうすゑそが・里かぐら・かたみおくり・草つくし・介六後日心中の道行・やわらぎそが・かなわ牛の時参り・貝つくし・咲わけあいの山・さくらづくし・ありまふで

奥付

「春宵《しゆんしやう》の一刻《ツこく》も音曲《をんぎよく》なくんば価《あた》へかろからん。時勢《いまやう》。河東《かとう》の一節《トふし》には次《ギ》ラウを携《たつさえ》て。杖据《つえつき》。乃、字《じ》に低《うなだる》より。秘章《ひしやう》を加《くわ》へ版行《はんかう》しむるものなり」

「浄瑠理太夫　河東　ワキ河常　三味せん 岡安小三良」

「享保五年／庚子　三月吉日　江都湯嶋天神女坂ノ下　書林小松屋伝四良　喜八良」

◇本書は『河東節二百五十年』刊行以降に発見された資料で、上野学園大学日本音楽史研究所所蔵である。享保四年刊『鳰鳥』に続く河東節の詞章集で、河東個人の名前で出版した最初の詞章集という点で、重要な意味を持つ資料である。河東節は江戸太夫河東が享保二年（一七一七）市村座で《松の内》を語ったのを始まりとするが、この時はまだ師の半太夫から完全に独立してはいなかった。二年後の享保四年刊『鳰鳥』は江戸半太夫事坂本梁雲の序文をそなえ、半太夫の弟子としての河東の名がある懐中本（横本）であった。

それに対してこの『丹ほ鳥大林集』は小松屋板薄物正本（半紙本）を集めて表紙・目録・奥付などをつけて一冊にした寄せ本で、半太夫の名はなく、河東一人の名前で出版されている。この時点で、すでに半太夫から独立していたと考えることもできるだろう。内容は『鳰鳥』と同様に半太夫節が多い

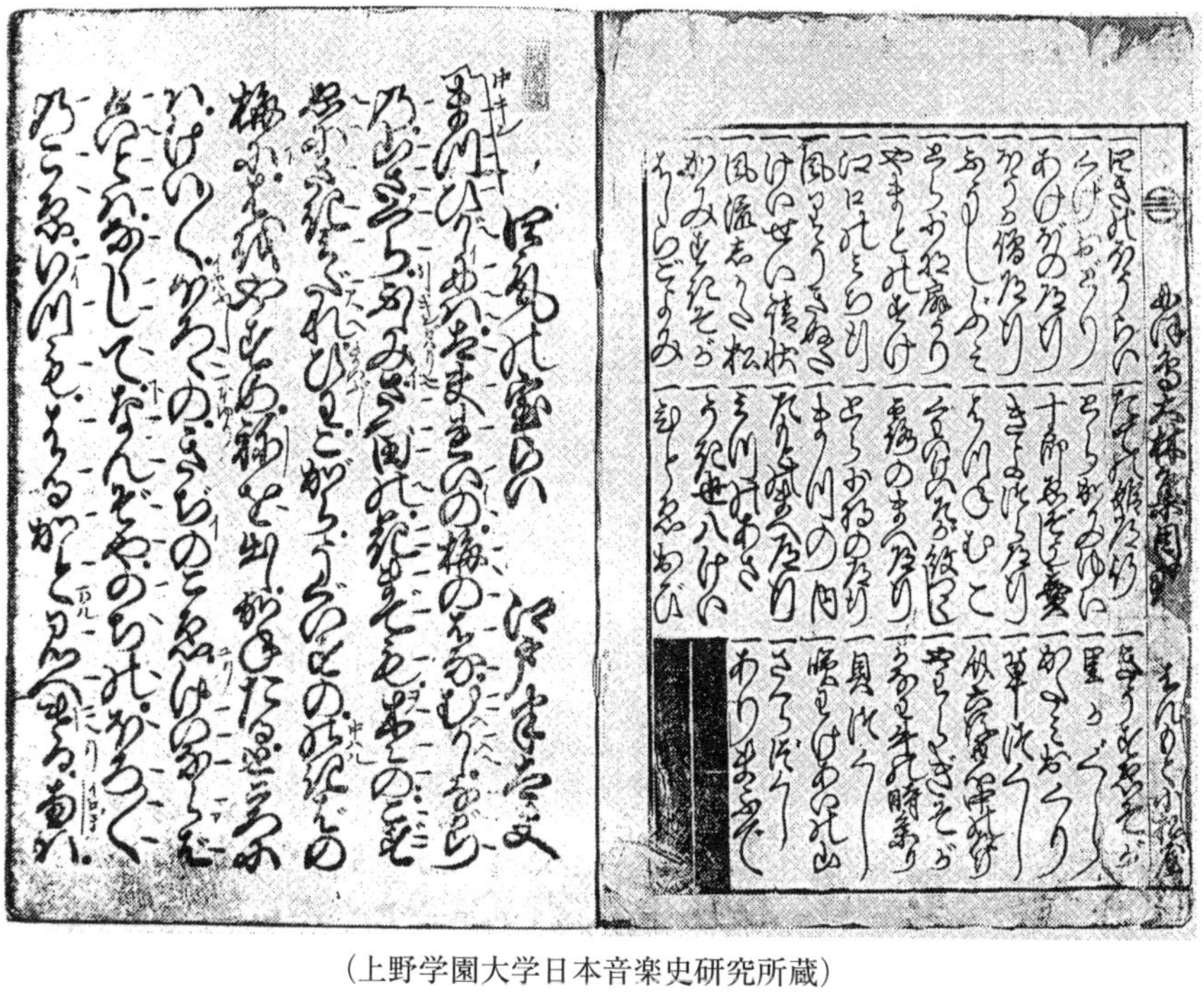

（上野学園大学日本音楽史研究所蔵）

が、河東の曲としては《松の内》《貝つくし》《咲わけあいの山》《丹前里神楽》《有馬筆》がある。奥付の連名をみると、「ワキ河常」（河丈）の名はあるがもう一人弟子の「夕丈」の名がない。また「三味せん 岡安小三良」とあるのが注目される。前年の『鳰鳥』には三味線方の名はなく、詞章集ではじめてみえる河東節の三味線方の名がこの岡安小三良（郎）である。岡安一門は現在、長唄の唄方や三味線方として知られるが、長唄が定着する以前には大薩摩節、半太夫節、河東節などの三味線を弾いていた。『なら柴』の岡安一統系図によると、岡安小三郎は岡安一門の元祖岡安四郎三郎の弟子となっている（吉野）。

享保六年　辛丑（一七二一年）

享保七年　壬寅（一七二二年）

○正月二日より、中村座「大竈《おおかまど》商《あきない》曽我《そが》」第一番目《**式三献《しきさんごん》神楽《かぐら》獅子《しし》**》、同下の巻《**忍《しの》びの段《だん》**》。上の段の正本表紙には「并ニ辰五郎出初　市川団十郎仕候」とある。作者は栢筵こと二世市川団十郎、節付は初世河東、ワキ河丈夕丈、三味線山彦源四郎手付（**山彦源四郎の初見**）。淀屋辰五郎実は曽我五郎（二世市川団十郎）、伏見大納言基卿の一人姫虎御前実は茨木屋の遊女吾妻（山村

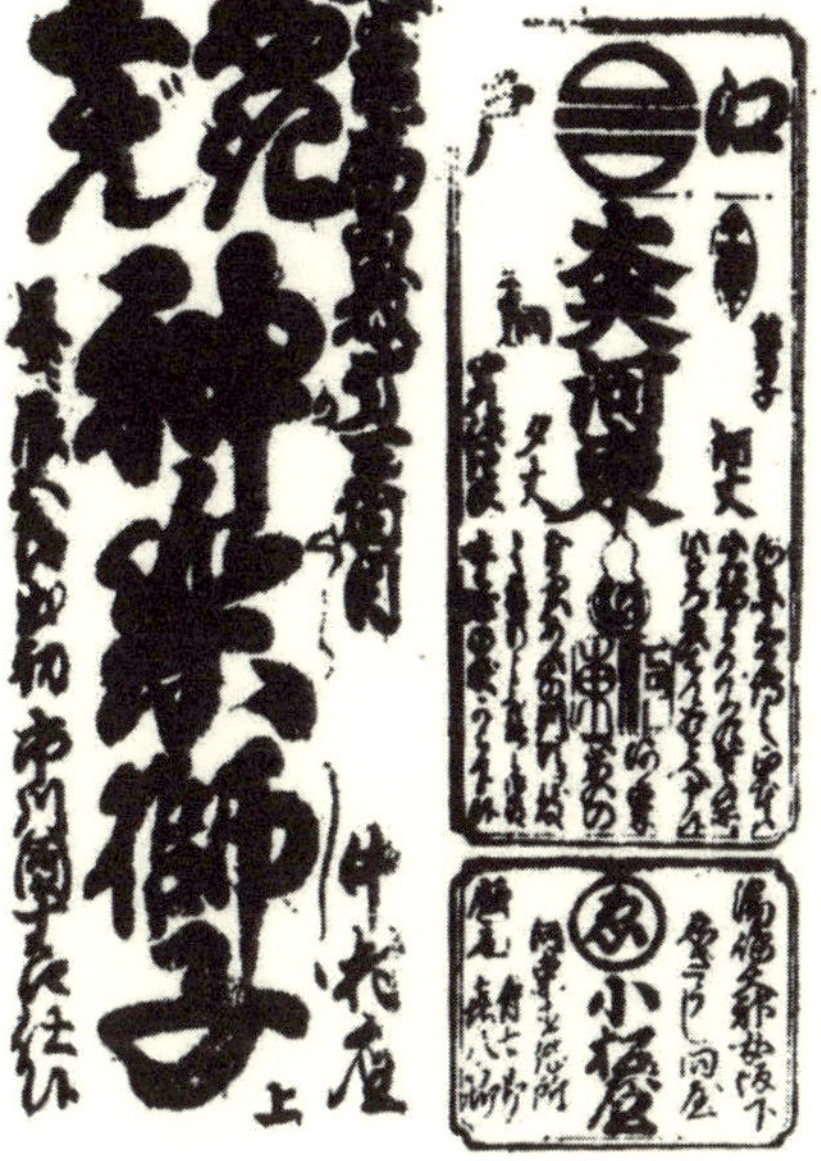

（国立音楽大学附属図書館蔵　02-0012）

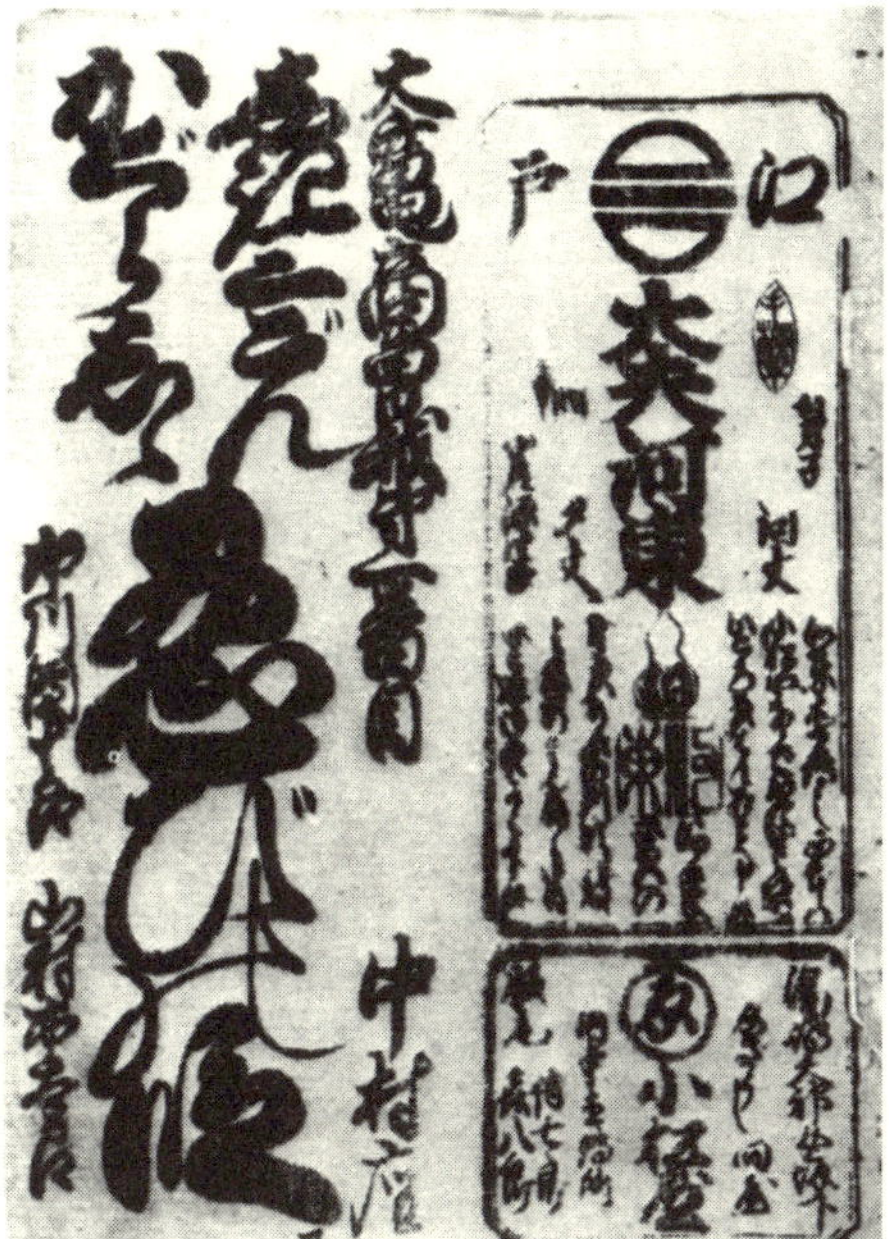

（『歌舞伎図説』第八十図）

市太郎）。《忍びの段》の〽神楽の獅子の舞の袖」のあとの合ノ手（正本には「シ、ノ合ノ手」）で　人形の獅子を舞わせたらしく、『歌舞伎年表』に「此獅子を写して市中の手遊屋に大に售《う》れたり」とある。

享保八年　癸卯（一七二三年）

○正月、中村座「曽我暦開《そがこよみびらき》」第二番目《**手越《てごしの》・少将《せう〱》　水上蝶《みづあげてう》の羽番《はつがひ》**》《**突出《つきだし》の紋日《もんぴ》　帯曳《おびゝき》　男結《おとこむすび》**》。「五郎（団十郎）十郎（助十郎）、京ノ次郎（門之助）三人かけ合のセリフ。後に門之助の少将亭の内にて江戸太夫河東、河常（河丈）、夕丈上るりにて「水上蝶の羽つがひ」。詰に広次、朝比奈となり「帯引」の上るり、河東語る」（『歌舞伎年表』）。

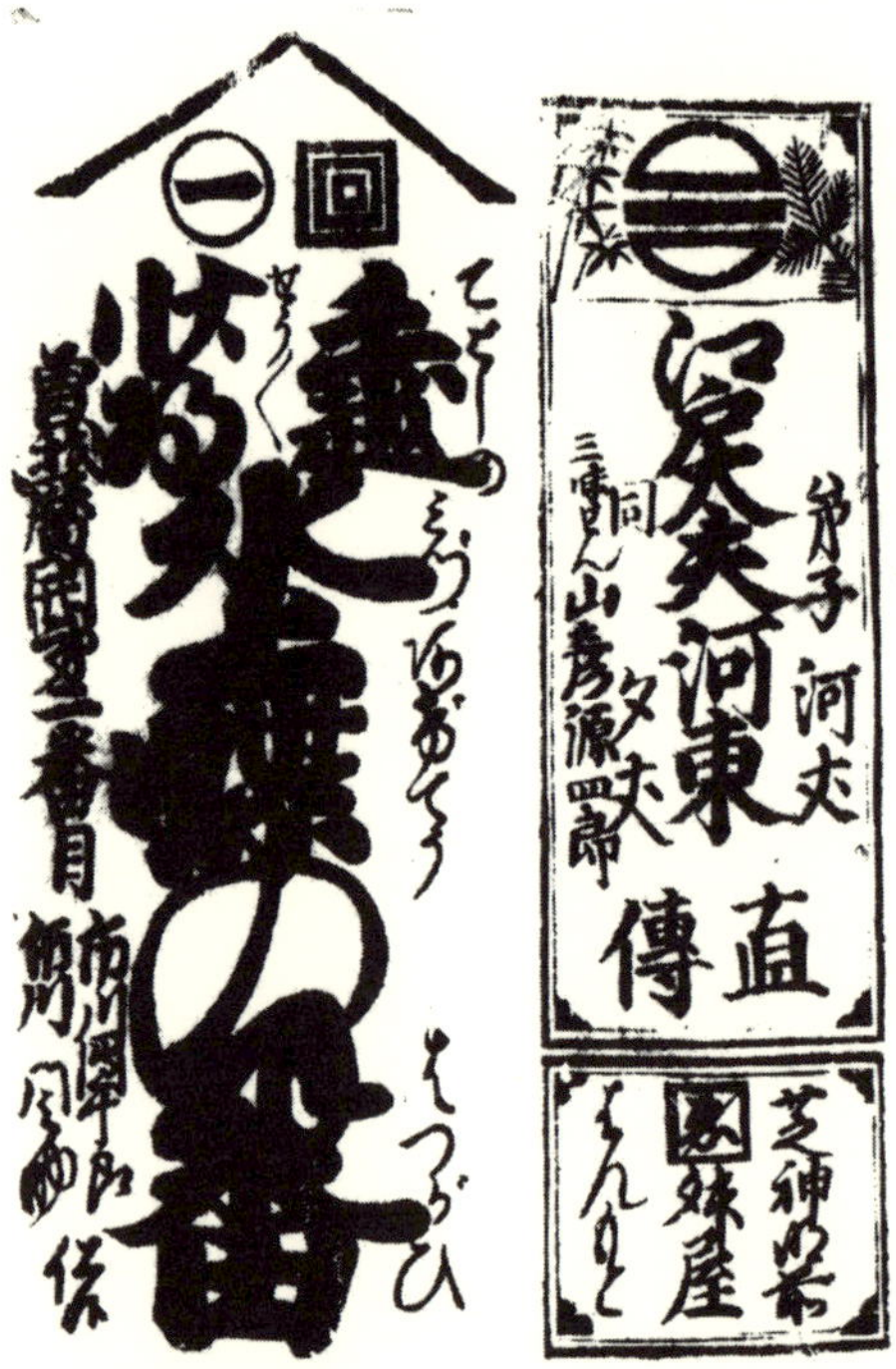

（東京藝術大学附属図書館蔵　768.44 KA86-1）

（上　東京藝術大学附属図書館蔵　768.44 KA86-1）

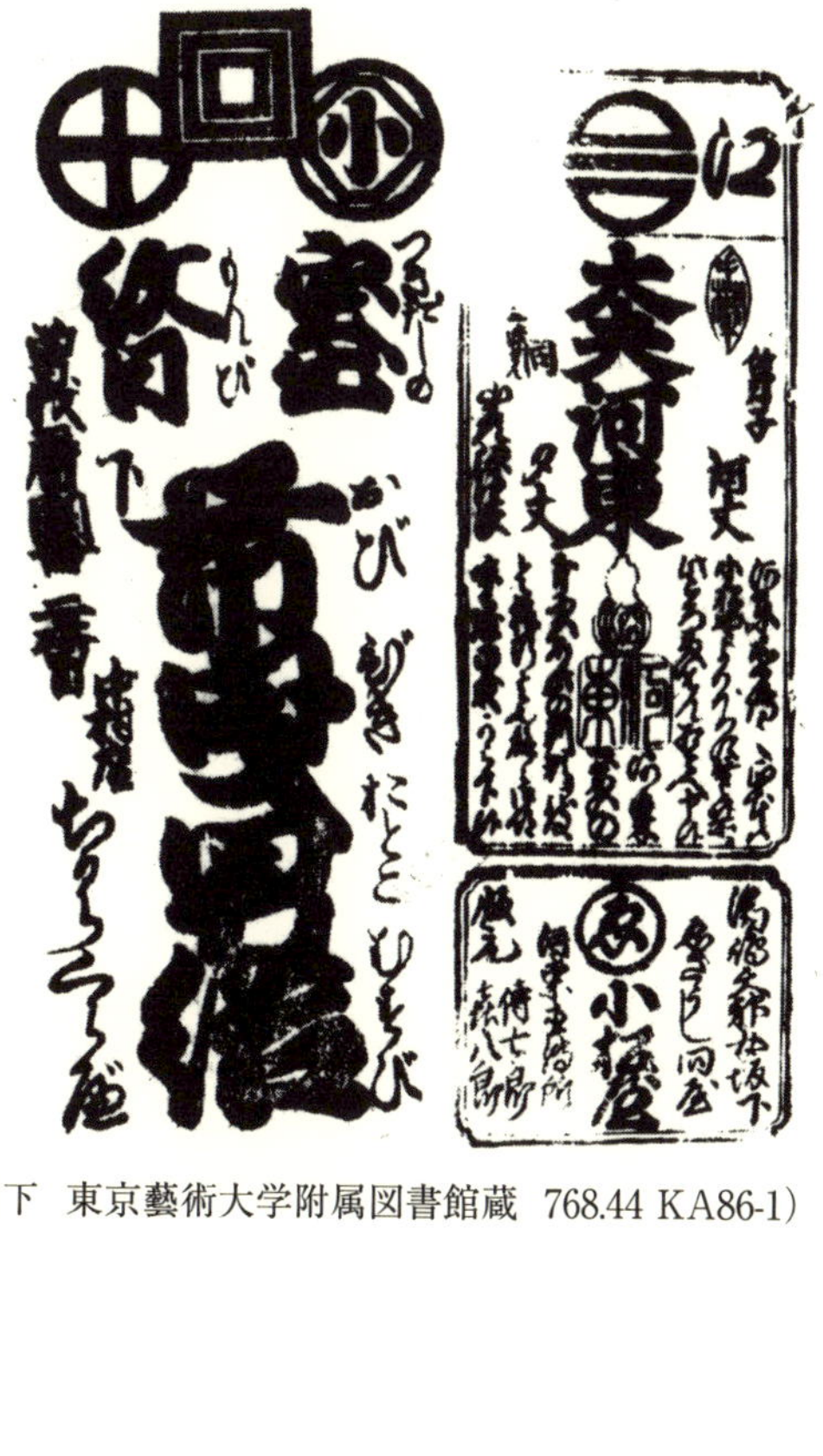

（下　東京藝術大学附属図書館蔵　768.44 KA86-1）

●今年か、《**年暦**《としこよミ》》。正本表紙に「享保八壬卯暦」とある。ただし享保八年は壬卯ではなく癸卯である。『にほとり万葉集』（享保八年（一七二三）八月刊）に初出。

◇左の正本の連名は、「江戸太夫河東章指　ワキ河常（河丈）、ワキ双笠、さミせん岡安新次郎」。河東の紋が「口一口」ではなく「口二口」になっている。板元名もないことから、正規の出版ではないかもしれない（吉野）。

（東京藝術大学附属図書館蔵　768.41 KO27）

●享保八年頃か、《二つほし　鵲《かささぎ》のかし小袖《こそで》》。「古正本表紙に「初艶鎧曽我」森田座、江戸太夫河東 三味線山彦源四郎」（『編年集』）。

◇『編年集』には右のようにあるが、「初艶鎧曽我」の上演記録は不明。『にほとり万葉集』（享保八年八月刊）に初出。左の「弘前藩庁日記」享保八年七月二十三日の項に初世河東、河丈、石（夕）丈、源四郎がこの曲を演奏した記事があるのでここへ入れる（吉野）。

○七月二十三日、弘前藩江戸屋敷で、河東、河丈、石（夕）丈、源四郎が演奏した記録が『弘前藩庁日記』に残る。

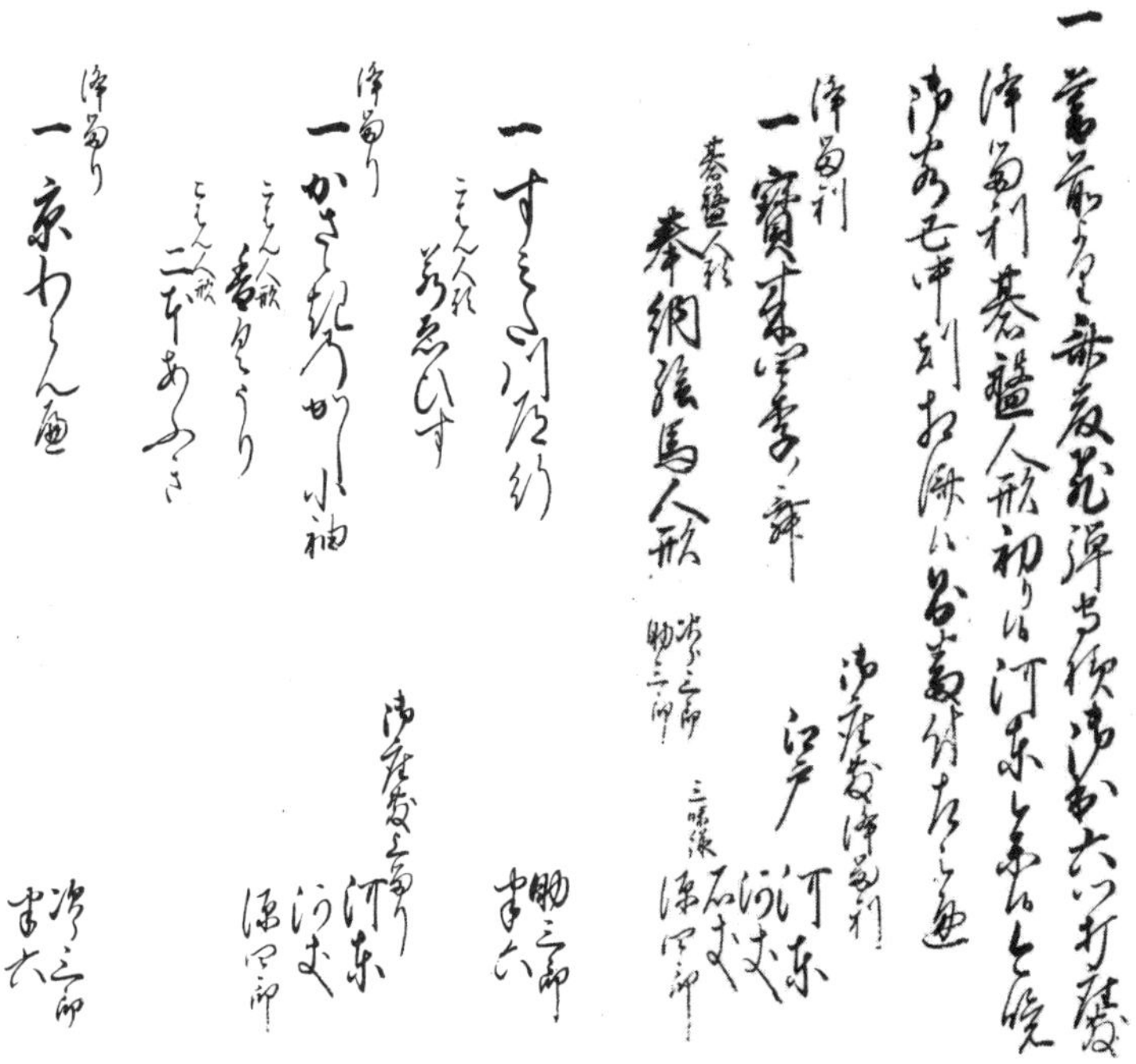

一　暮前より齋藤飛弾守様御出六ツ打座敷
浄留利碁盤人形初り候河東参候今晩
御宿丑中刻相済候間番付左之通

浄留利　　御座敷浄留利
一　寶来四季ノ舞　　江戸　河東
　　　　河丈
　　　　石丈
碁盤人形　　三味線
　奉納絵馬人形　　源四郎
　　次良三郎
　　助三郎

一　すみた川道行　　助三郎
　こはん人形　　半六
　若ゑひす

浄留り　　御座敷上留り
一　かさゝき乃かし小袖　　河東
　こはん人形　　可丈
　香具うり　　源四郎
　こはん人形
　二本あふき

浄留り
一　京わらんへ　　次良三郎
　　半六

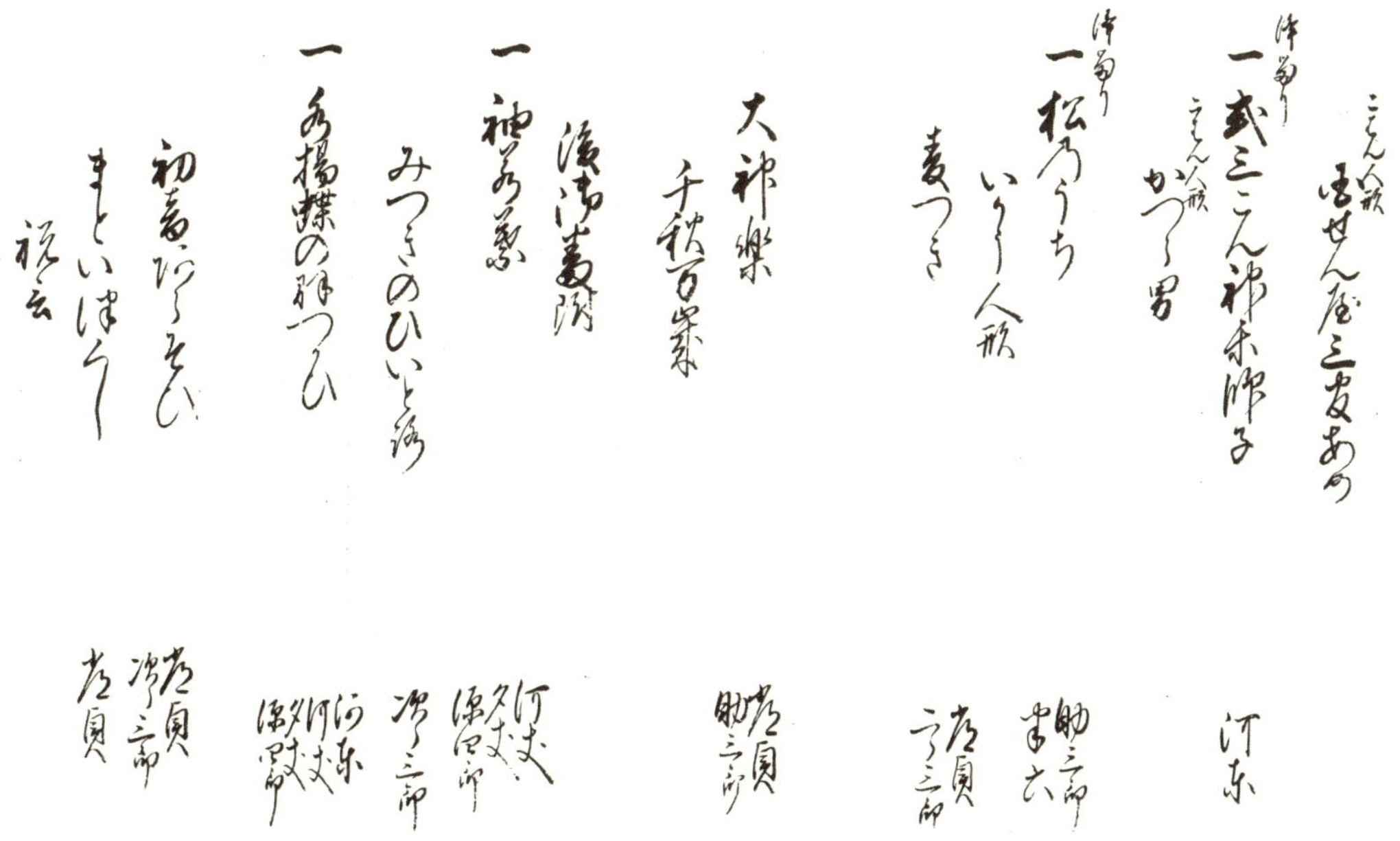

こはん人形
国せん屋三度あめ
浄留り
一　式三こん神楽獅子　河東
こはん人形
かつら男
浄留り
一　松乃うち　助三郎　半六
いかう人形　常貞
麦つき　二良三郎
大神楽　常貞
千秋万歳　助三郎
後御番附　河丈
一　袖若葉　夕丈　源四郎
みつきのひいと路
一　水揚蝶の羽つかひ　河東　河丈　夕丈　源四郎
初音あらそひ　常貞　次良三郎
まといつくし　常貞
祝言

◇右は、弘前市立図書館蔵「弘前藩庁日記第四五九」による。藩主の津軽信寿が齋藤飛弾（騨）守の来訪をうけて、座敷浄瑠璃、碁盤人形を鑑賞したという記録である（吉野）。

○八月、『**にほとり万葉集《まんようしゆう》**』刊。横本、上下二冊。

序文

四節《しせつ》の色《いろ》ハ。土地《とち》〳〵の恵《めぐみ》に／随《したが》ふ。都《みやこ》の花《はな》ハ音《おと》なふして／香《にほひ》す。万国《ばんこく》に響《ひゞき》。難波《なには》の／梅《むめ》ハ。声《こゑ》なふして清香《せいかう》を／千里《ちさと》ニ発《はつす》。武江《ぶこう》の一ふしは／媚有《こびあつ》て高賤《かうせん》　時《よく〳〵》習《なら》ふ事《こと》。／又楽《またたの》しからずや。世《よ》　以是《もつてこれ》を／愛《あひする》する事《こと》。浩広《かう〳〵》たり。然《しかる》と／いゑども。今有《いまあり》しハ。旧《きう》本《ほん》と／なり。文字《もんし》は墨濁《こくじやく》に埋／節《ふし》ハ佐久良木《さくらき》の損《そん》しに。／又《また》あやちもなく。予《よ》も此道《このみち》を／好《このむ》といゑとも。たとりに（一・オ）／任勢《まかせ》がたし。依《よつ》て愚《ぐ》が。一《あまりあ（る）》力《ちから》　ニ／言《こと》の葉《は》を集《あつめ》。改正《かいしやう》せしハ。／其名《そのな》ニ呼《よぶ》。誠《まこと》に一字《じ》の違《ちかい》ハ。／万代《よろづよ》。よろづ文字《もじ》の。誤《あやまり》り／ならんと。巨磨《こま》して冊《さつ》／とし。軽《かる》からざらん風《ふう》／雅《が》乃。一章《いつしやう》に。愚士《ぐし》が。／改撰《かいせん》の。名《な》をあらわし。／住居《ぢうきよ》を。末《ばつ》に記《しるす》ハ。翫《もてあそぶ》人《ひと》の／志《こゝろ》。やすからんのミ。／享保八うの歳　八月大吉日

口上

とうざい。とうざい〳〵。さて。／たかふはござりまするが。これより。おの〳〵／さまがたゑ。づらりっと。おことはりをもうし／あげまする。べつして。当《とう》。太夫ごひいきと／ござりまして。いづれもさま。じやうるりの／音曲《おんぎよく》。おとりたてのだん。隠居梁雲《いんきよれううん》ぎハ／もうすにおよばづ。太夫／江戸半太夫。同かとう。／そのほかワキ太夫。／さみせんとうに。いたり／ますまでせんばん／もつて。たいけいにぞんじ。たて／まつりまする。このたび。江戸半太夫／ぶし。おんさじきじやうるりのぎは。まへ〳〵より／御くちづさみにも。あそばされ。ごぞんじの一《いち》／芸《げい》。一風《ふう》に一流《りう》の。色香《いろか》をさそひ。その座《ざ》／には。当《とう》気《き》の花《はな》をも咲《さか》せ。万民《ばんみん》の。おなぐさ／みと。ごさそうらへて。ものさみしきおりふしハ。／撥《すへひろ》《ばち》をかいこんで。一二三の糸《いと》。しほらしくざゞめ／かし。どうとおとして。たいこのひやうし。なりよく／音《おん》よくてうしよく。またみづからに。ひきが／たり。こゝろをいさむも。一曲《いつきよく》の。声なり章《せう》なり／節《ふし》の徳《とく》。またとうせいのこのみちは。俗《ぞく》をは／なれてしんかんと。その身《み》には高《かう》名《めう》をかゞ／やかし。その一徳《とく》をあらわし名跡《めいせき》をおのれとひろ／め。世の人のたのしみともならんことを。ね／がいたてまつり。それゆへ。このたび江戸半太夫／ぶし。ならびに河東。直伝のしやうさし／をうつし。題号《だいがう》を。にほとり。万葉集《まんようしう》と／おもてのひやうしにかんばんをいだしお／きましてござ候あいだしやうさしじやうるり／ぼん。御のぞみのかたさまはゆる〳〵と

おひと／やかに。おんもとめあそばされ。ごいちらんをね／がいたてまつりますやうに。づらりつと。／ごひやうばんを。たのみあげまする。これ／より。江戸半太夫おなじくかとうぶし。／じやうるりおつつけ。はじまり。／とうざい〳〵とうざい／門《ゑへん〳〵》／書林　和泉屋権兵衛／彩染堂／同　権四郎

鳰鳥万葉集目録

一　四季のまひ・二　京わらべ・三　おんせん揃・四　くさづくし・五　うらしまの道行・六　小もんづくし・七　十郎かみすき・八　五郎げんぶく・九　ほうか僧道行・十　ほうか僧かつこの段・十一　松のうち・十二　まつののち・十三かなはのだん・十四　咲分あいの山・十五　こくせんやかいづくし・十六　やはらぎ助六・十七　てうちんもんつくし・十八　そでとめそが・十九　袖とめの道行・二十　おんなかみゆい・廿一　くげあくた川・廿二　かたみそが・廿三　かたみをくり・廿四　ありまふで・廿五　きぬた・廿六　てうのはつがい・廿七　里ことば・廿八　かうやしん中・廿九かしこそで・三十　ふみまくら・三十一　たなばた・三十二　かせんかいつくし・三十三　吉原八けい・三十四　助六後日心中・三十五　さとかぐら・三十六　ひとへおび・三十七　元ぶくかみすき・三十八　しかた松・三十九　かさ物ぐるひ（以上　上巻）

四十　かぐらしゝ・四十一　同しのびの段・四十二　たるいおせんの道行・四十三　江ぐちの道行・四十四　しのだつま・四十五　そでわかば・四十六　せみ丸の道行・四十七　同びわのだん・四十八　同かねのだん・四十九　なれそめそが・五十　にいの前道行・五十一　だて姫の道行・五十二　小袖もやうの段・五十三　けいせい道中双六・五十四　はつねむこ・五十五　とらせう〳〵の道行・五十六　五人そがの道行・五十七　おせん江戸物くるひ・五十八　柱こよみの道行・五十九馬上らうぼの道行・六十　けいせいうけ状・六十一　黒小そでの道行・六十二　やまとのすけ・六十三　きよつらの道行・六十四　あふぎうり・六十五　きやうらん草枕・六十六　ふねのうち上・六十七　ふねのうち下・六十八　露のまへ道行・六十九　黒木うり・七十　天王しのびの段・七十一　柳のかみすき・七十二　まつよひ・七十三　たもとのまへ・七十四新かたみおくり・七十五　いしなげのだん・七十六　すまふのだん・七十七　三つのあさ・七十八　とらがふみ・七十九あふぎ八けい・八十　竹馬のむち・八十一　あけぼの・「八十二　わにのだん・八十三　はるのそら・八十四　かぶろまんざい・八十五あらせたい」（以上　下巻）

奥付

「右之正本ハ此の度江戸半太夫同ク河東一チ流章指節シ改メ秘密ノ文ン句章句直伝ヲ写シ懐中為レ稽古本之令ル板行者也、江戸太夫 隠居坂本梁雲、同 江戸半太夫、お座鋪浄瑠理 同 江戸河東、あさくさ御みつけまへりやうごくばしとをりしもやなぎはらどうぼうま［ち］　はんもと　いづみやごん四郎　このほか五ばんとぢ三まいとぢのうすものいろ〳〵開板」

◇右は、天理大学附属天理図書館本（以下天理図書館本）による。ほかに上野学園大学日本音楽史研究所本（以下上野学園本、山彦栄子旧蔵本）、大阪大学忍頂寺文庫本（以下忍頂寺文庫本）、東京大学霞亭文庫本、早稲田大学坪内博士記念演劇博物館本が確認できる。

『にほとり万葉集』の奥付は天理図書館本の和泉屋権四郎板のほかに、上野学園本の「鶴屋喜右衛門板元、いづみやごん四郎開板」がある。これはは享保十七年（一七三二）に出版された続編の『鳰鳥新万葉集』と同一で、和泉屋権四郎から鶴屋喜右衛門へ版木が移ったことを示している。

また「口上」の末尾に書肆名があるが、天理図書館本と上野学園本には「書林　和泉屋権兵衛（印）、彩染堂 同 権四郎（印）」とあり、忍頂寺文庫本は『鳰鳥新万葉集』と同じ「大伝馬町三丁目　鶴屋喜右衛門」に変更されている。

所収曲は、天理図書館本は八十一曲（八十二～八十五欠）、上野学園本は七十六曲（三十八～四十四、八十四、八十五計九曲欠）、忍頂寺文庫本は八十五曲である。忍頂寺文庫本の最終曲「あらせたい（狂女あら所帯）」は享保十年（一七二五）春中村座初演であることから、忍頂寺文庫本は享保八年の初版の後に収録曲を追加し、享保十年以降に出版されたものと考える。

以上のことから、口上と奥付の両方とも「和泉屋権四郎」の天理図書館本を初版と考える。なお本書では、上野学園本の図版を掲載し、天理図書館本の奥付の翻刻を掲載する（吉野）。

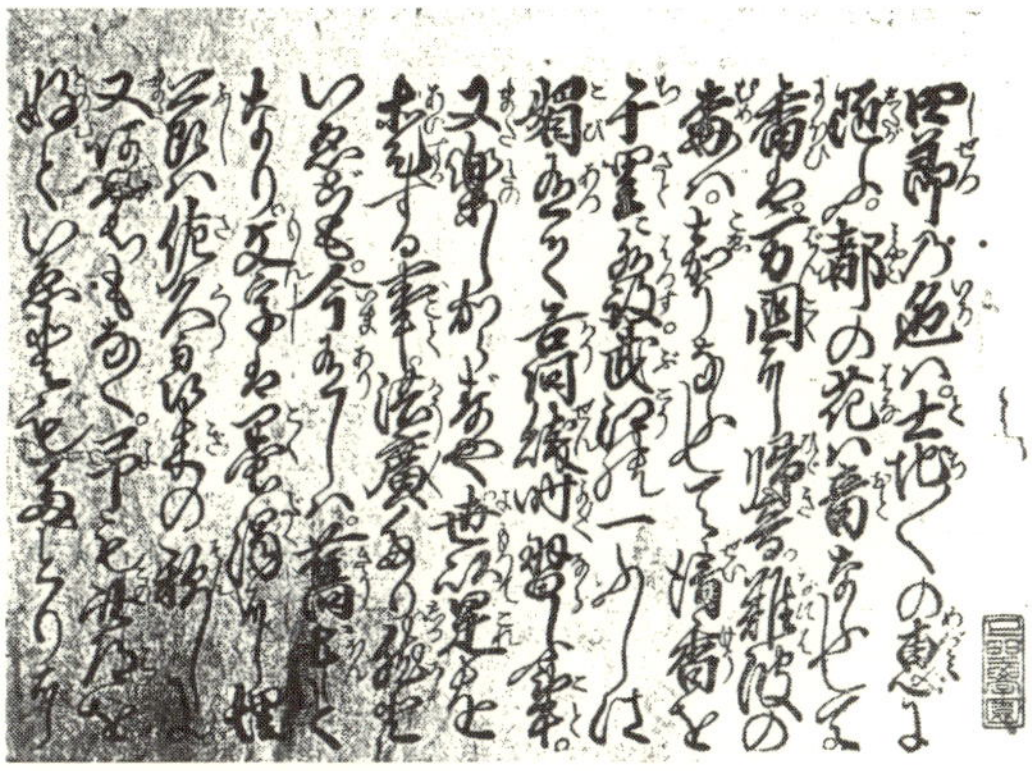

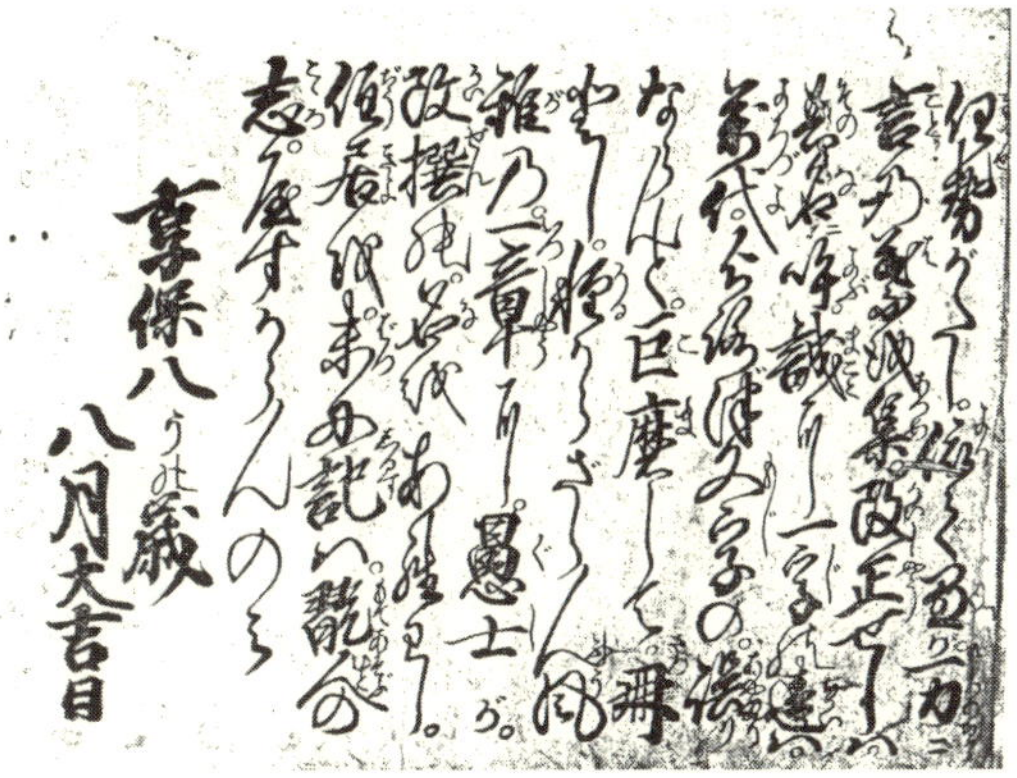

（上野学園大学日本音楽史研究所蔵）

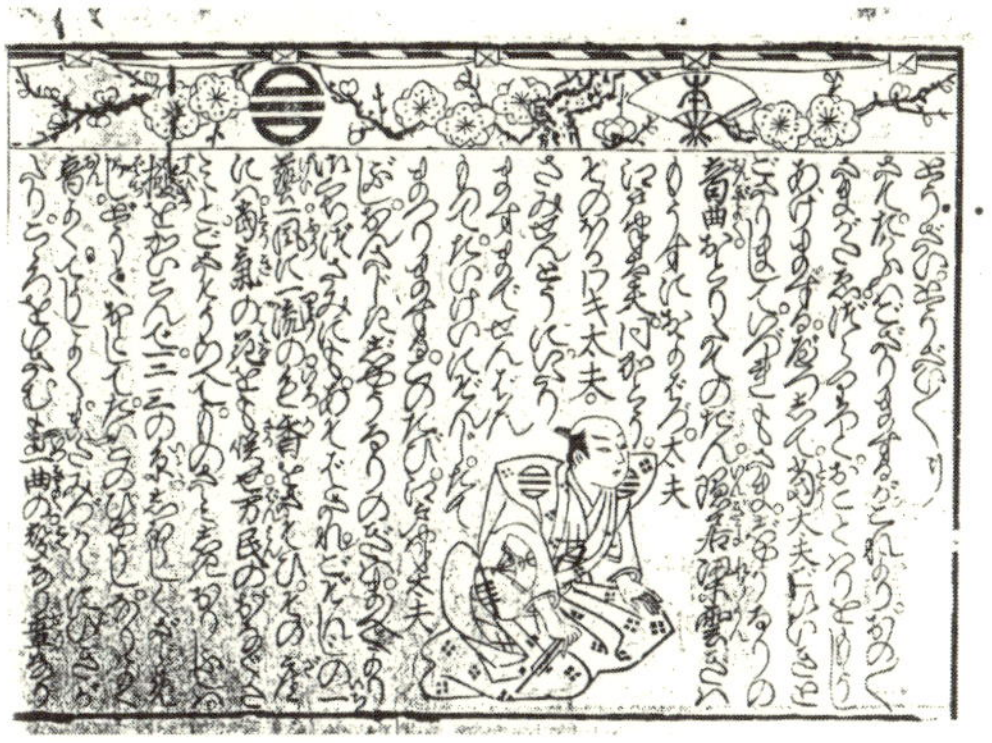

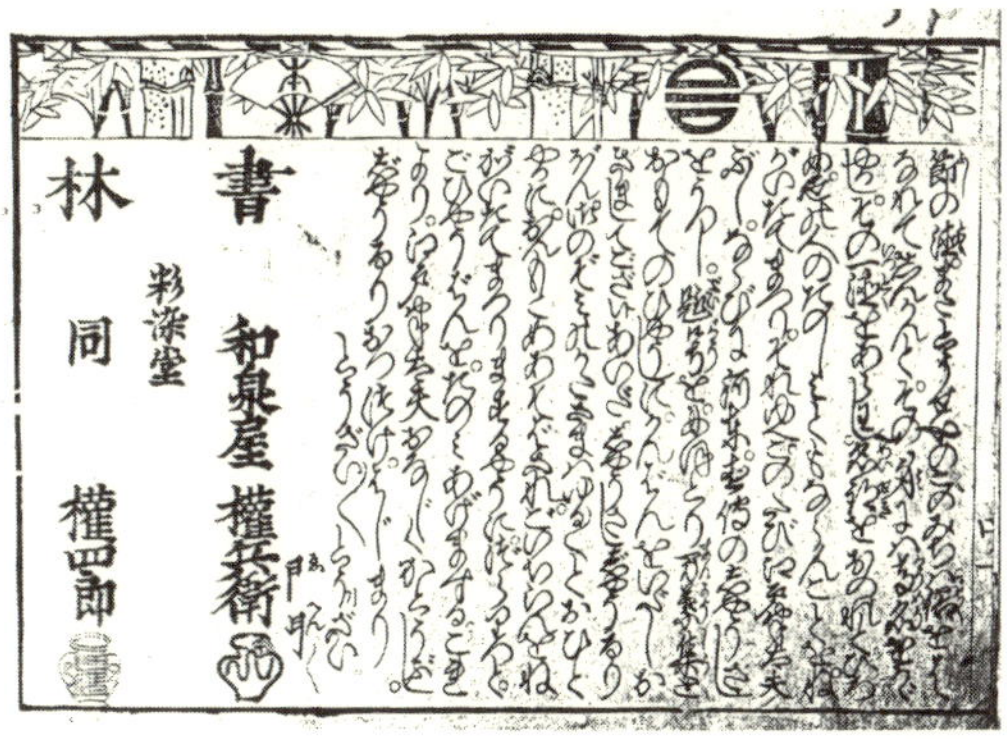

書林
和泉屋　権兵衛
同　権四郎

右之正本ハ此ノ度江戸半
太夫同ク河東一チ流章指
節シ改メ秘密ノ文ン句章句直
伝ヲ之写シ懐中為レ稽古本
之令ル板行者也

江戸太夫隠居《ゐんきよ》坂本《さかもと》梁雲《れうん》

同　江戸半太夫
御座舗浄瑠理
同　江戸河東
あさくさ御みつけまへりやうごく
ばしとをりしもやなぎはらどうぼ
うま
はんもと　いづみやごん四郎
このほか五ばんとぢ三まいとぢの
うすものいろ〳〵開板

天理図書館本　奥付（初版）

享保九年　甲辰（一七二四年）

●正月中村座、後日「松飾鎌倉開」。『歌舞伎年表』に、「▲山下金作の常世女房。後に船橋の遊女町にて琴引おかねとなり、琴を背負ひ物狂ひ」とあり、このとき《**閨《ねや》の班女《はんぢょ》あふぎ八景《はっけい》**》上演か。

◇正本の表紙に「中村座　第二番目」「山下金作相勤申候」とある。また正本の連名に「琴 上村文次郎」の名があり、劇中で琴を弾く場面があることと一致する。上村文次郎は正徳から元文初年（一七一一～一七三七）ころ、「琴 三味線方」として江戸の劇場に出演している。河東節専属ではないが、しばしば琴で河東節と共演している。杵屋文次郎という名で出演している時もある（吉野）。

●同じく中村座二の替「入船隅田川《いりふねすみだがわ》」のとき、《**児桜《ちごさくら》　竹馬《たけむま》の鞭《むち》**》上演か。

◇正本には「中村座　二番目」とあるだけで、大名題は書かれていない。正本上部の短冊に出演俳優の名がある。嵐和かの、鶴屋南北、松本七蔵、松本小大助、大和川千太郎で、この五人が揃うのは享保八年（一七二三）十一月からの一年に限られるこ

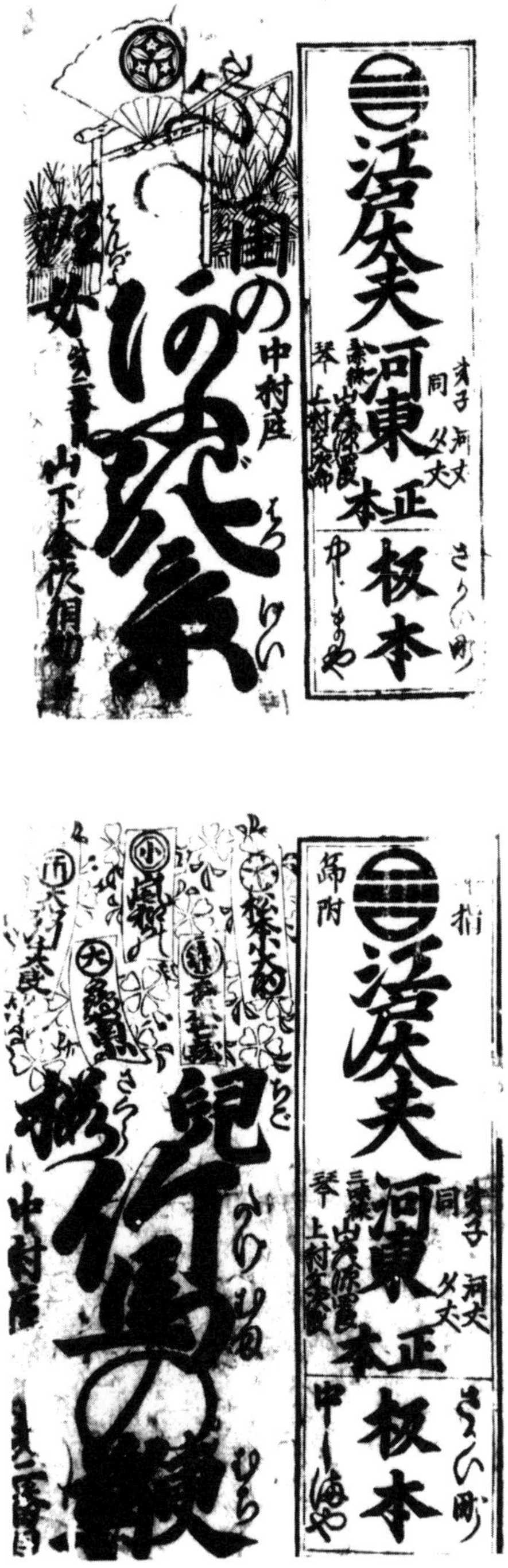

「琴　上村文次郎」の名がある
（故西山吟平旧蔵）

とから、年代を推定した。

内容は、子供の遊びの竹馬を四人の若衆方が踊り、それに道化方の南北が奴姿でからむというもの。現在は後半の「三下り歌」へねぢきる枝に」以降の「竹馬踊」の部分のみが残る。

なお『根元集』に、山彦の銘のある三味線を手に入れた源四郎が、それを喜んで姓を「村上」から「山彦」と改め、その名弘めに《扇八景》と《竹馬の鞭》を作ったという俗説が記されている（吉野）。

○十一月、中村座顔見世「太平記阿国劇場《たいへいきおくにかぶき》」或いは「太平阿国歌舞妓」。お国かぶきの狂言。勘太郎なだい勘判ン乗りて男之介となり、《吉野帰花雪ヲ保ツ桜《よしのかえりばなゆきをたもつさくら》》。濡あり。江戸太夫河東上るりにて虚無僧（団十郎）大当たり（『歌舞伎年表』）。

享保十年　乙巳（一七二五年）

○正月、中村座「舡伊豆日記《ふなだまいずにつき》」第三番目《狂女《きやうぢよ》あら所たい并《ならび》ニひなの出づかひ》。正本の内題は「狂女あらしよたい」「金作初瀬出端　雛の出づかひ」。『歌舞伎図説　第八二図』に左と同じ小松屋版正本の表紙が掲載されており、次の解説がある。「土肥の次郎が娘と、その妹背仲であった伊藤祐泰が子とを内裏雛に見立て、今は世に亡き伊藤が子を土肥の娘が恋慕の情に堪え難く、狂乱するのを人形振にしたものであらふと思ふ。それを当時大阪から下ったお山遣の名人辰松八郎兵衛の人形が評判と、三月節句の雛祭りなどを当込で、山下金作と早川初瀬との出端に、応用して用ゐられたものと思はれる。太夫、初代河東、三絃、山彦源四郎等」。

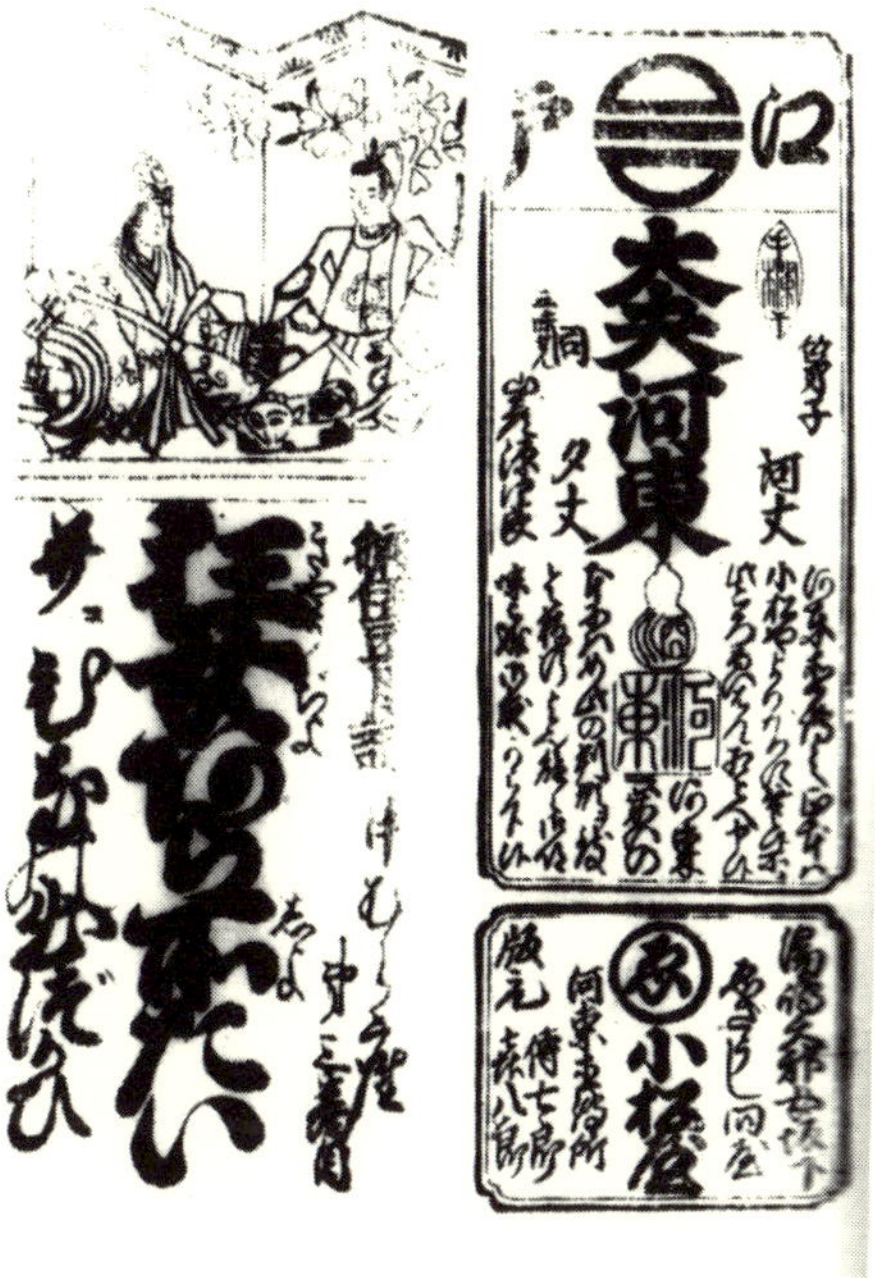

（国立音楽大学附属図書館蔵　02-0007）

○「享保十乙巳年二月」とある水引幕現存す（十寸見会蔵）。天地六五センチ、左右六メートル四〇センチ。

○四月一日、『**夜半楽**《やはんらく》』刊。小松屋版。懐中本（横本）、上下二巻二冊。上巻二十四曲、下巻二十四曲、合計四十八曲所収。沾洲（俳人貴志沾洲《きしせんしゆう》・一六七一〜一七四二）の序がある。河東、河丈、夕丈、源四郎の連名があり終わりに蘭洲の書がある。奥附には「享保十乙巳夏四月朔日」「梓行柏枝」とある（柏枝については不明）。

序

白きに五色あり黒きに五色あり音律五和ともに又尊し河東のぬし鳰鳥のゝち書ましへたるを夜半楽とやあらふる鬼神をも　やはらけ蝶鳥の心をうこかし世のうへの労をたすくるの道の糸筋たかひなくひき連むことふきを甘んしていさゝか沾洲書

曲目（これは主として目次によったが、通称とあまり違いのあるものはかっこ内に別称をしるした）

〔上巻〕祝言てうし竹・式三献神楽獅子・神楽しゝ忍ひの段・有馬筆・鵲のかし小袖・水上蝶の羽番ひ・帯曳おとこ結ひ・唐うちわ・吉原八景・狂女草枕・隅田川わたし守上（隅田川舟の内上）・ふねのうち下（隅田川舟の内下）・貝つくし・里かくら（丹前里神楽）・袖わか葉・江の島・はつね聟・山かづら・待宵・ゆき間・袖かゝみ・七種・助六後日道行・天皇忍びの段・景清道行

〔下巻〕蝉丸三段目・同道行・同逢坂山・同笠の段・同鐘の段・さめの段（八郎鰐の段）・竹馬の鞭・扇子八景・与作馬かたの段・伝教祈り・桜がり・いけにゑ・主上みち行・開帳・日蓮山入・花軍・出産祈り・安宅道行・弁慶勤の段・くわん進帳・桜姫ねやのつげ・せんじ坊説法・かぶろ万歳

跋

此奥旨《をうし》は太夫誠正《せいく》《まことにたたし》の本を以塊《つちくれ》を玉と弄《ろう》ぜぬ誤《あやまり》を浄《きよ》め新《あらた》に板行するもの也しかるに此ころ直伝《ぢきでん》の正本と欺《あざむ》く類板《るいはん》おほしといへども皆以て□うつしなる故にや章《しやう》の誤《あやまり》り甚《はなはだ》し荻《をき》のうは風露の感情《かんせい》すくなからずたとへは一節一音《いつせついちをん》のうちにして幾許《いくばく》のたがひぞや依《よつ》て愚《ぐ》が板行の印《いん》ニは〔印〕〔印〕如斯太夫直《ぢき》の判形《はんぎやう》を押《を》シ令板行者

也以上、湯島天神女坂下 正本板元小松屋 伝四郎〔印〕、喜八郎〔印〕

跋

〔この跋はよくよめない〕

「誠ものし正 乾と似せて候も 中々、蘭洲書〔印〕〔印〕、武江湯嶋天神女坂之下小松屋 板元 伝七〔印〕、伝四郎〔印〕、喜八〔印〕、

享保十乙巳夏四月朔日、梓行 柏枝」

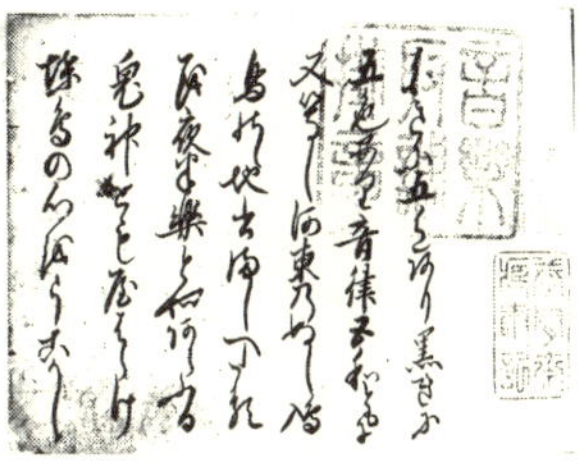

(東京藝術大学附属図書館蔵)

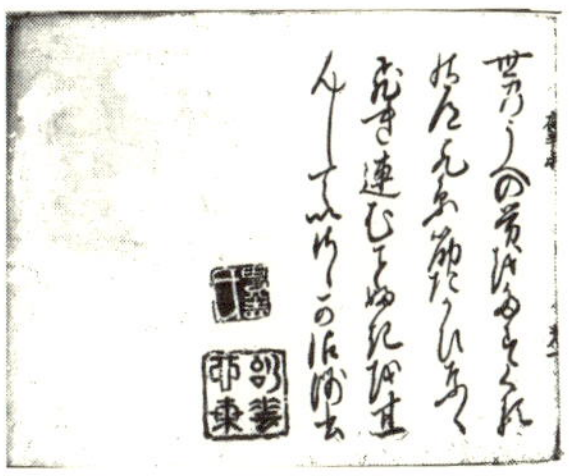

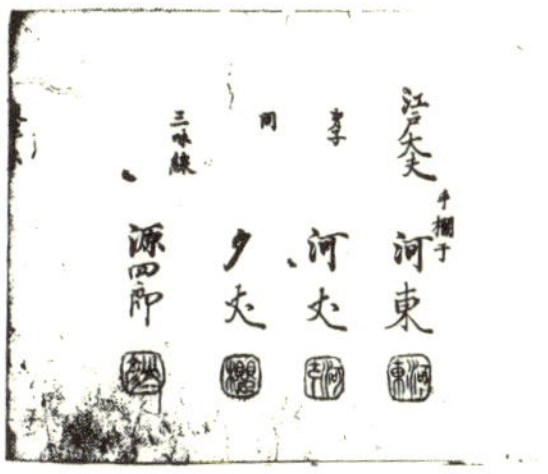

江戸太夫 手摺子 河東

河丈

同 夕丈

三味線 源四郎

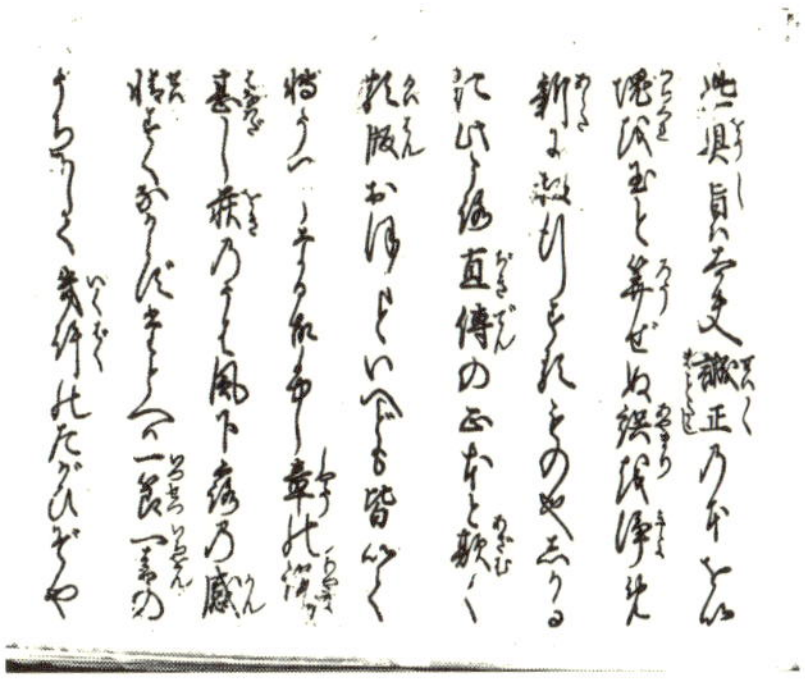

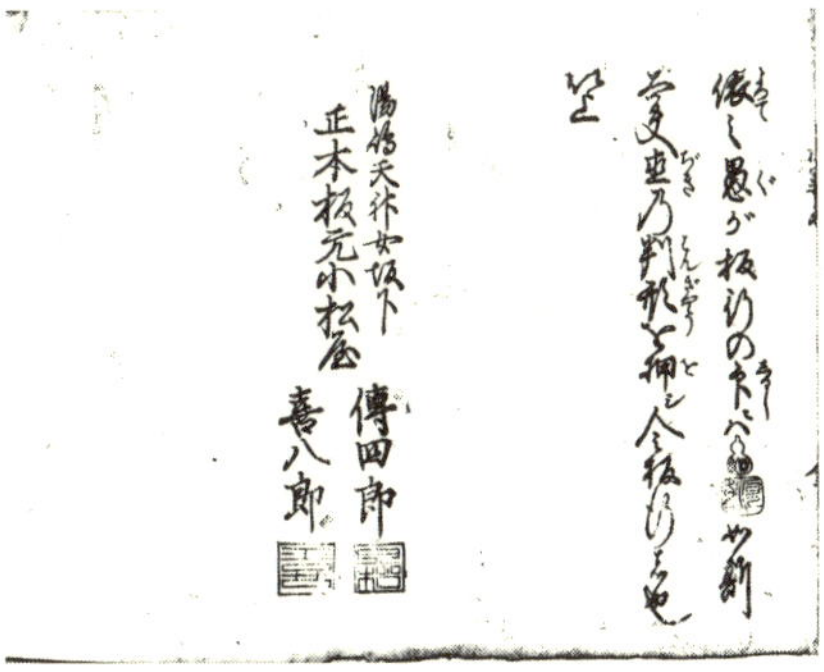

湯嶋天神女坂下

正本板元小松屋 傳四郎

喜八郎

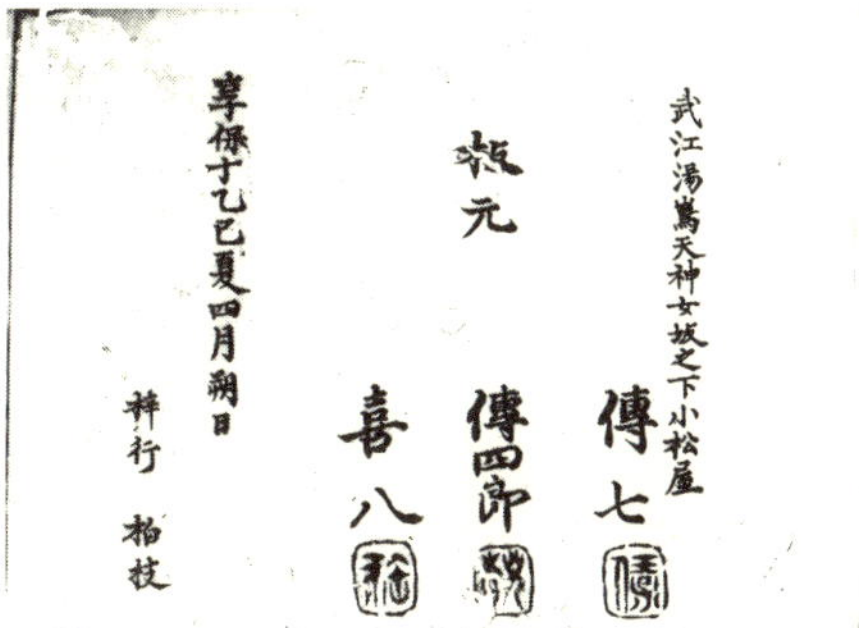

武江湯嶋天神女坂之下小松屋 傳七

板元 傳四郎

喜八

享保十乙巳夏四月朔日

梓行 柏枝

◇『河東節二百五十年』掲載の東京藝術大学附属図書館蔵本による。国立音楽大学附属図書館にも所蔵されているが、目録、内容ともに違いがある。

○七月二十日（一説に十三日）初世河東没。享年四十二歳。釈清西信士。本名は伊藤藤十郎、号は手欄干《しゅらんかん》。江戸品川町（小田原町とも）の魚商天満屋藤左衛門の子。

○十一月、江戸市村座顔見世「蝉丸女模様《せみまるおんなもよう》」。第二番目《愛別離苦三《あいべつりくみ》つのかなわ》。正本内題は《かなわ》。『歌舞伎年表』には早川初瀬「二番目　丑の時参り」とある。

◇江戸太夫双笠は初世江戸半太夫の弟子で、河東とは同門にあたる。生没年未詳。双笠は初世河東の没後すぐ、「江戸太夫双笠」として市村座の顔見世狂言に出演した。享保十五年（一七三〇）、元文四年（一七三九）、元文五年（一七四〇）にも市村座に出演。『編年集』には、某寺の僧で、還俗して浄瑠璃語りになり、好んで河東節を語った。初世河東没後江戸太夫となり、芝居に出演したとある。

双笠の紋は、河東の「口一口」と似ているがよく見ると違いがある。(1)は享保十七年（一七三二）刊『鳰鳥新万葉集』の奥付。(2)は『声曲類纂』一九七ページによる。(1)の紋とは左右の向きが異なる（吉野）。

天理大学附属天理図書館蔵
『河東節二百五十年』より転載

双笠の紋

(1)

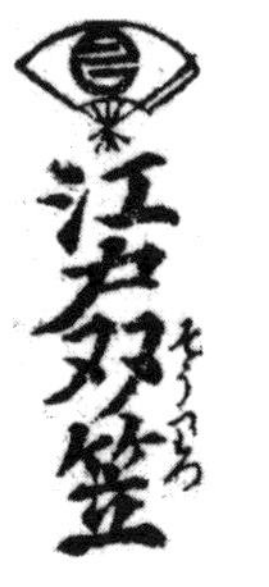

(2)

［河東の名前について、「十寸見」と「江戸太夫」］

現在、事典類の「河東節」の項目には、「初世十寸見河東が語りだした浄瑠璃」などと記載されているが、筆者が調査した限りでは、初世河東の詞章本類の中に「十寸見」姓は見あたらない。『なら柴』『根元集』にも、「十寸見河東」という記述はない。初世河東没後百二十年以上経て出版された『声曲類纂』（弘化四年刊）には「一寸見《ますみ》河東《かとう》」（「十寸見」ではない）と見出しがあり、この頃には河東節の浄瑠璃方が名乗る「十寸見」姓が知られていたのだろう。しかし「河東」は十寸見姓ではないのである。

資料にみる初世河東の名前の表記は、「河東」「浄瑠理太夫河東」「江戸河東」「江戸太夫河東」などで、名字はない。初世河東の二人の弟子、河丈と夕丈も同様で、資料で見る限り、初世河東とその直弟子、ほかに双笠、古笠なども名字はなく名前のみで、正本には「江戸太夫」の称号をつけて表記している。

正本の連名に「十寸見」姓がみえるのは、享保十六年（一七三一）正月市村座に江戸太夫藤十郎（前名夕丈）が出演時が最初で、江戸太夫藤十郎の弟子として「十寸見藤四郎」「十寸見藤三郎」の名がある。弟子に「十寸見」姓をつけるのがこの頃始まったのか、あるいはそれまで正本類に表記しなかった「十寸見」姓を表記するようになったのか、よくわからない。いずれにしてもこの後、正本の連名には、浄瑠璃方は「十寸見」姓、三味線方は「山彦」姓の名前が並ぶようになる。

ただし、河東は「十寸見河東」ではなく、「江戸太夫河東」と表記されている。

では「江戸太夫」についてであるが、「江戸太夫」は河東節では家元格をあらわす特別な称号である。

河東節年表の正本や顔見世番付の連名を見ると、常に連名の中心に「江戸太夫河東」の名があるが、存命中に「江戸太夫河東」を名乗ったのは七世河東が最後で、八世以降は没後に河東の名を贈られている。文化九年（一八一二）に七世河東が隠居して「東雲」と名乗って以降、事実上「河東」は不在になるが、顔見世番付にはその後も河東節の象徴として「江戸太夫河東」の名前が掲載され続けた。

河東節の歴史の中で、初世河東の直弟子の河丈（後の二世河東）以外で、「江戸太夫河丈」を名乗った人物が三人いる。一人は寛保二年（一七四二）河原崎座に出演した「江戸太夫河丈」（前名は金治）で、三世河東の甥（伝之助）と家元の座を争い、一時は「山の手河東」とも呼ばれたという。

「江戸太夫河丈」を名乗った二人目は、後の十寸見可慶である。『編年集』によると、嘉永三年（一八五〇）に前名の十寸見東觚から十寸見河丈と改名し、嘉永五年に「九代目江戸太夫河丈」と名乗ったが苦情が出たため、翌年江戸太夫の称を魚河岸連中に預け、剃髪して十寸見可慶と改名したという。この記述からも、家元格をあらわすのは「河丈」の名前ではなく「江戸太夫」の称号であることがわかる。

そして明治五年、守田座で助六が上演された時に、十寸見東佐が江戸太夫河丈と改名したと『編年集』にある。東佐については未詳である、この人物が最後の「江戸太夫」となった（吉野）。

［初世河東作で成立年代不明の曲］

●**《丹前里神楽《たんぜんさとかぐら》》**。左のさがみや版正本の連名は「江戸太夫かとう直伝　ワキ河常金次郎、三味線岡嶋小三郎」。「河常」は「河丈」のこと。『丹ほ鳥大林集』（享保五年（一七二〇）三月刊）に初出。『根元集』には「元祖河東節付、三絃初代源四郎、中村座にて中村七三郎相勤」とある。天明二年（一七八二）四月市村座で、九世市村羽左衛門が再演した。

（東京藝術大学附属図書館蔵 768.41 KO027）

●**《懐中操《かいちゅうのみさお》有馬筆《ありまふで》》**。小松屋版正本の連名は「江戸太夫河東、弟子双笠、同河丈、三味線源四郎」。「作者竹婦人」（内題下）。『丹ほ鳥大林集』（享保五年（一七二〇）三月刊）に初出。

●**《草枕狂女《くさまくらきょうじょ》の段《だん》》**。小松屋版正本の表紙に「かうばい十二たん　すみた川みち行」とある。『にほとり万葉集』（享保八年（一七二三）八月刊）に初出。「狂乱草枕」「狂女草枕」「狂女道行」とも。

●**《隅田川舟《すみだがわふね》の内《うち》》**。河東節と一中節の掛合。河東節は江戸太夫河東、河丈、夕丈、三味線山彦源四郎、同文治郎。一中節は都太夫三中、三味線知原新六。東の渡し守を上方浄瑠璃の都太夫三中が、都の狂女を江戸浄瑠璃の河東が語るところに趣向がある。『にほとり万葉集』（享保八年（一七二三）八月刊）に初出。

●《**吉原女郎**《よしわらじょろう》　**ふみまくら**》。「作者己百」（正本内題下）。「己百」は江戸中期の俳人、寺町百庵か。『にほとり万葉集』（享保八年（一七二三）八月刊）に初出。

●《**禿**《かぶろ》**万歳**《まんざい》》。「竹婦人書」（正本内題下）。「此浄瑠璃は享保五六年頃に出来しならん歟」（『編年集』）。『にほとり万葉集』（享保八年（一七二三）八月刊）の改訂版に初出（初版にはなく、改訂版の出版年は不明）。『夜半楽』（享保十年（一七二五）四月刊）にも収録。

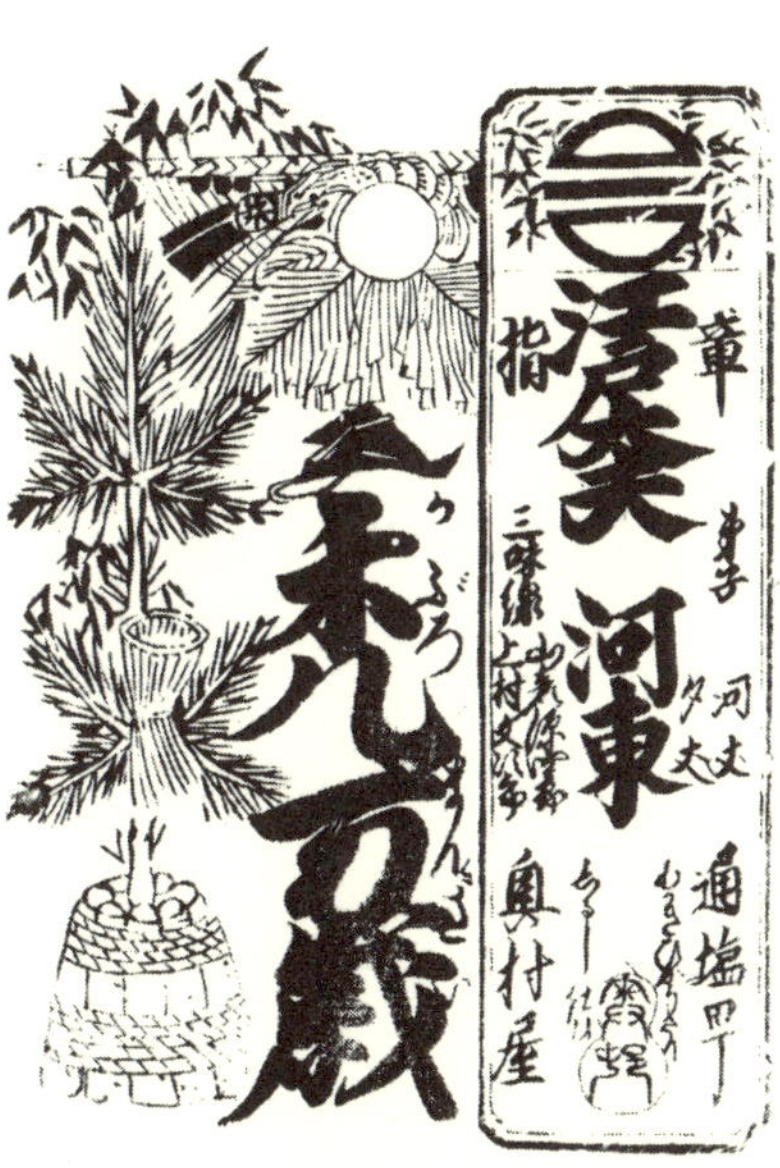

（東京藝術大学附属図書館蔵
768.44 KA86-1）

●《**袖**《そで》**かゞみ**》。「河東、河丈、夕丈、源四郎、沾耕が附合十二句を節附せしなり、巻尾に各発句あり、此巻首に抄出す」（『編年集』）。『夜半楽』（享保十年（一七二五）四月刊）に初出。

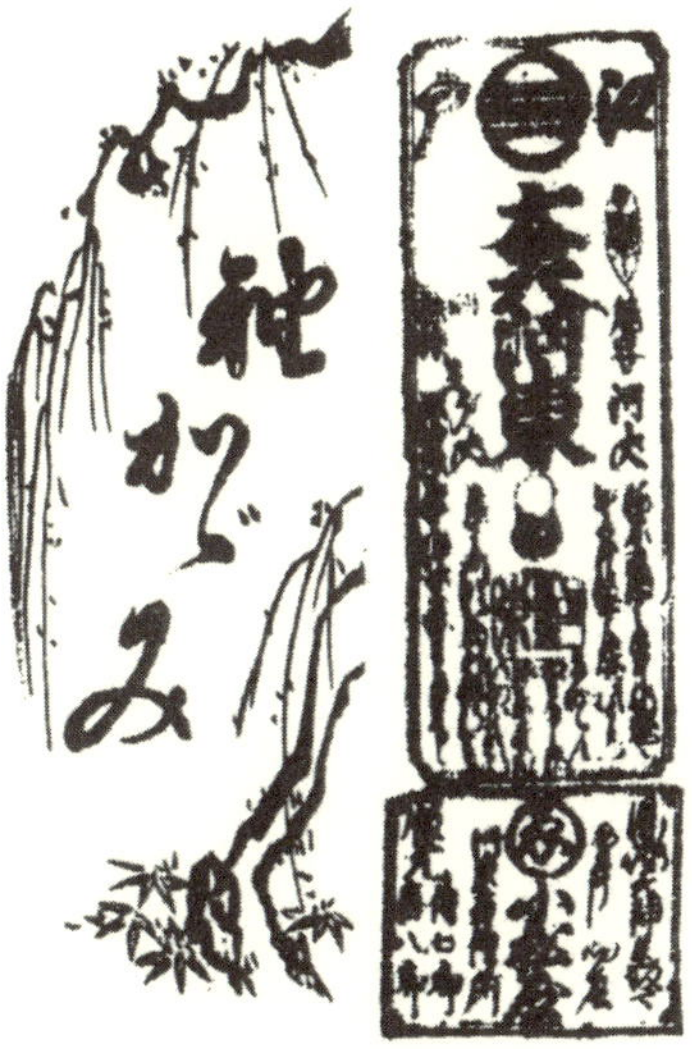

竹内道敬蔵

点花

引《ひき》よせて腰《こし》より下の柳《やなき》かな　河東
吹《ふか》れてハ牛《うし》をも隠《かく》す柳哉　河丈
そら解《どけ》の柳《やなぎ》ハ風の流《なが》れ哉　夕丈
水《みず》に声流《こゑなが》るゝ糸の柳《やなぎ》かな　山彦
河風《かわ》や爰《こゝ》も柳《やなぎ》の柳原《やなぎはら》　沽耕

●《**江《え》の島《しま》**》。「作者竹婦人」（正本内題下）。「此浄るりは初代蘭洲好で、河東の脇をかたるにしらざる浄るりなし、一時河東、江の島の縁起を竹婦人に補文させ、一チ夜に節附して蘭洲に語り聞しとぞ、蘭洲略伝の条にくはしく載たり、」（『編年集』）。『夜半楽』（享保十年（一七二五）四月刊）に初出。

●《**吉原《よしわら》 雪間《ゆきま》**》。「抱山宇述」（正本内題下）。『夜半楽』（享保十年（一七二五）四月刊）に初出。

●《**七種《ななくさ》**》。「東花坊述」（正本内題下）。『夜半楽』（享保十年（一七二五）四月刊）に初出。

●《**雛《ひな》の磯《いそ》**》。『根元集』に、「元祖河東節附、三弦初代山彦源四郎と云々、」（編年集）。正本集では『十寸見要集』初版（宝暦九年（一七五九）刊）に初出。

◇初世河東直伝の正本、小松屋

半太夫節、河東節の正本は、古くは湯島天神女坂下の「さがみ屋」「小松屋」、堺町の「中嶋屋」、芝神明前の「井筒屋」「舛屋」、通油町の「いせや」などから出版されていた。同じ曲の正本が複数の板元から出版された例も珍しくない。

享保七年頃、湯島天神女坂下の「小松屋」は初世河東と専属契約を結んだようである。《式三献神楽獅子》の正本には、連名

河東直伝之正本ハ
小松やよりほかに無之候所ニ
此ころるいはん相ミへ申候
河　東
正めいの
本にハ如此の判形ヲ致
令版行有也能々御吟
味被成御求可被下候

初代
河東稽古本印章

（『声曲類纂』一九七ページ）

の下に「河東直伝之正本は 小松やよりほかに無之候所ニ此ころるいはん相みへ申候 河東正めいの本は如此の判形ヲ致令版行有也能々御吟味被成御求可被下候」という一文がある。このような文章は、普通は本文の末尾にあるが、表紙の目立つところに記すのは珍しい。ここには「朱欄干」「酒」「河東」の三つの印が押してあり、『声曲類纂』の一九七ページにも「初代河東稽古本印章」として同じ三つの印が掲載されている。この三つの印が押されている小松屋板だけが河東直伝の正本であることが、表紙を見ただけでわかる。この連名の小松屋正本は、享保七年頃から初世河東が没する享保十年まで続く。初世河東の一周忌追善曲《一瀬川》（享保十一年）、三回忌追善曲《花かたみ》（享保十二年）も、すでに河東は亡くなっているがこの連名のままである。

その後初世河東の弟子の河丈、夕丈の時代になると、連名下の文章はなくなるが、三つの印は残る。七回忌追善曲《浮瀬《うかむせ》》（享保十六年か）の正本は、「河丈、夕丈」の連名、さらに十三回忌追善曲《追善 夢の秋》（元文二年）は「弟子　沙洲、金治、河洲」らの連名、すなわちその当時の太夫の連名で出版されている。そして元文二年頃には初世河東の作った曲の正本も、連名をその当時の太夫の名前に差し替えて出版しているものがある。正本の連名は、必ずしもその曲を初演をした太夫の名前とは限らないので、注意が必要である。

小松屋は、薄物正本を集めて合綴したいわゆる「寄せ本」の正本集も出版している。寄せ本の最初は享保五年（一七二〇）三月の『丹ほ鳥大林集』であるが、この時はまだ初世河東と専属契約を結ぶ前である。小松屋の寄せ本としてはほかに、『丹保登利　紅葉集　下』『鳰鳥後撰　幸葉集大全』があるが、どちらも刊年不明である。

宝暦九年（一七五九）になると、河東節の新しい詞章集『十寸《ます》見要集《みようしゅう》』（伊勢屋吉十郎板）が出版された。これ以降、河東節の公式詞章集の板元は小松屋から伊勢屋吉十郎に移り、小松屋は新曲の正本を出すことができなくなった。河東節の代表曲《助六所縁江戸桜》は専属板元が伊勢屋吉十郎に移ってからの曲で、小松屋に助六の正本はない。

小松屋がいつまで存続していたかは不明だが、現在残る小松屋板正本の薄物正本で、表紙の右余白に「太夫直伝正本ハ　油町［丸小］山本小兵衛方ニ御座候」という一文が入ったものがある。また寄せ本の『鳰鳥後撰　幸葉集大全』にも、「江戸油町、書林豊仙堂丸屋／山本小兵衛」という書肆名がある。これは、小松屋の河東節正本の版木が山本小兵衛に移った後の出版と考えられる（吉野）。

◇**河東節寄せ本　小松屋板**

●**『丹保登利《にほとり》　紅葉集《こうようしゆう》　下《げ》』**半紙本薄物正本集・寄せ本。序文・目録なし。

曲目（内題による）

参会和曽我道行・まつのうち・みつの旦・桜つくし・京わらんべ・はうか僧かつこのだん・けんぶく五郎・五人そかの道行・とうちわ・袖とめそかみちゆき（末尾「小松屋板」）・たるいおせん道行・おせん江戸物ぐるひ・ひとへおび・きふすゑそが・丹前里神楽（末尾「はんもと小まつや」）・かたみそが（末尾「小まつ屋」）・草花つくし・助六後日心中・やわらぎそか・牛の時参りかなわ・かいづくし・天わう忍ひ・助成相撲物語・けいせい夜まち（末尾「さがみや板元」）・せいしそが・黒小袖浅黄帷子道行・せみ丸道行・せみ丸びわのだん・せみ丸鐘物かたり・袖わかば（末尾「ゆしま天神女坂下小松や」）・小もんつくし（末尾「さかい丁中嶋屋板」）・さきわけあいのやま（末尾「右者太夫直伝之しやうさし／ゆしま天神女坂下／はん元／小松屋」）

◇『丹ほ鳥大林集』（享保五年三月、小松屋刊）と共通する曲が多いが、小松屋板のほかに、さがみや、中嶋屋も含まれる。国立音楽大学附属図書館蔵（02-0005）による（吉野）。

●**『鳰鳥後撰《におどりごせん》　幸葉集大全《こうようしゆうたいぜん》』**半紙本薄物正本集。目録あり。ゆ嶋女坂小松屋（目録）。江戸通油町、書林豊仙堂丸屋／山本小兵衛（裏表紙見返し）。

表紙見返し

「春宵《しゆんしやう》の一刻《ツこく》も音曲《をんぎよく》なくんば価《あた》へ／かろからん。時勢《いまやう》。河東《かとう》の一《ト》節には。／次《ギ》ラウ携《たつさゑ》て。杖据《つえつき》。乃ゝ字《じ》に低《うなだる》より。／秘章《ひしやう》を加《くわ》へ。版行《はんかう》しむるものなり」

「然に頃日世上ニるい板多相ミへ申候河東直伝乃正本ハ／小松屋ならで外ニ無之御座候能々御吟味被成御求可被下候」

「江戸太夫河東　河丈／夕丈　三味せん　山彦源四郎」

「一流直伝正本所　こんけん／はん元　小松や伝七／喜八」

曲目（目録　カッコ内は内題）

〔一〕ほうらい（ほうらい）・四季のまひ（四気のまひ）・式三ごんかくらしゝ（式三献神楽獅子　初段）・同しのびのだん（式三献神楽獅子　忍びの段）（末尾「享保七年壬寅孟春吉辰　小松屋児枩」）・ゆきま（ゆきま　抱山宇述）（末尾「小松屋伝四郎、喜八郎板」）・ゑのしま（江の嶋　作者竹婦人）（末尾「小松屋」）・おひ引男むすび（帯曳男結　上）・同　下（内題なし）（末尾「小松屋版」）・なゝ草（七種　東花坊述）（末尾「小松屋版」）・京わらんべ（京わらんべ）（末尾「小松や板元」）・水あげてふのはづかひ（水上蝶の羽番）（末尾「小松屋版」）・まつよい（松宵）（末尾「小松屋版」）・かぶろ万ざい（かふろ万ざい　竹婦人述）

〔二〕狂女草まくら（きやう女のたん）・すみた川舟の内（すみ田川舟の内）・同　渡しもりの段（すみた川舟のうち下）（末尾「小まつや」）・ほうか僧（放下僧　同　かつこの段）・同　かつこのだん（かつこの段）・きぬた（きぬた）（末尾「小松や」）・くげおどり（公家）・けいせい請状（けいせいうけ状）・おんせんぞろへ（温泉揃）（末尾「小まつや」）・清見八けい（きよみ八景）・あふぎうり（あふきうり）・袖とめそが（そでとめそがかみゆひの段　（末尾「小松や」）・ありま筆（有馬筆　作者竹婦人）（末尾「小松屋板」）

〔三〕大和之介道行（大和助道行）・おせん道行（おせん道行）（末尾「小松屋板元」）・柱こよみ道行（柱こよみ）・江口の道行（江口のみち行）・ほうか僧道行（ほうか僧の道行）・あふぎ八けい（はん女あふぎ八景）（末尾「小松屋」）・ともへ山ふき道行（鞆絵款冬）（末尾「小松屋」）・うてなの前道行（うてなのまへみち行）（末尾「小松屋版」）・たもとの前道行（たもとのまへ道行）（末尾「小松や」）・清つら道行（きよつら道行）（末尾「小松や」）・露の前道行（露の前舟路の道行）（末尾「小松や板元」）・あけほの道行（あけほの道行）・だて姫道行（伊達姫道行）（末尾「小松や板」）

〔四〕狂女あらしょたい（狂女あらしょたい）・ひなの出つかひ（金作初瀬出端　雛の出づかひ）（末尾「小松屋板元」）・小袖もやうの段（小袖もやうの段）・酒中花（酒中花）（末尾「小松屋板元」）・水てうし（水てうし　竹婦人述）（末尾「小松屋板」）・てうちんもんつくし（紋つくし）（末尾「小松屋板」）・道中すご六（けいせい道中すご六）（末尾「小松屋」）・十郎かみすき（かみすきそが）・五郎げんぶく（けんふく五郎）（末尾「小松や板元」）・はつねむこ（はつねむこ）（末尾「小松屋」）・しかたまつ（風流しかた松）・三つのあさ（みつの旦）・桜つくし（桜つくし）・かたみをくり（かたみそが）（末尾「小まつ屋」）・なるかみ道行（なるかみの道行）（末尾「小松屋伝七郎板」）

〔五〕まつの内（まつのうち）・まつの丶ち（松ののち）・小もんつくし（小もんつくし）（末尾「小松屋板元」）・やわらきそが（やわらぎそが）・介六後日道行（助六後日心中道行）・かいつくし（かいづくし）・かなわ（丑の時参りかなわ）（末尾「小松や」）・ひとへおび（ひとゑおび）・草つくし（草花つくし）（末尾「小松や」）・か丶さぎのかし小そで（二星鵲のかしこ袖）（末尾「小松屋板元」）・そでわかば（袖わかば）（末尾「小松や」）・めいけんのまき（小かぢめいけんのまき）（末尾「小松や板」）・すもふもの語（祐成相撲物語）（末尾「小松屋板」）・そでか丶み（内題なし）・竹馬のむち（竹馬の鞭）（末尾「小松屋版」）

〔六〕袖とめそが道行（袖とめそかみちゆき）（末尾「小松屋板」）・とらかみゆひ（とらかみゆひ）・ゑざうしうり（十郎ゑそうしうり）（末尾「小松や」）・参会和そがとら少将道行（参会和曽我道行）・しのた道行（しのだつま）（末尾「小松や板」）・花かたみ（花かたみ　竹婦人）（末尾「小松屋板」）・もんつくしかごふとん（紋つくしつばさのかこ蒲団）・灸すへ岩ほのた丶みよぎ（灸すへ岩ほの畳夜着）・ひとせ川（ひとせかわ）（末尾「小松屋版」）・さとかくら（丹前里神楽）（末尾「小松屋版」）・あいの山（さきわけあいのやま）（末尾「小まつ屋」）・いなりまいり（初春いなり参り）（末尾「小松屋伝七郎板」）

◇本書も刊年不明だが、『丹保登利《にほとり》　紅葉集《こうようしゅう》　下《げ》』よりさらに後に出版されたものである。裏表紙見返しの「書林豊仙堂丸屋山本小兵衛」は小松屋の版木を継承した書店で、およそ明和年間（一七六三〜一七七七）頃の出版か。表紙見返しにある「春宵の一刻も…」ではじまる一文は、『丹ほ鳥大林集』（享保五年刊）では奥付にある。本書も、小松屋が出版した時には奥付であったものが、版木が山本小兵衛へ移ったため表紙見返しに添付したのではないか（吉野）。

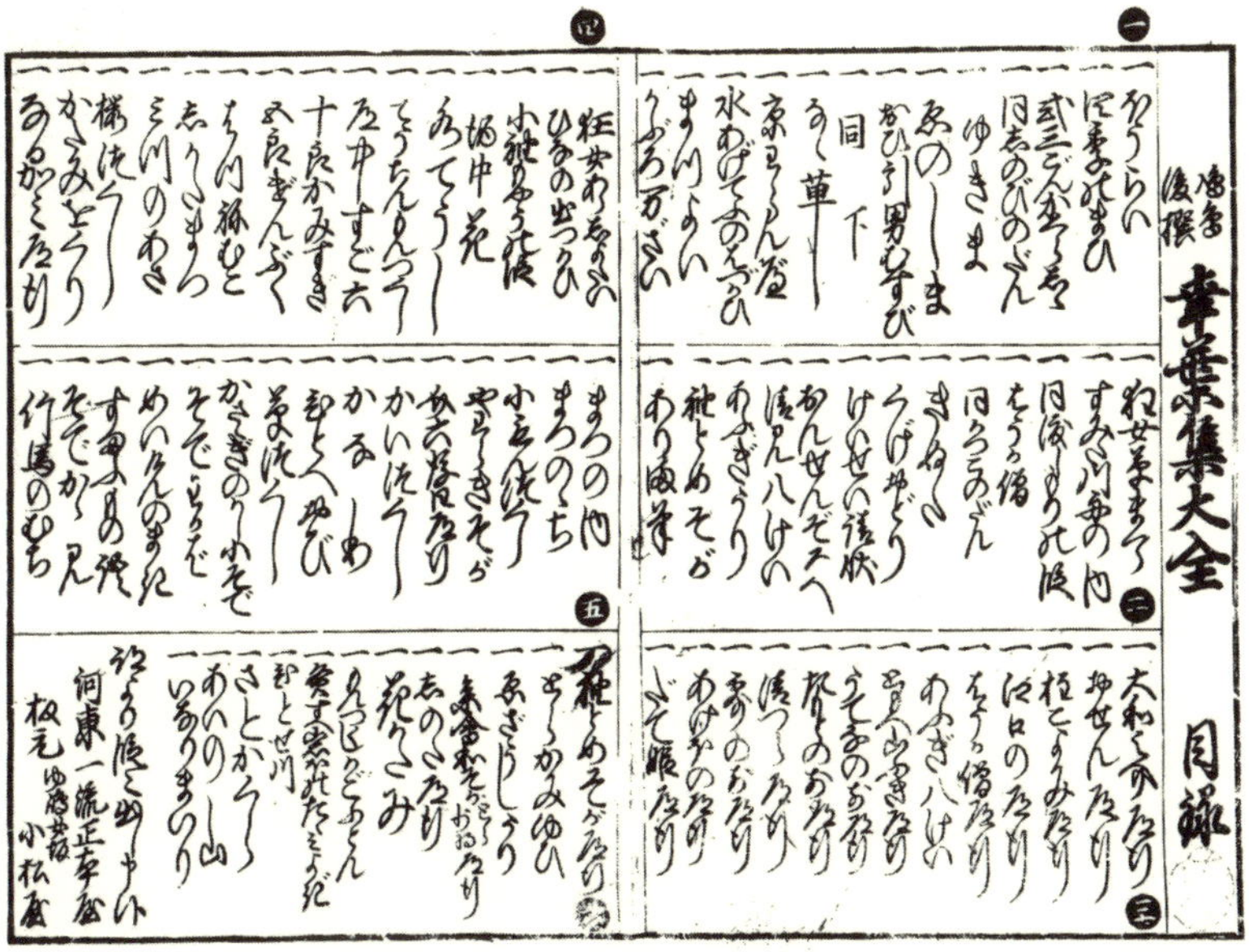

目録（国立音楽大学附属図書館蔵　02-1006）

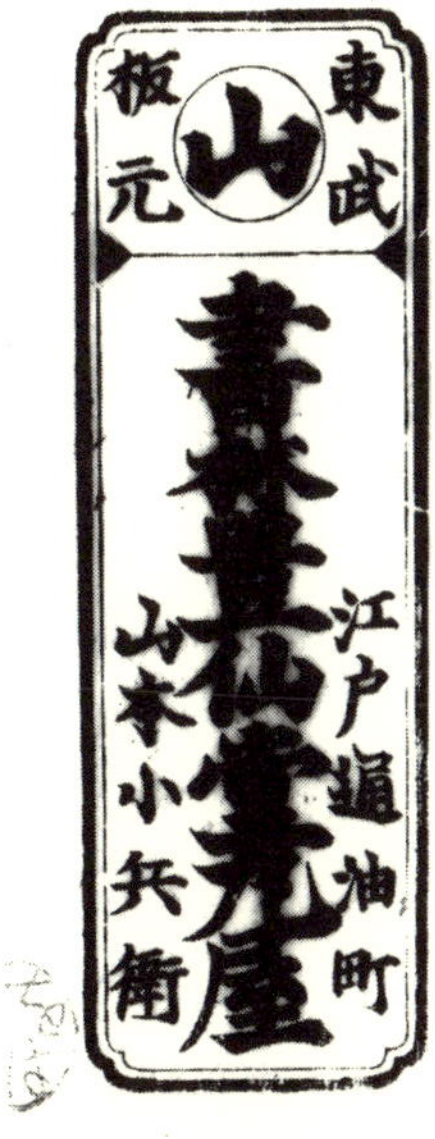

裏表紙見返し
（山本小兵衛）

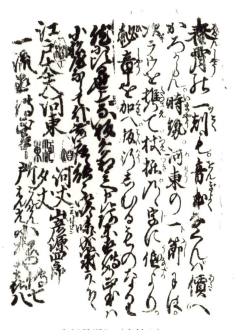

表紙見返し（小松や）

享保十一年 丙午（一七二六年）

○三月、中村座二の替り「大桜勢曽我《おおざくらいきおいそが》」第二番目**《きうすへ岩ほのたゝみよぎ》**同じく**《紋《もん》つくし翅《つばさ》のかご蒲団《ふとん》》**。《きうすへ岩ほのたゝみよぎ》の配役は、曽我十郎（沢村宗十郎）、大磯の虎（山下金作）、禿（中村小かん）。

▼「宗十郎金作。河東の浄るりにて、巌のたゝみよぎといふ外題の十郎灸すえの狂言大当り」（『歌舞妓年代記』）。

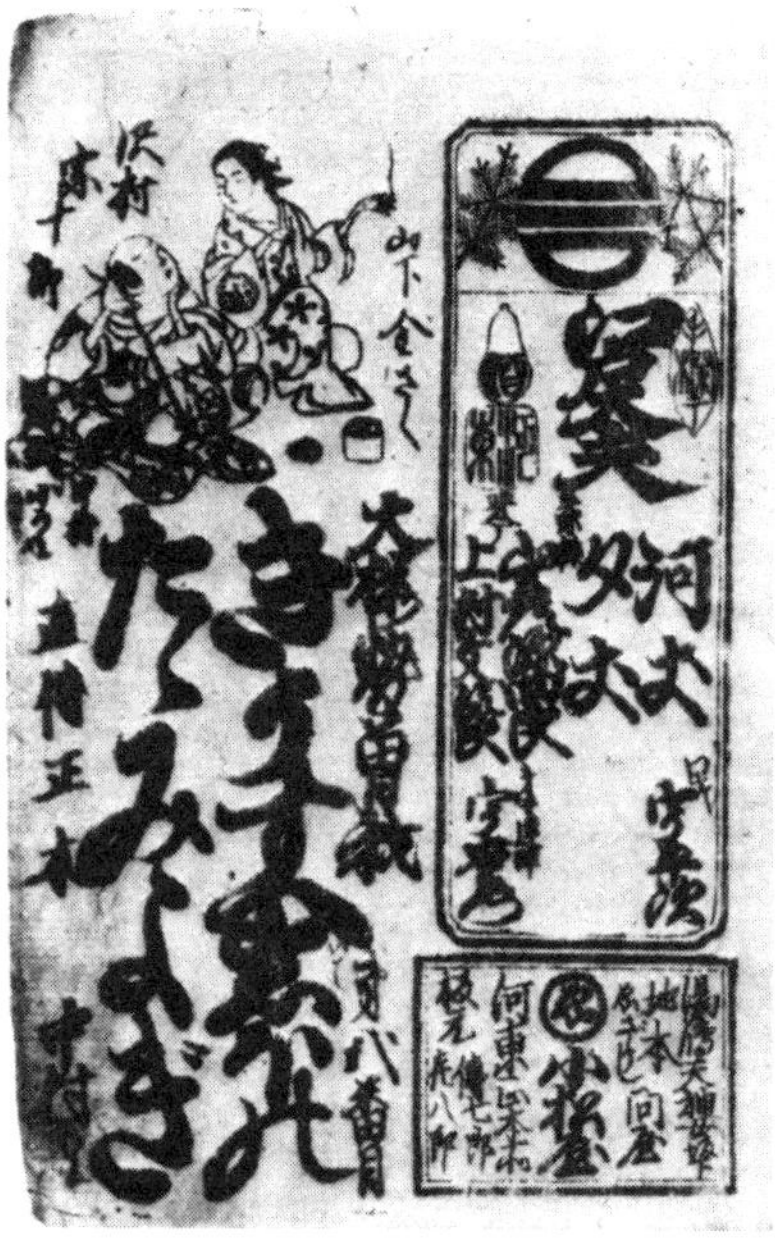

（『歌舞伎図説』第八十三図）

○初世河東一周忌追善**《河東追善《かとうついぜん》 一瀬川《ひとせがわ》》**。竹婦人作（『編年集』）。「両国橋川上にて家形船にて興行有ける、河丈夕丈両章にて三絃源四郎手付、此時夥敷貴賤群集して賑々敷事言葉に延がたし、其節は大川通り船も通りがたき程の事なり」（『根元集』）。

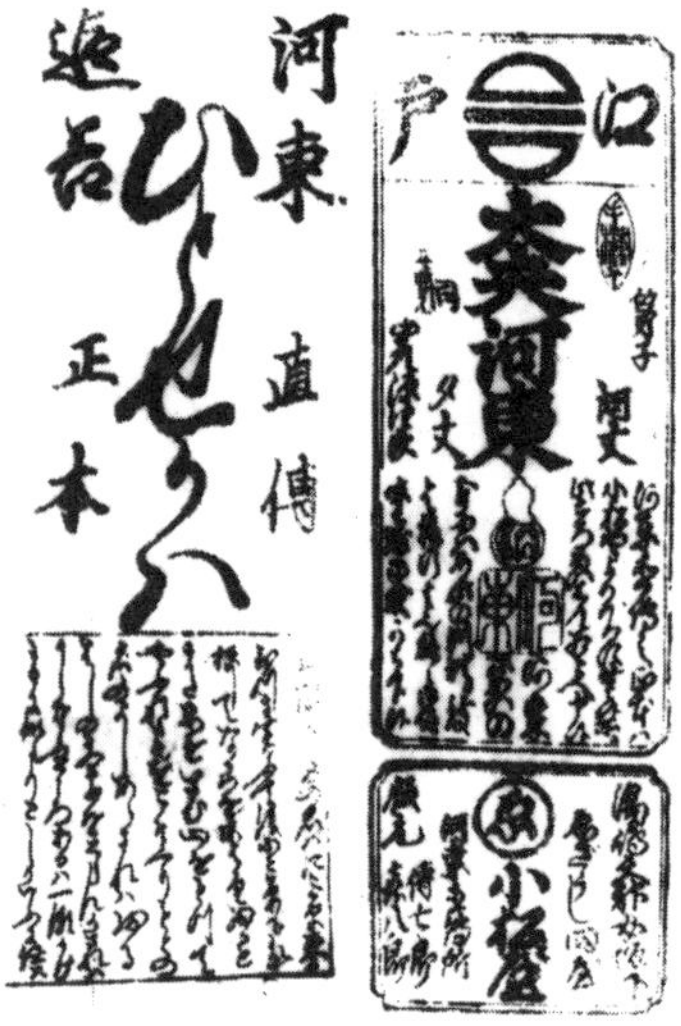

（国立音楽大学附属図書館蔵 02-0021）

享保十二年　丁未（一七二七年）

○《蕣《あさがほ》ハ一流《いちりう》の江戸《ゑと》紫《むらさき》・露《つゆ》ハ門出《かとで》の武蔵《むさし》鐙《あぶみ》　追善《ついぜん》花かたみ》「竹婦人」（正本内題下）。初世河東三回忌追善浄瑠璃。「三回忌追善は、花形身の浄瑠理、是も同所にて興行あり、賑々敷事ハ同様なり」（『根元集』）（注：前年の《一瀬川》と同じく両国橋で屋形船にて興行があった）。花かたみ、河東追善大川に出屋形舟にてかたる乾什かさくなり（『声曲類纂』）。

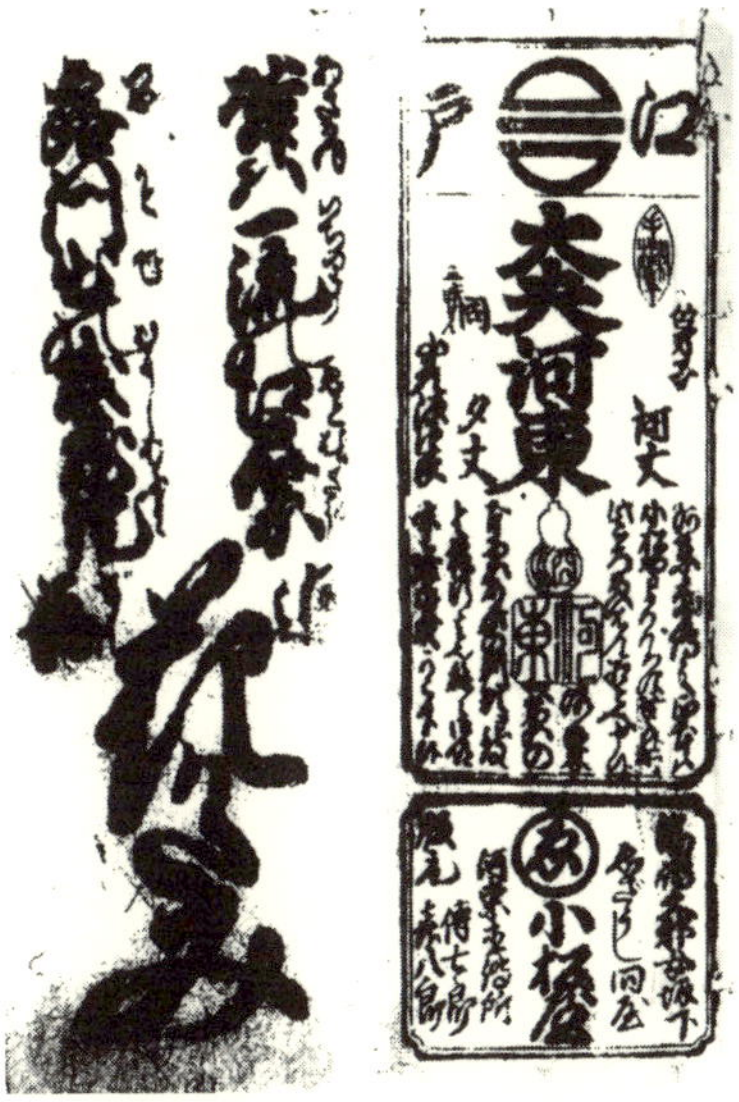

（東京藝術大学附属図書館蔵
768.44 KA86-1）

花かたみ
きんくわ一日おのつから
ゑいくわも露のやとりそ
とかたみにそてをしほ
りつゝ　さらにハもとのま
ほろしを　見はてぬ夢に
なしはてん　枕に結ふ草
とけて　花になるてふ
手向草　桔梗かるかや
師　恩
女郎花　しをんといふは
紫　苑
かの人のをしへし道に
さく花を　しらてや
あたにたをるらん

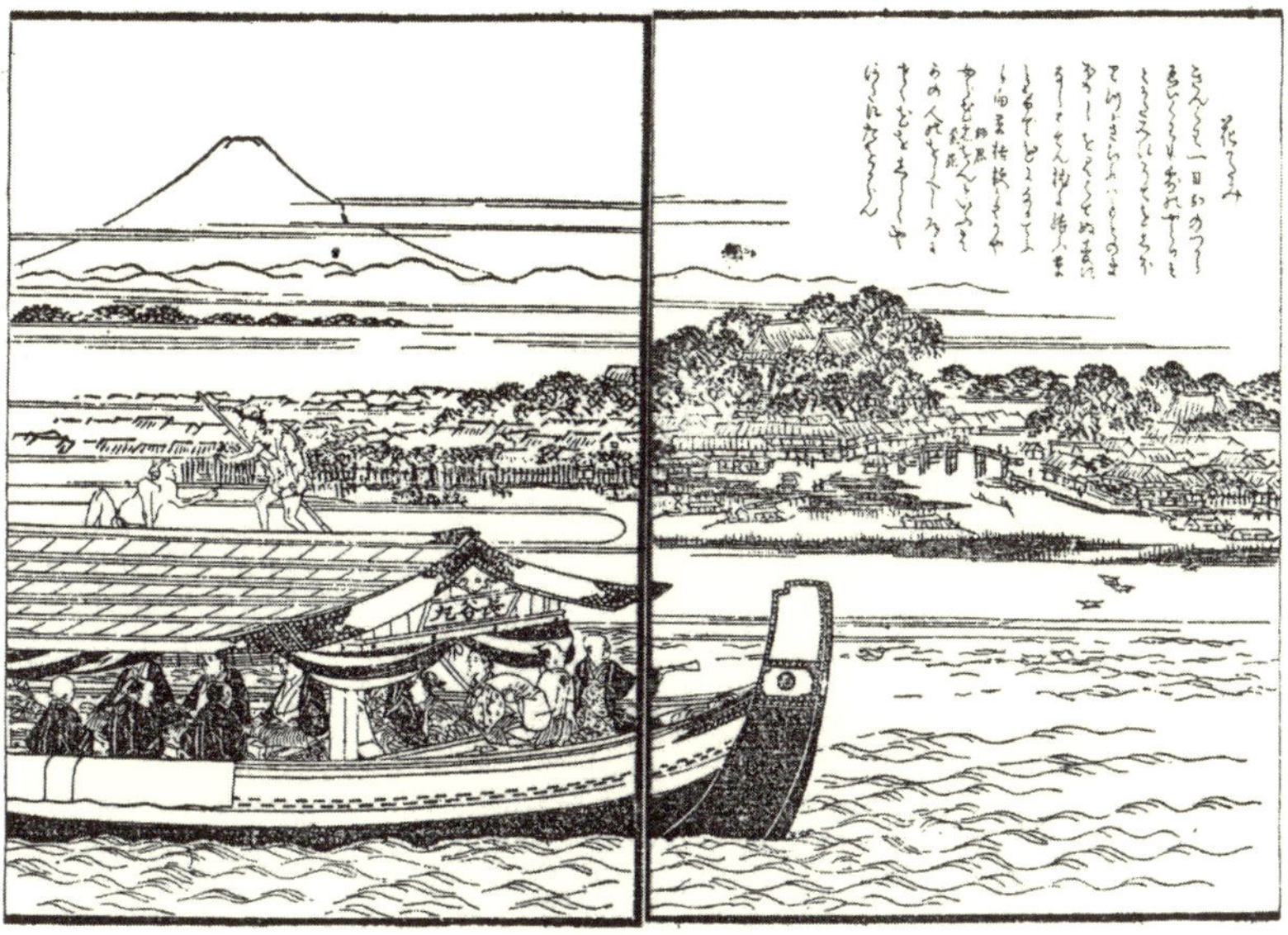
（『声曲類纂』200ページ）

享保十三年　戊申（一七二八年）

○三月刊『吉原細見』に、宇平次の名がみえる。

○正月より、中村座「曽我蓬莱山《そがほうらいさん》」第二番目《酒中花《しゆちうくわ》》。「大谷廣次三條勘太郎相勤申候」（正本表紙）。朝日奈（大谷廣次）、大磯の虎（三条勘太郎）。

▼「大谷廣治唐金茂右衛門。酒中花。江戸ぶし浄瑠理大当なり」（『歌舞妓年代記』）

（竹内道敬蔵）

ワキ	宇平治
河丈	山彦東觚
江戸太夫夕丈	山彦宇右衛門
琴	上村文治郎
山彦源四郎	

○《傾情《けいせい》　水てうし》「竹婦人述」（正本内題下）。遊女玉菊の三回忌追善浄瑠璃。

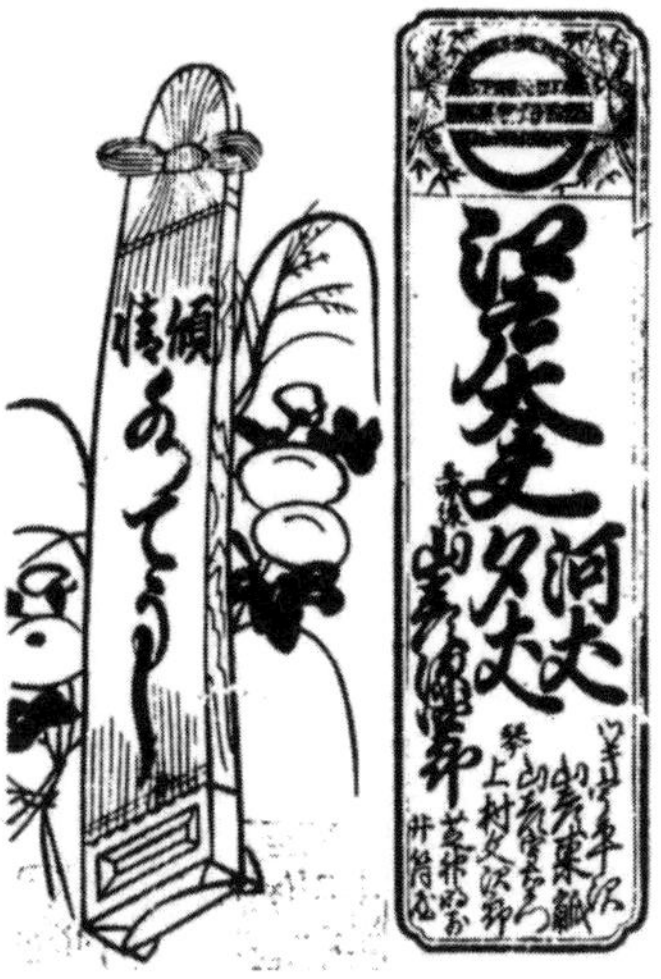

（竹内道敬蔵）

玉菊追悼の句

玉さゝをころける露の手向かな　沾耕
たまたなやなお有し世の袖をかみ　山彦
袖ぬるゝ人のまつりを盆三日　河丈
新造のうしろは秋の鵜舟かな　夕丈
くるたまのあとのまつりや星月夜　宇平次事河洲
みやこにも泣人おほくて玉まつり　三中
みしはいつ中之町市朝ほらけ　蘭洲

なおこれは、のち文政九年六月再板され、当時の句を加えたものが『もしほかい』として発行されている。以上『もしほかき』によった。

享保十四年　己酉（一七二九年）

○《年賀《ねんが》　絵蓬莱《ゑほうらい》》「竹婦人述」（正本内題下）。「河丈改太夫河東」とあり、弟子宮次、善五郎・三味線 鳥羽屋三右衛門、同三十郎の名がある。表紙ウラに「享保十四酉中秋六日耳順」とあり十九人の俳諧を収めている。

◇鳥羽屋三右衛門は河東節専属の三味線方ではなく、大薩摩主膳太夫、豊後節（宮古路豊後掾）の三味線も弾いたと伝えられる。東武専（線）太夫とも名乗る（吉野）。

江戸　河丈改　太夫　河東
弟子　宮次
善五郎
鳥羽屋三右衛門
三味線
同　三十郎

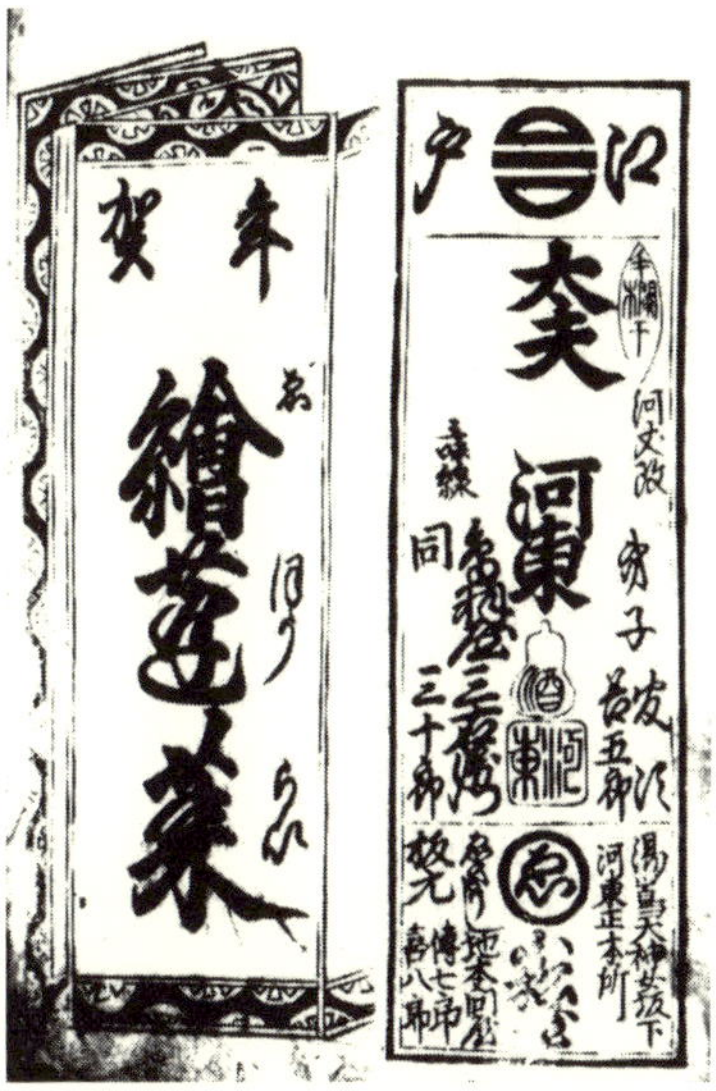

天理大学附属天理図書館蔵
『河東節二百五十年』より転載

●同じ頃か、《手欄干《しゅらんかん》》「海五述」（正本内題下）。右と同じ連名。

◇「手欄干」は初世河東の号。

天理大学附属天理図書館蔵
『河東節二百五十年』より転載

享保十五年　庚戌（一七三〇年）

○正月、市村座「年暦幼曽我《ねんれきおさなそが》」二番目《しめの内《うち》》。同下の巻《虎《とら》が石投《いしなげ》》。浄瑠璃は江戸太夫双笠。ワキは半太夫連中。

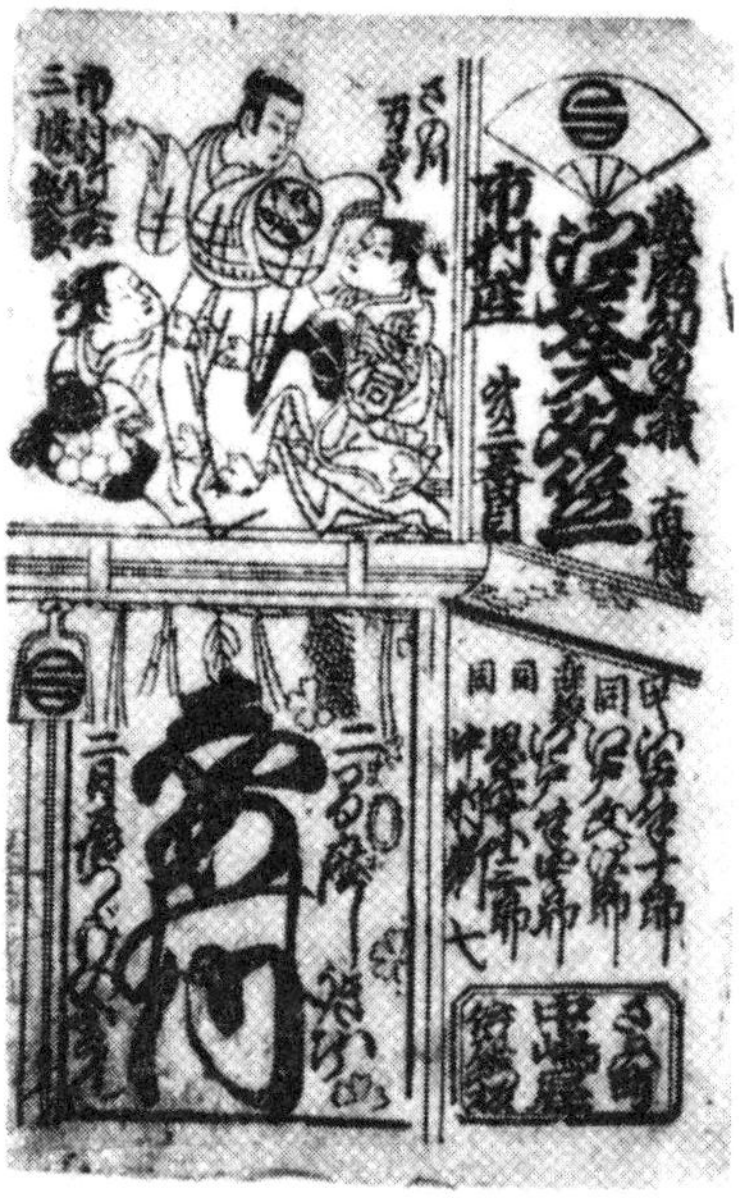

天理大学附属天理図書館蔵
『河東節二百五十年』より転載

天理大学附属天理図書館蔵
『河東節二百五十年』より転載

○七月か、市村座「年暦幼曽我《ねんれきおさなそが》」後日、「善司曽我矢立杉《ぜんじそがやたてのすぎ》」三番目《れんぼのやみ くろ小袖《こそで》道行》。ワキは半太夫連中。

▼「平の屋徳兵衛竹之丞。親久右衛門に新五郎。おはつ萬菊。心中黒小袖の道行大評判大入」（『歌舞妓評判記』）。

天理大学附属天理図書館蔵
『河東節二百五十年』より転載

ワキ　江戸半十郎
同　江戸文治郎
江戸太夫双笠
三味線　江戸半四郎
同　岡安小三郎

○八月、《**月見《つきみ》**》「海五戯書」（正本内題下）。「享保十五年　戊八月吉日」（正本末尾）。
○十月、《**十寸鏡《ますかゝみ》**》「青車述」（正本内題下）。「享保十五年　戊十月廿二日」（正本末尾）。

享保十六年　辛亥（一七三一年）

○三月刊『吉原細見』に、宇平次の名がみえる。
○正月十五日、《**糸竹《いとたけ》に乗る心よし　春《はる》の駒《こま》**》。「樽巷郎戯賦」（正本内題下）。「享保十六辛亥年正月十五日」（正本末尾）。
○二月一日より、市村座「初午青葉笛《はつむまあをばのふゑ》」第二番目《**爪櫛《つまぐし》　柳《やなぎ》の紙雛《かみびいな》**》。
◇江戸太夫藤十郎は初世河東の弟子で、前名は夕丈。この時江戸太夫藤十郎と改名し市村座に出演した。三味線は山彦源四郎、上調子として岡安新次郎が出演。なおこれが**江戸の三味線音楽における上調子の初見**とみられる。江戸太夫藤十郎はこの後、享保十八年（一七三三）、享保二十年（一七三五）、元文二年（一七三七）と、一年おきに三回市村座の正月興行に出演した。なおこの正本には弟子「十寸見藤四郎」「十寸見藤三郎」の名があるが、浄瑠璃方の弟子に「十寸見」姓を表記するのは、この時からである（吉野）。

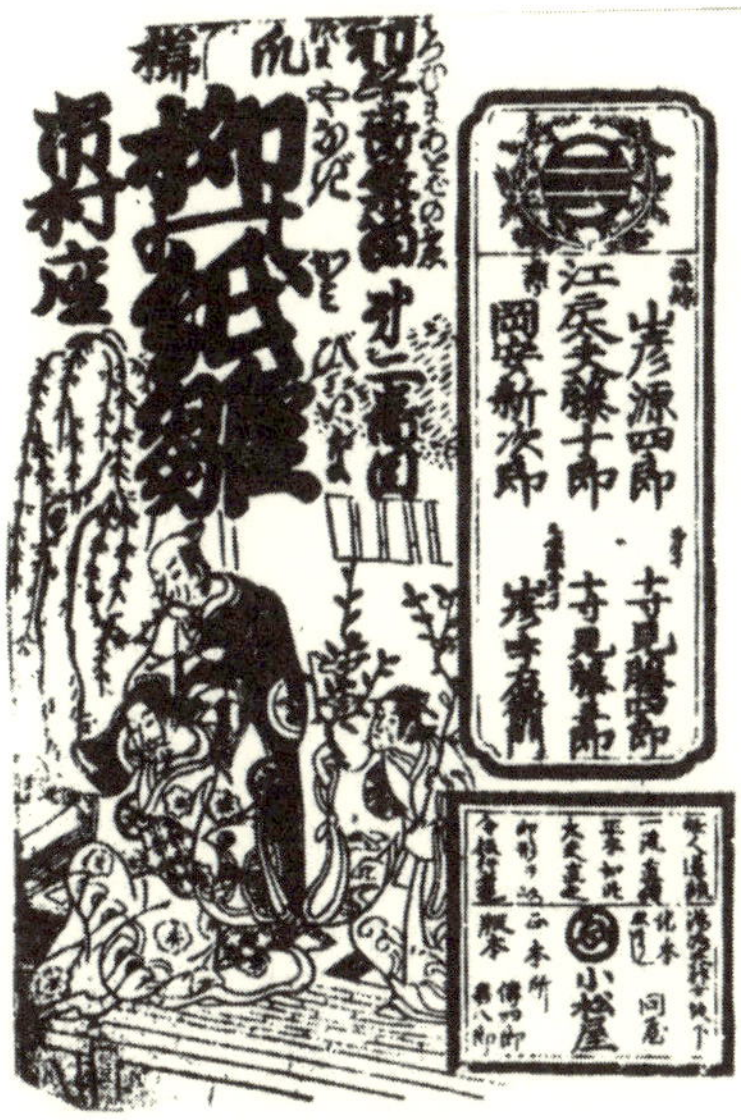

（竹内道敬蔵）

江戸太夫藤十郎
三味線　山彦源四郎　弟子　十寸見藤四郎
十寸見藤三郎
上調子　岡安新次郎　三味線弟子　山彦宇右衛門

○同右、同、第四番目《**三つ・かさね　難波笠《なにはかさ》**》。

（国立音楽大学附属図書館蔵　02-0017）

三味線　山彦源四郎
江戸太夫藤十郎
上調子　岡安新次郎
弟子
十寸見藤四郎
同
十寸見藤三郎
三味せん弟子
山彦宇右衛門

○六月二十五日、初世十寸見蘭洲（閑室蘭洲）没。今戸慶養寺中潮江院に葬る。法号智山自得居士（『編年集』）。

◇初世十寸見蘭洲は新吉原江戸町二丁目の娼家の主人で蔓蔦屋庄次郎といい、閑室蘭洲とも呼ばれた。初世河東と同じく初世江戸半太夫の門弟で、河東が半太夫から独立した時から補佐役として河東を支えた。河東節としての初の詞章集『鳰鳥』（享保四年三月刊）の連名には、江戸太夫河東の弟子として河東のワキに蘭洲の名がある。江戸中期の儒学者であり書家でもある細井広沢に師事して能書のほまれ高く、『鳰鳥』は蘭洲が筆をとっている。また『夜半楽』（享保十年四月刊）にも蘭洲の書がある（吉野）。

◇今年七月か、《**浮瀬《うかむせ》**》。「竹婦人述」（正本内題下）。「元祖河東七回忌追善浄るり」（『編年集』）。「七回忌の追善ハ、浮無瀬の浄るり、これは池の端茶屋にて興行あり、夥敷き大入にて二階落し程の事なりと言伝へし也」（『根元集』）。

（故西山吟平旧蔵）

○九月、《**夕涼《ゆふすゝみ》　大鴘《おほさかづき》**》。「享保十六年　亥　九月吉日」（正本末尾）。

○十一月、《**きのへね**》。「享保十六年　亥　十一月吉日」（正本末尾）。

享保十七年　壬子（一七三二年）

○今年刊『吉原細見』に、河丈さみせん　宇右衛門　河丈の名がみえる。

○正月、《**たからぶね**》。「泰里戯書」（正本内題下）。「享保十七子正月吉日」（正本末尾）。

○八月、『**鳰鳥新万葉集**』刊。横本。享保八年刊『鳰鳥万葉集』の続編。初版と改訂版がある。

序文

しかるに長能《ちやうのう》が言葉《ことば》にも／ふしを付《つけ》ねバ風情《ふうせい》おもしろ／からず京談《きやうだん》関東《くわんとう》可《べい》に至《いた》る／までに節《ふし》に漏《もる》る事《こと》なし／時勢《いまやう》流布《るふ》する
所《ところ》の浄瑠璃《じやうるり》の／書《しよ》たるをみるにまゝ誤《あやまり》有《あり》て／文字《もんじ》あざやかならず 灯前《とうぜん》に／見にくし 春《はる》の夜《よ》の手枕《たまくら》に／とんと落《おち》なば名《な》ハ
たゝんの仮名《かな》／をバたゝぬとほねめにたがふ／これ清濁《せいだく》のわかち分明《ふんみやう》ならじ／さきつ年《とし》より集《あつむ》る書《しよ》を／万葉集《まんゑふしう》と号出《なづけいだ》すと
いへども／猶秋風《なをあきかぜ》の落葉《をちば》多《おほ》し洩《もる》る／をひろひ綴足《つゞりたし》新《しん》万葉集と／あらため此ミちに入《い》らん初心《しよしん》／未熟《みじゆく》の稽古《けいこ》の助《たすけ》となし／世《よ》に
ひ呂《ろ》むるものならし／享保十七のとし／葉月の日

口上

▼ここには、享保八年刊の『にほとり万葉集』にある「とうざい。とうざい〱」の口上をそっくりそのまま収めてある。口上の末尾の書肆は「大伝馬町三丁目　鶴屋喜右衛門」である。

鳰鳥新万葉集目録

第一　はるこま・二　きのへね・三　たから船・四　あら所帯・五　酒中花・六　新かなわ・七　水てうし・八　新もんつくし・九　うかむせ・十　きうすへた丶みよぎ・十一　春の空・十二　桜姫の道行・十三　つい善ひとせ川・十四　吉原袖きてう・十五　小かちめいけん・十六　すけ六・十七　花かつら・十八　そがおさな草・十九　なるかみ道行・二十　袖か〻み・廿一　かつよりゑもんの姫道行・廿二　はなかたみ・廿三　かけ清道行・廿四　あたか道行・廿五　あやめ草・廿六　わん久・廿七　よいかうしん・廿八　たもとの前道行・廿九　四季のまひ・三十　竹馬のむち・卅一　はんぢょ　扇八景・卅二　咲分相の山・卅三　おせん物くるひ・卅四　京わらんべ・卅五　おんせん揃・卅六　かくらし丶・卅七　同忍びの段・卅八　新かたみおくり・卅九　天王しのび・四十　やはらき助六・四十一　有まふて・四十二　吉原八けい・四十三　かせん貝つくし・四十四　ひとへ帯・四十五　しかたまつ・四十六　たるいおせん道行・四十七　江口の道行・四十八　きやうらん草枕・四十九　ふねの内・五十　同舟のうち下の巻・五十一　まつよひ・五十二　ふみまくら・五十三　かし小袖・五十四　おなつ物くるひ・五十五　袖とめそか・五十六　袖とめ道行・五十七　里かくら・五十八　助六後日・五十九　柳のかみすき・六十　草つくし・六十一　うら嶋道行・六十二　こもんつくし・六十三　十郎かみすき・六十四　五郎けんふく・六十五　水上蝶のはつかひ・六十六　まつの内・六十七　まつの後・六十八　ほうか僧道行・六十九　同　かつこの段・七十　かなわの段・七十一　せみ丸道行・七十二　せみ丸びわの段・七十三　同かねの段・七十四　二ゐの前道行・七十五　たて姫の道行・七十六　小袖もやう・七十七　けいせい道中双六・七十八　はつねむこ・七十九　虎少将道行・八十　五人そか道行・八十一　かいつくし・八十二　てうちん紋つくし・八十三　女かみゆひ・八十四　くけあくた川・八十五　かたみそか・八十六　かたみおくり・八十七　きぬた・八十八　たなはた・八十九　里ことは・九十　こうや心中・九十一　けんふくかみすき・九十二　袖わかは・九十三　はしら暦道行・九十四　けいせい請状・九十五　黒小袖道行・九十六　大和之助道行・九十七　清つら道行・九十八　扇うり・九十九　露の前道行・百　黒木うり・百一　石なけの段・百二　すまふ物語・百三　とらかふみ・百四　三つの朝・百五　あけほの・百六　八郎わにの段・百七　老母馬上の道行・百八　かぶろまんさい・百九　しのたつま・百十　なれそめそか／千秋万歳／叶

奥付

「右之正本者此度江戸／半太夫同ク河東一チ流章／指節シ改メ秘密ノ文ン句直伝／之写シ懐中為ニ稽古本之／令ル板行者也」「御さしき上るり　筆工近藤助五郎清春」「(紋)　一流　江戸太夫　古半太夫事　坂本梁雲、さかもとりやううん、ワキ　江戸初太夫、吉太夫、（紋）江戸半太夫、（紋）江戸双笠《そうりつ》、ワキ太夫 江戸半之丞、江戸半十郎、江戸文治郎」「（紋）江戸太夫河東一流 江戸河丈、江戸夕丈、ワキ宇平次、弟子東觚」「出来売所 大伝馬町三丁目 鶴屋喜右衛門板元、いづみやごん四郎開板」

◇右は初版と思われる上野学園大学日本音楽史研究所所蔵本による。改訂版は、目録の「九十　こうや心中」「九十四　けいせい請状」「九十六　大和之助道行」「百　黒木うり」「百六　八郎わにの段」の五曲の曲名を黒く塗りつぶし、「千秋万歳　叶」を削り、「百十一　けいせいみなれさほ」「百十二　間がきの錦」「百十三　揚屋朧月絵合団扇」「百十四　杜若ゆかり丹前」「百十五　蓮生花筐」を追加する。『河東節二百五十年』所収の天理図書館蔵本は、改訂版とみられる（吉野）。

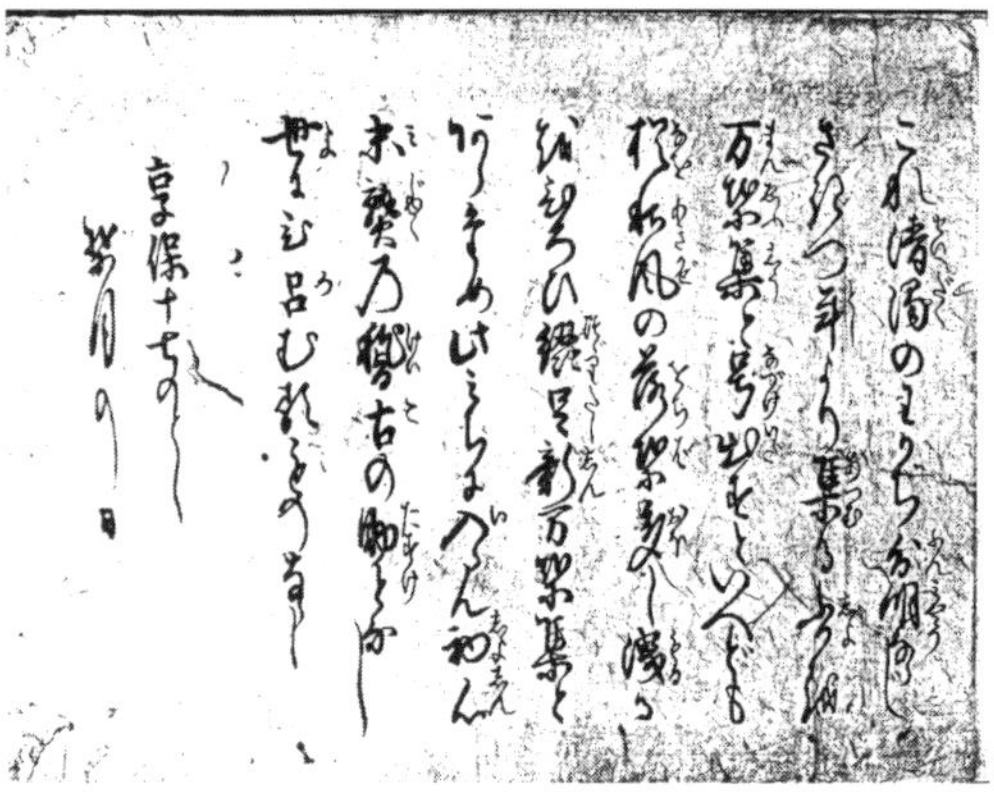

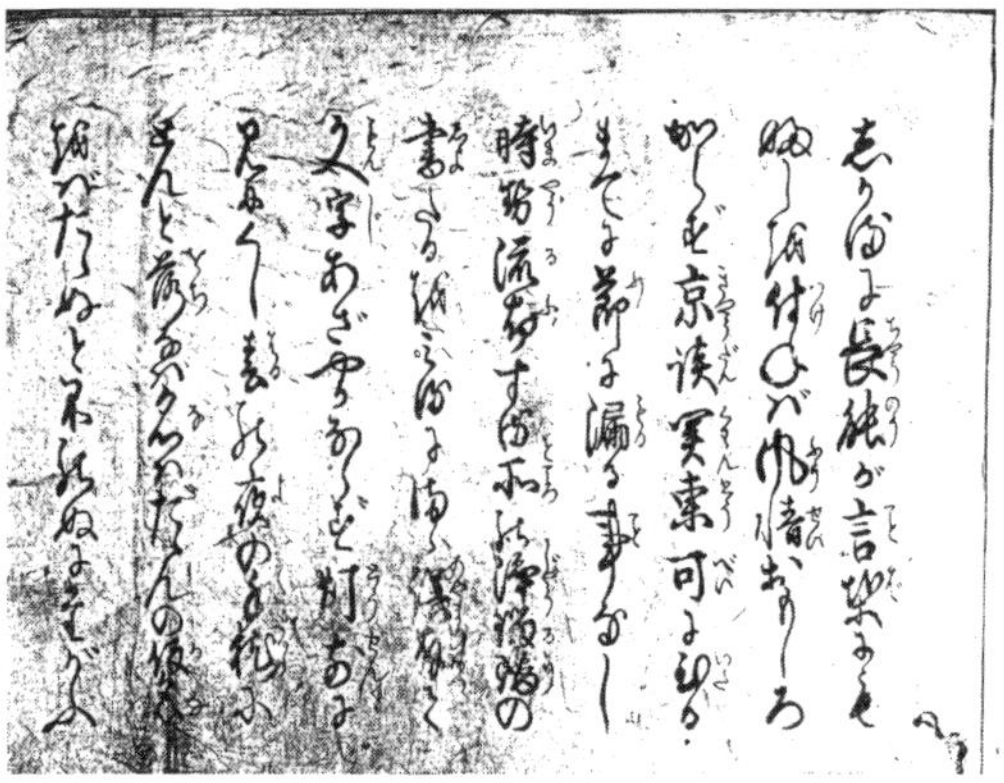

（上野学園大学日本音楽史研究所蔵）

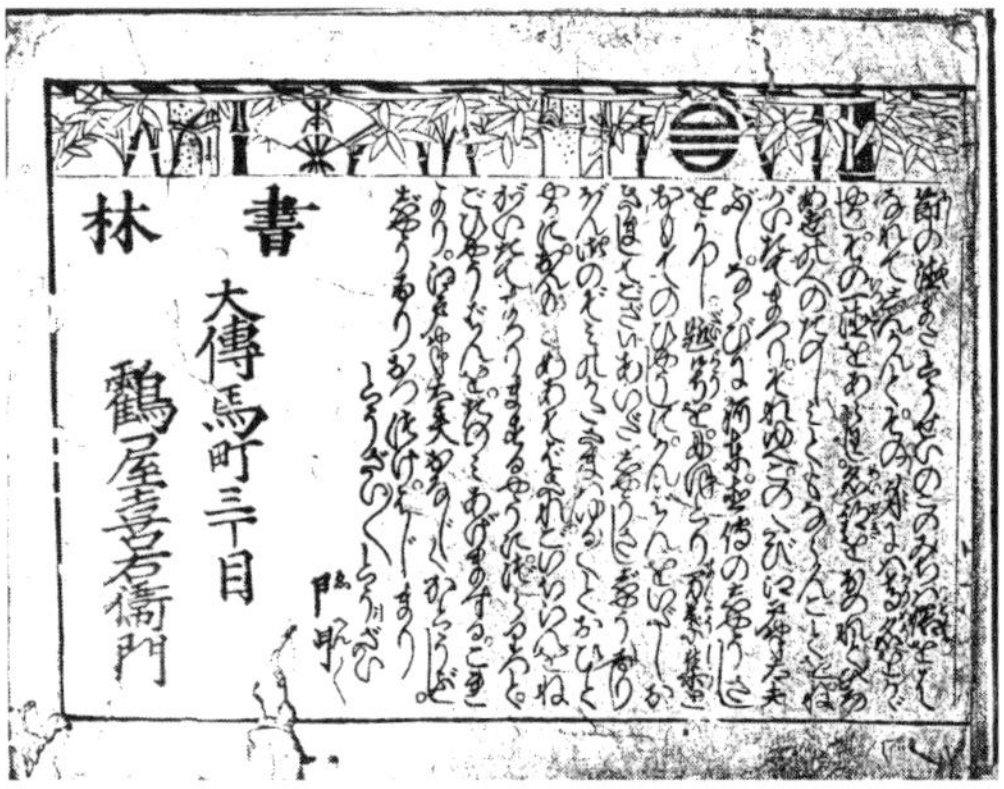

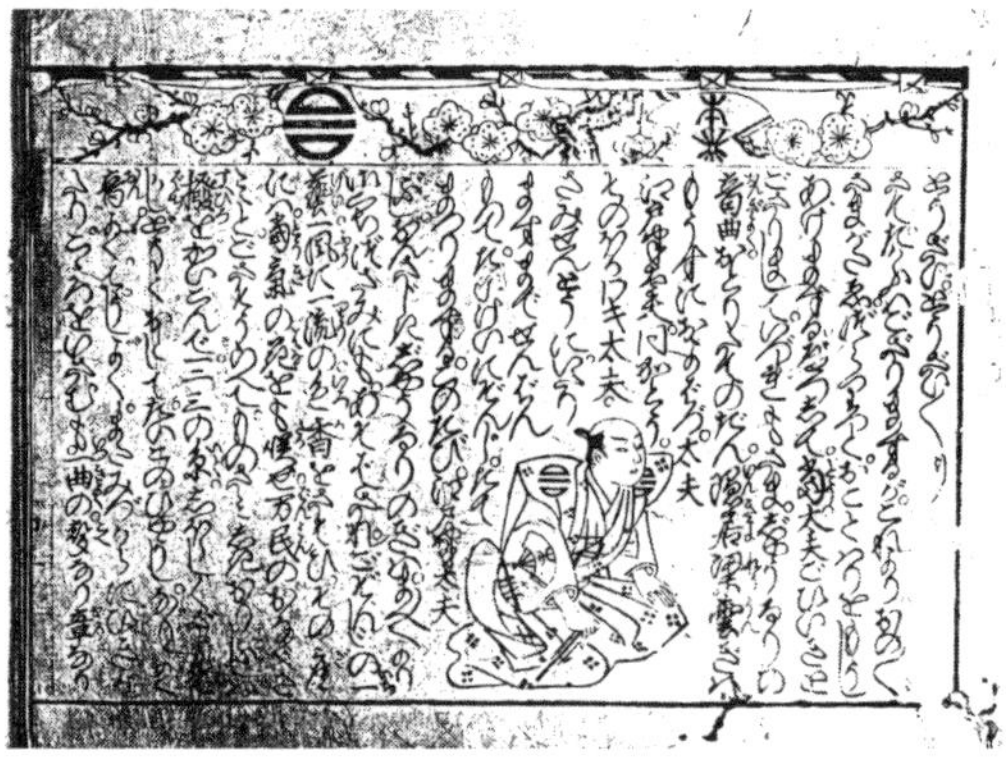

右之正本者此度江戸
半太夫同河東一流章
指節改秘密文句直傳
之写懐中為稽古本之
令板行者也
御さし記上るり筆工近藤助五郎清春

（紋）一流江戸太夫坂本梁雲《さかもとりやううん》 古半太夫事 ワキ江戸 猶太夫 吉太夫
（紋）江戸半太夫 江戸半之丞
（紋）江戸双笠 ワキ太夫 江戸半十郎 江戸文治郎

（紋）江戸太夫河東一流 江戸河丈 ワキ 宇平次 江戸夕丈弟子 東瓶

出來売所 大伝馬町三丁目 鶴屋喜右衛門板元
いづみやごん四郎開板

奥付

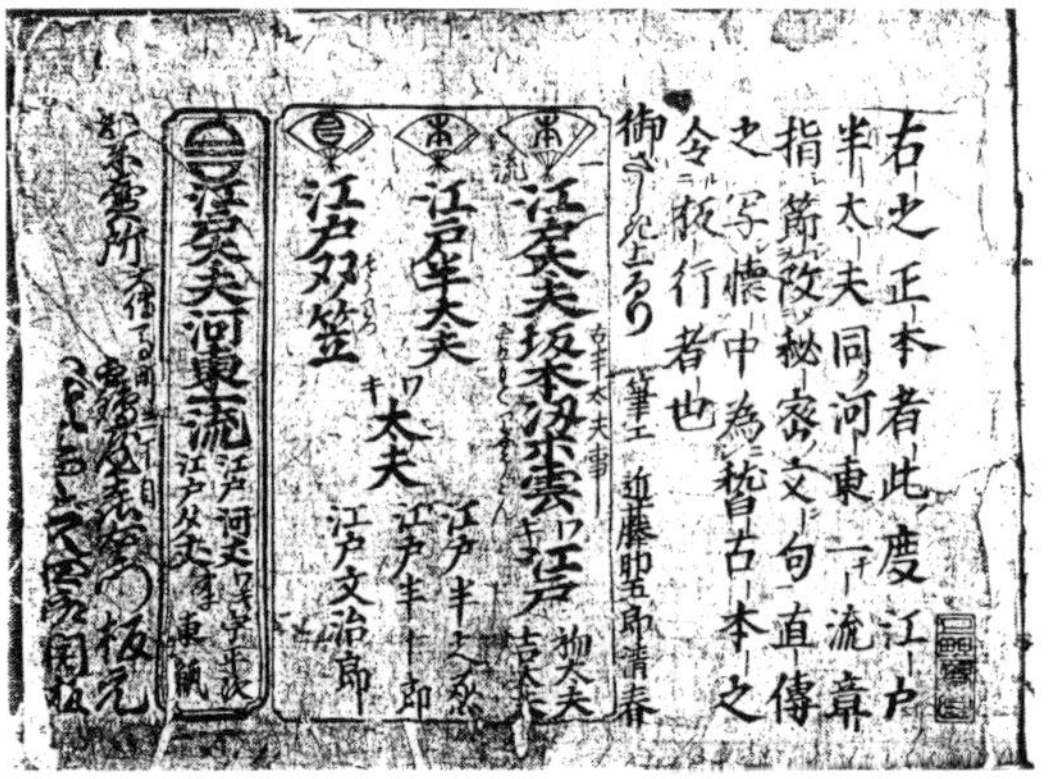

●今年十一月か、《恋慕三輪山《れんぼみわやま》》。「孤鶯戯書」（正本内題下）。「子ノ十一月吉日」（正本末尾）。

●今年十一月か、《今様《いまよう》　四季《しき》》。「海五戯書」（正本内題下）。「子十一月吉日」（正本末尾）。

享保十八年　癸丑（一七三三年）

○今年春刊『吉原細見』に、宇右衛門、河丈、平四郎、庄八の名がみえる。

○正月、市村座「英分身曽我《はなぶさふんじんそが》」第二番目《富士《ふじ》・筑波《つくは》　二重霞《ふたへかすみ》》。「狂言作者、津打治兵衛。助六（市村竹之丞）、揚巻（瀬川菊次郎）、白酒売（市川団十郎）。**助六を河東節でする始也。**」（『歌舞伎年表』）

◇江戸太夫藤十郎は、享保十六年に続きこの年も市村座の正月興行に出演。享保十六年と同じく、三味線山彦源四郎、上調子岡安新次郎（吉野）。

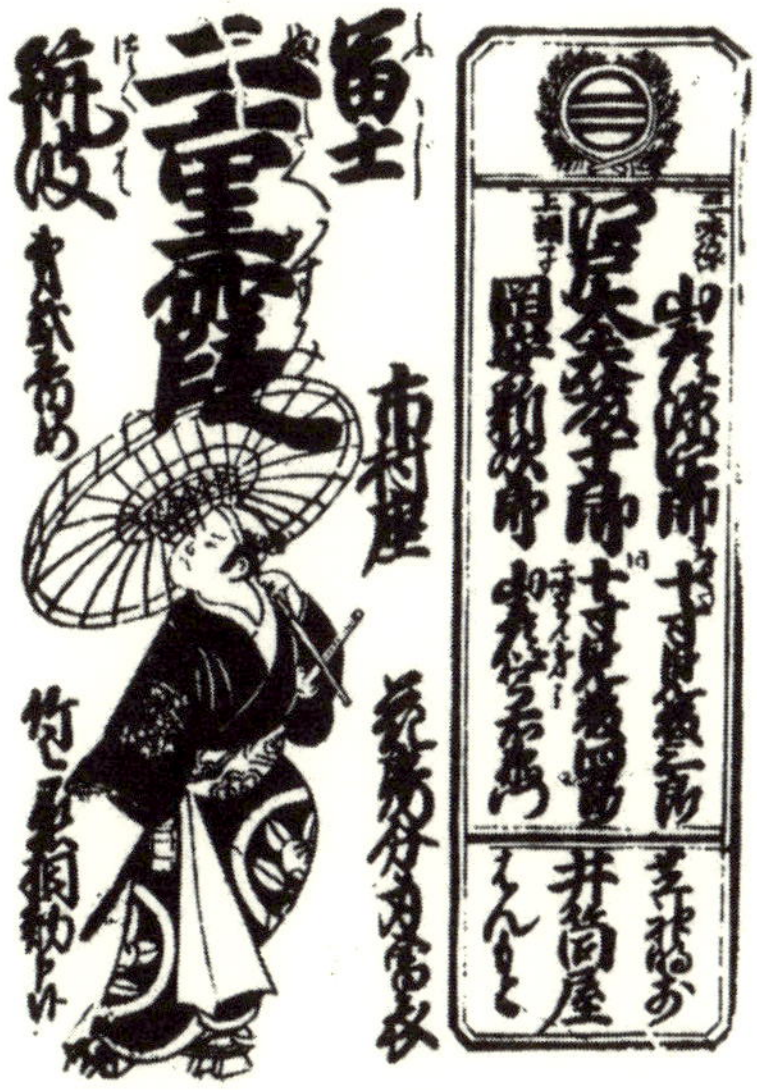

（竹内道敬蔵）

三味線　山彦源四郎
江戸太夫藤十郎
上調子　岡安新次郎
弟子　十寸見　藤三郎
同　十寸見　藤四郎
三味せん弟子　山彦　宇右衛門

○正月、《ゑほうみやけ》。「戯翁書」（内題下）。「享保十八癸丑正月吉日」（正本末尾）。

享保十九年　甲寅（一七三四年）

○今年刊『吉原細見』に、宇右衛門（河丈三味線）、河丈（宇平次事）の名がみえる。

○二月、《屋形《やかた》かくら》。「享保十九年寅二月十八日」（正本末尾）。

○三月五日、二世河東没。前名河丈。通称下駄屋庄右衛門。庄右衛門河東。妙屋紹音信士（『編年集』）。

○七月、《いの字《じ》扇《おうぎ》》。「竹婦人」（正本内題下）。「享保十九年寅七月五日」（正本末尾）。

○七月、《道行《みちゆき》　形見車《かたみぐるま》》。「享保十九年寅七月五日」（正本末尾）。

享保二十年　乙卯（一七三五年）

○今年春刊『吉原細見』に、江戸太夫河東の名がみえる。

○正月、市村座「振分髪初買曽我《ふりわけがみはつがいそが》」第二番目。《尺八《しやくはち》はつねのたからぶね》。「市川団十郎作」（正本内題下）。「はこわう　市川舛五良、あらし小い三　せりふ　尺八　よいやなぶし入り　歌中山小八、さみせん杵屋弥七」（正本表紙）。

▼「箱王丸時宗に、市川升五郎。虚無僧の出。浄瑠理。尺八初音の宝船。江戸太夫藤十郎。この狂言は先年、団十郎つとめし芸也。則団十郎鬼王にて、切落見物の中より出、中の間にあゆみ立て、うたひづくしの誉ことば大評判。是三升自作にて、江戸中いひはやす」（『歌舞妓年代記』）。

江戸太夫藤十郎
さみせん　山彦源四郎　十寸見藤四郎
弟子　同　藤次郎
上てうし　山彦宇右衛門　同　藤蔵

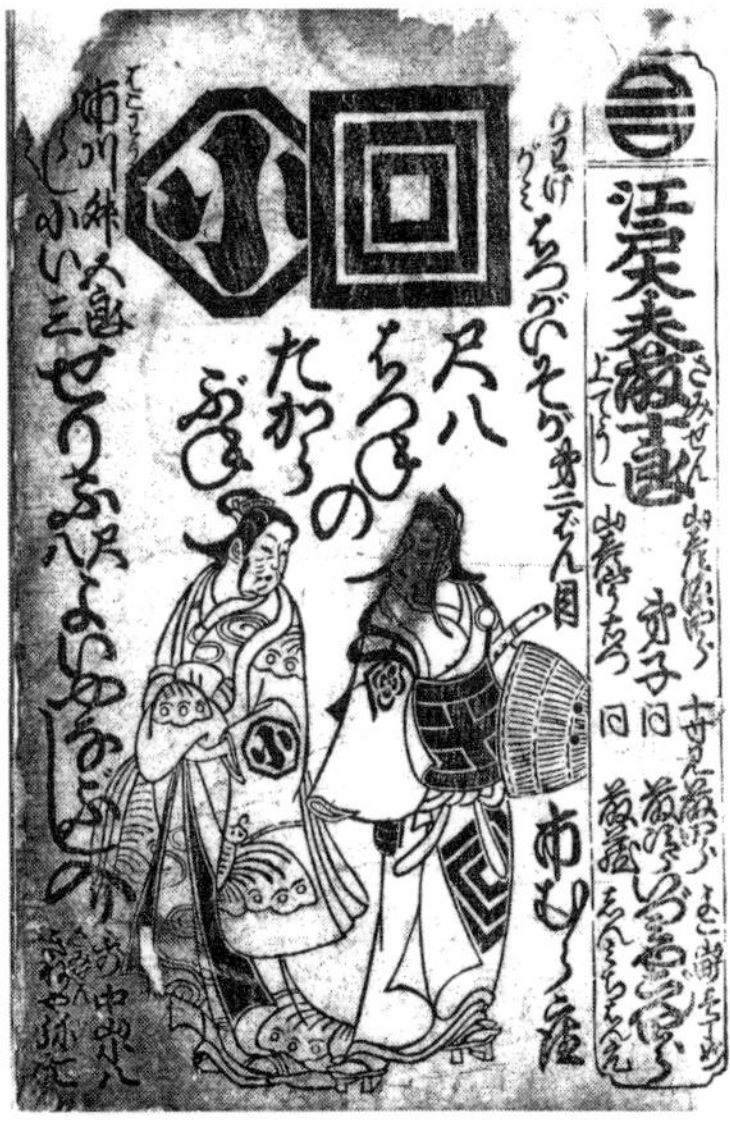

（竹内道敬蔵）

元文一年　丙辰（一七三六年）〈四月廿八日改元〉

○正月、中村座「遊君鎧曽我《ゆうくんよろいそが》」大詰《明烏《あけからす》くぜつのまくら》。梅の由兵衛（沢村宗十郎）。

▼「五幕目の放れに、沢村宗十郎の梅の由兵衛の男伊達大当り。（中略）此狂言の詰に「明烏口説ノ枕」といふ上るり、江戸太夫双笠、江戸半十郎大当り。揚羽の蝶吉は三条勘太郎也」（『歌舞伎年表』）。

（竹内道敬蔵）

江戸半十郎　古笠
江戸太夫双笠
千笠
荒木喜兵衛　花笠
三味線　中村新七　双羽

○正月、《はるのふみ》。「享保廿一年辰正月吉日」（正本末尾）。

元文二年　丁巳（一七三七年）

○正月、《筆初《ふではじめ》　赫家姫《かくやひめ》》。「元文二年丁巳正月」（正本末尾）。

○二月、市村座「今昔俤曽我《いまはむかしおもかげそが》」第二番目《品定《しなさだめ》間垣《まかき》の錦《にしき》》。島のかん左衛門（沢村宗十郎）、金五郎女ぼう（嵐宇源太）、三うらのかたかい（姉川千代三郎）。

▼「二ばんめ江戸太夫藤十浄るり。品定間垣錦。宗十郎、姉川千代三所作」（『歌舞伎年代記』）。左のいつみ屋ごん四郎板正本（写本）にある「喜代三」は姉川千代三の誤りか。

（東京藝術大学附属図書館蔵　768.44 KA86-3）

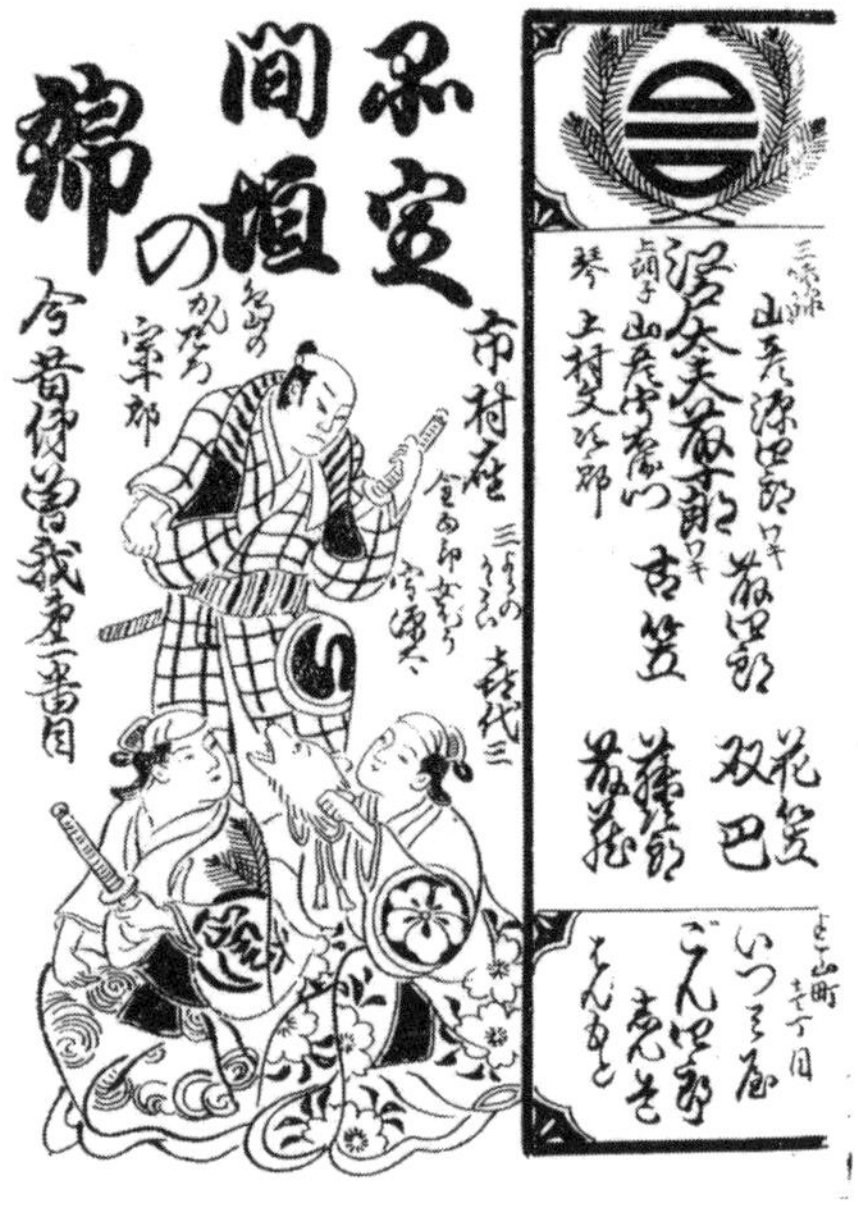

『編年集』掲載の写本

三味線　山彦源四郎　　弟子　藤四郎
江戸太夫藤十郎
上調子　山彦宇右衛門　　同　藤次郎
琴　杵屋文次郎　　同　藤蔵

○三月、河原崎座「婚礼隅田川《こんれいすみだがわ》」第二番目《**御所塗笠《ごしよのぬりがさ》・野上抱帯《のかみのかゝへおび》 濡浴衣地主《ぬれゆかたぢしゆ》の桜《さくら》**》。

○五月、市村座。「江戸太夫双笠浄るりにて《**結髪翡翠《ゆいがみひすい》ノ柳《のやなぎ》**》。この狂言秋まで大入大当り也」(『歌舞妓年代記』)。なお『根元集』には藤十郎の出演とある。正本未見のため、どちらとも決定できない。

○七月二十日、《**追善《ついぜん》　夢《ゆめ》の秌《あき》**》。初世河東十三回忌浄瑠璃。「元文二年　巳　夷側廿日」(正本末尾)。

▼「夷側」とは陰暦七月の異称。

(東京藝術大学附属図書館蔵　768.44 KA86-2)

江戸						
大夫河東						
弟子 沙洲	金治	河洲	弟子 善五郎	東也		三味線　十寸見東觚

[江戸太夫藤十郎作　成立年代不明の曲]

以下の三曲は、江戸太夫藤十郎(二世、前名夕丈)の曲で成立年代不明。《恋《こい》の題《だい》　かさねすゞり》《ひよみのとり》は、『編年集』の元文二年の項の最後に「二代藤十郎節附年代未詳部」として掲載。江戸太夫藤十郎の歌舞伎出演は元文二年が最後で、その後門弟の東佐に三世藤十郎を譲り、剃髪して清海栄軒と号し、晩年は松浦家に医師として召し抱えられたという(『編年集』)。

●《**恋《こひ》の題《だい》　かさねすゞり**》江戸太夫双笠、江戸太夫藤十郎の連名で、それぞれの弟子の名がある。正本末尾にも「江戸太夫双笠」「江戸太夫藤十郎」とある。

（東京藝術大学附属図書館蔵　768.44 KA86-2）

●《おんど山》

◇右の《恋《こい》の題《だい》　かさねすゞり》と同じ「いづみやごん四郎」板の正本あり。表紙はなく本文のみ。末尾に「江戸太夫双笠」「江戸太夫藤十郎」「はんもと　よこ山町壱丁目しん道　いづみやごん四郎」とある。

●《ひよみのとり》

元文三年　戊午（一七三八年）

○十一月、市村座顔見世番付。

浄瑠璃江戸太夫双笠
ワキ 夕丈　ワキ 古笠
同 花笠　同 双巴　同 井爪
三味線 山彦源四郎　同 宇右衛門

元文四年　己未（一七三九年）

○二月、市村座「初髻通曽我《はつもとゆひかよいそが》」第二番目《**けいせい水馴棹《みなれさほ》せんべい紋《もん》づくし**》。五郎（三世市川団十郎）、十郎（八世市村宇左衛門）、化粧坂の少将（瀧中哥川、後の二世沢村宗十郎）、大磯の虎（玉沢才次郎）。

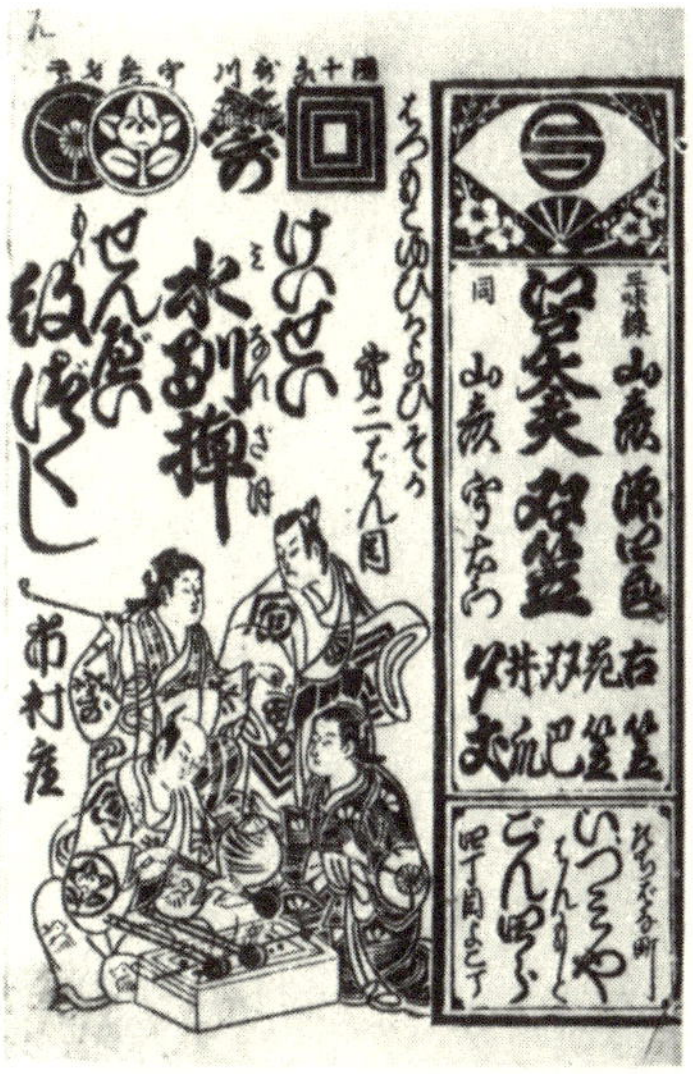

（『歌舞伎図説』第三一七図）

三味線　山彦源四郎
同　山彦宇右衛門
江戸太夫双笠
古笠
花笠
双巴
井爪
夕丈

○三月、市村座「初髻通曽我《はつもとゆいかよいそが》」第三番目《**杜若縁丹前《かきつはたゆかりのたんぜん》**》。「作者藤本斗文」（正本内題下）。白酒うり新兵衛（八世市村宇左衛門）の出端の浄瑠璃。『歌舞伎図説』第三一八図も同じ。

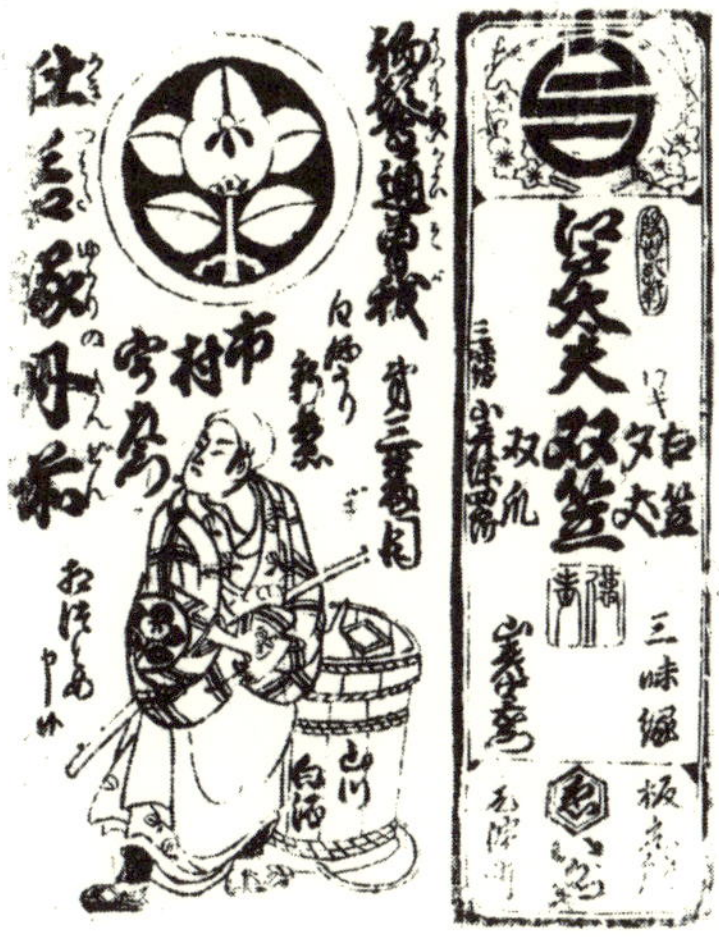

（東京藝術大学附属図書館蔵
768.44 KA86-2）

ワキ　古笠
夕丈
双爪
江戸太夫双笠
三味線　山彦源四郎
三味線　山彦宇右衛門

●この頃か、《結之神《むすぶのかみ》》。

◇『日本歌謡集成』に「享保十六年カ」とあるのは誤り。初世河東の弟子の「夕丈」は、享保十六年に「江戸太夫藤十郎」として独立し、市村座に出演した。この夕丈は、「夕丈」または「江戸太夫夕丈」であり、「十寸見」姓は名乗っていない。《結之神》の「十寸見夕丈」は、右の《杜若縁丹前》で江戸太夫双笠のワキをつとめる夕丈（二代目か）と考える。また左の正本の板元は「たちばな町四丁目　いづみやごん四郎」（和泉屋権四郎）で、この板元は享保頃から市村座の芝居番付を出している。板元の住所は、享保年間は「横山町一丁目新道」、元文五年（一七四〇）四月から「たちばな丁四丁目」に移転している。板元の年代からも、享保十六年でないことは明らかである（吉野）。

（東京藝術大学附属図書館蔵　768.44 KA86-1）

三味線　山彦　源四郎
十寸見夕丈
上調子　山彦宇右衛門

三味線
孫四郎
藤次郎
藤　藏
藤三郎
勘四郎

元文五年　庚申（一七四〇年）

○二月、中村座「姫飾錦曽我《ひめかざりにしきそが》」第二番目《御匂油《おんにほひのあぶら》・款冬夜《やまぶきのよる》梳櫛《すきくし》男《おとこの》黒髪《くろかみ》》。沢村宗十郎、瀬川菊次郎（役名未詳）。

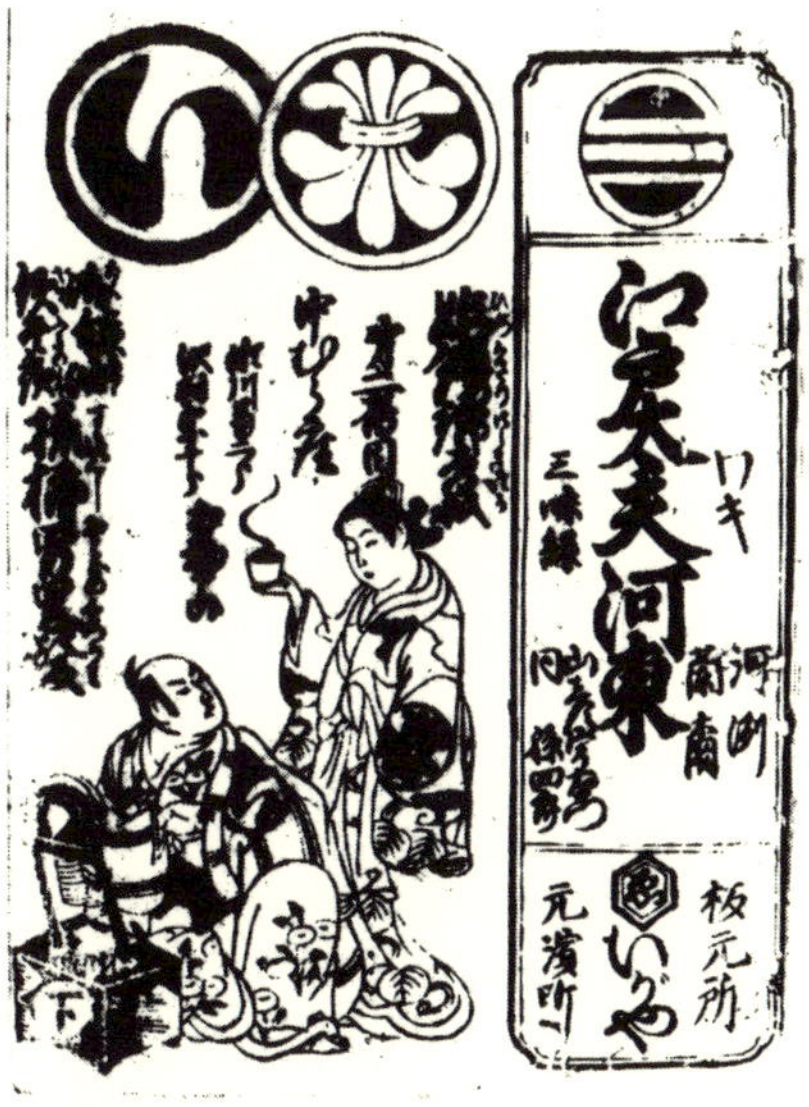

（東京藝術大学附属図書館蔵　768.44 KA86-2）

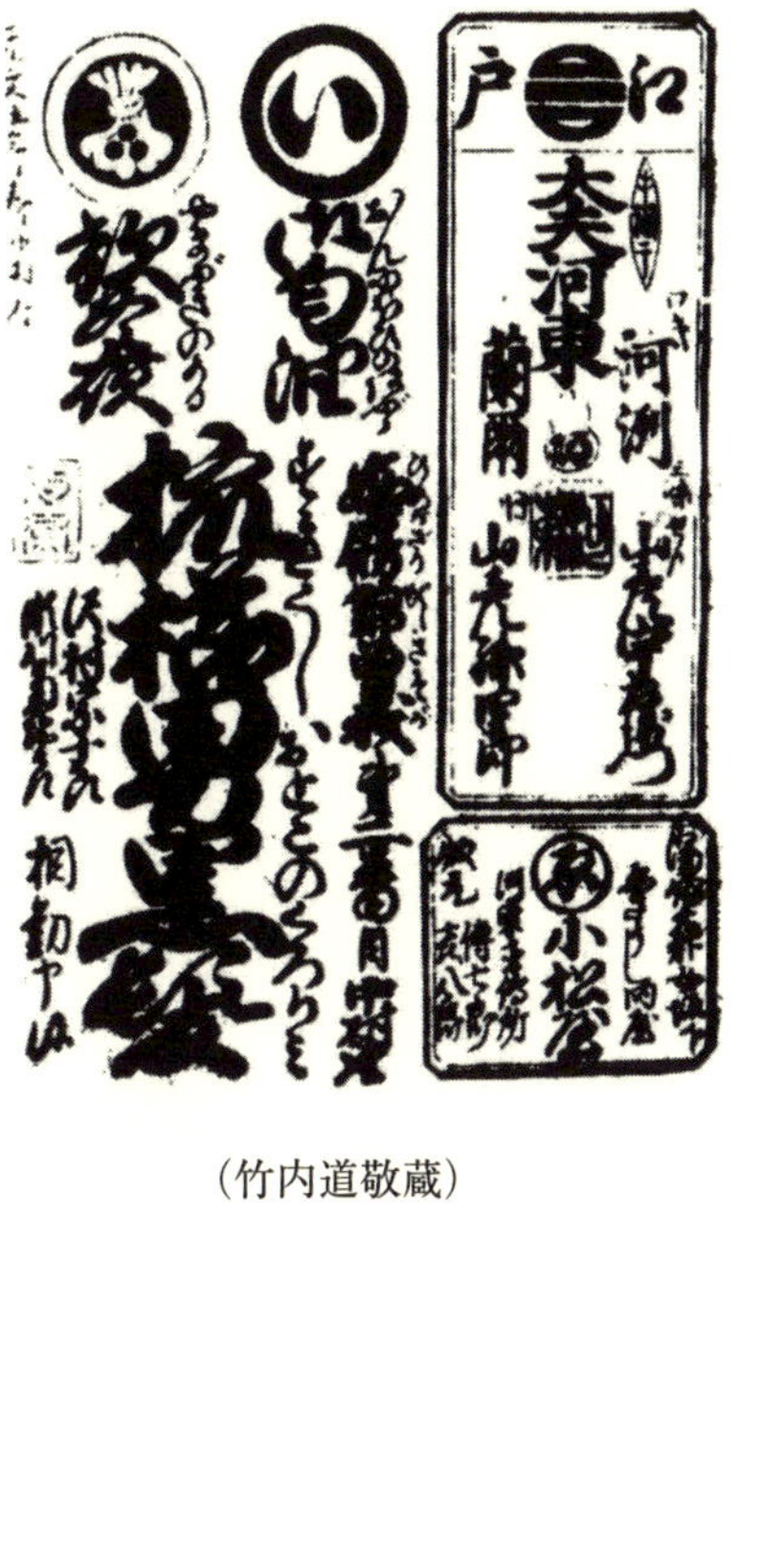

（竹内道敬蔵）

○同右、同、第二番目《梅枕《むめまくら》くぜつの鶏《にわとり》》。中村七三郎、瀬川菊次郎、山本京四郎（役名未詳）。

（東京藝術大学附属図書館蔵　768.44 KA86-1）

（竹内道敬蔵）

▼小松屋板正本は、末尾に「元文五年申年二月日」とある。

○二月、市村座「姿視隅田川《すがたみすみだがわ》」第二番目**《有馬山《ありまやま》湯女《ゆな》の巻筆《まきふで》》**。吉田少将（八世市村宇左衛門）、湯女おふじ（富沢門太郎）。

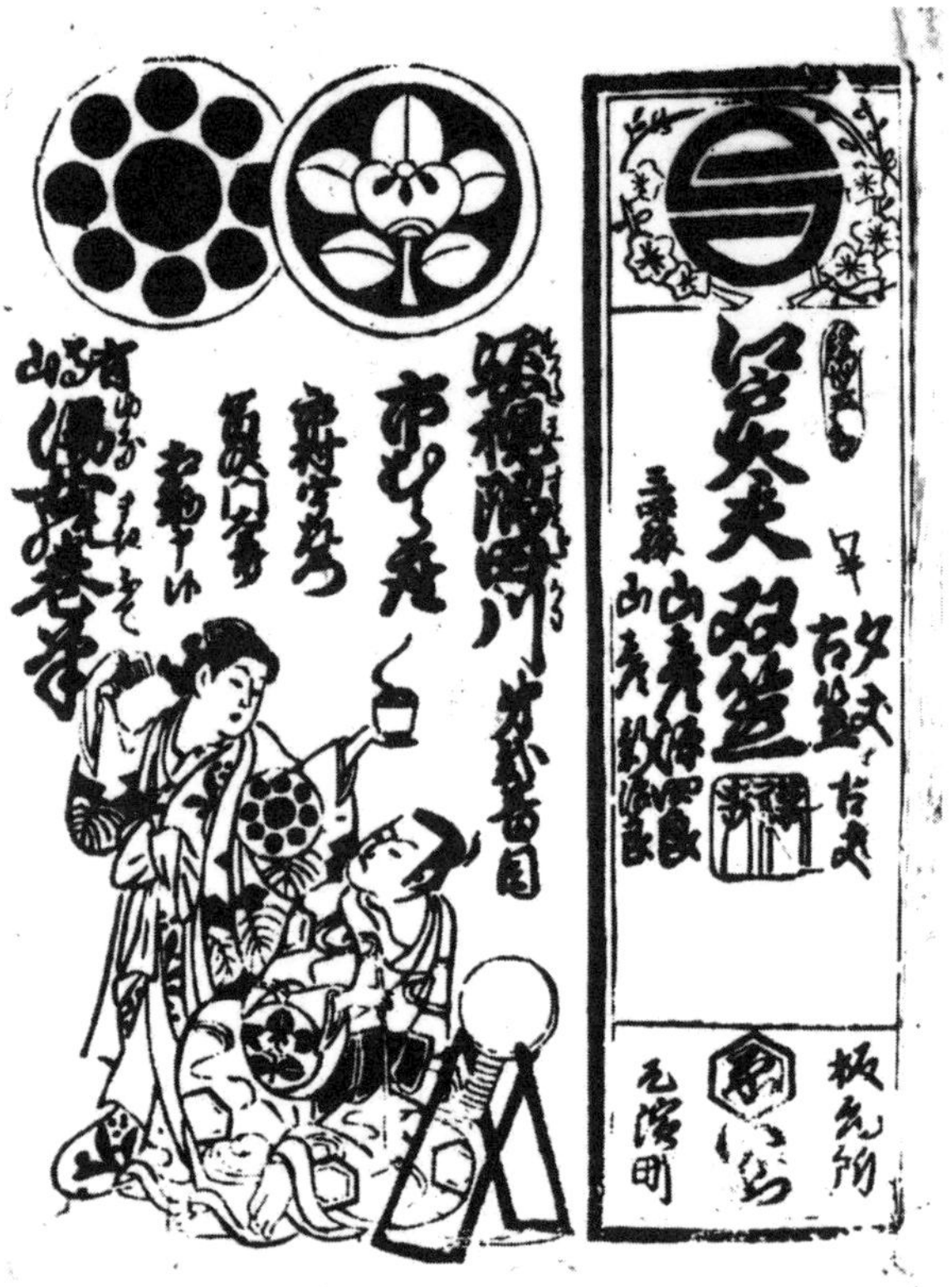

（東京藝術大学附属図書館蔵　768.44 KA86-2）

夕丈　古丈
ワキ　古笠
江戸太夫双笠
三味線　山彦源四郎
山彦新治郎

寛保元年　辛酉（一七四一年）〈二月廿七日改元〉

○今年春刊『吉原細見』に江戸太夫河東の名がみえる。

○正月、河原崎座「若《わか》緑《みとり》七《なゝ》種《くさの》寿《ことふき》」第三番目《**相《あい》宿《やとり》情《なさけの》玉《たま》つばき**》。岸田のもんど（沢村春五郎）、三條勘太郎、嵐喜代十郎。

▼江戸太夫古笠は江戸太夫双笠の弟子。紋は双笠と同じ。

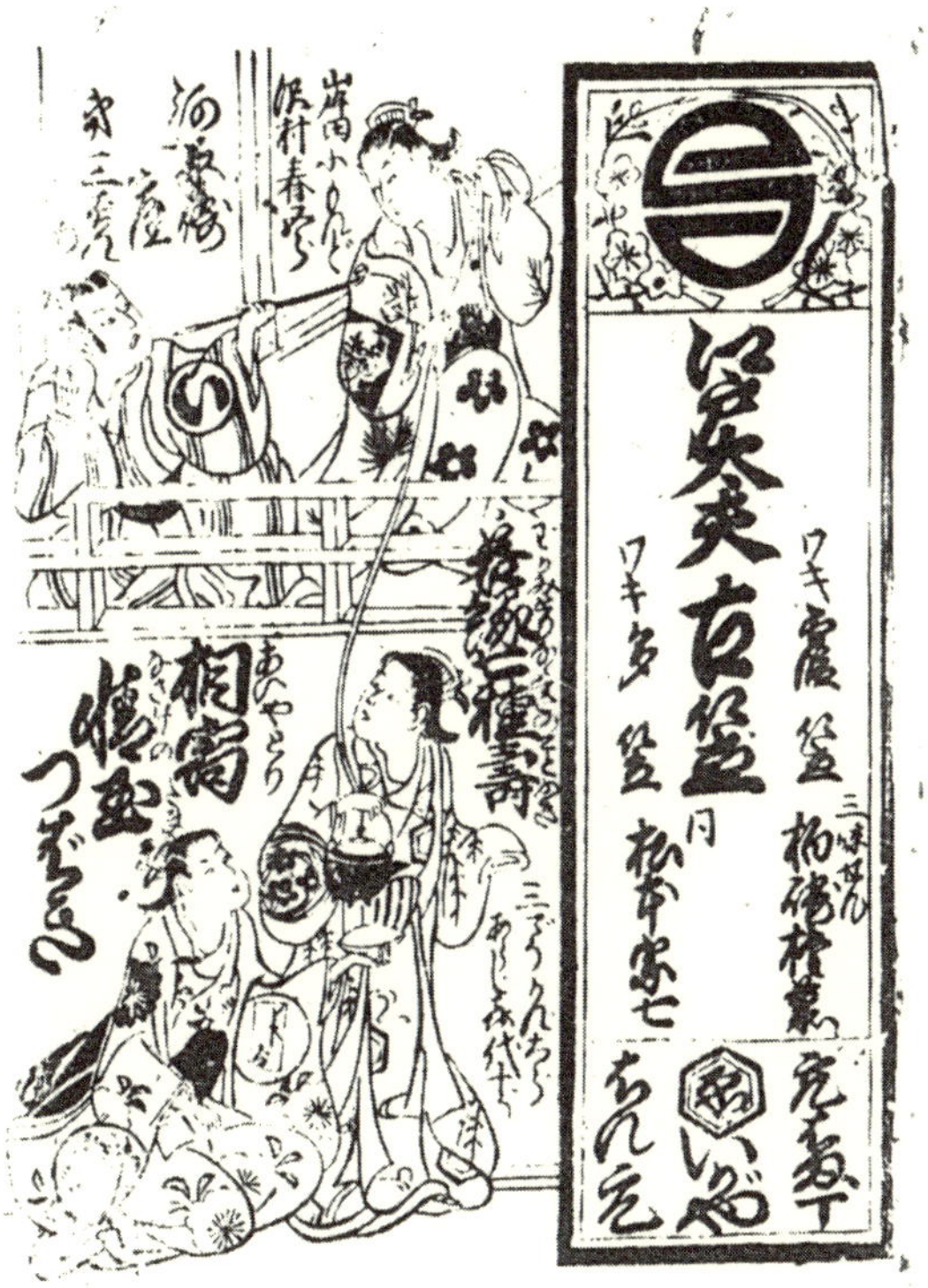

（『日本歌謡集成』巻十一、157ページ）

江戸太夫古笠
ワキ　霞笠
ワキ　多笠
三味せん　柏崎権兵衛
同　松本宗七

寛保二年　壬戌（一七四二年）

○正月、中村座「娘曽我凱陣八嶋《むすめそがかいじんやしま》」第二番目**《乱髪夜編笠《みだれかみよるのあみがさ》》**。八百屋お七（中村富十郎）、小姓吉三（佐野川市松）、嵐音八。

▼《乱髪夜編笠》は安永三年（一七七四）二月森田座で再演。八百屋お七（中村富十郎）、小姓吉三（中村のしほ）。

（竹内道敬蔵）

ワキ　十寸見河洲　十寸見蘭示　十寸見佽丈
江戸太夫河東直伝
三味線　山彦源四郎　山彦孫四郎
上調子　山彦宇右衛門　山彦河良

○二月より、河原崎座「紅白和曽我《こうはくやわらぎそが》」第三番目**《髪梳《かみすき》ゑもん作》**。中村七三郎、辰岡久菊。

（東京藝術大学附属図書館蔵
768.44 KA86-2）

江戸
ワキ　金治
太夫河丈
三弦　十寸見東觚
上調子　同　善五郎
弟子　官里　半治　里丈
弟子　東治　永治

◇この河丈（二世）は二世河東の弟子で、前名を金治（次）といい、山の手に住んでたので「山の手金次」と呼ばれたという（『根元集』）。三世河東が延享二年（一七四五）に亡くなった後、三世河東の甥の伝之助（後の四世河東）と後継争いとなり、双方とも河東を名乗った。訴訟となったが、双方とも河東を名乗って構わないとの裁定で和解した、との逸話がある（『編年集』）。なお寛保二年は、中村座には三世河東（宇平次）が出演し《乱髪夜編笠》を語り、河原崎座には二世可丈（金治）が出演し《髪梳ゑもん作》を語った。ともに「江戸太夫」を名乗る三世河東と二世河丈が、同時に別の劇場に出演したことになる。
また三味線の十寸見東甌は、三味線方であるが、山彦姓ではなく十寸見姓を名乗っている。この東甌もはじめは山彦姓で、享保十一年（一七二六）三月中村座の《紋つくし翅のかご蒲団》は、タテ三味線山彦源四郎の「弟子連弾　東甌」、享保十三年（一七二八）の《酒中花》《傾情　水てうし》では「山彦東甌」とある。山彦姓から十寸見姓に変えたのは、金治の独立と関係があるだろう。寛保二年正月は、中村座の《乱髪夜編笠》に山彦源四郎が出演していることから、山彦姓を返上して十寸見東甌としたのかもしれない（吉野）。

●この頃か、《**濡扇子**《ぬれあふぎ》》。小松屋版正本には内題に「ぬれあふき　よミ人しらす」とある。「蘭洲追善」（正本表紙）。

◇『編年集』に、「江戸節根元集に濡扇庄右衛門河東追善也節付宇平次河東。三弦東甌手附也とあるはとりがたし。可慶翁の説に閑室蘭洲が追善浄るり也とぞ。何回忌の追善なる歟不分明なれど一周忌として今年の条に記す」とあり享保一七年に入れてある。『日本歌謡集成』でも、「享保十七年カ」としている。

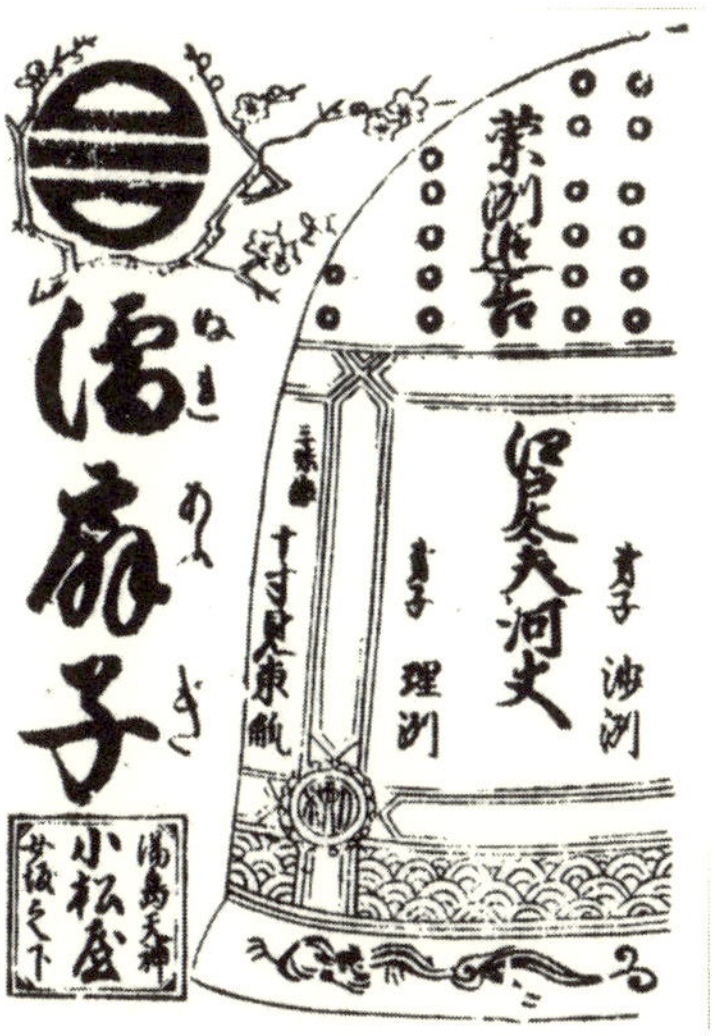

（竹内道敬蔵）

上に掲載する小松屋板正本表紙には「蘭洲追善」とあり、『根元集』の庄右衛門河東（二世河東）追善とする説は誤りで、閑室蘭洲（初世十寸見蘭洲～一七三一）追善とする十寸見可慶の説と一致する。演奏者連名は「江戸太夫河丈、弟子沙洲、弟子理洲、三味線十寸見東甌」とあり、右の《髪梳ゑもん作》を語った二世江戸太夫河丈（金治）と考えられる。《濡扇子》の成立年は確かではないが、二世河丈の出演記録が残る寛保二年に記す（吉野）。

寛保三年　癸亥（一七四三年）

○今年春刊『吉原細見』に、宇右衛門、江戸太夫河東の名がみえる。

延享元年　甲子（一七四四年）〈二月二十一日改元〉

○今年正月刊の吉原細見『新玉鏡』に、江戸太夫河東の名がみえる。

○十月、《**時雨傘**《しぐれがさ》》。十寸見小平治。「堤堂述」（正本内題下）。「延享元年甲子歳十月廿三日」（正本末尾）。

▼文中に「いつかみとせの袖ぬるゝ」とあるのであるいは蘭洲追善か。

（東京藝術大学附属図書館蔵
768.44 KA86-2）

○今年か、《**わすれ艸**《くさ》》。『編年集』及びこれをうけた『日本歌謡集成』では年代未詳とし、三世河東時代の作品として、延享二年の条に収めてある。十寸見小平治の名は《時雨傘》と本曲の二作品にしか登場しないので、延享元年の条に収める。

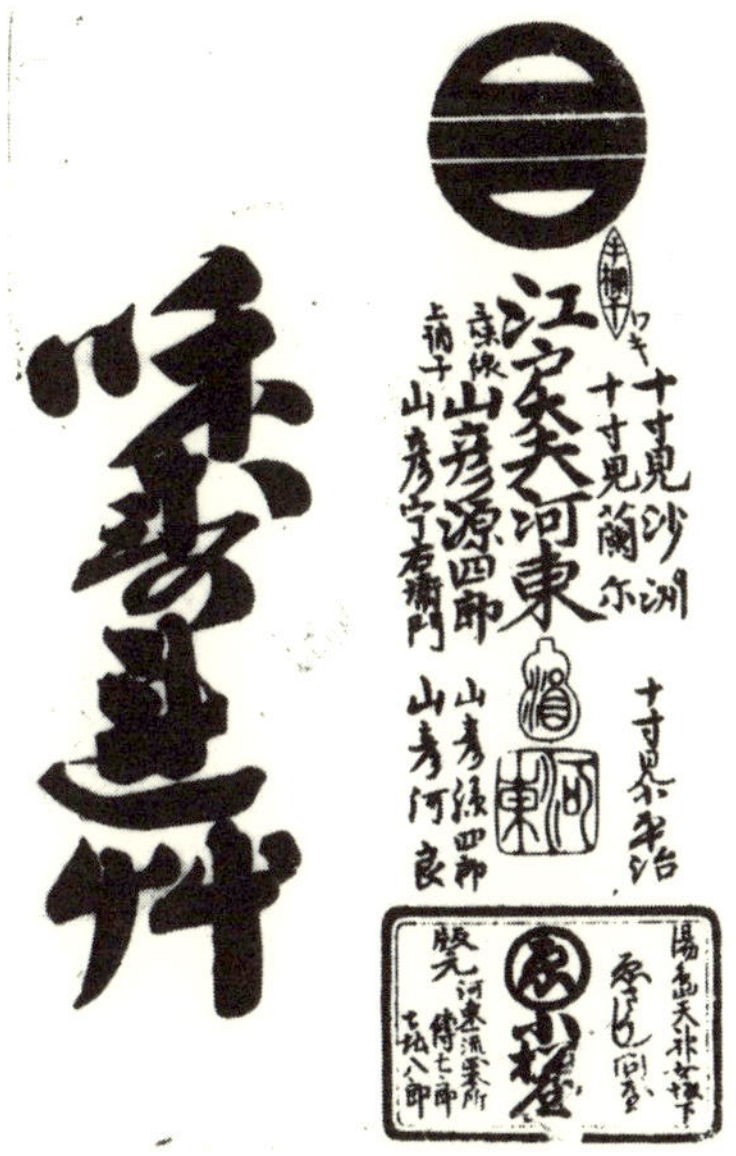

（東京藝術大学附属図書館蔵
768.44 KA86-2）

ワキ　十寸見沙洲
　　　十寸見蘭示
　　　十寸見小平治
江戸太夫河東
三味線　山彦源四郎　山彦孫四郎
上調子　山彦宇右衛門　山彦河良

延享二年　乙丑（一七四五年）

○七月二十一日、三世河東没。菓子屋宇平次。通称宇平次河東。譚誉澄瑞信士。

○八月十九日、四世河東名弘め。浄瑠璃《千年《ちとせ》の枝《えだ》》。「訥子述」（正本内題下）。「延享二年乙丑八月十九日」（正本末尾）。

（東京藝術大学附属図書館蔵
768.44 KA86-2）

江戸太夫河東
三味線　山彦源四郎
十寸見沙洲
十寸見蘭示
十寸見河洲
十寸見東佐
山彦宇右衛門
山彦孫四郎
山彦河良

延享三年 丙寅（一七四六年）

○正月刊『吉原細見』に「あげ屋町中ノ丁より左りかわ」に「江戸太夫河東」の名が見える。

○今年刊（月不明）の吉原細見『とらがふみ』に、上るり　らんし（蘭示）とある。

○七月二十一日、**《ときはの声《こえ》》**。「延享三寅七月廿一日」（正本末尾）。三世河東の一周忌追善浄瑠璃。内容は「きぬた」の改作。

（東京藝術大学附属図書館蔵
768.44 KA86-1）

江戸太夫河東
三味線　山彦　源四郎
十寸見沙洲
十寸見蘭示
十寸見河洲
十寸見東佐
山彦宇右衛門
山彦孫四郎
山彦河良

○秋、**《月宮殿《げつきゆうでん》》**。「延享三 丙寅 季」（正本末尾）。

●この頃か、**《夜《よる》の錦《にしき》》**。

▼『編年集』に「元祖河東十三回忌追善浄るり也」とあり、元文二年に記載がある。しかし初世河東の十三回忌追善曲としては《追善　夢の秋》があり、本曲は新吉原の玉菊灯籠を扱った内容で、遊女玉菊の追善かもしれない。左の小松屋板正本の連名に「三味線山彦源四郎」とあるが、山彦源四郎は、元文二年には江戸太夫藤十郎と組んで市村座に出演しており、この連名とは時代が合わない。本曲の成立年代はわからないが、四世河東と山彦源四郎の時代と思われ、仮にここに記載する（吉野）。

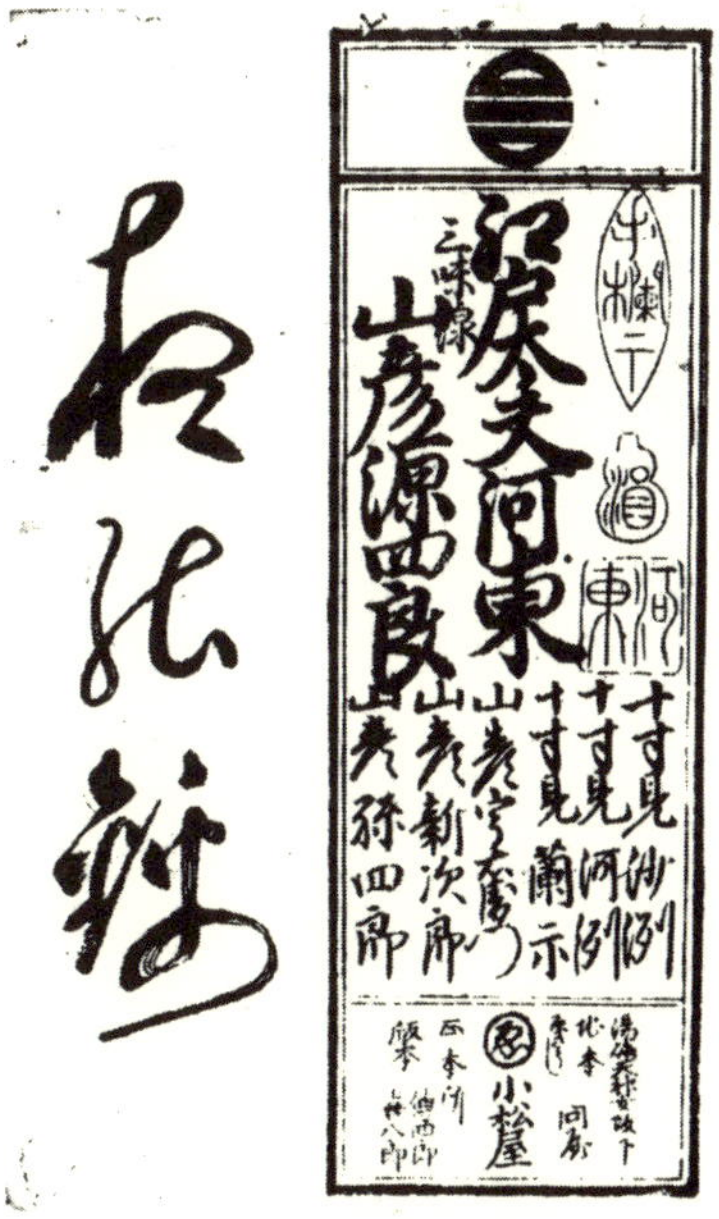

（東京藝術大学附属図書館蔵
768.44 KA86-1）

延享四年　丁卯（一七四七年）

○今年春刊『吉原細見』に蘭示、江戸河東の名がみえる。

○十一月、中村座の顔見世番付に、江戸太夫河東、三みせん山彦源四郎の名が見える。

寛延元年　戊辰（一七四八年）＜七月十二日改元＞

○春刊の吉原細見『不老門』に、上るり　江戸かとうとある。

寛延二年　己巳（一七四九年）

○春刊の『吉原細見』「不老門」に「上るり江戸河東」とある。

寛延三年　庚午（一七五〇年）

○三月より、中村座「男文字曽我物語《おとこもじそがものがたり》」第二番目《**助六**《すけろく》 **廓**《くるは》**の家桜**《いへざくら》》。藤本斗文作。助六（二世市川海老蔵（前名二世市川団十郎）一世一代）、揚巻（瀬川菊次郎）、意休（市川宗三郎）ほか。「此時三度目の助六なり」「此年、吉原にて始て桜を植たるにつき、舞台一面、花道まで桜。桟敷、中の町の道具立」（『歌舞伎年表』）

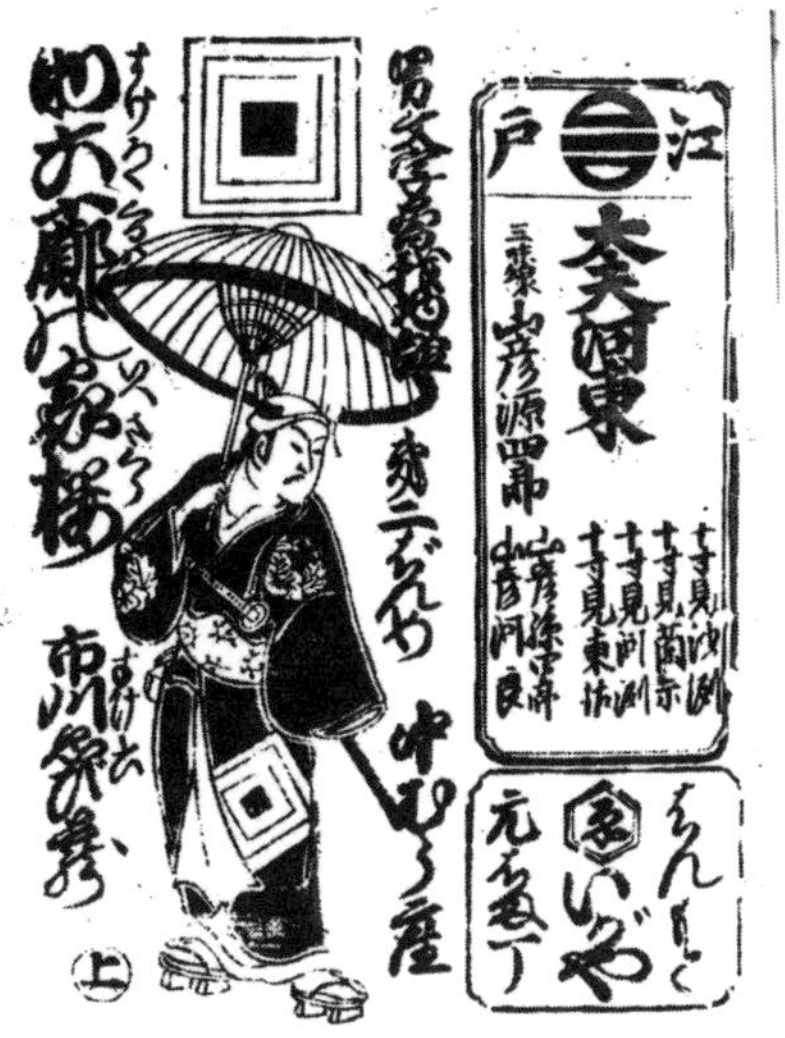

（東京藝術大学附属図書館蔵
768.44 KA86-2）

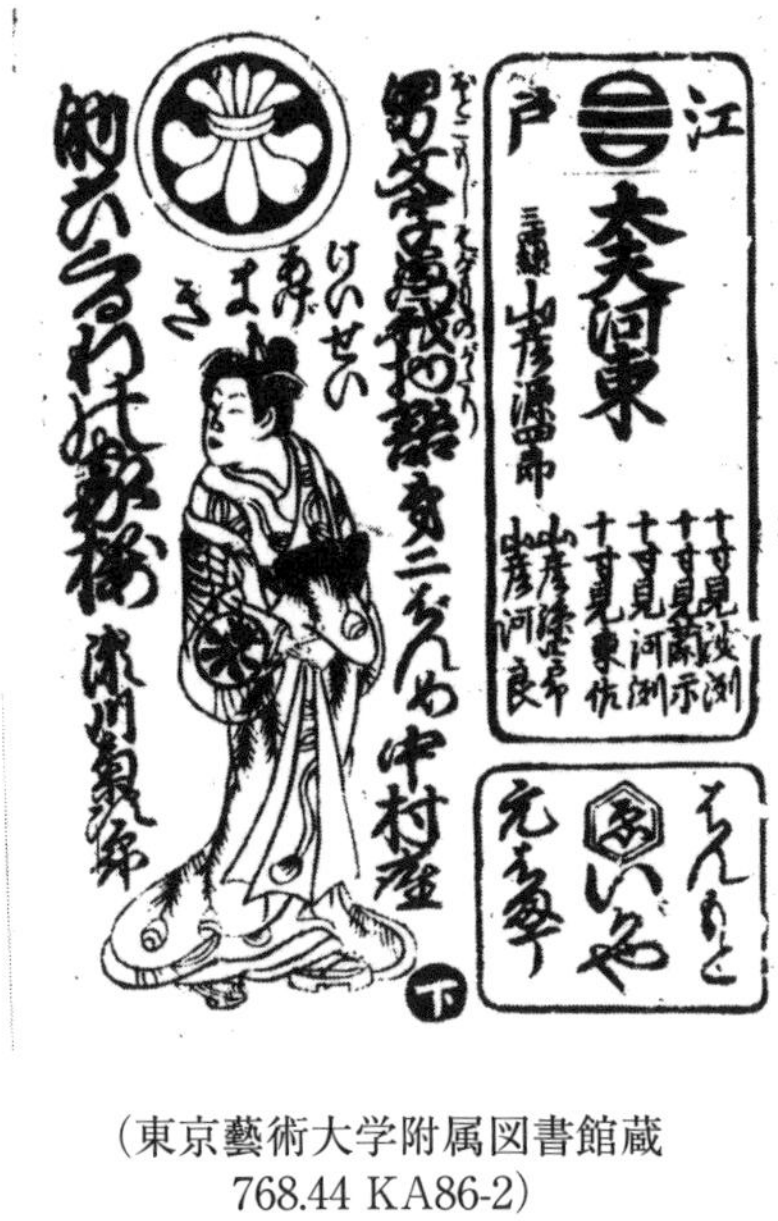

（東京藝術大学附属図書館蔵
768.44 KA86-2）

江戸
太夫河東
三味線　山彦源四郎
十寸見沙洲
十寸見蘭示
十寸見河洲
十寸見東佐
山彦孫四郎
山彦河良

宝暦元年　辛未（一七五一年）〈十月二十七日改元〉

○二月、中村座「伊豆小袖商売鑑《いずこそでしょうばいかがみ》」第二番目《**お七《しち》吉《きち》三《さ》・恋《こい》さくら返魂香《はんごんかう》**》。お七（佐野川市松）、吉三郎（中村粂三郎）。ほかに、中村七三郎、中村伝九郎。

◇曲名は、『十寸見要集』では《恋桜反魂香》と表記する。

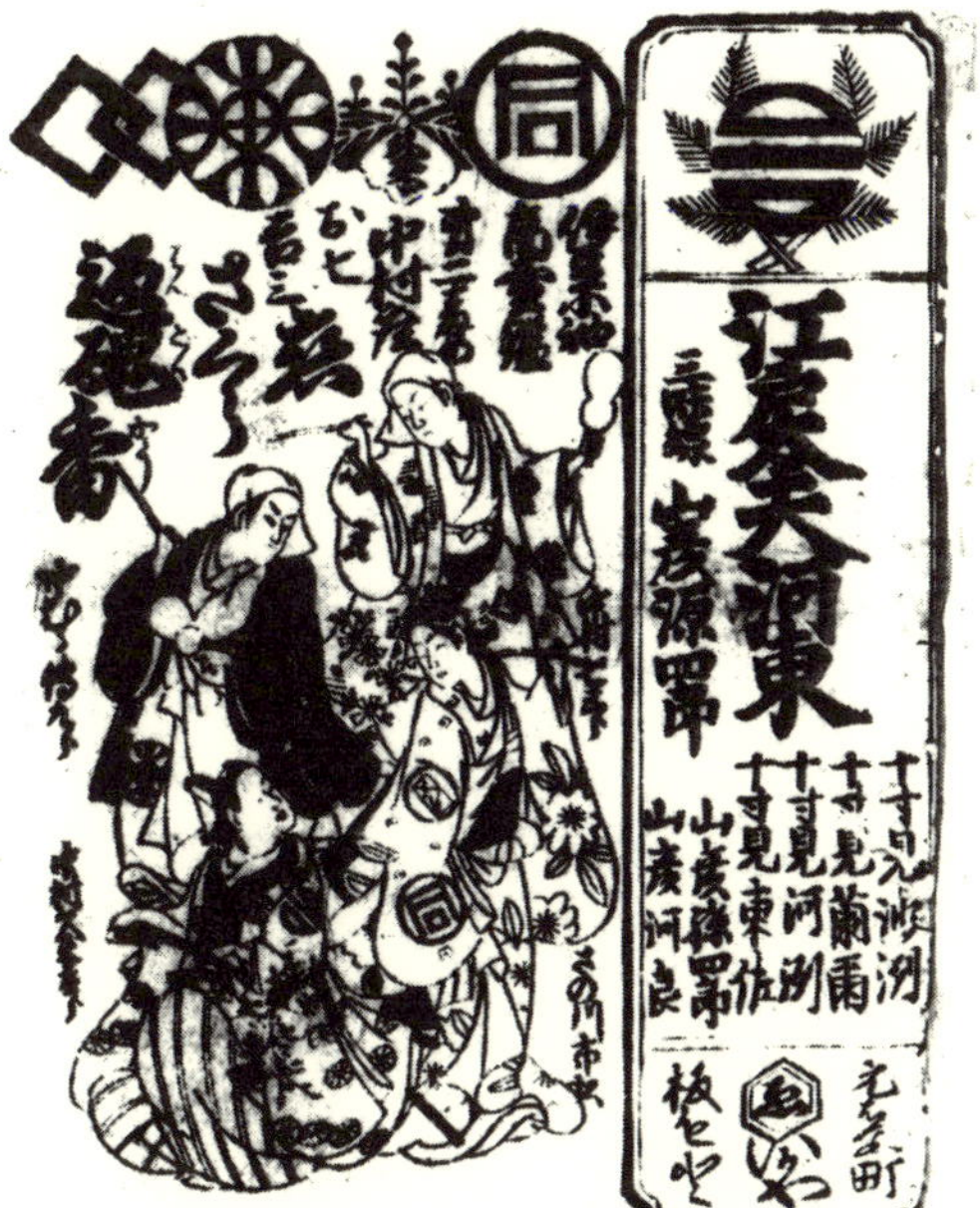

（東京藝術大学附属図書館蔵
768.44 KA86-2）

江戸太夫河東
三味線　山彦源四郎

十寸見沙洲
十寸見蘭爾
十寸見河洲
十寸見東佐
山彦孫四郎
山彦河良

○七月か、《**追善《ついぜん》　はつかの月《つき》**》。「宇平次河東七回忌追善也。伝之助河東になり初めての節付也、灸すへ松の内八景より節取りて付る也、伝之助節付の名人なりと言ふ」（『江戸節根元集』）。年代は『日本歌謡集成』に「宝暦元年七月」とあるのによった。

●『にほとり　紅葉集《こうようしゅう》』半紙本薄物正本集。板元　もと浜町伊賀屋勘右衛門。

曲目（目録　カッコ内は内題）

京わらんべ（京わらんべ）・四季のほうらい（四季の宝らい）・松のうち（まつのうち）・三番さう（式三番翁・三番叟）・しかたまつ（風流しかた松）・かぶろまんざい（かぶろまんざい）・きぬた（きぬた）・かいつくし（かいづくし）・てうちん紋つくし（紋つくし）・はつねむこ（はつねむこ）・十郎かみすき（十郎かみすき）・ひとへおひ（ひとへおひ）・ほうか僧道行（ほうか僧の道行）・同わにのだん（ほうか僧三段目　八郎わにの段）・ほうか僧かつこの段（ほうか僧かつこの段）・あふき八けい（はん女あふぎ八景）・袖とめそがの道行（そでとめ曽我道行）・小袖もやう（小袖もよふの段）・おんせん揃（温泉揃）・里かぐら（丹前里神楽）・とらがふみ（とらかふみ）・すけ成ふまひ物語（助成相撲物語）・清見八けい（きよみ八景）・竹むま（竹馬の鞭）・まがきのにしき（まかきのにしき）・かなわ（丑の時参りかなわ）・きやう女新じょたい（狂女あらしよたい）・同ひなの出づかい（金作初瀬出端　雛の出つかひ）・助六後日心中（助六後日心中）・きゝやうが原道行（桔梗が原道行）・あいのやま（咲わけあいのやま）・新かなわ（念力かなわ）・かし小そで（二星鵲のかしこ袖）・くせつのにわとり（内題なし）・おとこの黒かみ（内題なし）・みなれざほ（けいせい水馴棹　作者藤本斗文）・れんしやうの道行（蓮生花筺）・ゑやわせねやの扇（楊屋のおぼろ月　絵合閨のあふぎ）・いの字あふき（いの字扇子　竹婦人）・水てうし（水てうし　竹婦人述）・かぐらじゝ上（式三献神楽獅子　初段）・同下しのびの段（式三献　神楽獅子　忍びの段）・きうすへ（灸すへ岩ほのたゝみ夜着）・おなつ笠物くるひ（かさ物くるひ）・助六心中道行（すけ六心中の道行）・乱髪夜のあみ笠（みだれ髪よるの編笠）・ゆかりの丹せん（杜若ゆかりの丹前　作者藤本斗文）・つばさのかごふとん（紋つくしつばさのかこ蒲団）・助六の出は（やわらぎそか　助六では）・ゆなのまきふて（ゆなのまき筆　斗文作）・おせん物くるひ（おせん江戸ものぐるひ）・水上てう初がい（水上蝶の羽番）・きやう女草まくら（狂女くさまくら）・すみた川上　同下（すみ田川舟の内）・舟のうち（すみだ川舟のうち下）・おばなのさと（乱曲尾花の里　江戸半太夫直伝）・五郎げんぶく（けんぶくそが）・江口の道行（江口の道行）・ふたへかすみ（ふたへかすみ）・たかさご（高さご）・明烏くせつの枕（あけがらすくせつの枕）・酒中花（酒中花）・よるのすこもり（よるのすこもり）・すそのゝかすみ（本文なし）・草づくし（平安じやう草花つくし）・助六くるわのいへ桜（介六くるわの家桜　作者藤本斗文述）・四季のたわむれ（四季のたはむれ　南浜夫述）・天王しのひ（天王忍ひ）・百あそび（百遊紋日の艶取り）・めいけんの巻（小かぢめいけんのまき）・恋桜はんこんかう（恋桜返魂香　江戸河東直伝）

◇右の『にほとり　紅葉集《こうようしゅう》』は刊行年不明であるが、最終曲《恋桜反魂香》から宝暦元年以降の出版と推定する（吉野）。

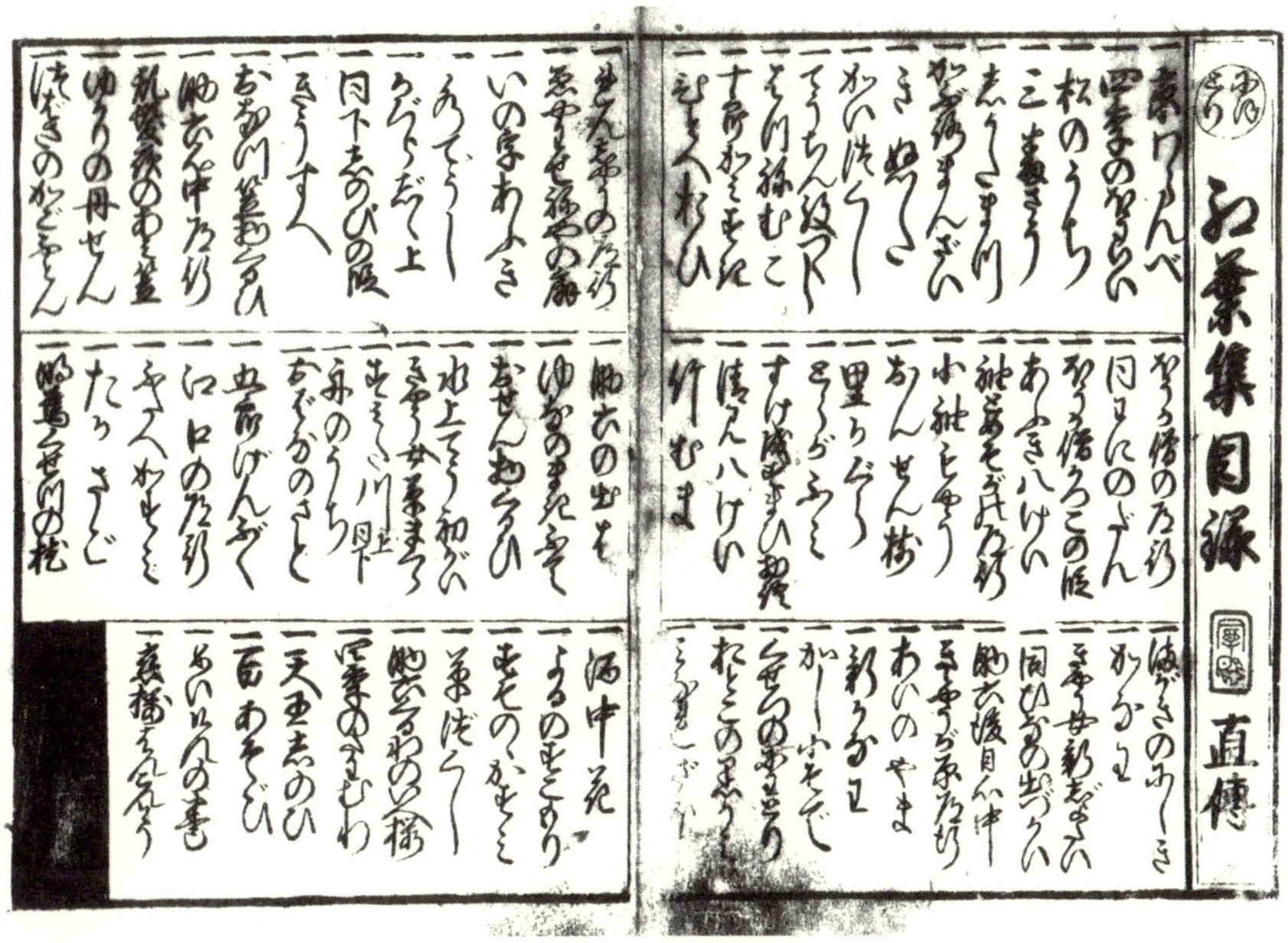
紅葉集目録
直傳

（竹内道敬蔵　宮川曼魚旧蔵）

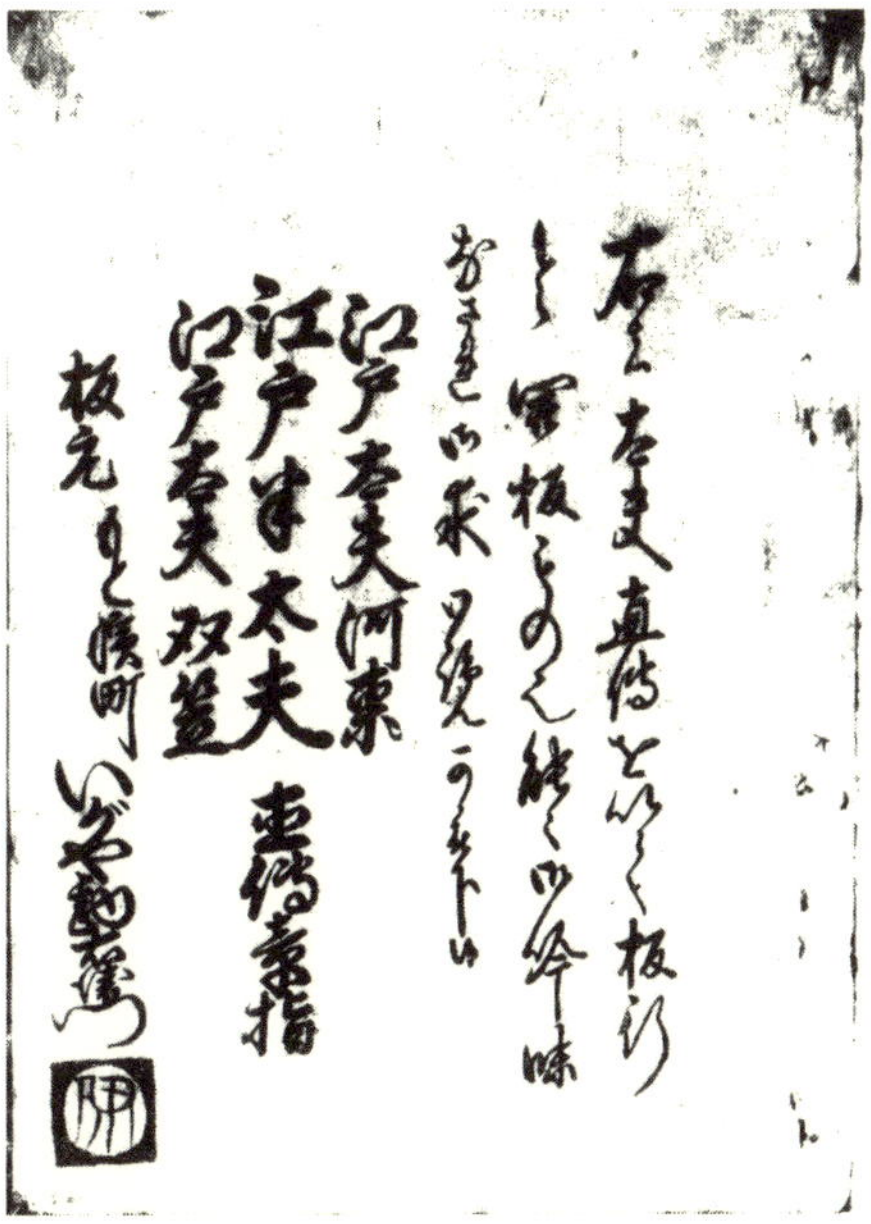
江戸太夫河東
江戸半太夫
江戸太夫双笠

（竹内道敬蔵　宮川曼魚旧蔵）

宝暦二年　壬申（一七五二年）

○正月、中村座「花街曲輪商曽我《くるわくるわあきないそが》」。第一番目《其霞五町曙《そのかすみごてうのあけぼの》》。「作者堀越二三次、中村清三郎」（正本内題下）。工藤（三世沢村長十郎）、十郎（二世沢村宗十郎）、五郎（市川八百蔵）、大磯の虎（吾妻藤蔵）、さの川千蔵。

（竹内道敬蔵）

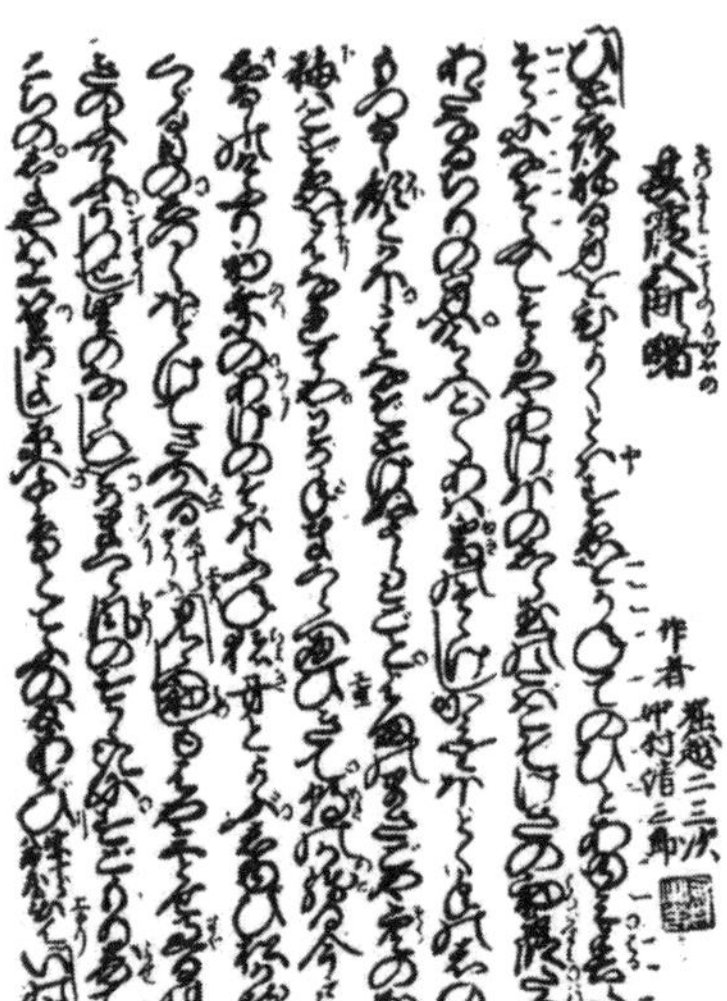

○十一月、中村座顔見世番付。

江戸太夫河東
三味線　十寸見沙洲　三味線 山彦孫四郎
山彦源四郎 十寸見蘭示 十寸見河洲 同　河良

宝暦三年 癸酉（一七五三年）

宝暦四年 甲戌（一七五四年）

○十一月、森田座顔見世番付。

江戸太夫河丈
ワキ 十寸見金次　十寸見双邑
三味線 藤五郎

宝暦五年 乙亥（一七五五年）

○今年刊の吉原細見『宝婦寝』に、ますみらんしゆの名がみえる。

○十一月、中村座顔見世番付。

江戸太夫河東
三味線 山彦源四郎

（『歌舞伎図説』第一三〇図）

宝暦六年　丙子（一七五六年）

○四月、中村座「長生殿常桜《ちようせいでんふだんざくら》」第二番目《富士筑波卯月里《ふじつくばうづきのさと》》。助六（四世市川団十郎）、揚巻（中村喜代三郎）、意休（二世沢村宗十郎）ほか。「助六ハ大不評」（『歌舞伎年表』）。

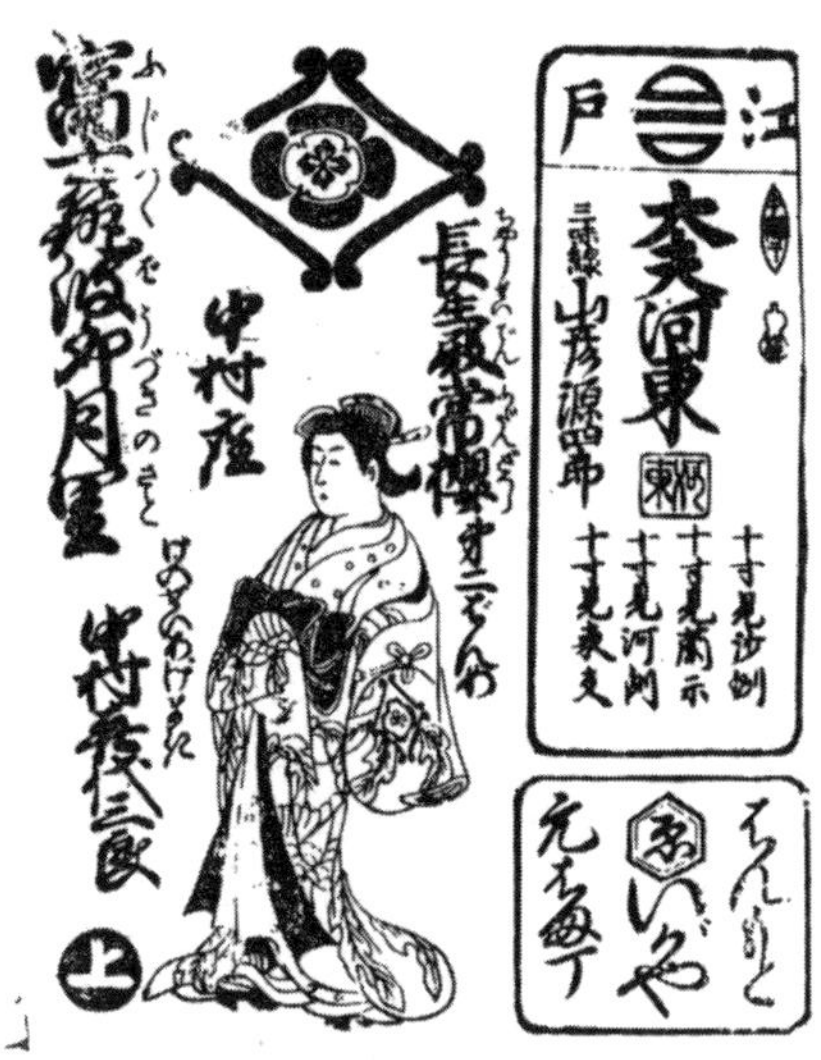

（東京藝術大学附属図書館蔵
768.44 KA86-2）

（東京藝術大学附属図書館蔵
768.44 KA86-2）

江戸
大夫河東
三味線　山彦源四郎
十寸見沙洲
十寸見蘭示
十寸見河洲
十寸見東支

○五月二十日、初世山彦源四郎没。利山嶹亨信士（『編年集』）。

宝暦七年　丁丑（一七五七年）

●今年か、**《ますみさくら》**。初世河東三十三回忌、三世河東十三回忌追善浄瑠璃。『十寸見要集』所収。〽かやうに候者は吾妻の片辺に住なれて糸竹の風を伝ひ得し十寸見第四世のおのこにて候けにや光陰は目たゝくまとか申候扨も今年我初祖三十三回先人又十三回にあたり候程に……」。

宝暦八年　戊寅（一七五八年）

●今年か、**《さくらの曙《あけぼの》》**。『編年集』に、今年二世山彦源四郎の名弘め浄瑠璃であるというので、これにしたがった。

◇二世源四郎は初世の弟子で、前名の秀次郎から二世源四郎になった。ただし秀次郎の初見は宝暦十年（一七六〇）市村座顔見世番付。宝暦十一年三月市村座《助六所縁江戸桜》の初演時に、タテ三味線山彦河良のワキをつとめた。二世源四郎の改名時期は不明であるが、宝暦年間ではなく明和以降であろう（吉野）。

○今年刊『吉原細見』に「さかい丁すじ　かとうふし　ますみらんしゆ」とある。

宝暦九年　己卯（一七五九年）

○初春、『**十寸《ます》見《み》要集《ようしゅう》**』刊。初版。半紙本一冊。松寿庵蛙兄の序文。連名に「宝暦九己卯初春」とある。裏表紙見返しに跋文奥付あり。板元は武江浅草御地内伊勢屋吉十郎。

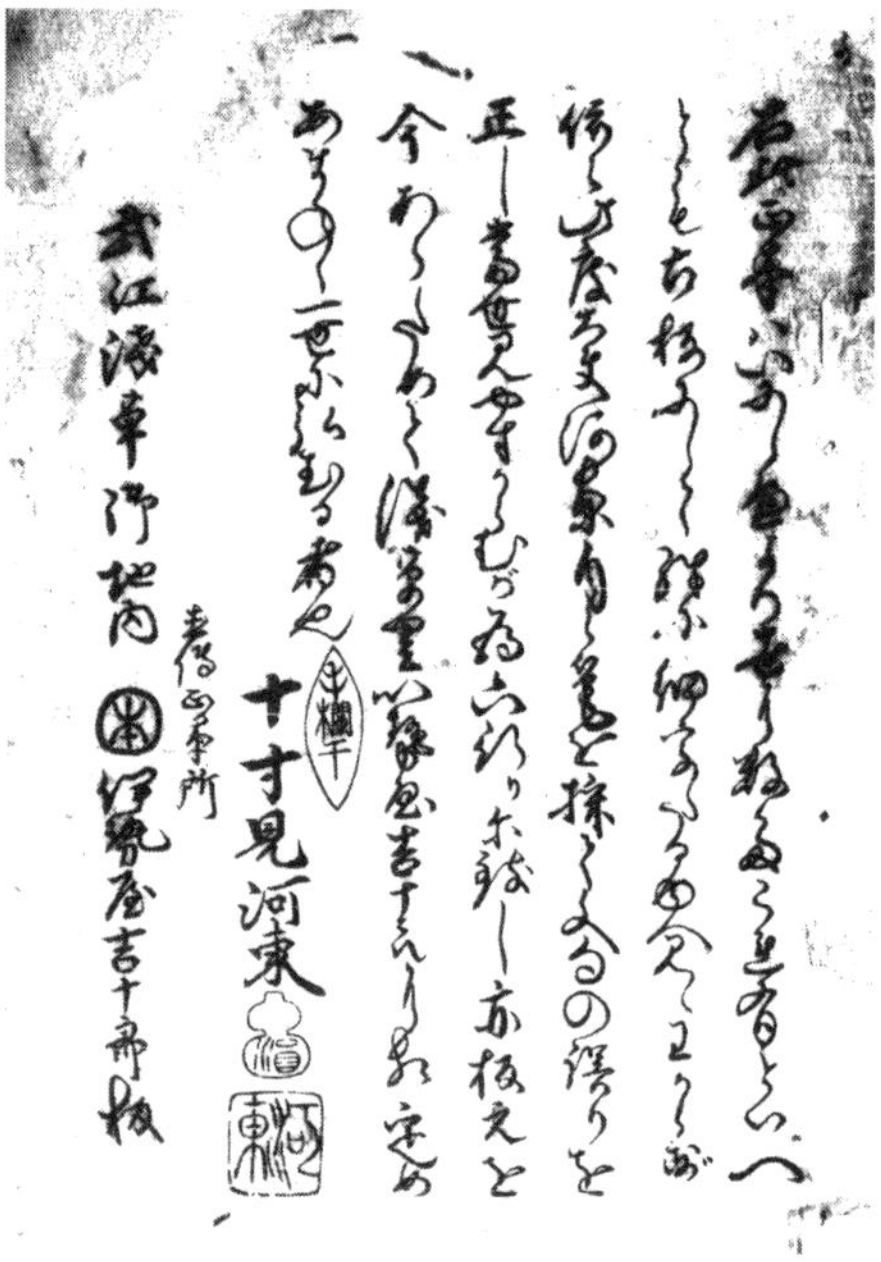

『十寸見要集』初版　奥付
（竹内道敬蔵　宮川曼魚旧蔵）

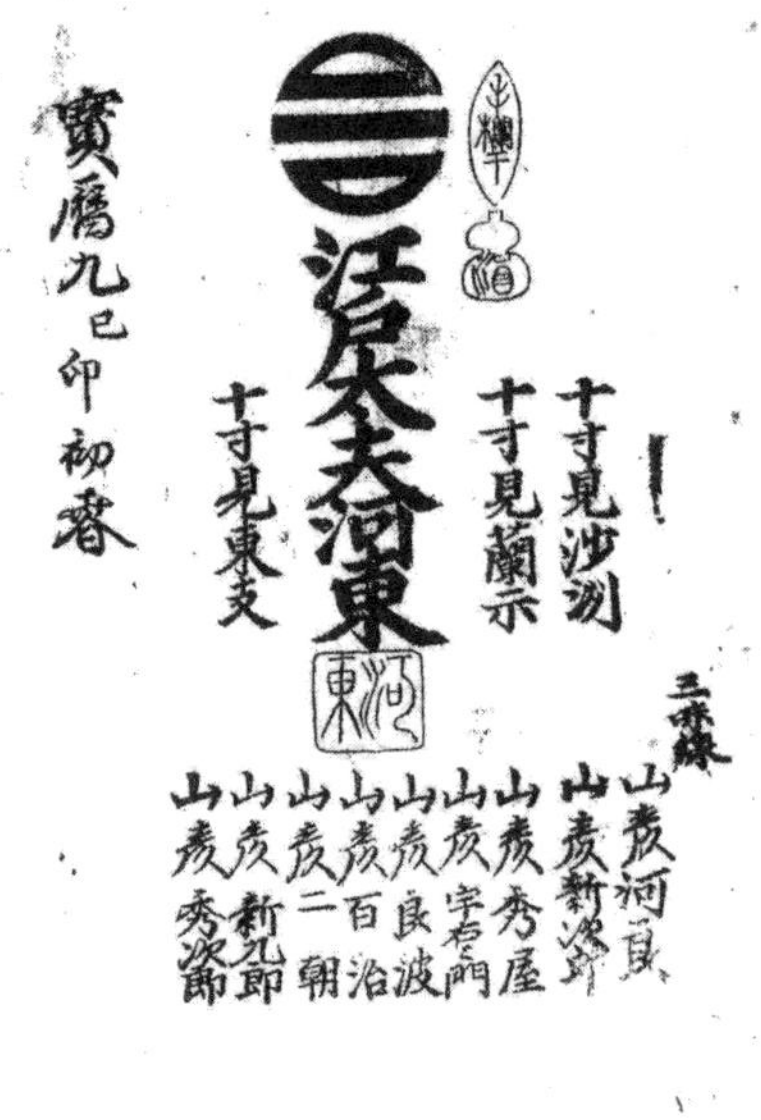

『十寸見要集』初版　連名
（竹内道敬蔵　宮川曼魚旧蔵）

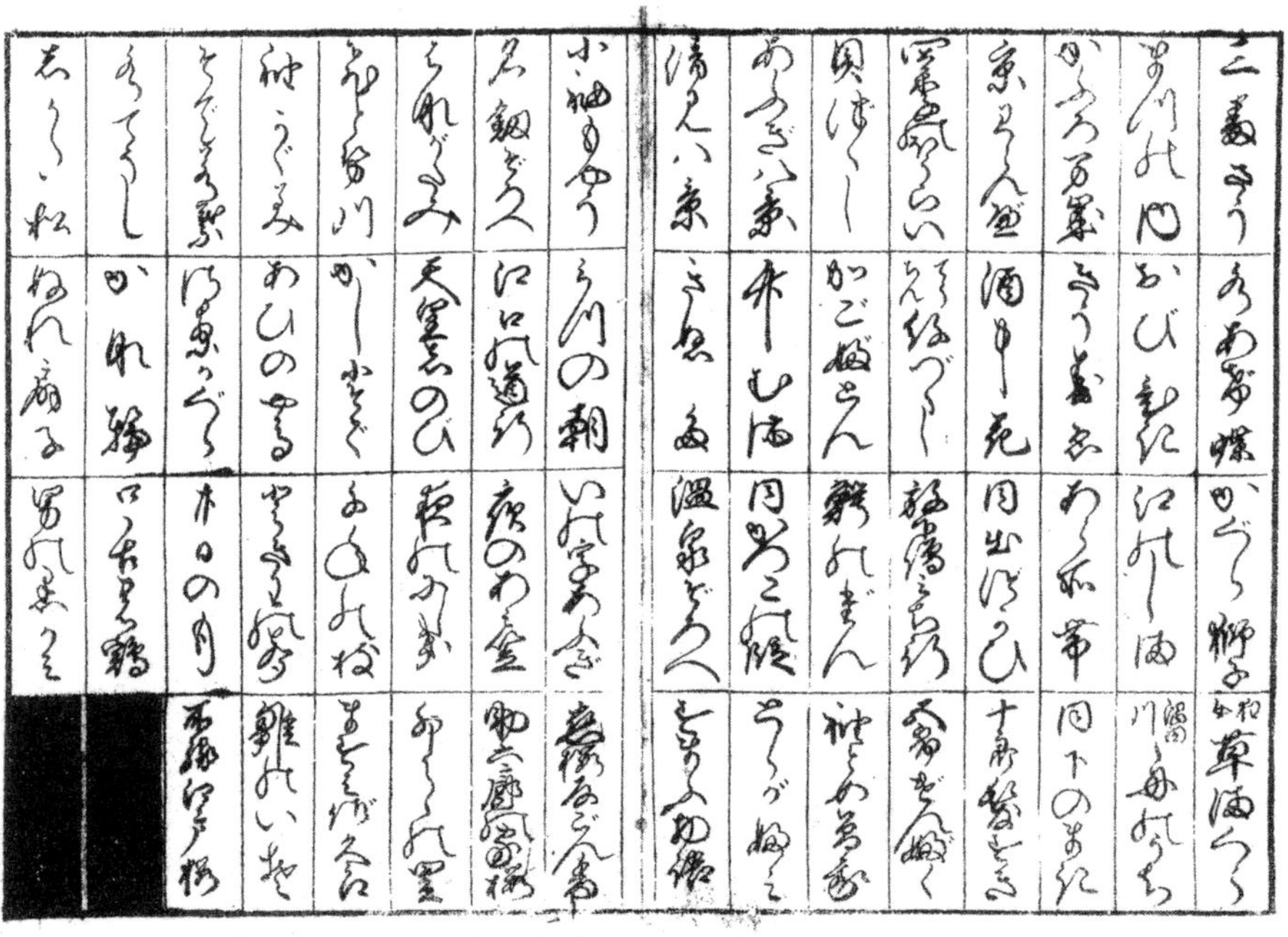

『十寸見要集』初版　目録（竹内道敬蔵　宮川曼魚旧蔵）

序

浄瑠璃の濫觴を尋ぬるに。織田家の／侍女。小野のお通といへる秀才能筆の／女有。君命によって。矢矧の長が／娘。浄瑠璃姫牛若の御事を。十二段／に作る。筆勢伊勢物がたりに似たり。／君感じ給ひ岩舟検校に命じて／曲節を付させ給ひ。是より浄るりの／一名世に普し。宮商角徴羽の五音。／変宮変徴の二声。是をあわせて／七声とす。みなその土地風俗に随ふ。／今繁栄なる三つの津。月雪花の／お江戸の風俗に随ふは。十寸見河東の／一流にとゞまる。文章は誹飛をかり。／自和歌三神の神慮にもかなはんや。／節は利久の茶杓よりもしほらしく。／形体寂然として崩さずといへども。／華美を好まず。また侘たるをも／望まず。唯心の直きを好み。人耳を／歓ばしめ我心の欝をも散ンず。尤好人／によるべし。

松寿庵蛙兄

曲目（内題による）

式三番翁・三番叟・まつのうち・かぶろ万歳（竹婦人述）・京わらんべ・四季のほうらひ・貝つくし・班女扇子八景・清見八景・水上蝶の羽番・帯曳男結び・灸すゑ巌の畳夜着・酒中花・紋つくし・紋づくし翼の竹輿蒲団・竹馬の鞭・きぬた・式三献神楽獅子　上の巻・神楽獅子忍びの段　下の巻・江のしま・きやう女新所帯・金作初瀬出端　雛の出づかひ・放下僧の道行・ほうか僧三段目　八郎鍔の段・放下僧　同　かつこのだん・温泉揃・狂女のだん・隅田川舟の内　上の巻・すみだ川下の巻・髪すき曽我・げんぶく五郎・袖とめそが髪結の段・とらがふみ・祐成相撲物語・小袖模様の段・小鍛治名剱のまき・華がたみ・飛東瀬川・そで鏡・そでわか葉・水調子・風流しかた松・みつの旦・江口の道行・天皇忍びのだん・二星鵲のかし小袖・咲分相のやま・丹前里神楽・丑の時参り鉄輪・ぬれあふぎ・いの字扇（竹婦人）・乱髪夜編笠・よるのにしき・千とせのえだ（訥子述）・ときはのこゑ・はつかの月・くぜつの鶏・梳櫛男の黒かみ・恋桜反魂香・介六廓の家桜・冨士／筑波卯月里・ますみさくら・雛の磯・ゆかりの江戸桜

跋文奥付

右此正本はいにしへより世に数多これ有といへ／とも古板にして殊に細字たるゆへ見てわからず／依て此度太夫河東自ら筆を採て文句の誤りを／正し当世見やすからむが為六行りに致し亦板元を／今あらためて浅草里以勢屋吉十良に相定め／あまねく一世に弘むる者也（印「手欄干」）／十寸見河東（印形二個）／武江浅草御地内　直伝正本所（印）伊勢屋吉十郎板

◇右は竹内道敬蔵本（宮川曼魚旧蔵）による。

『十寸見要集』の初版は現在各機関に所蔵されているが、それぞれ連名、目録、収録曲などが異なる。『十寸見要集』は、同じ板元（伊勢屋吉十郎）から長期にわたって出版されたが、おそらく一回に刷られる数が少なく、随時連名を刷り直し、新しい曲が出来ると目録に新曲を追加するなど、細かく手を加えながら出版され続けたと思われる。ここでは、竹内本の他に上野学園大学日本音楽史研究所本（以下上野学園本）と国立音楽大学附属図書館本（以下国立音大本）の連名と目録も、参考として掲載する。

上野学園本の連名にも「宝暦九己卯初春」とあるが、竹内本とは連名が異なる。国立音大本の連名には、「宝暦九己卯初春」の文字はない。

『十寸見要集』の目録は後で新曲を追加ができるように、あらかじめ予備の枠を残してある。竹内本の最終曲は《所縁江戸桜》（宝暦十一年（一七六一）初演）で二曲分の枠が残っている。上野学園本は《花ある里》（宝暦十二年（一七六二）初演）を追加し残りの枠は一曲分になり、国立音大本は、最後の枠に《桜のおぼろ夜》（明和元年（七六四）初演）が追加された。《所縁江戸桜》以降の三曲は、いずれも歌舞伎で上演された浄瑠璃である。

『十寸見要集』の初版が宝暦九年に出版されたとすれば、宝暦十一年初演の《助六所縁江戸桜》以前ということになり、竹内本も最初の版ではなく、《助六所縁江戸桜》を追加して宝暦十一年以降に出版されたものである（吉野）。

＜参考『十寸見要集』初版　上野学園本＞

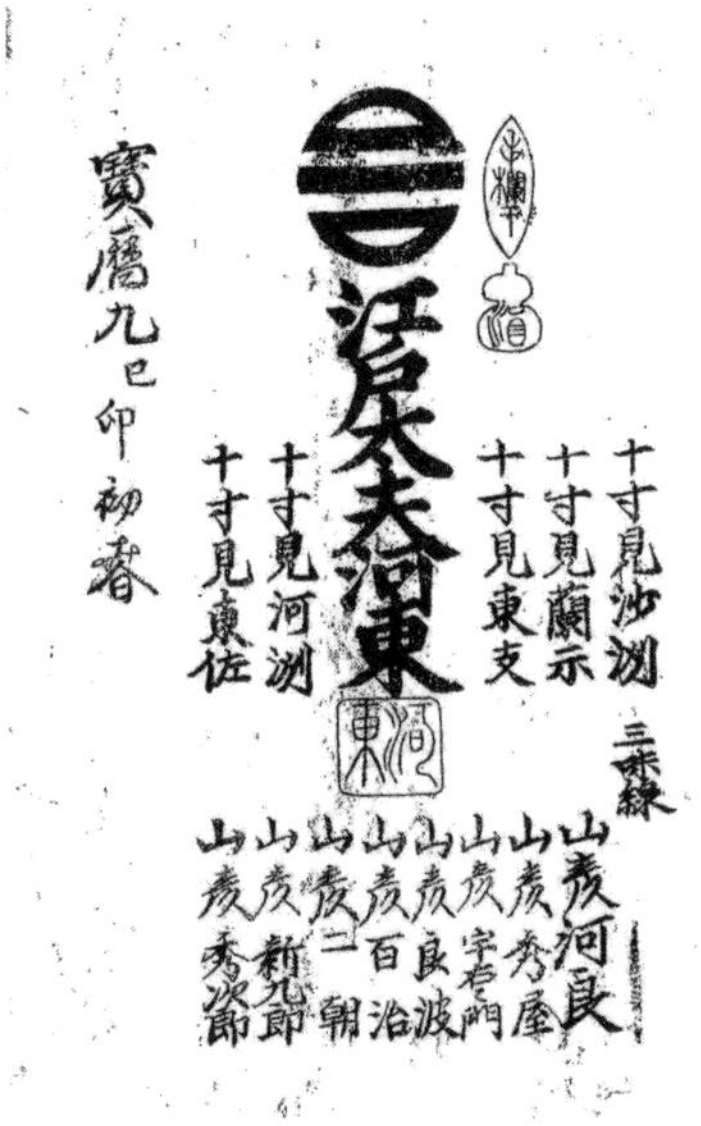

（上野学園日本音楽史研究所蔵）

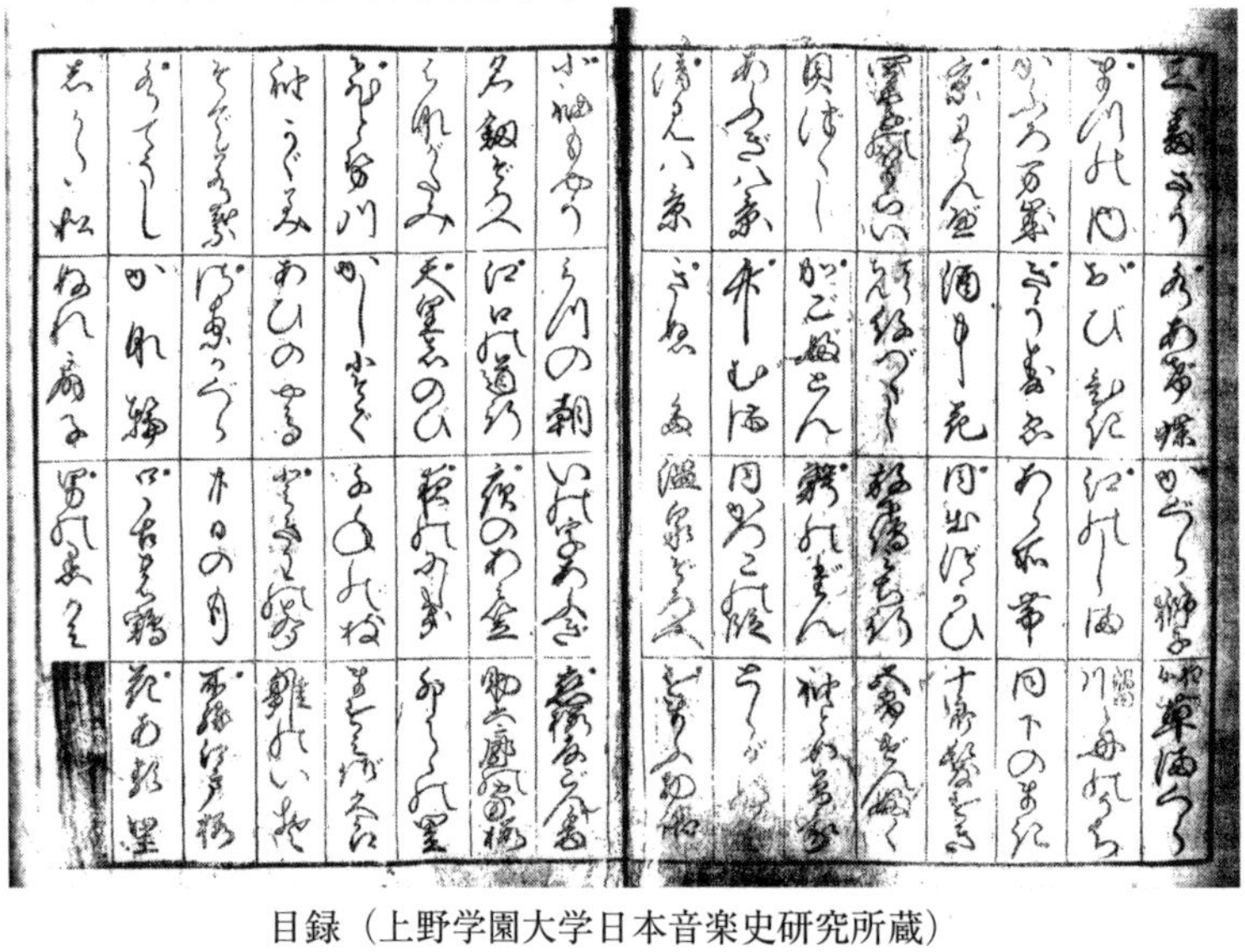

目録（上野学園大学日本音楽史研究所蔵）

〈参考『十寸見要集』初版　国立音楽大学本〉

（国立音楽大学附属図書館蔵　02-1007）

◇『十寸《ます》見《み》要集《ようしゅう》』について

河東節では、享保四年（一七一九）刊の『鳰鳥』以来、『にほ鳥大林集』（享保五年刊）、『にほとり万葉集』（享保八年刊）、『にほとり新万葉集』（享保十七年刊）など「にほどり」という名称を冠した詞章集が刊行されてきた。また薄物正本では、湯島天神女坂下の小松屋が初世河東以来、河東節専属の版元であった。

『十寸見要集』は、四世河東（?〜一七七一）がそれまでの河東節の詞章を整理し、新しい正本集として編纂したものである。これ以降、河東節の詞章集は、『十寸見要集』に統一された。板元の伊勢屋吉十郎は吉原細見の板元としても知られる。本書の特色は、跋文にもあるように、半紙半葉（一ページ）を六行と決め、一行の文字数も十五から十六字に統一して読みやすくした。一曲分は、ほとんどが半紙三丁分に収められている。また一曲が半紙の途中から始まることはなく、曲の抜き差しが容易で、一曲だけを抜き出して表紙を付けた「抜き刷り」が可能である。

『十寸見要集』は、それまでの詞章集のような単発的な出版ではなく、はじめからシリーズ化を念頭に置いていた。目録（目

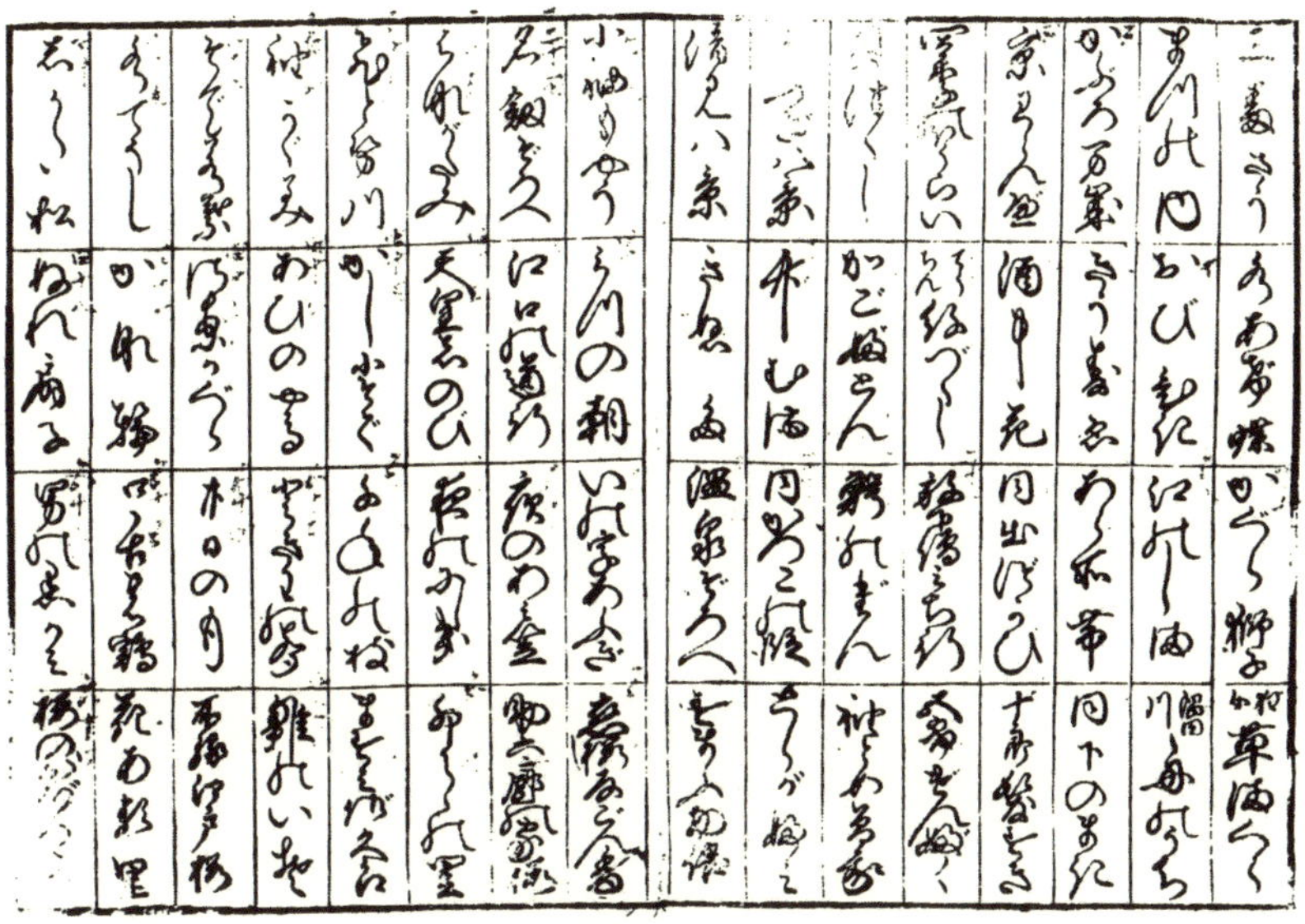

（国立音楽大学附属図書館蔵　02-1007）

次）にはあとから新曲を追加できるように、数曲分の枠が黒く残してある。新曲が出ると埋め木をして曲名を追加して目録を刷り直し、本文の最後に新曲を追加する。また随時連名も更新する。このような小さな改訂を重ねた後、河東の家元の代替わりには、曲順を組み替えた大きな改訂が行われた。

第一次改訂（通称「明和版」）は五世河東の時代で、ここから二冊本になる。第二次改訂版（通称「安永版」）は六世河東の時代で、初版から第二次改訂版まで、すなわち四世から六世河東までの時代が、河東節にとっても『十寸見要集』にとっても、充実した時代といえるかもしれない。

第三次改訂版（通称「文政版」）はおそらく文政五年（一八二二）頃に出た。文政版は明らかにそれ以前の『十寸見要集』とは性格を異にし、安永版から曲順を大きく入れ替え、曲数は固定し、新曲の追加はない。文政版は七世河東が隠居後十寸見東雲と名乗っていた時代にあたる。この時点での河東節のレパートリーを後世に残すことを目的とした、集大成のような詞章集といえる。

十寸見東雲の後は、四世十寸見蘭洲（隠居魯生）によるもので、通称「天保版」ともいうが、文政十一年にはすでに出版されていた。その後、『十寸見要集』は弘化三年（一八四六）と嘉永五年（一八五二）に出版されているが、嘉永五年版は「江戸太夫河丈」（後の十寸見可慶）によるものである。この嘉永五年版が、宝暦年間から続いた伊勢屋吉十郎板『十寸見要集』の最後の出版となる。

その後、安政五年（一八五八）秋に再び『十寸見要集』が出版された。十寸見可慶の序文があり、板元については記載がないが、伊勢屋吉十郎板とは明らかに様式が異なる。六世河東、四世蘭洲（魯生）、そして可慶の作品が中心で、文政以降の新曲集という色彩が強い。ただし、可慶と宇治紫文齋（一中節）との掛合曲は含まれていない。これが江戸時代最後の『十寸見要集』である。

明治に入っても、『十寸見要集』は引き続き出版された。いずれも板元名はない。明治三十六年十月刊『十寸見要集補』は、六世十寸見蘭洲（紅葉堂蘭洲　天沼熊作）の編集及び書による。収録されているのはすべて江戸時代の曲で、明治以降の新曲は含まれていない。安政五年版から漏れた曲が多く、一中節との掛合曲も三曲（《邯鄲》《東山掛物揃》《釣狐》）含まれる。

明治三十九年版は、六世十寸見蘭洲編書、山彦秀翁訂正。蘭洲による解題（「紅葉堂誌」）がある。秀翁の父である十寸見可慶編の安政五年版と明治三十六年版からの抜粋が中心である。また明治四十三年にも山彦秀翁古希記念として『十寸見要集』が出版されたというが、筆者は未見である。

大正以降は、大正五年、大正十年、大正十三年に『十寸見要集』が出版された。いずれも安政五年以降、明治期の『十寸見要集』の復刻である。昭和になってからも、昭和二年の『十寸見撰集』、昭和十一年の『十寸見要集　上巻』、昭和二十九年の『十寸見集』、さらに昭和四十一年にも『十寸見集』が出版された（吉野）。

宝暦十年　庚辰（一七六〇年）

○十一月、市村座顔見世番付。

江戸太夫河東
ワキ
十寸見沙洲
十寸見蘭爾
十寸見東支
三味線
山彦河良
山彦秀次郎

（『歌舞伎図説』第一二八図）

宝暦十一年　辛巳（一七六一年）

○春刊の吉原細見『細見初緑』に、かとうぶし　ますみらんじゅとある。

○三月三日より、市村座「江戸紫根元曽我《えどむらさきこんげんそが》」第二番目《**助六所縁江戸桜**《すけろくゆかりのゑどざくら》》。「狂言作者金井三笑　桜田治助」（正本内題下）。助六（市村亀蔵　のちの九世市村羽左衛門）、揚巻（二世瀬川菊之丞）、意休（二世沢村宗十郎）、白酒売（四世市川団十郎）ほか。亀蔵の上方上りお名残狂言。「評判記に、此の狂言好景気を記して「三笑様〆ませう」とあり、作者ハ金井三笑か」（『歌舞伎年表』）。

（国立音楽大学附属図書館蔵
02-1041-07）

（国立音楽大学附属図書館蔵
02-1041-07）

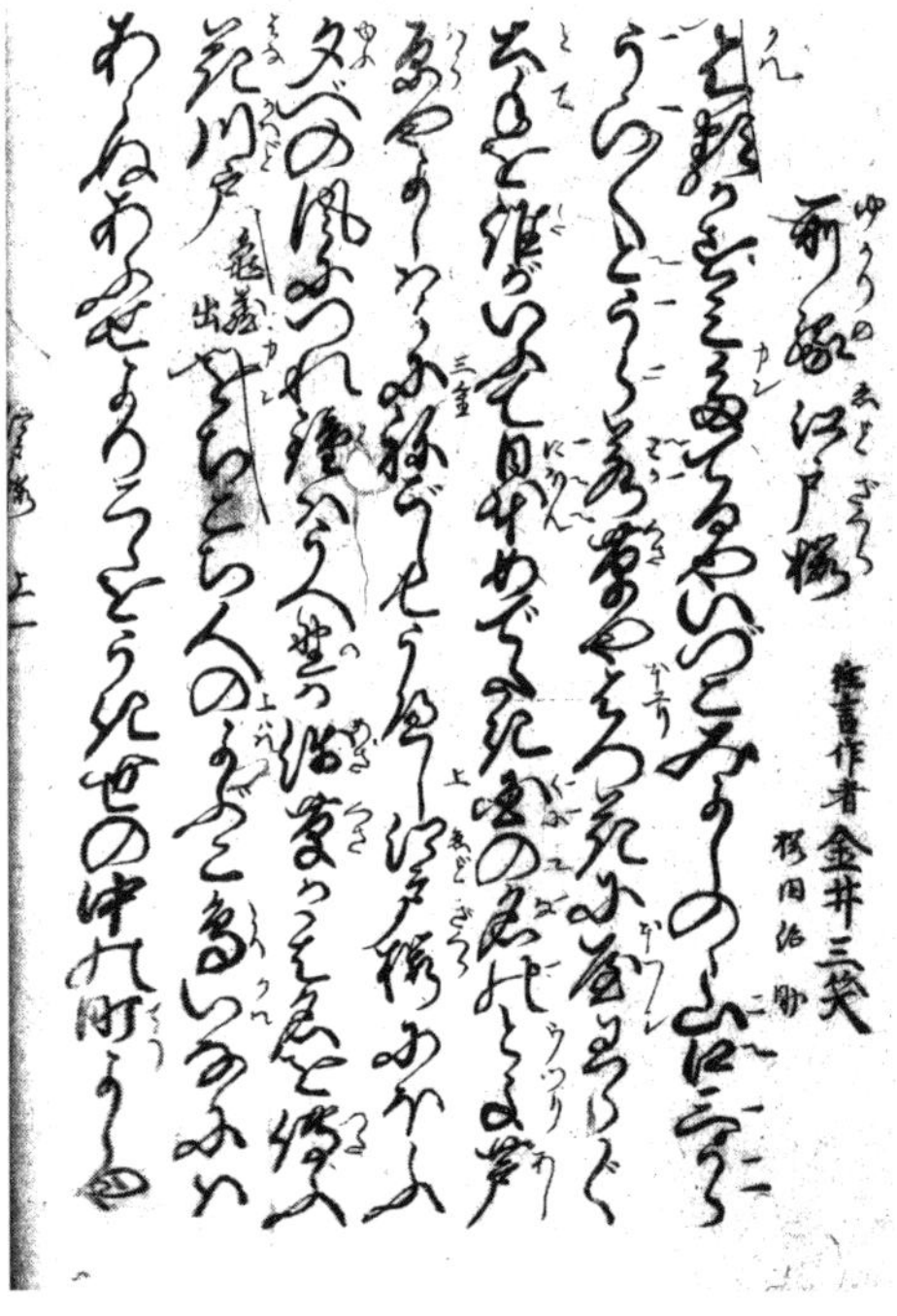

江戸太夫河東
十寸見沙洲
ワキ　十寸見蘭示
十寸見東支
三味線
山彦河良
上調子　山彦秀次郎
山彦新次郎

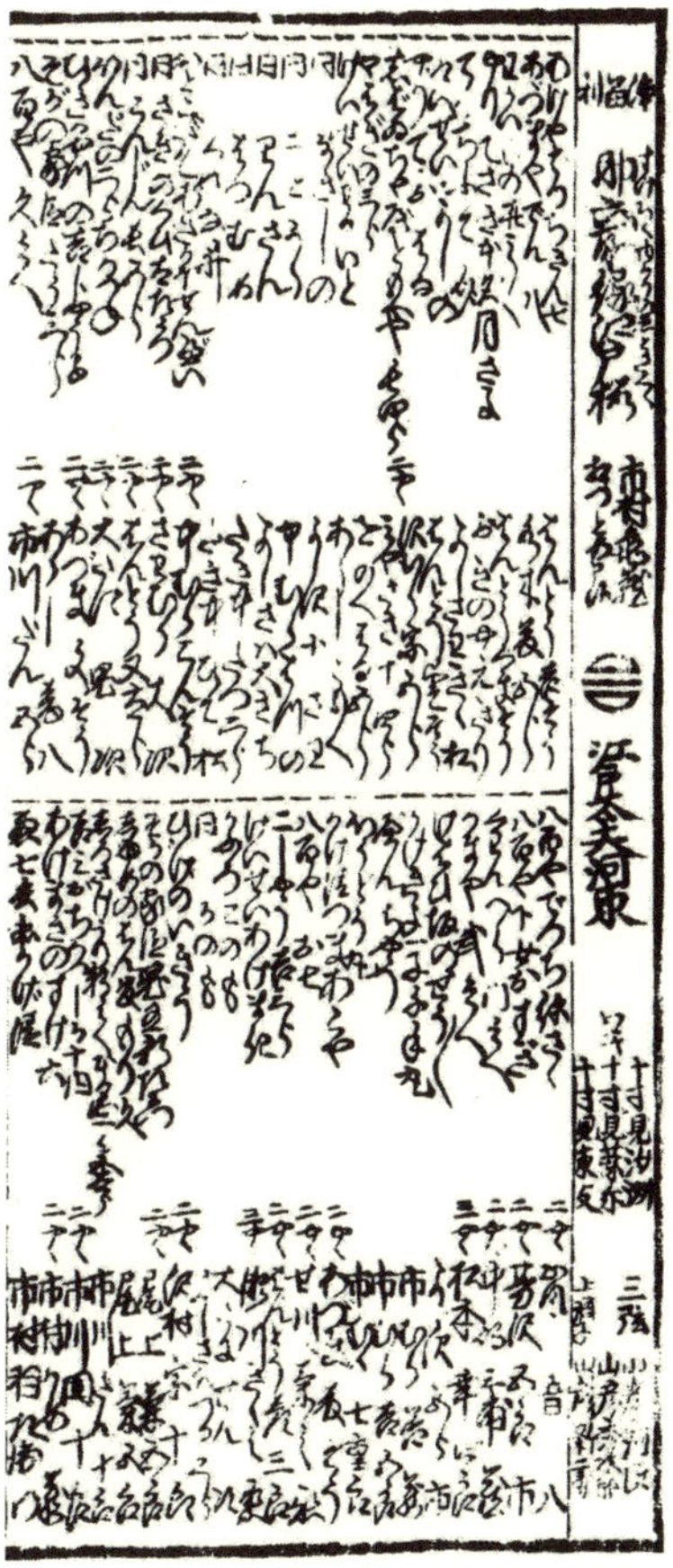

（役割番付　国立音楽大学附属図書館蔵　59-0001）

○十一月、市村座顔見世番付。

江戸太夫河東
ワキ　十寸見沙洲　山彦河良
ワキ　十寸見蘭爾　三弦　山彦
十寸見東支　山彦秀治郎

○十一月、森田座顔見世番付。

江戸太夫河丈
ワキ　十寸見金治　三味せん　岡安喜十郎
十寸見官治
ワキ　十寸見詞丈　岡安幸治郎

宝暦十二年　壬丑（一七六二年）

○正月より、市村座「残雪槑曽我《のこんのゆきかついろそが》」第二番目《**巣籠花有里**《すごもりはなあるさと》》。「作者　堀越二三次」（正本内題下）。そがの五郎時むね（坂東彦三郎）、けいせい玉ぎく本名ちどり（二世瀬川菊之丞）。

江戸太夫河東
ワキ
十寸見沙洲
十寸見蘭示
十寸見東支
三味線
山彦河良
山彦秀屋
山彦秀次郎

（故西山吟平旧蔵）

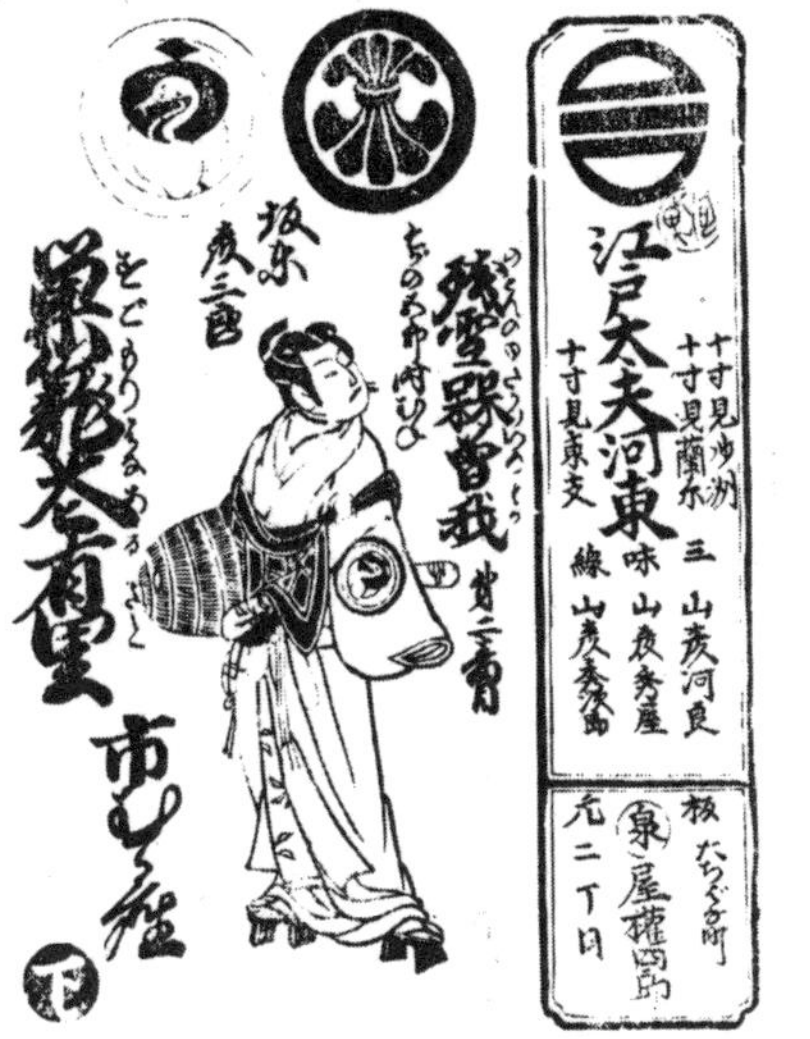

（故西山吟平旧蔵）

○今年刊の『吉原細見』に、かとうふし　十寸見らんじゅ、山彦新九郎の名が見える。

宝暦十三年　癸未（一七六三年）

明和元年　甲申（一七六四年）〈六月二日改元〉

○春刊の吉原細見『富士の袖』に、かとうぶし　十寸見らんじゅとある。

○二月一日より、森田座「誰袖装曽我《たがそでよそおいそが》」第二番目《**三燕桜朧夜**《みつばめさくらのおぼろよ》》。作者壕越二三治（『編年集』）。助六（二世坂東彦三郎）、揚巻（嵐雛次）、意休（尾上菊五郎）ほか。

▼『歌舞伎年表』には「助六（彦三郎）、若衆の揚巻（藤蔵）」とあるが、揚巻は嵐雛次の誤りであろう。

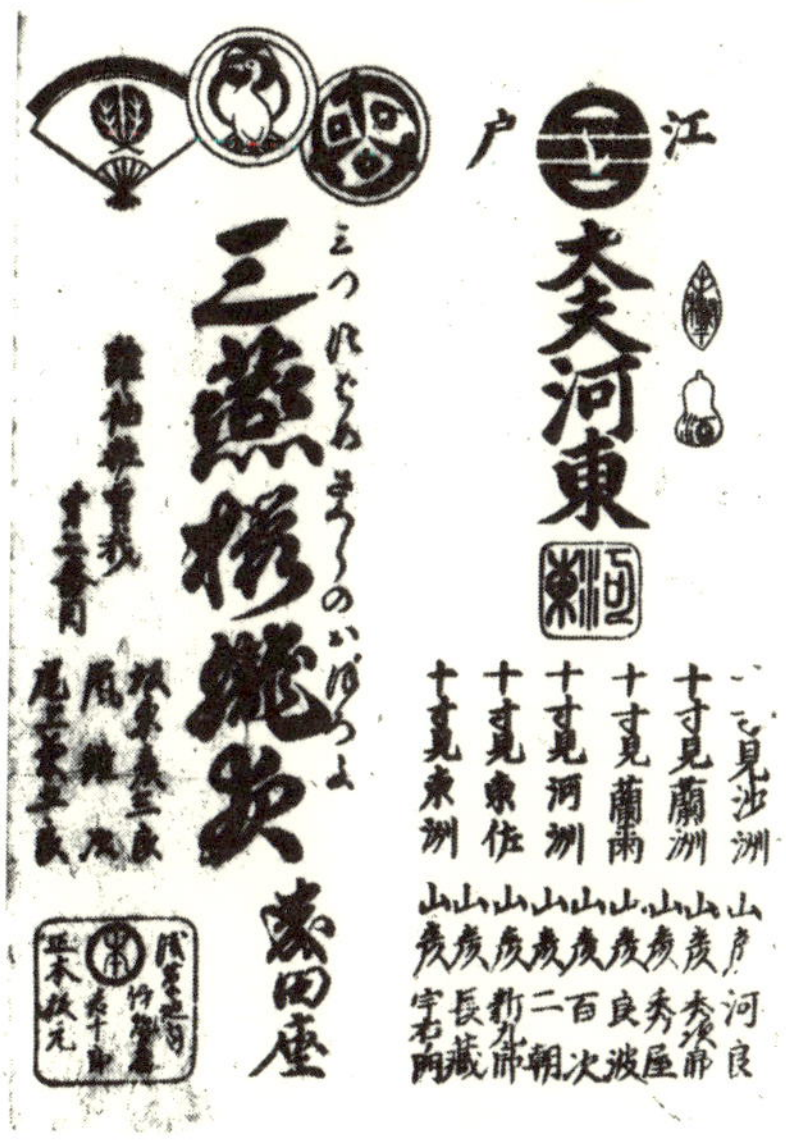

（東京藝術大学附属図書館蔵
768.44 KA86-2）

江戸
太夫河東

十寸見沙洲
十寸見蘭洲
十寸見蘭爾
十寸見河洲
十寸見東佐
十寸見東洲

山彦河良
山彦秀次郎
山彦秀屋
山彦良波
山彦百次
山彦二朝
山彦新九郎
山彦長蔵
山彦宇右衛門

▼この年は江戸三座とも「助六」を上演し大当たりと伝える。中村座は市川雷蔵の助六で「一前廓花見時」（半太夫節）、市村座は二世瀬川菊之丞の「女伊達姿花」（通称「女助六」、長唄富士田吉次）。

◇四世河東の助六浄瑠璃に関して、『根元集』に次のような逸話が残っている。宝暦年中、中村座で春芝居に「助六」を出すことにきめ、看板も出したところ、伝之助河東（四世河東）が無断で伊勢参りに出掛けてしまった。困った中村座では、沙洲、蘭州に頼んでみたが断られ、中村座では腹を立て半太夫連中に頼むことにした。それ以来、中村座では助六以外でも河東連中は使わないことにした、という話である。この話は事実とは少し違いがあるが、江戸三座で助六が上演された今年のことではないかと思われる。河東が伊勢参りに行ったという話とは合わないが、中村座と何か揉め事があり、中村座ではなく森田座に出演することになったかもしれない。ただしその後、六世河東は安永八年（一七七九）二月中村座「助六廓夜桜」に出演しているので、中村座に出演しなくなったというのも時期が合わない。助六浄瑠璃で、中村座は半太夫節、市村座は河東節を用いるようになるのは、天明二年（一七八二）以降である。ただこれは『根元集』のような逸話によるものではなく、江戸三座での「助六」同時上演が恒例になったことが理由と考えられる（吉野）。

明和二年　乙酉（一七六五年）

明和三年　丙戌（一七六六年）

○春刊の吉原細見『ウ来門』（うのじごもん）に、加藤ぶし　十寸見東洲、十寸見東佐、かとうふし　十寸見らんじゆとある。

明和四年　丁亥（一七六七年）

○春刊の吉原細見『真木柱』に、十寸見東洲、同東佐、同らんじゆの名がみえる。

明和五年　戊子（一七六八年）

○今年刊の吉原細見『美名の川』に、十寸見東洲、同東佐、同らんしゆの名がみえる。

明和六年　己丑（一七六九年）

○今年刊の吉原細見『登まり婦寝』の「吉原けいしやの部」に、十寸見らんじう、同東しう、同東佐、山ひこ新九郎の名がみえる。

明和七年　庚寅（一七七〇年）

明和八年　辛卯（一七七一年）

○十一月十五日、四世河東没。一法円諦信士。三世河東の甥で、通称伝之助。《助六所縁江戸桜》（宝暦十一年）を初演し、『十寸見要集』（宝暦九年）を出版した。

●**『十寸《ます》見《み》要集《ようしゅう》』**第一次改訂版（明和改訂版）。半紙本。天地二冊。松寿庵蛙兄の序文、目録、跋文あり。板元は武江浅草御地内伊勢屋吉十郎。

「地」曲目（内題による）

江口の道行・伊達ひめ道行・しのだづま・天皇忍びのだん・やりおどり・小鍛治名剱のまき・華がたみ・飛東瀬川・そで鏡・そでわか葉・水調子・風流しかた松・みつの旦・二星鵲のかし小袖・咲分相のやま・丹前里神楽・丑の時参り鉄輪・傾城うけ状・柱ごよみ・ひとへ帯・うかふ瀬（竹婦人述）・ぬれゆかた地主の桜・ぬれあふぎ・いの字扇（竹婦人）・乱髪夜編笠・よるのにしき・千とせのえだ（訥子述）・ときはのこゑ・はつかの月・くぜつの鶏・梳櫛男の黒かみ・恋桜反魂香・介六廓の家桜・冨士／筑波卯月里・ますみさくら・雛の磯・ゆかりの江戸桜・巣籠花有里（作者壕越二三治）・三燕桜朧夜（作者壕越二三治）・さくらの曙・契情反魂香

◇『十寸見要集』第一次改訂版（明和改訂版）は、初版や次の安永版と比べ現存する数が少ない。筆者は「天」「地」二冊のうち「天」は未見のため、「地」の曲名のみを記す。明和八年（一七七一）に四世河東が亡くなり、四世のワキをつとめていた十寸見沙洲が五世を継いだが、五世河東も安永五年（一七七六）に没した。明和版は、五世河東時代のものと考えるが、刊行年ははっきりしない。なお本書は目録の板木の様子から、初めは《三燕桜朧夜》が最終曲で、後に《さくらの曙》《契情反魂香》の二曲を追加したのではないかと考える（吉野）。

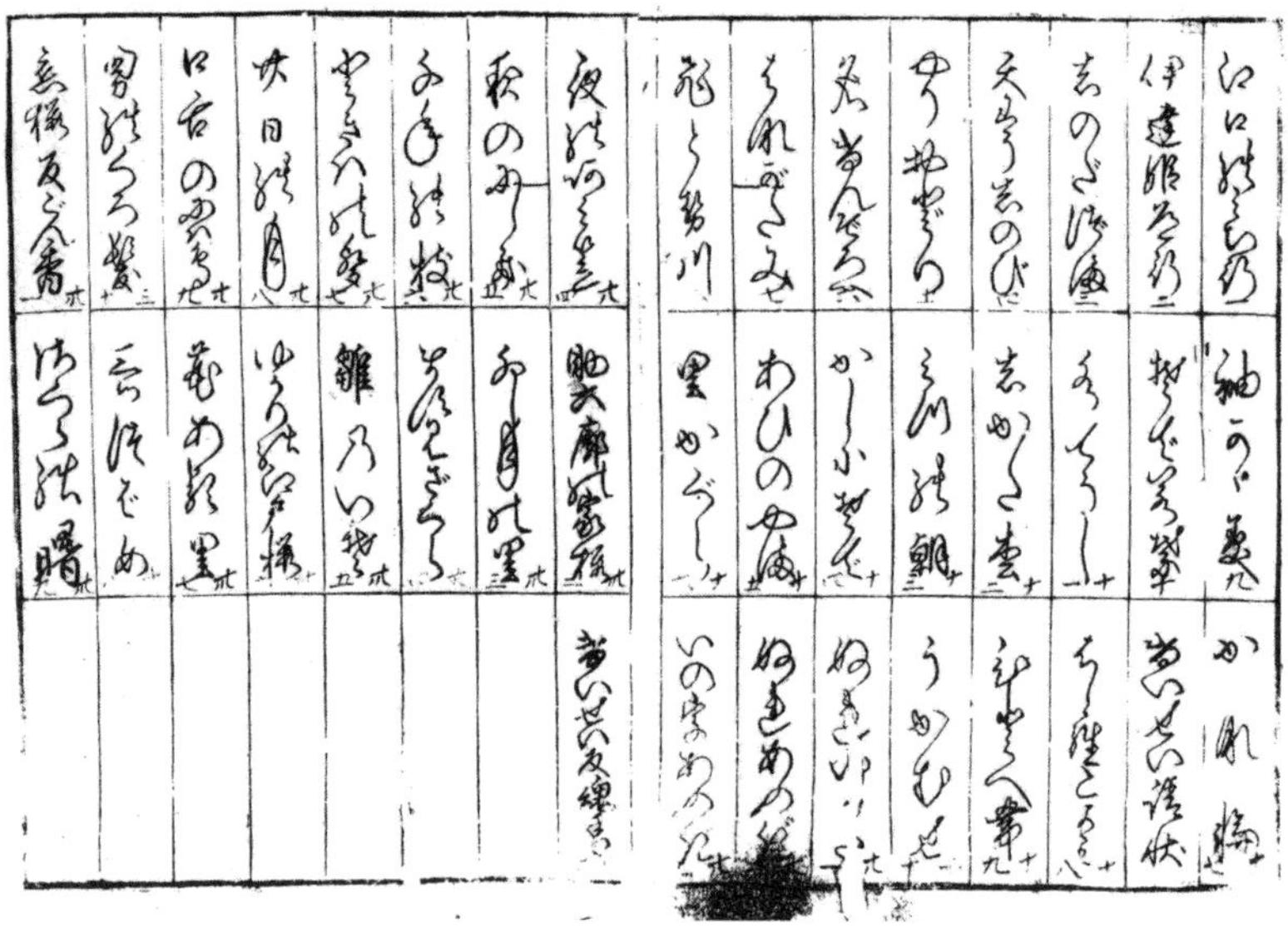

『十寸見要集』明和版「地」目録
（国立音楽大学附属図書館蔵　02-1009）

安永元年　壬辰（一七七二年）〈十一月十六日改元〉

○今年刊『吉原細見』の「吉原けいしやの部」に、十寸見らんじう、同東佐、同東洲、さみせん半次郎の名がみえる。

安永二年　癸己（一七七三年）

○今年春刊『吉原細見』の「吉原けいしやの部」に十寸見らんじう、同東佐、同東洲、さみせん半次郎の名がみえる。

安永三年　甲午（一七七四年）

○二月十二日より、中村座「御誂染曽我雛形《おあつらえぞめそがのひながた》」第二番目《**其衢夜半《そのちどりよは》の髪梳《かみすき》**》。これは半太夫節であるが、三味線に山彦新次郎が出勤しているので、ここに記す。

> 浄瑠理
> 其衢夜半の髪梳
> ワキ　同　半五郎
> ワキ　同　半九郎
> 江戸　半太夫　中村　里好　相つとめ申候
> 三弦　山彦新次郎　松本幸四郎
> 上てうし　江戸享次郎

○二月七日より、森田座「着衣始初買曽我《きそはじめはつがいそが》」第二番目《**乱髪夜編笠《みだれがみよるのあみがさ》**》。八百屋お七（中村富十郎）、小姓吉三（中村のしほ）、弥助（坂東三津五郎）。三月五日より続演。「富十郎、六十一歳にて振袖のお七大当り。三月節句より（辻番付では五日より）、櫓太鼓を打つ仕内を出し、五間程の竹梯子のしなへるを、上りてハ滑り落ち、色々仕内」（『歌舞伎年表』）。

▼《乱髪夜編笠》は寛保二年（一七四二）正月中村座初演。初演時の配役は、八百屋お七（中村富十郎）、小姓吉三（佐野川市松）。

浄瑠璃

乱髪夜編笠

江戸太夫河東

中村富十郎　坂東三津五郎

中村　のしほ

相勤申候

十寸見蘭洲　山彦源四郎

十寸見蘭示　山彦河　良

十寸見沙洲　山彦百　治

十寸見東佐　山彦二　朝

十寸見東洲　山彦宇右衛門

十寸見河洲　山彦孫四郎

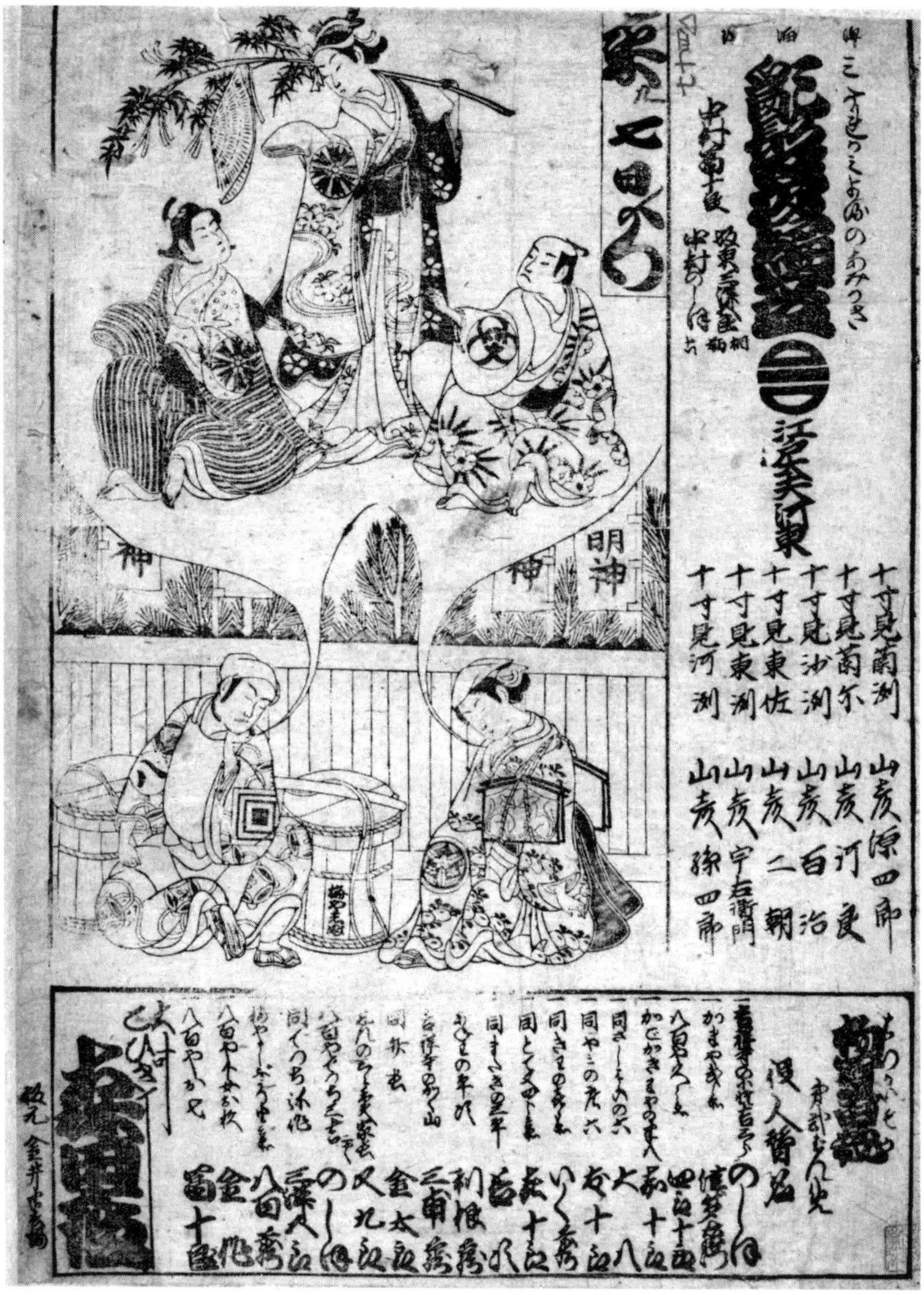

（早稲田大学坪内博士記念演劇博物館蔵　ロ22-21-13）

（続演を知らせる辻番付）

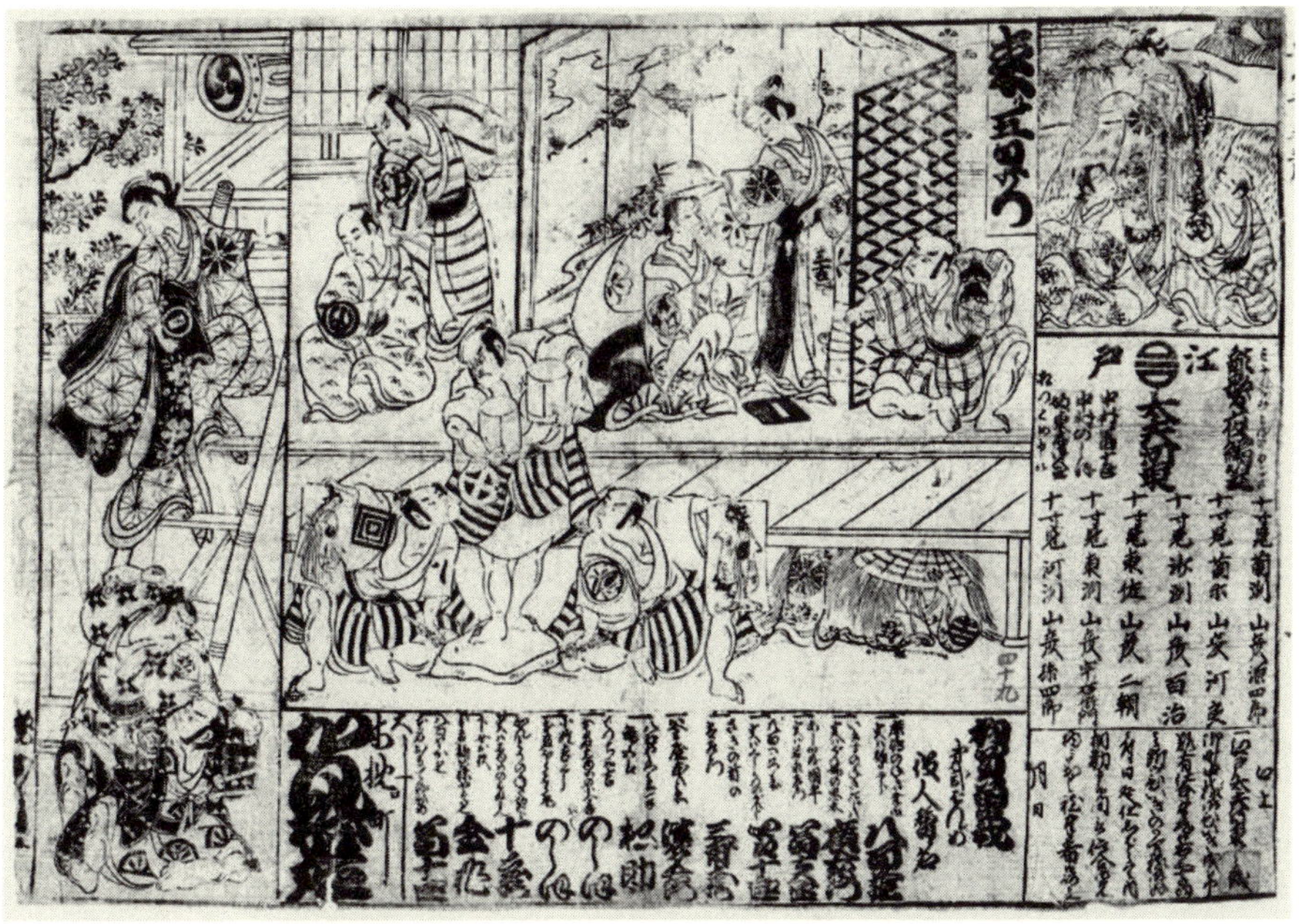

（早稲田大学坪内博士記念演劇博物館蔵　ロ22-21-14）

口上

一江戸太夫河東之儀
御町中様御ひいき成次第
難有仕合ニ奉存候右三十日間
之所御ひいきの御方様御好
ニ付日延仕しばらく内
相勤申候間被仰合御見
物ニ御出之程奉希候以上
月　日

○十一月、中村座顔見世番付。

江戸太夫河東

ワキ

十寸見蘭洲
十寸見蘭爾
十寸見沙洲

三弦

山彦源四郎
山彦河良
山彦百治

安永四年　乙未（一七七五年）

○春刊の吉原細見『細見花の源』の「男芸者の部」に、十寸見蘭洲、同東佐、同東洲、同東示、三弦半次の名がみえる。

○二月十三日より、中村座「色模様《いろもよう》青柳《あおやぎ》曽我《そが》」。

●左の通り役割番付に連名はあるが、浄瑠璃の題名はない。なお、この時には、次に掲げる森田座に出演しているので、あるいは名前だけで出演はしなかったのかもしれない。出演していたとすれば、河東節連中唯一のかけもち出演となる。

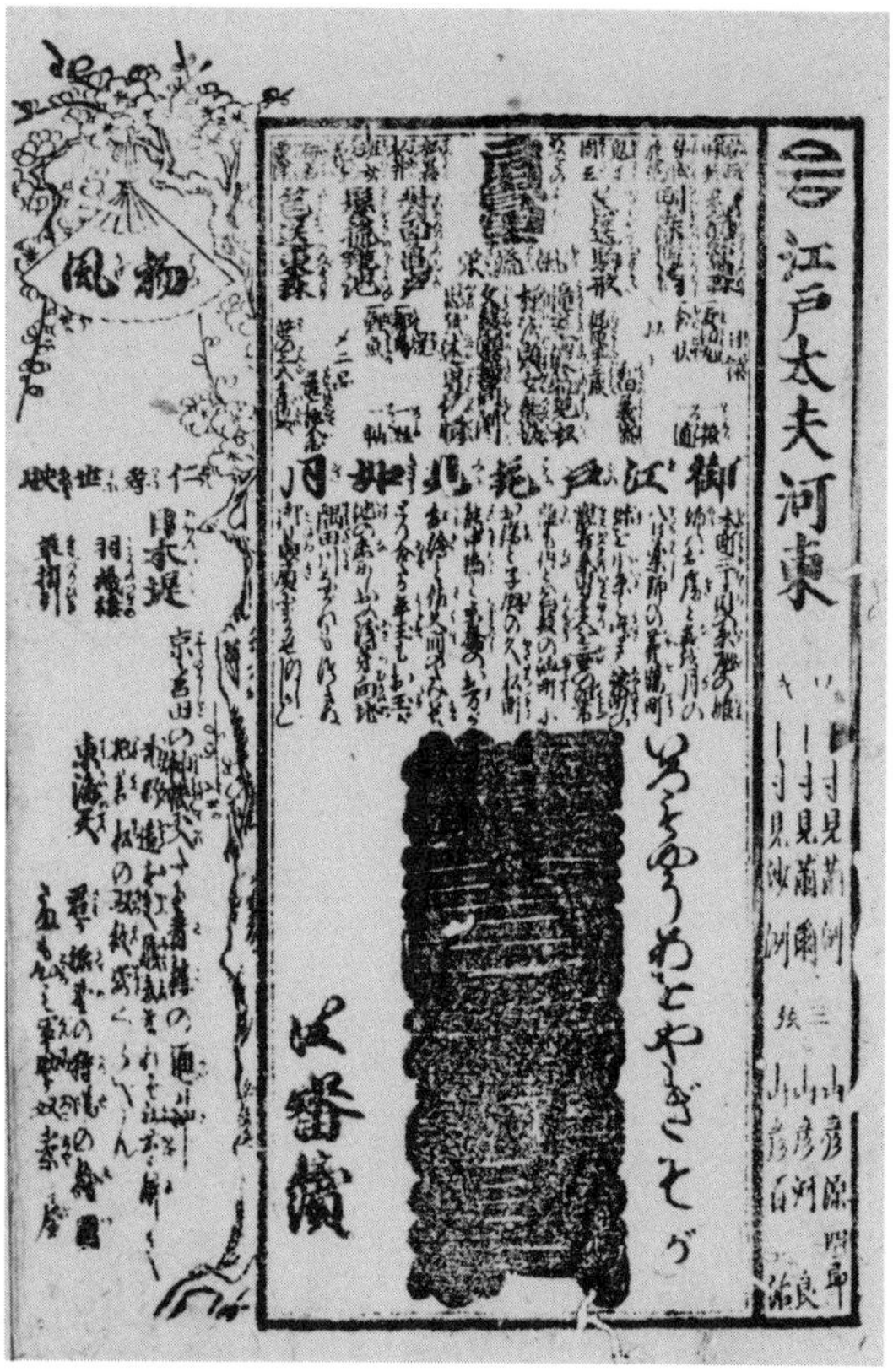

（早稲田大学坪内博士記念演劇博物館蔵　ロ24-1-39-3）

○二月一日より、森田座「信田楪蓬莱曽我《しだゆずりはほうらいそが》」第二番目《**恋《こひ》桜《さくら》返魂香《はんごんかう》**》。下かうべの庄司行ひら（松本幸四郎）、けいせいおふしうゆふこん（中村富十郎）。浅間物の所作事。
▼宝暦元年（一七五一）二月中村座上演《お七吉三　恋さくら返魂香》を一部書き直したもの。番付には《恋《こひ》桜《さくら》返魂香《はんごんかう》》とあるが、『十寸見要集』では《**契情反魂香《けいせいはんごんこう》**》とし、《恋桜反魂香》と区別している（『十寸見要集』は「返」ではなく「反」の字を使用）。

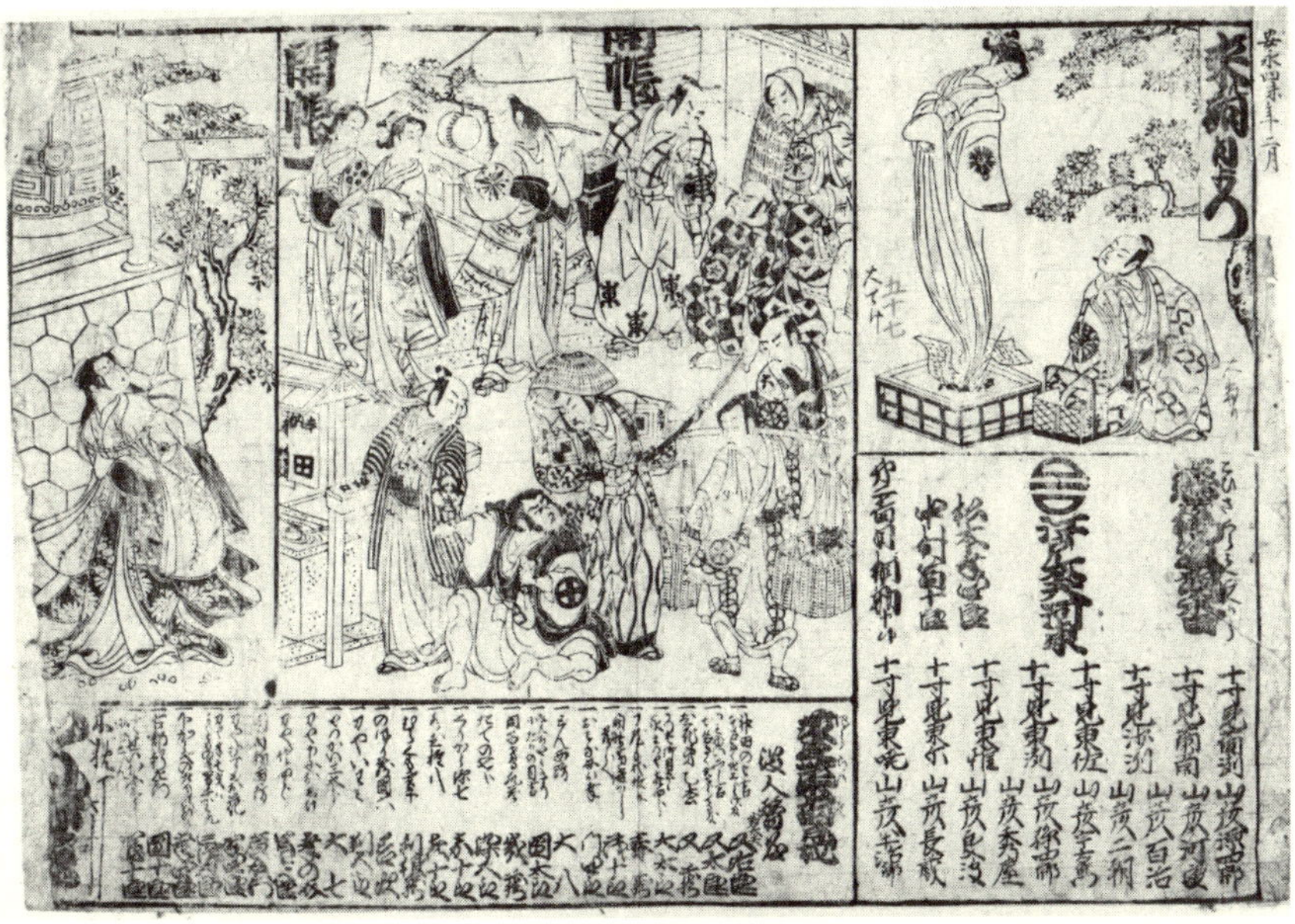

（早稲田大学坪内博士記念演劇博物館蔵　ロ22-21-21）

恋桜返魂香

江戸太夫河東

松本幸四郎
中村富十郎

第二番目ニ相勤申候

十寸見蘭洲
十寸見蘭示
十寸見沙洲
十寸見東佐
十寸見東洲
十寸見東雅
十寸見東示
十寸見東暁

山彦源四郎
山彦河良
山彦百治
山彦二朝
山彦宇右衛門
山彦孫四郎
山彦秀屋
山彦良波
山彦長蔵
山彦半治郎

○《四季《しき》の屏風《びょうぶ》》。「六代目河東名弘メ浄るり。浅草駒形駿河屋にて語る。一本ニ、柳橋河内屋半次郎方とあり」（『編年集』）。

安永五年　丙申（一七七六年）

○二月七日より、市村座「冠言葉曽我由縁《かむりことばそがのゆかり》」第二番目《助六廓花道《すけろくくるわのはなみち》》。助六（二世市川八百蔵）、揚巻（四世岩井半四郎）、意休（二世坂田半五郎）ほか。辻番付には《助六由縁《すけろくゆかりの》はつ桜《さくら》》とある。

▼「大当りにて、五月下旬までいたし、永き事ゆゑ、八百蔵、半五郎両人、追々病気にて引込み、八百蔵の代り助六（羽左衛門半五郎代り意休（海老蔵）。これハ又見られるとの評判にていよ〳〵大入也」（『歌舞伎年表』）。

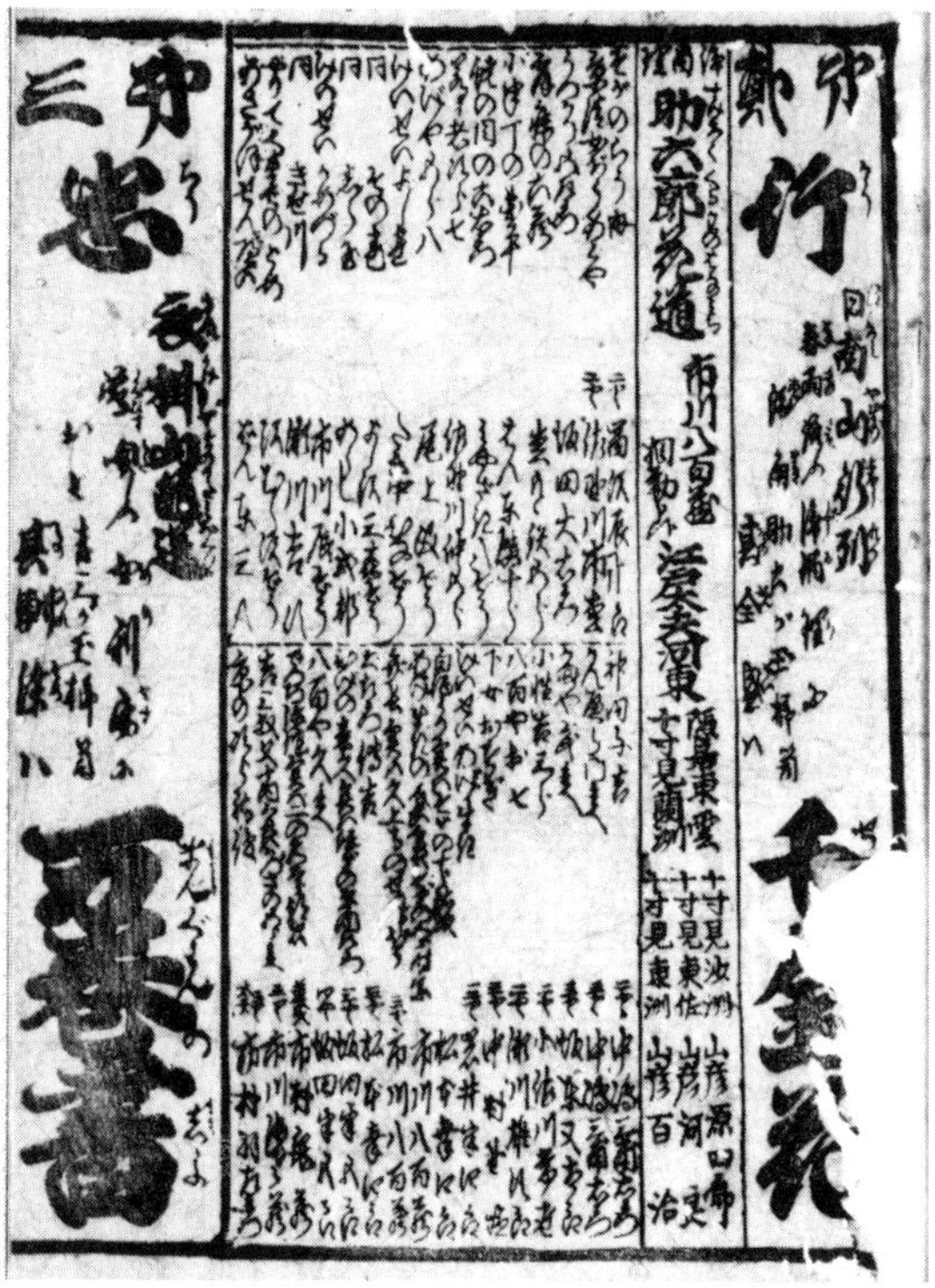

（早稲田大学坪内博士記念演劇博物館蔵　ロ24-1-54-4）

浄瑠理
助　六　廓　花　道
市川八百蔵
相勤申候
江戸太夫河東
隠居東　雲
十寸見蘭洲
十寸見沙洲　山彦源四郎
十寸見東佐　山彦河　良
十寸見東洲　山彦百　治

○三月十三日、五世河東没。俗称薪屋平四郎。三世河東の門人で初名沙洲。暁照院遊山東雲居士（『編年集』）。

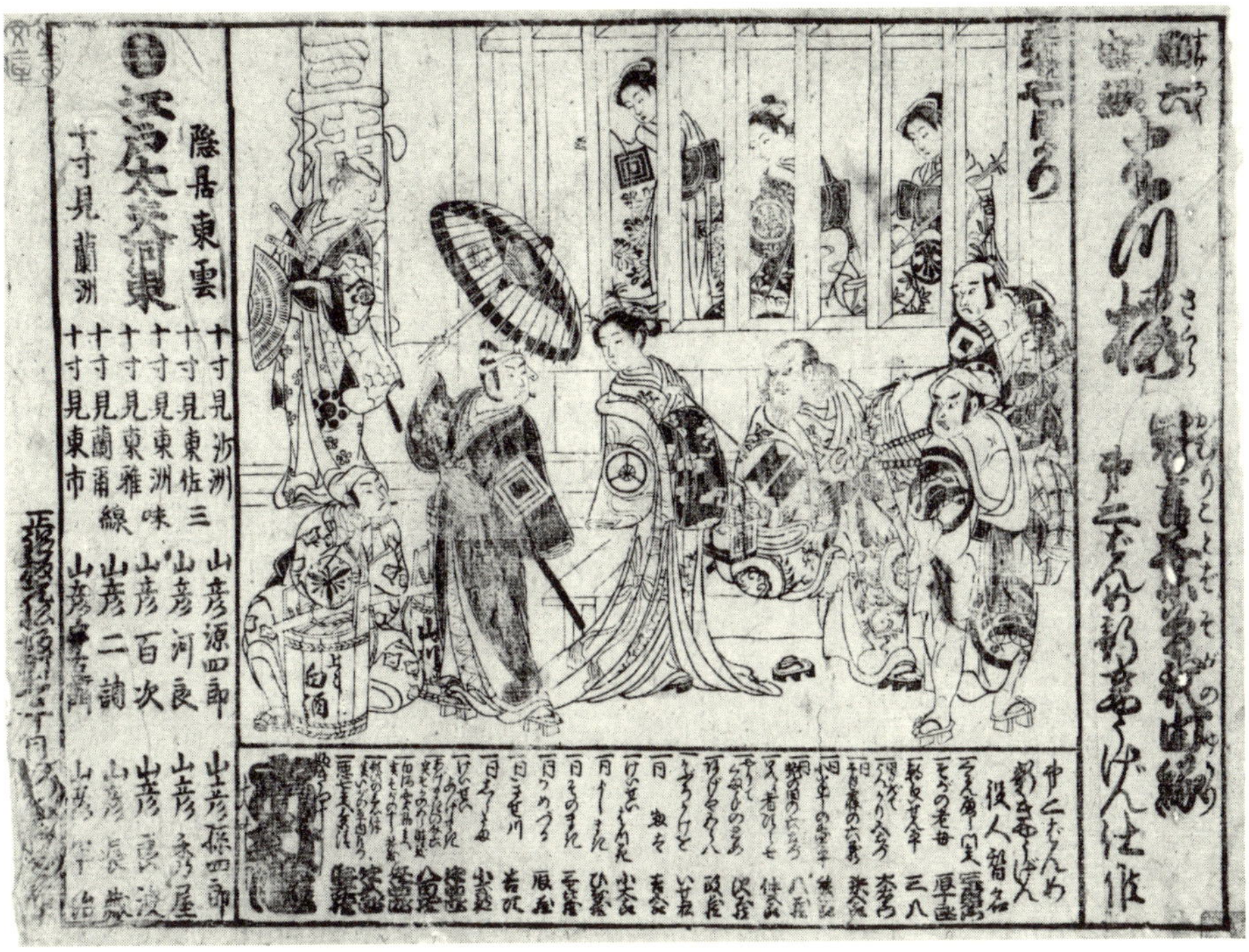

（早稲田大学坪内博士記念演劇博物館蔵　ロ22-29-12）

隠居　東雲
江戸太夫河東
十寸見　蘭洲

十寸見沙洲
十寸見東佐
十寸見東洲
十寸見東雅
十寸見蘭爾
十寸見東市

三味線

山彦源四郎　山彦孫四郎
山彦河良　山彦秀屋
山彦百次　山彦良波
山彦二朝　山彦長蔵
山彦宇右衛門　山彦半治

安永六年　丁酉（一七七七年）

●今年か、《**おきなが鳥**》。山岡明阿述。閑室蘭洲（享保十六年六月二十五日没）五十回忌追善浄瑠璃で、正しくは安永九年であるが、取越したものかという（『編年集』）。

安永七年　戊戌（一七七八年）

○七月十一日、竹婦人こと竹島正朔没。享年未詳。

○十一月、中村顔見世番付。

江戸太夫河東
十寸見蘭洲
十寸見沙洲
十寸見東佐
十寸見東洲
三弦
山彦源四郎
山彦河良
山彦百治

安永八年　己亥（一七七九年）

○三月より、中村座「御摂年曽我《ごひいきねんねんそが》」第二番目中幕《**助六廓夜桜**《すけろくさとのよざくら》》。助六（二世市川門之助）、揚巻（四世岩井半四郎）、意休（三世大谷広右衛門）ほか。『編年集』に「藤本斗文旧作」とある。

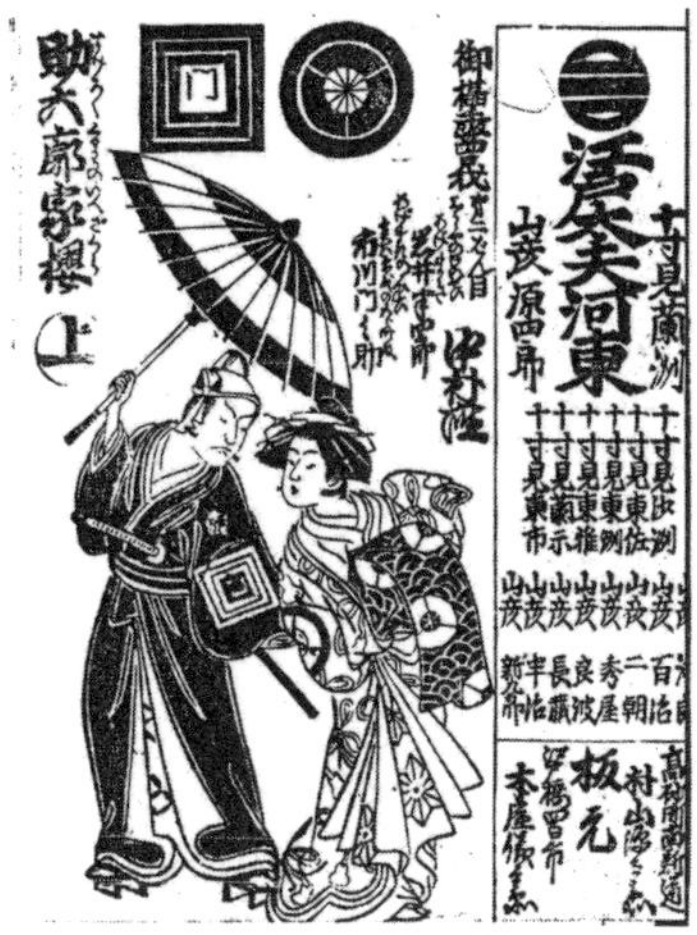

十寸見蘭洲
江戸太夫河東
山彦源四郎
十寸見沙洲
十寸見東佐
十寸見東洲
十寸見東雅
十寸見蘭示
十寸見蘭市
山彦河良
山彦百次
山彦二朝
山彦秀屋
山彦良波
山彦長蔵
山彦半次
山彦新九郎

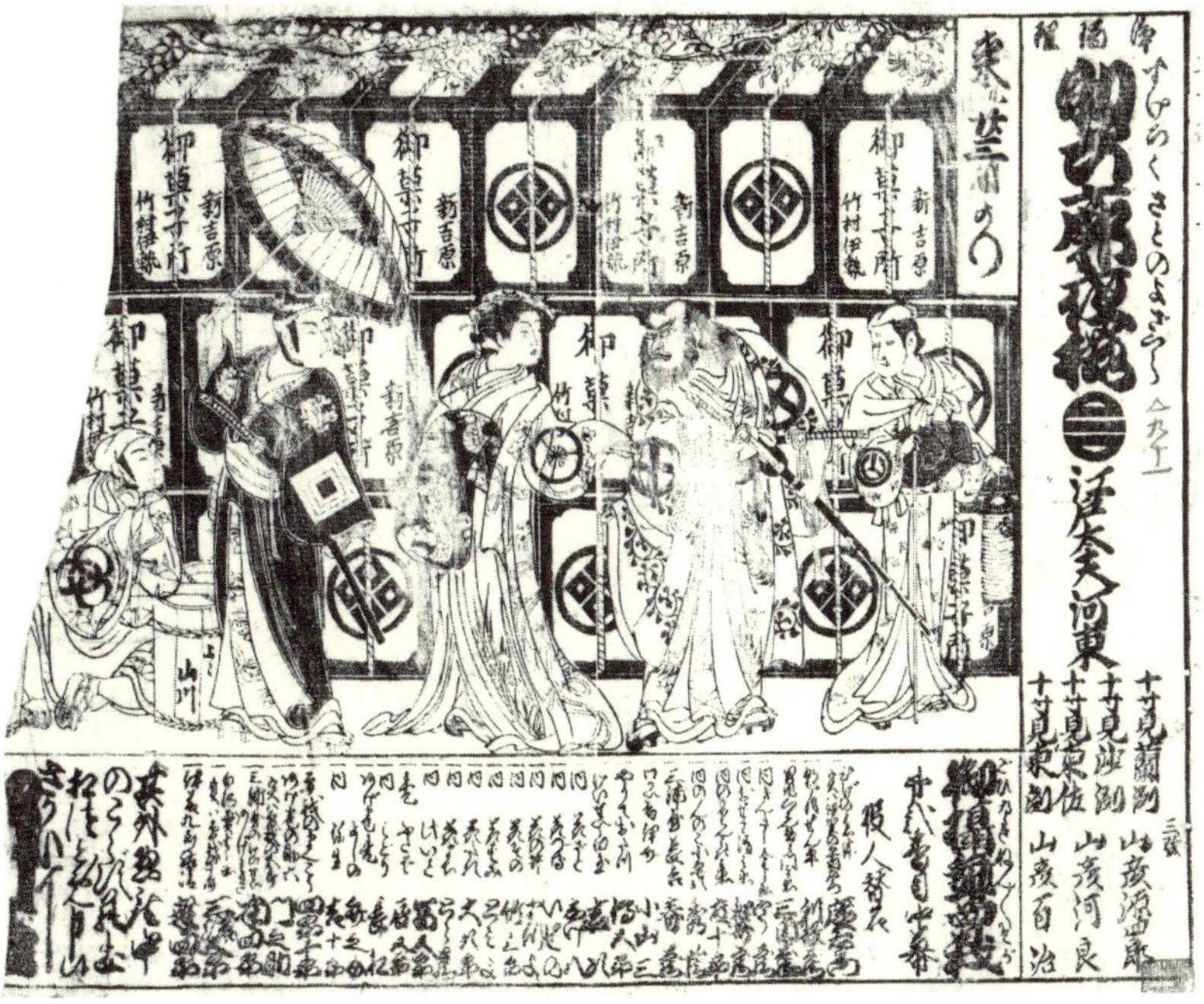

（早稲田大学坪内博士記念演劇博物館蔵　ロ22-7-55）（左側の一部ヤブレ）

江戸太夫河東

十寸見蘭洲
十寸見沙洲
十寸見東佐
十寸見東洲

三弦
山彦源四郎
山彦河良
山彦百治

●『十《ま》寸《す》見《み》要集《ようしゅう》』第二次改訂版（安永改訂版）。半紙本。天地二冊。松寿庵蛙兄の序文、目録、跋文あり。板元は武江浅草御地内伊勢屋吉十郎。

「天」曲目（内題による）

式三番翁・三番叟・まつのうち・まつののち・かぶろ万歳（竹婦人述）・京わらんべ・四季のほうらひ・貝つくし・蓬莱・小袖模様の段・水上蝶の羽番・帯曳男結び・灸すゑ巌の畳夜着・酒中花・紋つくし・紋づくし翼の竹輿蒲団・竹馬の鞭・きぬた・班女扇子八景・清見八景・江のしま・式三献神楽獅子　上の巻・神楽獅子忍びの段　下の巻・きやう女新所帯・金作初瀬出端　雛の出づかひ・放下僧の道行・ほうか僧三段目　八郎鰐の段・放下僧　同　かっこの段・温泉揃・狂女のだん・隅田川舟の内　上の巻・すみだ川　下の巻・おせん物ぐるひ・髪すき曽我・げんぶく五郎・袖とめそが髪結の段・やわらき曽我・祐成相撲物語・助六後日道行・きよつら道行・うき世くわいらいし

「地」曲目（内題による）

江口の道行・伊達ひめ道行・しのだづま・天皇忍びのだん・やりおどり・小鍛治名剱のまき・華がたみ・飛東瀬川・水調子・風流しかた松・みつの旦・二星鵲のかし小袖・咲分相のやま・丹前里神楽・介六廓の家桜・冨士／筑波卯月里・丑の時参り鉄輪・傾城うけ状・柱ごよみ・ひとへ帯・うかふ瀬（竹婦人述）・ぬれゆかた地主の桜・ぬれあふぎ・いの字扇（竹婦人）・乱髪夜編笠・よるのにしき・千とせのえだ（訥子述）・ときはのこゑ・はつかの月・くぜつの鶏・梳櫛男の黒かみ・恋桜反魂香・ますみさくら・雛の磯・ゆかりの江戸桜・巣籠花有里（作者壕越二三治）・三燕桜朧夜（作者壕越二三治）・さくらの曙・契情反魂香・助六廓花道・四季の屏風・常陸帯花柵・御田（三舛述）・助六花街の二葉草

◇右は、国立音大竹内文庫蔵本（02-1038）による。『十寸見要集』第二次改訂版（安永改訂版）は、現在でも多数残っている。初版、明和版と同様に、新曲を追加しながら、次の文政改訂版まで約三十年近く安永版の時代が続く。国立音大本の連名は、安永八年（一七七九）正月市村座の《助六廓家桜》の正本と同じで、六世河東の歌舞伎出演にあわせて出版されたのかもしれない。他に、寛政十年（一七九八）頃の連名と、文化十三年（一八一六）頃の連名の本がある。

安永版の収録曲については、「天」は当初《きよつら道行》まで、「地」は《常陸帯花柵》までであったと思われる。後の追加

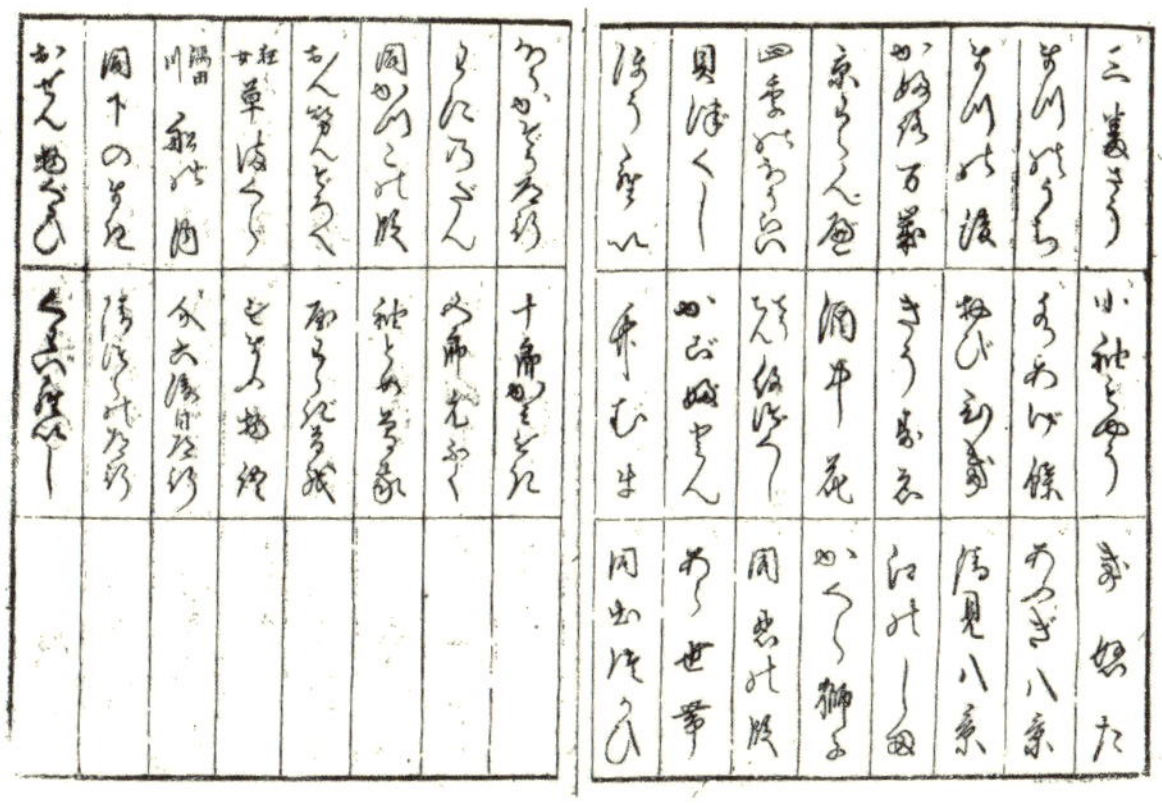

『十寸見要集』安永版「天」目録
（国立音楽大学附属図書館蔵　02-1038）

『十寸見要集』安永版
安永８年の連名
（国立音楽大学附属図書館蔵　02-1038）

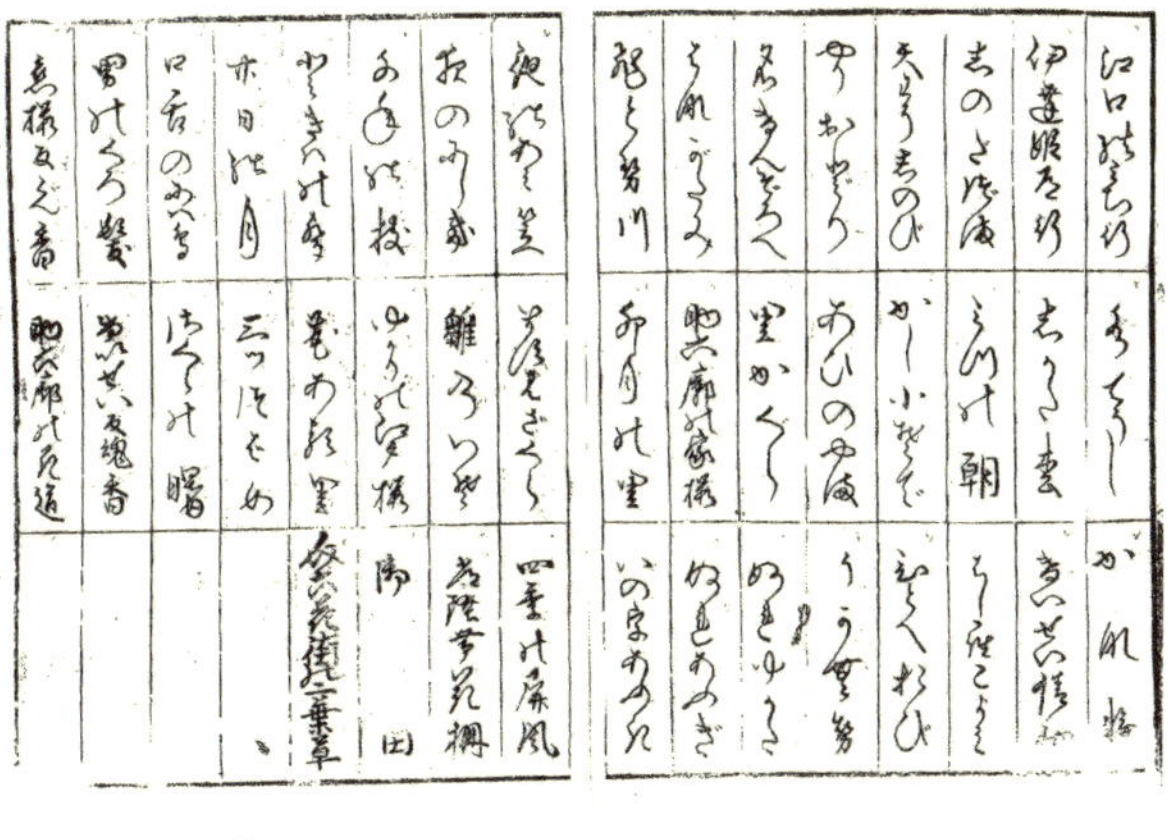

『十寸見要集』安永版「地」目録
（国立音楽大学附属図書館蔵　02-1038）

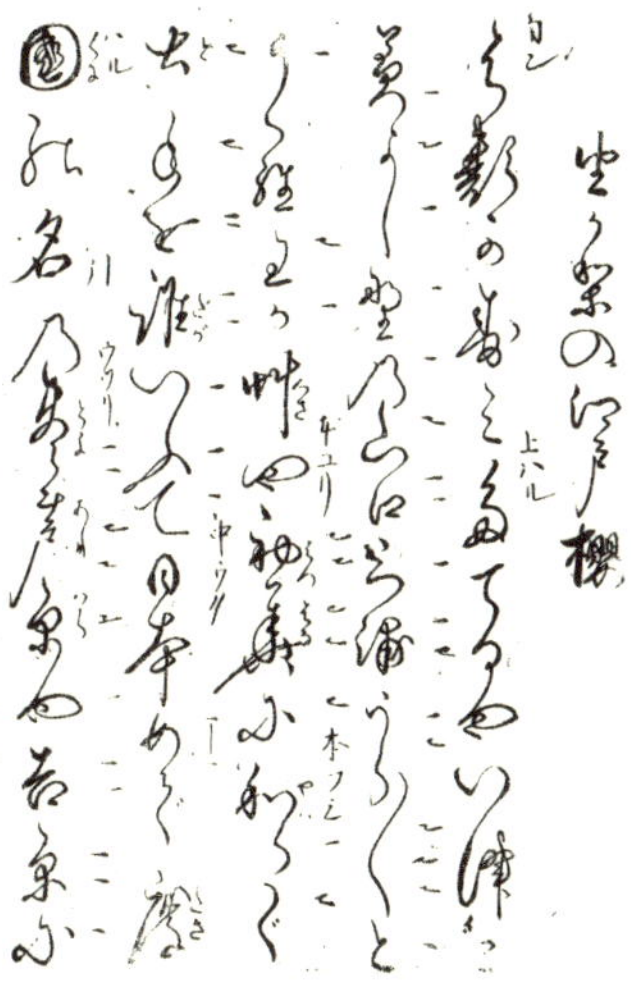

ゆかりの江戸桜

は、「天」は《うき世くわいらいし》。「地」は《御田》（寛政二年（一七九〇）初演）、《助六花街の二葉草》（寛政三年（一七九一）四月市村座初演）、《巻羽織》（寛政十一年（一七九九）初演）。《源氏十二段浄瑠璃供養》（文化四年（一八〇七）初演）、《七重八重花の栞》（文化九年（一八一二）三月初演）、《なゝくさ》（文化十二年（一八一五）か、神田　明神祭礼）。《汐汲里の小車》（文政一年（一八一八）六月山王祭礼）を追加する（吉野）。

安永九年　庚子（一七八〇年）

天明元年　辛丑（一七八一年）〈四月二日改元〉

天明二年　壬寅（一七八二年）

○正月刊の吉原細見『人松島』に、十寸見蘭洲、同蘭示、同東洲、山彦半二、同藤治の名がみえる。

○五月五日より、市村座「信田館代継引船《しだやかたよつぎのひきふね》」切狂言《**助六所縁江戸桜**《すけろくゆかりのゑどざくら》》。助六（九世市村羽左衛門一世一代）、揚巻（四世岩井半四郎）、意休（二世坂田半五郎）ほか。意休（半五郎病気にて幾蔵代る）（『歌舞伎年表』）。

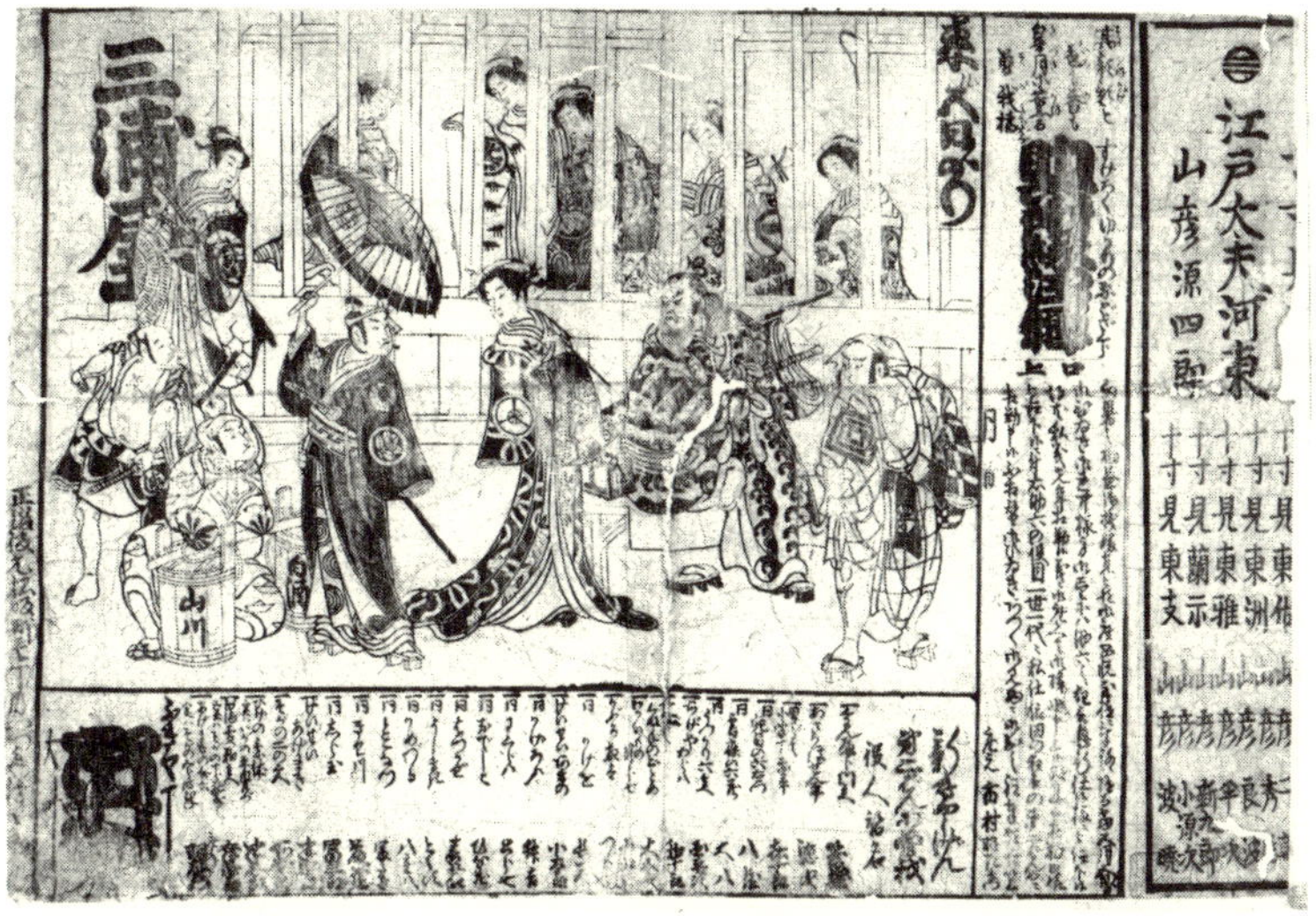

（早稲田大学坪内博士記念演劇博物館蔵　ロ22-15-10）

十寸見□
江戸太夫河東
山彦源四郎

□□
十寸見東佐
十寸見東洲
十寸見東雅
十寸見蘭示
十寸見東支

山彦二朝
山彦秀*□
山彦良波
山彦半次
山彦新九郎
山彦小源次
山彦波暁

*屋カ

（□の部分は切れて見えず）

▼辻番付の口上は左の通りである。

其顔影《そのかほかげ》と
色《いろ》も香《か》も
皐月《さつき》に薫《かほ》る
曽我橘《そがたちばな》

助六所縁《すけろくゆかりの》江戸《あど》桜《ざくら》

口上

向暑之砌益御機嫌克被遊御座恐悦至極ニ奉存候随而当五月五日より御ひゐき御連中様方御望には助六の狂言興行仕候様ニ被仰下候得共私儀先年相勤候義ニ御座候へ共御辞退申上候処達而相勤候様被仰下候ニ付右助六の役目一世一代ニ私仕信田の狂言の第二番めニ相勤申候不相替御ひゐきあつく御見物ニ御出之程奉願上候以上

月　日

座元　市村羽左衛門

▼「六月一日より、市村座、口上書出し、羽左衛門ハ「助六」の一世一代にて、此度舞台に於て幸四郎へゆづり、又白酒売の役を、伜高麗蔵へゆづり、曽我祭の代り、江戸河東浄るりにて「丹前里神楽《たんぜんさとかぐら》」の所作事を羽左衛門つとむと書出す。右の通り、助六（幸四郎）、白酒売（こま蔵）、門兵衛（幾蔵）、揚巻（半四郎）、仙平（徳次）、白玉（富三郎）、意休（半五郎）。浄るり「丹前里神楽」。（羽左衛門）、奴（藤蔵、富三郎）。景気もよく、評判もよかりしに、入り薄く、五月廿五日楽」（『歌舞伎年表』）。

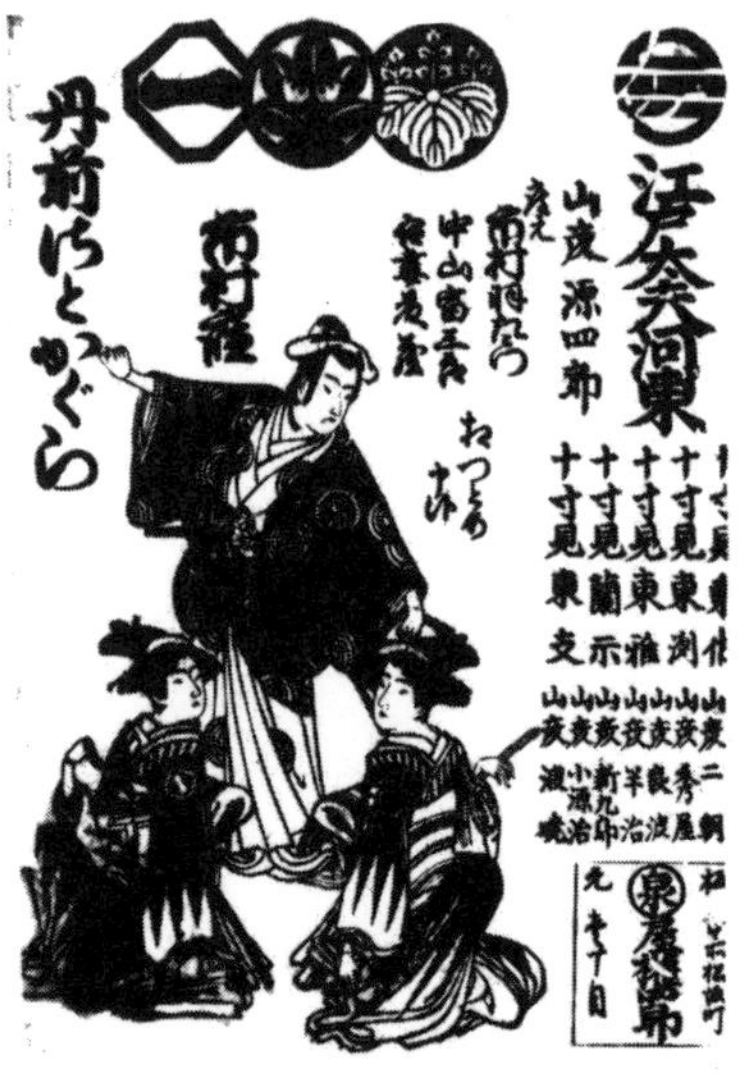

天理大学附属天理図書館蔵
『河東節二百五十年』より転載

▼五月五日より、中村座、第二番目大詰《助六曲輪名取草《すけろくくるわのなとりぐさ》》。助六（五世市川団十郎）、揚巻（中村里好）、意休（中村仲蔵）他。浄瑠璃は半太夫節。

○十一月、市村座顔見世番付。

江戸太夫河東
十寸見蘭洲
山彦源四郎
十寸見沙洲　十寸見東佐　十寸見東洲
山彦河良　山彦百治　山彦二朝

天明三年　癸卯（一七八三年）

○正月刊の吉原細見『五葉松』に、十寸見蘭洲、同蘭示、山彦半二、同藤治の名がみえる。

●今年か、《筆始四季探題《ふではじめしきのたんだい》》。文魚述（高崎候の作ともいう）（『編年集』）。

▼「文魚（通称大和屋太郎次、蔵宿也、吉田氏）ハ、五代目平四郎河東に学び、段数多くおぼえ、声、節、拍子ともに揃ひし名

人なり。はじめ浅草御蔵前片町に住し、後森田代地河岸通りに移住す、寛政十二申年、寿七十一歳にて終」(『編年集』)。

○十一月、市村座顔見世番付。

江戸太夫河東
十寸見蘭洲　山彦源四郎
十寸見沙洲　十寸見東佐　十寸見東洲
山彦百次　山彦二朝

天明四年　甲辰(一七八四年)

○十一月、桐座顔見世番付。

江戸太夫河東
十寸見蘭洲　山彦源四郎
十寸見沙洲　十寸見東佐　十寸見東洲
山彦百次　山彦二朝

天明五年　乙巳(一七八五年)

○三月二十七(四)日より、桐座「江戸仕立団七縞《えどじたてだんしちじま》」第二番目「八百屋お七」。跡狂言、浄るり《乱髪夜編笠《みだれがみよるのあみがさ》》(再演)。お七(三世瀬川菊之丞)。千太郎(二世瀬川富三郎)、八百屋下人弥作(大谷徳次)(『歌舞伎年表』)。

○初秋刊『吉原細見』に、十寸見蘭洲、同蘭示、同東洲、山彦半二の名がみえる。

天明六年　丙午(一七八六年)

○七月刊の『吉原細見』に、十寸見蘭洲、同蘭示、同東支、山彦半二の名がみえる。

天明七年　丁未（一七八七年）

〇十一月、桐座顔見世番付。

江戸太夫河東
十寸見子　明
十寸見沙　洲
山彦　源四郎
十寸見東佐
十寸見東洲
十寸見蘭示
十寸見東支
山彦二朝
山彦秀屋
山彦河良

天明八年　戊申（一七八八年）

●今年か《**露**《つゆ》**の二葉**《ふたば》》。馬場存義述。『編年集』では『根元集』の記事を引用して安永元年の条に収めてあるが、初世山彦源四郎の三十三回忌追善浄瑠璃とすれば今年が正しいという断り書がある。『日本歌謡集成』もその説をいれて、今年としているので、仮にここでも今年の条に収めることとする。

〇今年、太田南畝『俗耳鼓吹』。文中に「河東節の文句のうち、おもしろき所を左に抄出す」とあり、一部分を写してある。神楽獅子・神楽獅子忍の段・有馬筆・鵲のうら小袖（かし小袖ではない）・水上蝶の羽番・帯曳おとこ結・唐団扇（全文を掲げて、此文まことに一唱三嘆と云べしと絶賛している）・狂女草枕・角田川船の内・はつね聟・山かつら・待酔・袖若葉・雪間・袖かゞみ・助六後日道行・景清道行・蝉丸道行・同笠の段・かぶろ萬歳・狂女あらしよたい・京わらんべ・ひとへ帯・松の内・松の後・さきわけあいの山・おせんものぐるひ・きよつら道行・とら少将道行・袖とめ曽我かみ結の段・しのだつま・紋尽しかご蒲団・灸すえ岩ほのたゝみ夜着（全文を記す）　以上三十三曲（『温知叢書』第二編による）。

〇十一月、市村座顔見世番付。

江戸太夫河東
十寸見子　明
十寸見沙　洲
山彦　源四郎
十寸見東佐
十寸見東洲
十寸見蘭示
十寸見東支
山彦二朝
山彦秀屋
山彦河良

寛政元年　己酉（一七八九年）〈一月二十五日改元〉

○十一月、市村座顔見世番付。

江戸太夫河東
十寸見子　明　十寸見蘭　示
十寸見東　佐　山　彦源四郎
十寸見東　洲　十寸見東　支

寛政二年　庚戌（一七九〇年）

○今年、《**御田**《おんだ》》。市川三升作。本銀町高井孫兵衛の六十一歳の賀に、摂州住吉の御田の事を作ったもの（『編年集』）。

○八月、句集『月のやとり』刊。河東節連中の句あり。

誰人の姨捨諷ふけふの月　河　東
けふの月雪踏花莚めてたしな　蘭　示
名月や秋のこゝろを汁団子　東　支
寝覚せし人も有けり月ひと夜　新九郎
去かたの十五夜更て我月見　山　彦

○十一月、市村座顔見世番付。

江戸太夫河東
十寸見子　明　十寸見蘭　爾
十寸見東　佐　山　彦源四郎
十寸見東　洲　十寸見東　支

寛政三年　辛亥（一七九一年）

○四月二日より、市村座《助六花街二葉草《すけろくくるわのふたばぐさ》》。助六と意休、一日替り。初日の意休、後日の助六（三世沢村宗十郎）、初日の助六、後日の意休（二世市川門之助）、揚巻（中山富三郎）。中村座上演の《助六縁牡丹《すけろくゆかりのふかみぐさ》》におされて不入りであった（『歌舞伎年表』）。

（早稲田大学坪内博士記念演劇博物館蔵　ロ22-29-25）

十寸見　子明
江戸太夫河東
山彦　存　候

十寸見東佐
十寸見東洲
十寸見蘭示
十寸見東支
十寸見沙洲

山彦源四郎
同　二　朝
同　秀　屋
同　河　良
同　半二郎
同　新九郎
同　小源治
同　波　暁
同　文二郎
同　文四郎

▼四月より、中村座《助六縁牡丹《すけろくゆかりのふかみぐさ》》。元祖市川八百蔵三十三回忌追善。助六（三世市川八百蔵）、揚巻（四世岩井半四郎）、意休（尾上松助）。浄瑠璃は半太夫節。「近来稀なる景気、古今の大当り」（『歌舞伎年表』）。

○十一月市村座顔見世番付。

江戸太夫河東
十寸見子明
十寸見東佐
十寸見東洲
十寸見蘭示
十寸見沙洲
十寸見東里
山彦源四郎
山彦*□候

*存カ。有トモ

○十一月河原崎座顔見世番付。

江戸太夫河丈
ワキ 金治
官治
三弦 岡安喜十郎
岡安小三郎
十寸見□□
十寸□□□
三味せん 岡安彦次□
岡安□□□

寛政四年 壬子（一七九二年）

○正月刊の『吉原細見』に、十寸見蘭示、*山彦文治、同文四郎の名がみえる。（月不明の分も同じであるが、*山彦文治郎とある）

○十月十六日、二世山彦源四郎没。法号妙体院存候日敬。初世源四郎の門人孫四郎の子で、長蔵、秀次郎をへて二世源四郎となり、剃髪して存候となる（『編年集』）。

○十一月、河原崎座顔見世番付。

江戸太夫河丈
十寸見金治
十寸見官治
三味□□□喜十郎
上調□□安小三郎
十寸見東春
十寸見半治
十寸見里丈
十寸見詞丈
三味線 岡安藤吉
岡安五郎次
岡安喜六

寛政五年　癸丑（一七九三年）

○十一月、河原崎座顔見世番付。

> 江戸太夫河丈
>
> □□見金治
> □□見官治
> □□□安喜十郎
> □□岡安小三郎
>
> 十寸見東春
> 十寸見半治
> 十寸見里丈
> 十寸見詞丈
>
> 三味線　岡安藤吉
> 岡安五郎次
> 岡安喜六

寛政六年　甲寅（一七九四年）

○春刊の『吉原細見』に、十寸見蘭洲、同東支、山彦文治郎、同文四郎の名が見える。

○十一月、桐座顔見世番付。

> 江戸太夫河東
>
> 十寸見東佐　十寸見沙洲
> 十寸見東洲　十寸見東里
> 十寸見蘭洲　十寸見蘭爾
>
> 三味線　山彦源四郎

寛政七年　乙卯（一七九五年）

寛政八年　丙辰（一七九六年）

○正月二十一日、六世河東没。七十余歳。辞世　極楽の道も明るし梅桜。俗称忠次郎、黒河東。三世河東の門人で、初め蘭示、浅草諏訪町に住む。寛政年中、牛嶋の宝寿山長命寺境内に河東代々の墓碑を建てたという（『編年集』）。

［六世河東作で成立年代不明の曲］

《常《ひ》陸《たち》帯《おび》花《はな》の柵《しがらみ》》《道《どう》成《じょう》寺《じ》》。『日本歌謡集成』にはともに、「年代未詳。但し六代目河東（寛政八年没）の作曲に係わるもの」とある。

●《常《ひ》陸《たち》帯《おび》花《はな》の柵《しがらみ》》。「忠次河東節付、三絃二代目源四郎手附、天明年中駒形町駿河屋にて興行あり、文にかん水たゝえて、潤水ハ谷の水也、深くして色藍のごとしといへるなり、古詩の句也」（『編年集』）。能《桜川》から題材をとる。『十山集』（文政八年刊）に初出。

●《道《どう》成《じょう》寺《じ》》。「此浄瑠理ハ忠次郎河東志明両章也。天明年中浅草駒形駿河屋にて興行あり。ワキ志明、茅場町沙洲、三絃二代目源四郎手附、ワキ弾百次、上調子二朝、浄瑠理大出来也。評判能く貴賤群集す、文句ハ謡の通りなり」（『根元集』）。『十山集』（文政八年刊）に初出。

○早春刊『吉原細見』に、十寸見蘭洲、同蘭示、山彦文治、同文四郎の名がみえる。

○十一月、桐座顔見世番付。

江戸太夫河東

十寸見東佐　十寸見沙洲　山彦源四郎

十寸見東洲　十寸見蘭示　山彦二*湖

十寸見蘭洲　十寸見河洲　山彦河良

*朝カ

寛政九年 丁巳（一七九七年）

○三月より、河原崎座「富士見里和曽我《ふじみるさとやわらぎそが》」二番目**《助六由縁江戸桜《すけろくゆかりのえどざくら》》**（辻番付は**《助六廓桜人《すけろくくるわのさくらびと》》**）。助六（市川高麗蔵、後五世松本幸四郎）、揚巻（中山富三郎）、意休（尾上松助）ほか。

▼『歌舞伎年表』に「江戸半太夫」とあるのは誤り。

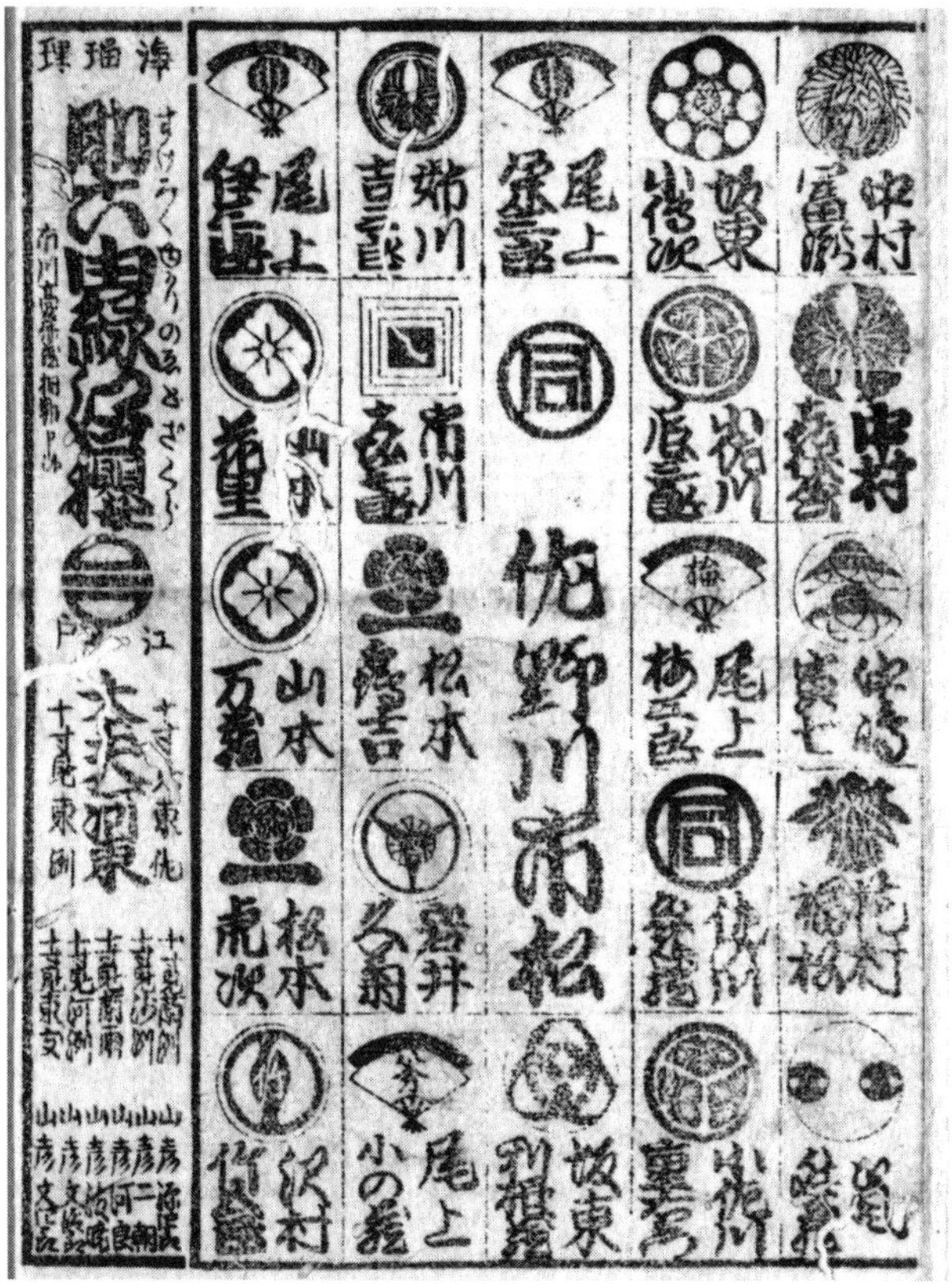

（早稲田大学坪内博士記念演劇博物館蔵　ロ24-1-193-3）

十寸見東佐
江戸 太夫河東
十寸見東洲

十寸見蘭洲
十寸見沙洲
十寸見蘭爾
十寸見河洲
十寸見東支

山彦源四郎
山彦二朝
山彦河良
山彦波暁
山彦文治郎
山彦文四郎

○十一月、桐座顔見世番付。

江戸太夫河東
十寸見東佐
十寸見東洲
十寸見蘭洲
十寸見沙洲
十寸見蘭示
十寸見東支
山彦源四郎
山彦二朝
山彦河良

寛政十年　戊午（一七九八年）

●今年《**老《おい》の鶯《うぐいす》**》。十寸見子（志）明（二代目蘭洲）の八十歳の賀につくられた（『編年集』）。

○十一月、市村座顔見世番付。

江戸太夫河東
十寸見夕丈
十寸見沙洲
十寸見蘭示
十寸見東支
十寸見東永
三弦
山彦源四郎
山彦二朝
山彦河良

寛政十一年　己未（一七九九年）

●今年、《**巻羽織《まきばおり》**》。克従（俳人大梅居の別号）述。七世河東名弘め浄瑠璃で、柳橋河内屋半次郎方で語ったという。

▼三月より、中村座《**助六《すけろく》廓《くるわ》の花見時《はなみどき》**》。助六（六世市川団十郎）、揚巻（岩井粂三郎）、意休（市川高麗蔵）。三世市川海老蔵二十三回忌追善。浄瑠璃は半太夫節。

○十一月、市村座顔見世番付。

東佐事十寸見夕丈	十寸見沙洲	山彦源四郎
江戸太夫河東	十寸見蘭示	山彦二朝
	十寸見東支	
十寸見東洲	十寸見東永	山彦河良

寛政十二年　庚申（一八〇〇年）

●今年春、大和屋文魚（通称太郎次、蔵宿、吉田氏）没。七十一歳。《筆始四季探題《ふではじめしきのたんだい》》（天明三年カ）の作者。

●今年、十寸見志明（子明、二世蘭洲）没。八十二歳。新吉原の娼家で、通称佐倉屋又四郎（『編年集』）。

享和元年　辛酉（一八〇一年）〈二月五日改元〉

●今年か、《**金沢八景**《かなざわはっけい》》。十寸見蘭示が金沢へ旅行し、作詞作曲したもので、山彦河良に増補させた（『編年集』）。

享和二年　壬戌（一八〇二年）

○正月十九日より、市村座「三国一纈盞《さんごくいちいもせのさかずき》」六幕目、松葉屋瀬川（瀬川路考）、同突出し市川（瀬川路三郎）。兜屋手代半次郎（沢村源之助）、三人所作に、河東節《**松**《まつ》**の内**《うち》》浄瑠璃を用いた。

▼左に掲げる詞章本表紙は、今年のものと推定される。

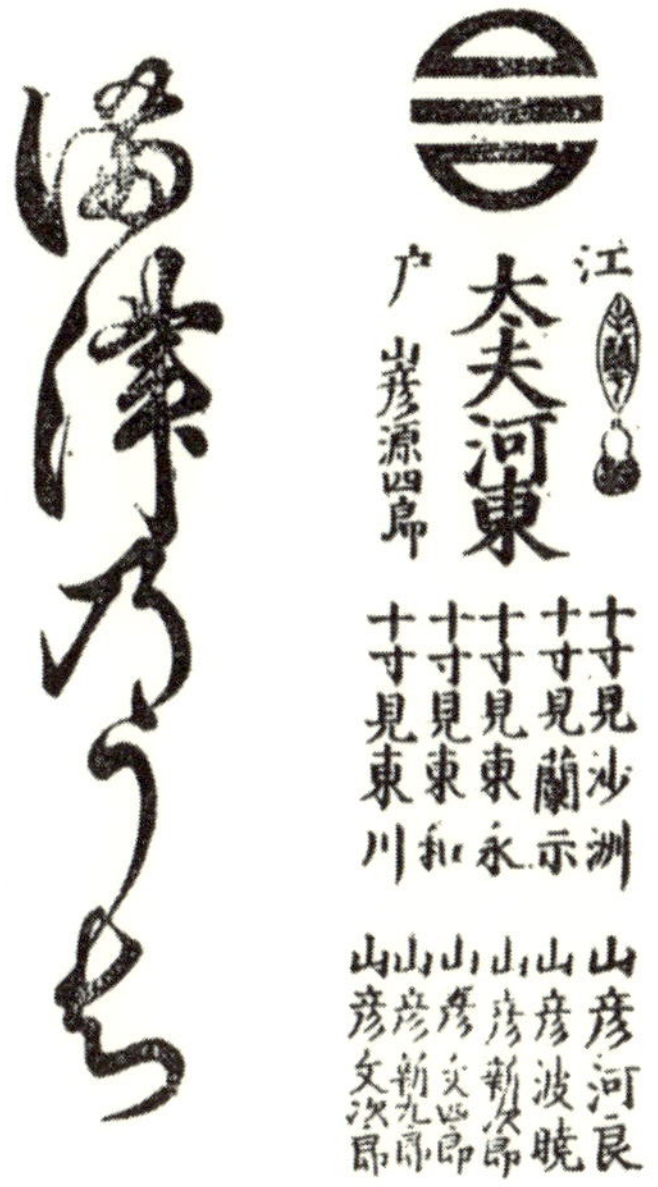

（故西川吟平旧蔵）

江戸
太夫河東
山彦源四郎

十寸見沙洲
十寸見蘭示
十寸見東永
十寸見東和
十寸見東川

山彦河良
山彦波暁
山彦新次郎
山彦文四郎
山彦新九郎
山彦文次郎

江戸太夫河東

十寸見沙洲
十寸見*東示
十寸見東栄
十寸見東和

山彦源四郎
山彦河良
山彦新九郎
山彦文次郎
山彦文四郎

*蘭の間違い。

（『編年集』）

○秋刊の『吉原細見』に、山彦文治郎、同文四郎、十寸見蘭示の名がみえる。

○十一月、市村座顔見世番付。

江戸太夫河東
山彦源四郎

十寸見沙洲
十寸見蘭示
十寸見東永
十寸見東和

山彦河良
山彦波暁
山彦文治郎
山彦文四郎

享和三年　癸亥（一八〇三年）

○七月刊『吉原細見』に、山彦文次郎、同文四郎、十寸見蘭示の名がみえる。

○十一月、市村座顔見世番付。

> 江戸太夫河東
> 山彦源四郎
>
> 十寸見沙洲
> 十寸見蘭示
> 十寸見東永
> 十寸見東和
>
> 山彦河良
> 山彦波暁
> 山彦文治郎
> 山彦文四郎

文化元年　甲子（一八〇四年）〈二月十一日改元〉

●今年《甲子祭《きのえねまつり》》。「宝泉述、三代目河良手附」（『編年集』）。

○七月刊の『吉原細見』に、山彦文次郎、同文四郎、十寸見蘭示の名がみえる。

○十一月、市村座顔見世番付。

> 江戸太夫河東
> 山彦源四郎
>
> 十寸見沙洲
> *十寸見蘭雨
> 十寸見東永
> 十寸見東和
>
> 山彦河良
> 山彦波暁
> 山彦文次郎
> 山彦文四郎
> 山彦新□郎

*蘭爾の誤りであろう

文化二年　乙丑（一八〇五年）

○三月二十一日、河原崎座「鏡山故郷錦絵《かがみやまこきょうのにしきえ》」第二番目《**助六廓花道**《すけろくくるわのはなみち》》。六世市川団十郎七回忌追善狂言。助六（市川男女蔵）、揚巻（中山富三郎）、意休（尾上松助）ほか。「評よく四月二十五日まで興行」（『歌舞伎年表』）。辻番付には《**助六由縁**《すけろくゆかりの》**江戸桜**《えどざくら》》とある。

○十一月、市村座顔見世番付。

江戸太夫河東
山彦源四郎
十寸見沙洲　十寸見蘭示　十寸見東永
十寸見東和　十寸見東川　山彦河良　山彦波暁
山彦新治郎　山彦文四郎　山彦新九郎　山彦文治郎

文化三年　丙寅（一八〇六年）

○七月刊の『吉原細見』に、山彦文次郎、同文四郎の名がみえる。

○十一月、市村座顔見世番付。

十寸見沙洲
江戸太夫河東
山彦源四郎
十寸見東永　十寸見東和　十寸見東川
山彦河良　山彦波暁　山彦新治郎
山彦文四郎　山彦新九郎　山彦文治郎

文化四年　丁卯（一八〇七年）

▼三月、中村座《助六《すけろく》桜《さくら》の二重帯《ふたえおび》》。初日助六・後日意休（三世坂東三津五郎）、揚巻（五世岩井半四郎）、初日意休・後日助六（市川男女蔵）。浄瑠璃は半太夫節。

○四月十九日。「元祖山彦源四郎事、文化四丁卯年皐月末の十日、五十回忌に付、同年四月十九日両国柳橋大のし富八方にて追善の浄瑠理興行あり、摺物を配る」（『江戸節根元集』）。

実桜の跡芳しきにほひかな　河東
流れくむ師の恩深し苔清水　三世源四郎
竹の子や一ふしづゝの手向もの　沙洲
時雨なれも手向の一こゑか　東和
朝貌の露の若葉や墳の前　東川
たむけよきゆかりの色や花あやめ　河良
初昔露の若葉の手向かな　波暁
明星の水に尊しかきつばた　新次郎
袖のかも花橘のむかしかな　文四郎
山彦の伝へも遠しほとゝぎす　新九郎
月も日も巡る扇のかなめかな　文次郎
右手向の句あり

○八月二十日、河内屋半次郎方にて、一中節と掛合《源氏《げんじ》十二段《じゆうにだん》浄瑠璃《じょうるり》供養《くよう》》。「恵井志述」「伝蔵河東一世一代」（『編年集』）。

▼恵井志（栄思とも書く）は狂言作者三升屋二三治の俳名。伝蔵河東は七世河東のこと。

左は初演時とみられる番組。表紙欠。「文化四丁卯とし八月吉辰　催主 七代目 十寸見河東」

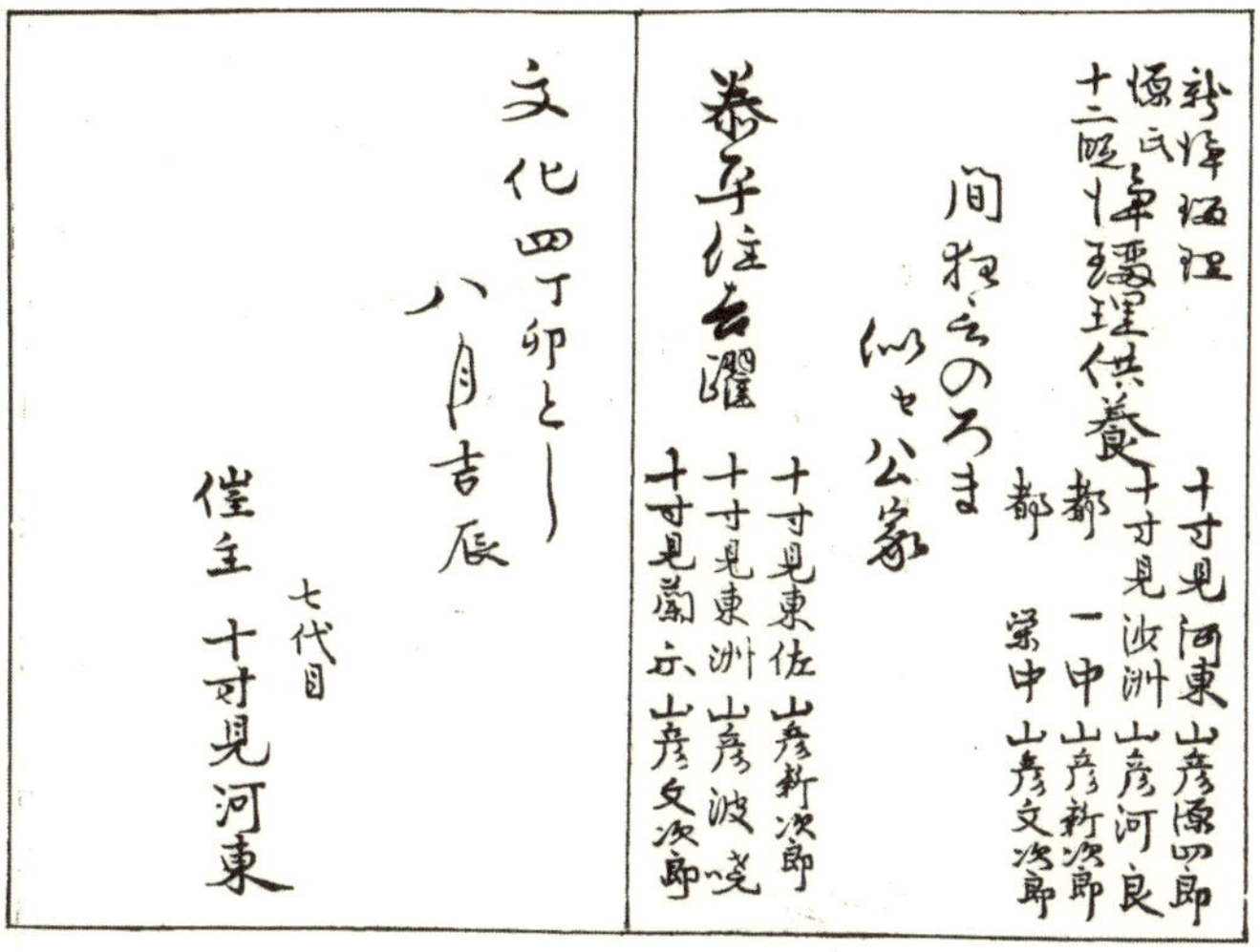

十寸見河東　山彦源四郎
十寸見沙洲　山彦河良
都　一中　山彦新次郎
都　栄中　山彦文次郎
十寸見東佐　山彦新次郎
十寸見蘭示　山彦文次郎

文化四丁卯とし　八月吉辰

催主　七代目　十寸見河東

『古曲』18号 口絵より

十寸見河東　山彦源四郎
十寸見沙洲　山彦河良
都　一中　山彦新次郎
都　栄中　山彦文次郎

▼この時、同時に語る。

泰平住吉躍

十寸見東佐　山彦新次郎
十寸見東洲　山彦波暁
十寸見蘭示　山彦文次郎

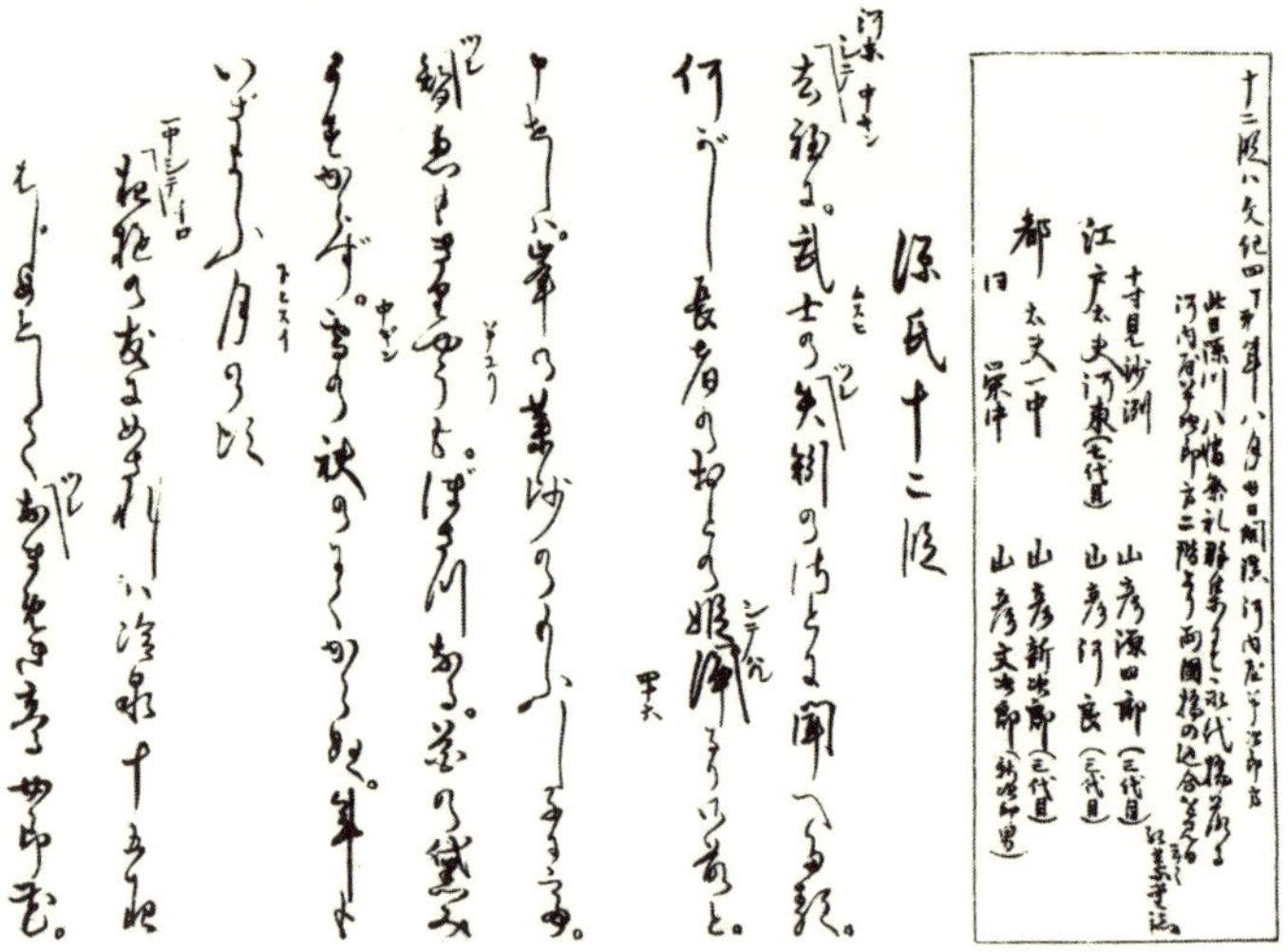

『十寸見要集』（明治39年刊）紅葉堂蘭洲解題

乱髪夜編笠

十寸見沙洲　山彦河良
十寸見東佐（東永改）　山彦文四郎
十寸見東洲（東川改）　山彦新九郎
十寸見蘭示（文定改）　山彦良波

○初秋刊の『吉原細見』に、山彦文次郎、同文四郎の名がみえる。

○十一月、市村座顔見世番付。

江戸太夫河東
山彦源四郎

十寸見東佐　山彦河良　山彦新九郎
十寸見東洲　山彦新治郎　山彦文治郎
十寸見蘭示　山彦文四郎　山彦良波

文化五年 戊辰（一八〇八年）

○十月八日。「利左衛門沙洲事、文化五戊辰十一月一周忌に付、同年十月八日に両国柳橋大のし富八方にて追善浄るりを、河東并源四郎世話いたし、催し主は沙洲母ひさにて興行あり、尤浄瑠理の間にのろま人形あり」（『根元集』）。

番組
ぬれあふぎ　間　犬山伏
道成寺　間　吶浪人
傀儡師

海棠や小春を花の夢がたり　河東
塚の草小春の名にや匂ふらん　東佐
炉びらきや泪こぼれてあられ炭　東洲
めぐり来て袖ぬらしけり初しぐれ　蘭爾

一巡り絶ぬおもひや霜の鐘　源四郎
ひと丶せをおもへば夢や今朝の霜　河良
おもひ出す霜の夕部や小盃　新次郎
音楽に降や小春の空にはな　文四郎
鳰鳥の浮寝かたらん冬ごもり　新九郎
納豆やまだ眼にさめずひと廻り　文次郎
俤も見せぬ氷やひと瀬川　良波

右手向の句、摺物を諸君子へ配る、

○十一月、市村座顔見世番付。

江戸太夫河東
山彦源四郎
十寸見東佐　十寸見東洲　十寸見蘭示
山彦河良　山彦新治郎　山彦文四郎
山彦新九郎　山彦文治郎　山彦良波

文化六年　己巳（一八〇九年）

○秋刊の『吉原細見』に、山彦新次郎、同文四郎、十寸見蘭示、同河洲の名がみえる。

○十一月、市村座顔見世番付。

江戸太夫河東
山彦源四郎
十寸見東佐　十寸見東洲　十寸見蘭示　十寸見河洲
山彦河良　山彦新治郎　山彦文四郎
山彦新九郎　山彦文治郎　山彦良波

文化七年　庚午（一八一〇年）

○十一月、市村座顔見世番付。

江戸太夫河東 山彦源四郎	十寸見東佐 十寸見東洲 十寸見蘭示 十寸見河洲	山彦河良 山彦新治郎 山彦文四郎 山彦新九郎 山彦文治郎 山彦良波

○十一月、森田座顔見世番付。

江戸太戸河東 山彦源四郎	十寸見東佐 十寸見東洲 十寸見蘭示 十寸見河洲	山彦河良 山彦新治郎 山彦文四郎 山彦新九郎 山彦良波

文化八年　辛未（一八一一年）

○初春刊の『吉原細見』に山彦新次郎、同文四郎、十寸見蘭示、同河洲の名がみえる。

○二月十八日より、市村座《**助六所縁江戸桜**《すけろくゆかりのえどざくら》》。助六（初役七世市川団十郎）、揚巻（五世岩井半四郎）、意休（五世松本幸四郎）。「四代目海老蔵三十七回忌。五代目鰕蔵七回忌追善狂言。此時の衣裳道具立派にして、江戸芝居に大金をかけ、又連中の組々より飾物或は引幕水引に数張の進上物夥しく、好評なれど不入。此時の助六の景気、別記手録「助六狂言考」の中にあり。

助六の当りは江戸の花川戸
三升一刻價千金　蜀山
助六はこりゃ股をくゝらせる

市川流は人もかんしん　　焉馬

助六が牡丹も江戸の富寿草　　文々舎
　役者の王と仰ぐ成田屋

早しとも言はで皆見にきさらぎや　　眞顔
　ひいき加はる江戸桜花

助六の入りは余りし木戸口　　三馬
　またくゞり又くゞる見物

日本に一つ印籠一つ前　　じひ成
　よに舞わたる家のつる菱

まへわたる姿を見ますひいき連　　英賀
　しんぞ命も君なら〱

（『歌舞伎年表』）

（早稲田大学坪内博士記念演劇博物館蔵　ロ22-50-70）

○十一月、市村座顔見世番付。

江戸太夫河東
山彦　源四郎

十寸見東洲　十寸見蘭示　十寸見河洲
山彦河良　山彦新治郎　山彦文四郎
山彦新九郎　山彦文治郎　山彦良波

○今年『江戸紫贔屓鉢巻』成る。談洲楼（立川）焉馬著。七世団十郎の助六出演を記念して、助六の歴史、七世団十郎の履歴および助六関係の俳諧類多数を収めたもの。

文化九年　壬申（一八一二年）

○三月八日、《七《なな》重《え》八《や》重《え》花《はな》の栞《しおり》》。「七代目河東一世一代柳橋万屋八郎兵衛方にて会筵をなし、当日河東隠居披露して、二代目東雲と改名す」（『編年集』）。

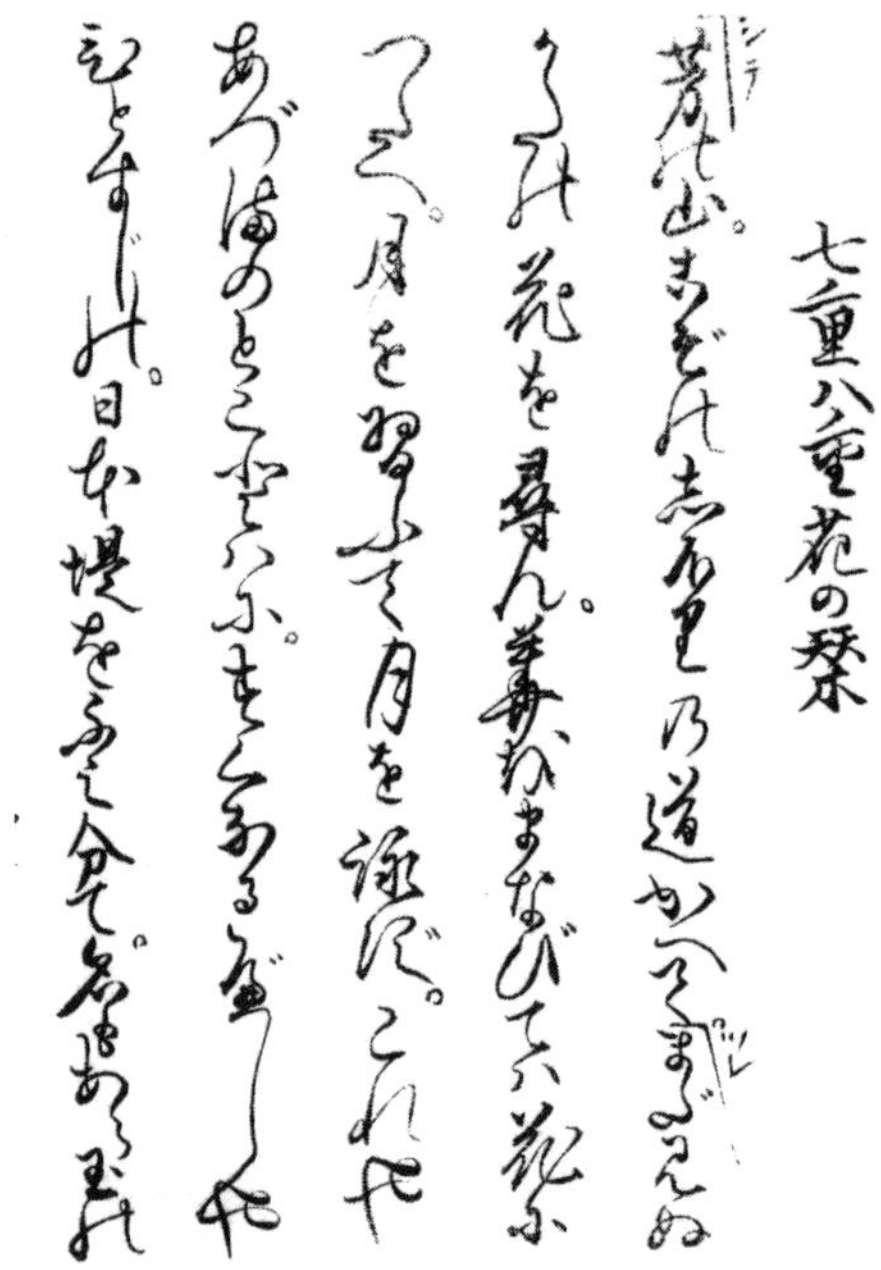

『十寸見要集補』（明治36年刊）

○十一月、市村座顔見世番付。

隠翁東雲
江戸太夫河東
山彦源四郎

十寸見東洲
十寸見蘭示
十寸見河洲
十寸見東雅

山彦河良
山彦新治郎
山彦新九郎

山彦文治郎
山彦良波
山彦秀波

○十一月、森田座顔見世番付。市村座とは「隠翁東雲」のところが「十寸見隠翁」とある以外、同じである。

○今年『江戸節根元記』成る。別に『江戸節根元集』あるいは『江戸節根元由来記』ともいう。愚性庵可柳（のち柳雅）著。河東節の伝記、新曲の由来、解説などを記している。『奈良柴』につづくものとして書かれたもので、はじめの一部は同じところがある。著者については未詳。『温知叢書』十、『燕石十種』二に収める。写本もある。のち可柳の弟子有銭堂清霞が増補した『東都一流江戸節根元集』は『未刊随筆百種』十に収める。

文化十年 癸酉（一八一三年）

○十一月、森田座顔見世番付。

> 隠翁東雲
> 江戸太夫河東
> 山彦源四郎
> 十寸見東洲
> 十寸見蘭示
> 十寸見河洲
> 十寸見東雅
> 十寸見三嶋
> 山彦河良
> 山彦新治郎
> 山彦新九郎
> 山彦文治郎
> 山彦良波
> 山彦秀波

文化十一年 甲戌（一八一四年）

○初春刊の『吉原細見』に、十寸見蘭爾、同河洲、山彦文次郎の名がみえる。

○十月二十九日、三世山彦河良没。二世河東の弟子で、初名良波。見事院良達日進信士（『編年集』）。

○十一月、市村座顔見世番付。

> 隠翁 十寸見東雲
> 江戸太夫河東
> 山彦源四郎
> 十寸見東洲
> 十寸見蘭示
> 十寸見河洲
> 十寸見東永
> 山彦新九郎
> 山彦新治郎
> 山彦河良
> 山彦文治郎
> 山彦良波
> 山彦秀波

文化十二年　乙亥（一八一五年）

○十一月、河原崎座顔見世番付。

隠翁東雲
江戸太夫河東
山彦源四郎
十寸見東洲
十寸見蘭示
十寸見河洲
山彦新治郎
山彦新九郎
山彦文治郎
山彦良波
山彦秀波

文化十三年　丙子（一八一六年）

○今年、《青簾《あおすだれ》春《はる》の曙《あけぼの》》。鶯邨作。手附前沢検校。催主森川佳続（『編年集』）。

○十一月、桐座顔見世番付。

隠翁東雲
江戸太夫河東
山彦源四郎
十寸見沙洲
十寸見蘭示
十寸見河洲
十寸見東川
山彦新治郎
山彦新九郎
山彦文治郎
山彦河良

○十一月、河原崎座顔見世番付は、最後に山彦秀波が加わるだけで、他は桐座と同じ。。

文化十四年　丁丑（一八一七年）

○九月十五日、神田明神祭礼の節《七《なな》くさ（七艸）》。佐久間町伏見屋五郎右衛門（雅名佳夕）と、伏見屋五郎八（雅名佳続）の両家から店祭りに出した手踊りの浄瑠璃。佳続（代筆鶯邨・酒井抱一の別号）述。

▼『編年集』は文化十二年とするが、文化十四年の神田明神祭礼番付に、十五番「佐久間丁一丁め」の附祭に「七種見立草つみのぢおとり　か東ふし浄るり」とあることから、文化十四年と判明。

十寸見沙洲	山彦新次郎（三代目）
十寸見蘭示	山彦文次郎
十寸見河洲	山彦小源二
十寸見東暁	山彦河良（四代目）

（『編年集』）

○十一月、都伝内座顔見世番付。

隠翁東雲	
江戸太夫河東	
十寸見沙洲	山彦新治郎
十寸見蘭示	山彦文治郎
十寸見河洲	山彦河良
十寸見東川	山彦良波

[文化年間成立の曲]

●**《橋弁慶《はしべんけい》》**。謡曲の《橋弁慶》の詞章をそのままとった曲。『日本歌謡集成』に、文化年間（一八〇四―一八一七）の成立とある。三世山彦新次郎作曲と伝える。三世山彦新次郎は、五世都一中の浄瑠璃を聴き一中節に転向し、初世菅野序遊となる。

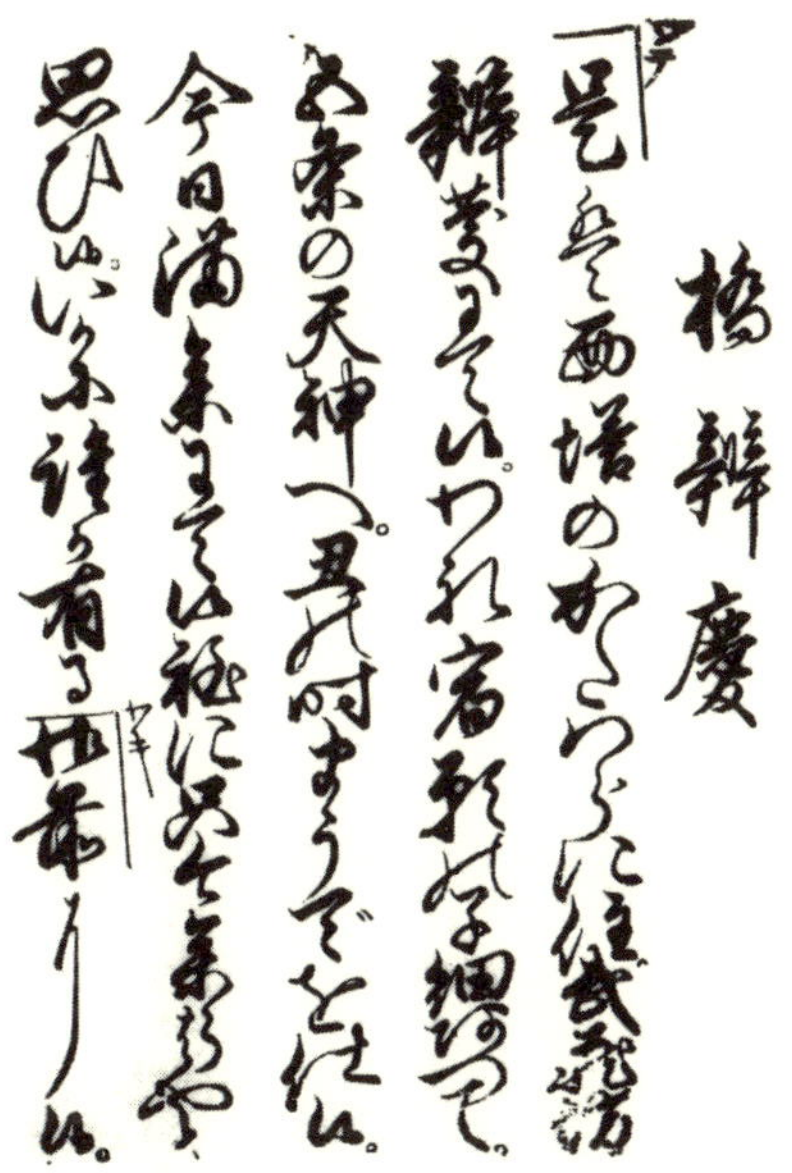

『十寸見要集』（明治 39 年刊）

文政元年　戊寅（一八一八年）〈四月二十二日改元〉

○五月七日、三世山彦源四郎没。二世源四郎の子で、初名秀次郎。線勇院呻教日引信士（『編年集』）。

○六月十五日、山王祭礼の時《**汐汲里**《しおくみさと》**の小車**《おぐるま》》。本小田原町より出せし附祭手踊の浄瑠璃。伴清（代作鶯邨）述。

十寸見沙洲　山彦新治郎
十寸見蘭示　山彦文次部
十寸見河洲　山彦鉄次郎
十寸見東暁　山彦河良
十寸見東市
十寸見東栄

（『編年集』）

○十一月、玉川座顔見世番付。

十寸見東雲
江戸太夫河東
十寸見沙洲　山彦新治郎
十寸見蘭示　山彦文治郎
十寸見河洲　山彦河良
十寸見東川　山彦秀波

文政二年　己卯（一八一九年）

○三月三日より、玉川座「宿花千人禿《やよいのはなせんにんかむろ》」第二番目《**助六所縁江戸桜**《すけろくゆかりのえどざくら》》。助六（七世市川団十郎）、揚巻（五世瀬川菊之丞）、意休（五世松本幸四郎）ほか。

（国立音楽大学附属図書館蔵　65-0014）

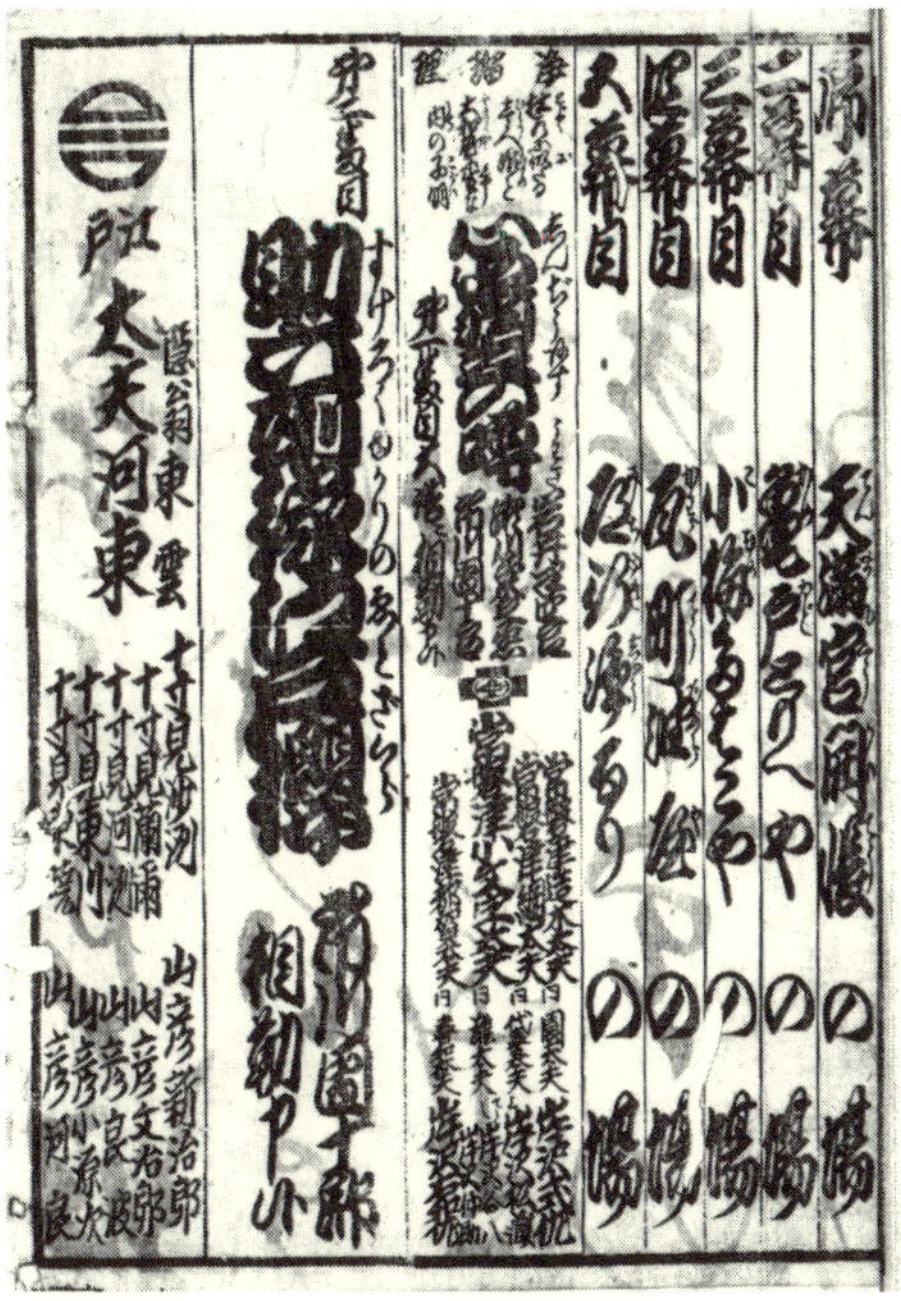

（早稲田大学坪内博士記念演劇博物館蔵　ロ24-1-247-3）

第二番目

助六所縁江戸桜《すけろくゆかりのゑどざくら》

市川団十郎

相勤申候

十寸見沙洲　山彦新治郎

十寸見蘭爾　山彦文治郎

十寸見河洲　山彦良波

十寸見東川　山彦小源次

十寸見東暁　山彦河良

隠翁東雲

江戸 太夫河東

▼三月三日より、中村座《助六曲輪菊《すけろくくるわのももよぐさ》》。助六（三世尾上菊五郎）、揚巻（二世岩井粂三郎のちの六世岩井半四郎）、意休（中村芝翫）。浄瑠璃は半太夫節。

▼「助六 両座張合互角の大入なり」（『歌舞伎年表』）。

○今年、《追善《ついぜん》 水《みず》の月《つき》》。都友（代作鶯邨）。手附山彦新次郎。「三代目山彦源四郎一周忌追善浄瑠璃なり、向島牛の御前別当所にて語る。△都友ハ木挽町に住居せし壁ぬりの長にて、源四郎と交り深かりし故、此追善をなせしとぞ、」（『編年集』）。

○十一月、河原崎座顔見世番付。

隠　翁　東　雲
江戸太夫河東
十寸見沙洲
十寸見蘭示
十寸見河洲
十寸見東暁
十寸見東市
十寸見東永
山彦新次郎
山彦文治郎
山彦良波
山彦小源次
山彦河良

文政三年　庚辰（一八二〇年）

○今年、《八日《ようか》の月《つき》》。鶯邨作。前沢検校節附。蔵前の札差大谷善八（通称十一屋善八）の一周忌追善浄瑠璃。のち安政三年に可慶（九世河東）が再興。

○十月二十六日、八世河東没。四十一歳。通称大岩氏、才助。七世河東に学び、はじめ東川、東洲を経て五世沙洲となる。没後八世を追贈。琴斎院相誉覚円居士。

○十一月、河原崎座顔見世番付。

隠　翁　東　雲
江戸太夫河東
十寸見　沙　洲
十寸見蘭示
十寸見河洲
十寸見東暁
十寸見東市
十寸見東栄
山彦新治郎
山彦文治郎
山彦良波
山彦河良

文政四年　辛巳（一八二一年）

○今年、《**秋《あき》の白膠木《ぬるで》**》。四世河東五十回忌、三世河良七回忌両霊追善浄瑠璃。友我述。正しくは前年であるが今年に延ばしたもの。柳橋河内屋半次郎方で語る。催主四世山彦河良（『編年集』）。

▼「友我は幕府小普請方大棟梁大谷淡路氏なり」（『十寸見要集』明治三十九年刊　六世十寸見蘭洲（紅葉堂蘭洲）の解題による）

十寸見　河洲	十寸見　蘭示	十寸見　東暁	
山彦河良	山彦鉄次郎	山彦良波	山彦新次郎

（『編年集』）

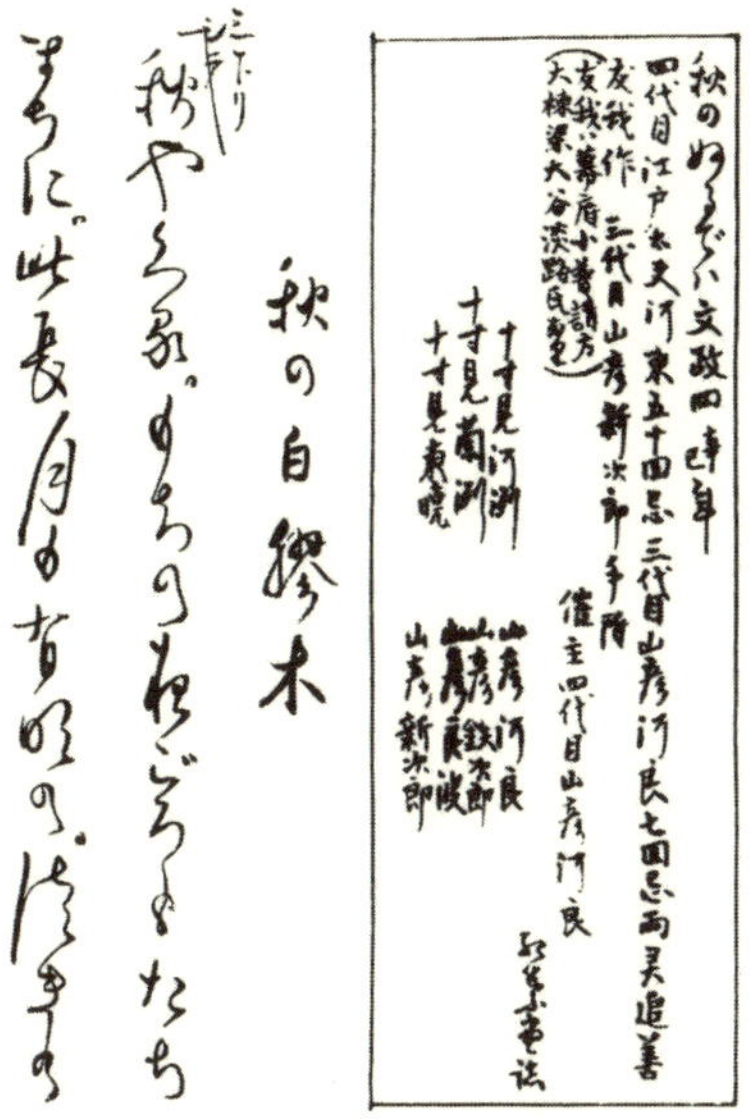

『十寸見要集』（明治 39 年刊）
紅葉堂蘭洲解題

○十一月、河原崎座顔見世番付。

隠翁東雲					
江戸太夫河東					
十寸見蘭示	十寸見河洲	十寸見東暁	十寸見東市	十寸見東栄	十寸見東□*
山彦新治郎	山彦文治郎	山彦良波	山彦鉄治郎	山彦河良	

*示カ

○市村座も同じ連名。

文政五年　壬午（一八二二年）

▼二月、河原崎座《助六《すけろく》桜《さくら》の二重帯《ふたえおび》》。助六（五世松本幸四郎）、揚巻（三世尾上菊五郎）、意休（二世中村大吉）。浄瑠璃は半太夫節。

○十一月、市村座顔見世番付。

隠翁東雲
江戸太夫河東
十寸見蘭示
十寸見河洲
十寸見東暁
十寸見東市
十寸見東栄
十寸見東示
十寸見東和
山彦新治郎
山彦文治郎
山彦良波
山彦鉄治郎
山彦河良

●『十寸《ます》見《み》要集《ようしゅう》』第三次改訂版（文政改訂版）。半紙本。天地二冊。松寿庵蛙兄の序文、目録、跋文あり。板元は武江浅草御地内伊勢屋吉十郎板。

「天」曲目（内題による）

式三番翁・三番叟・まつのうち・まつののち・京わらんべ・かぶろ万歳（竹婦人述）・四季のほうらひ・蓬莱・貝つくし・酒中花・千とせのえだ（訥子述）・竹馬の鞭・いの字扇（竹婦人）・きやう女新所帯・金作初瀬出端　雛の出づかひ・式三献神楽獅子　上の巻・神楽獅子忍びの段　下の巻・やりおどり・雛の磯・放下僧　同　かっこの段・四季の屏風・さくらの曙・乱髪夜編笠・灸すゑ巌の畳夜着・丹前里神楽・ゆかりの江戸桜・介六廓の家桜・助六廓花道・水上蝶の羽番・帯曳男結び・常陸帯花柵・ぬれゆかた地主の桜・紋づくし翼の竹輿蒲団・二星鵲のかし小袖・班女扇子八景・巣籠花有里（作者壕越二三治）・傾城うけ状・天皇忍びのだん・咲分相のやま・恋桜反魂香・契情反魂香・おせん物ぐるひ・くぜつの鶏・梳櫛男の黒かみ・きぬた・ときはのこゑ・丑の時参り鉄輪・風流しかた松・とらがふみ

「地」曲目（内題による）

江口の道行・伊達ひめ道行・信田妻序（小鍛治初午祭　五段目之口）・しのだづま・釣狐之段・放下僧道行序・放下僧の道行・ほうか僧三段目　八郎鰐の段・狂女のだん・隅田川舟の内　上の巻・すみだ川・きよつら道行・柱ごよみ・元服五郎序・げんぶく五郎・小袖模様の段・温泉揃・祐成相撲物語・江のしま・小鍛治名劒之巻序・小鍛治名劒のまき・清見八景序・清見八景・ぬれあふぎ・よるのにしき・水調子・華がたみ・飛東瀬川・はつかの月・うかふ瀬（竹婦人述）・ますみさくら・うき世くわいらいし・御田（三舛述）・巻羽織（克従述）・源氏十二段浄瑠理供養（恵井志述）・七重八重花の栞・なゝくさ（佳続述）・追善水の月（都友述）・秋の白膠木（友我述）・汐汲里の小車（伴清述）

◇右は、国立音楽大学附属図書館蔵本による。『十寸見要集』第三次改訂版（文政改訂版）は、安永版と同様「天地」二冊本だが、曲順は大きく組み替えられている。曲の追加はない。連名は、文政五年（一八二二）頃と文政十一年（一八二八）頃の二種がある。

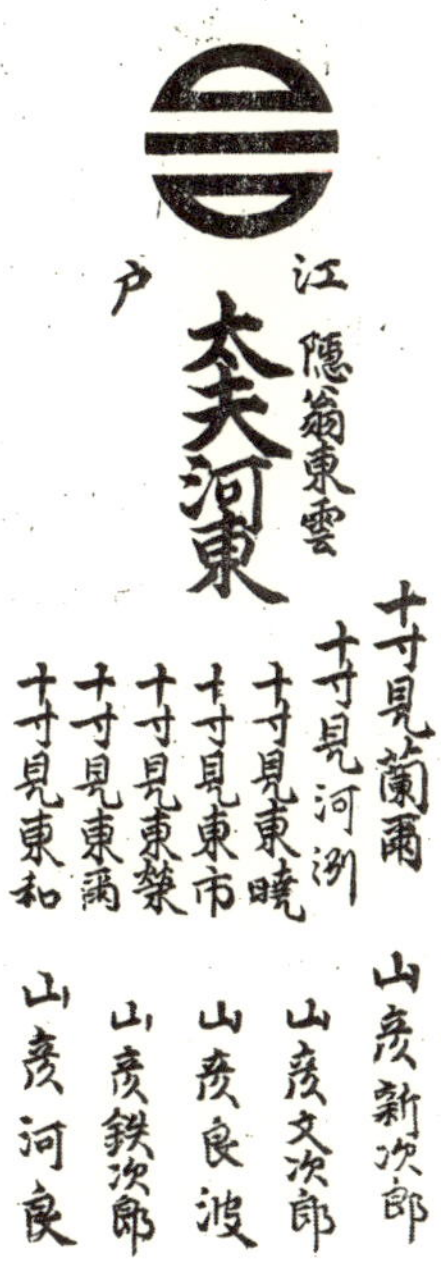

『十寸見要集』文政版 文政５年の連名
（国立音楽大学附属図書館蔵　02-1010）

江戸
太夫河東　隠翁東雲

十寸見蘭爾
十寸見河洲
十寸見東暁
十寸見東市
十寸見東栄
十寸見東爾
十寸見東和

山彦新次郎
山彦文次郎
山彦良波
山彦鉄次郎
山彦河良

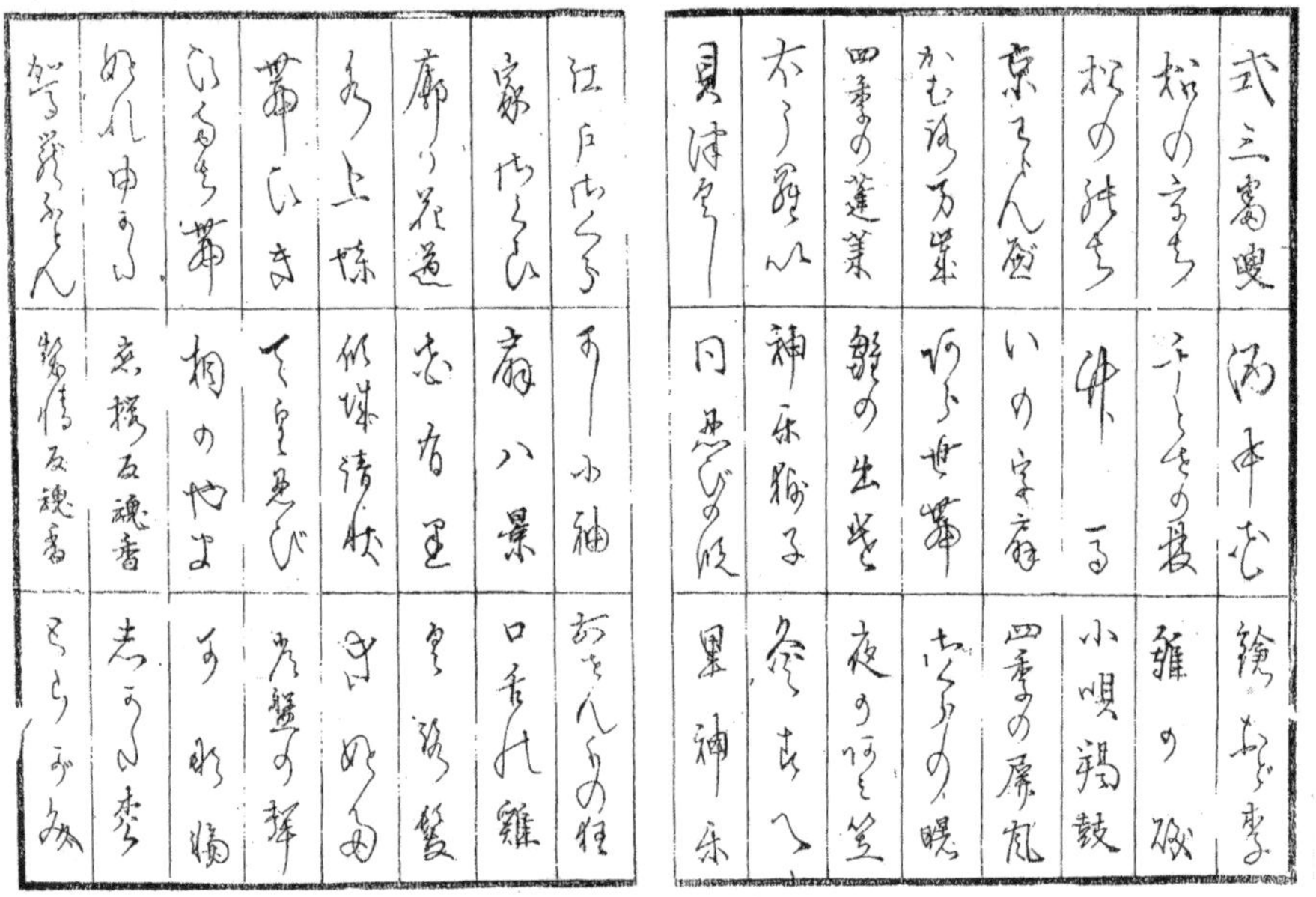

『十寸見要集』文政版「天」目録
(国立音楽大学附属図書館蔵　02-1010)

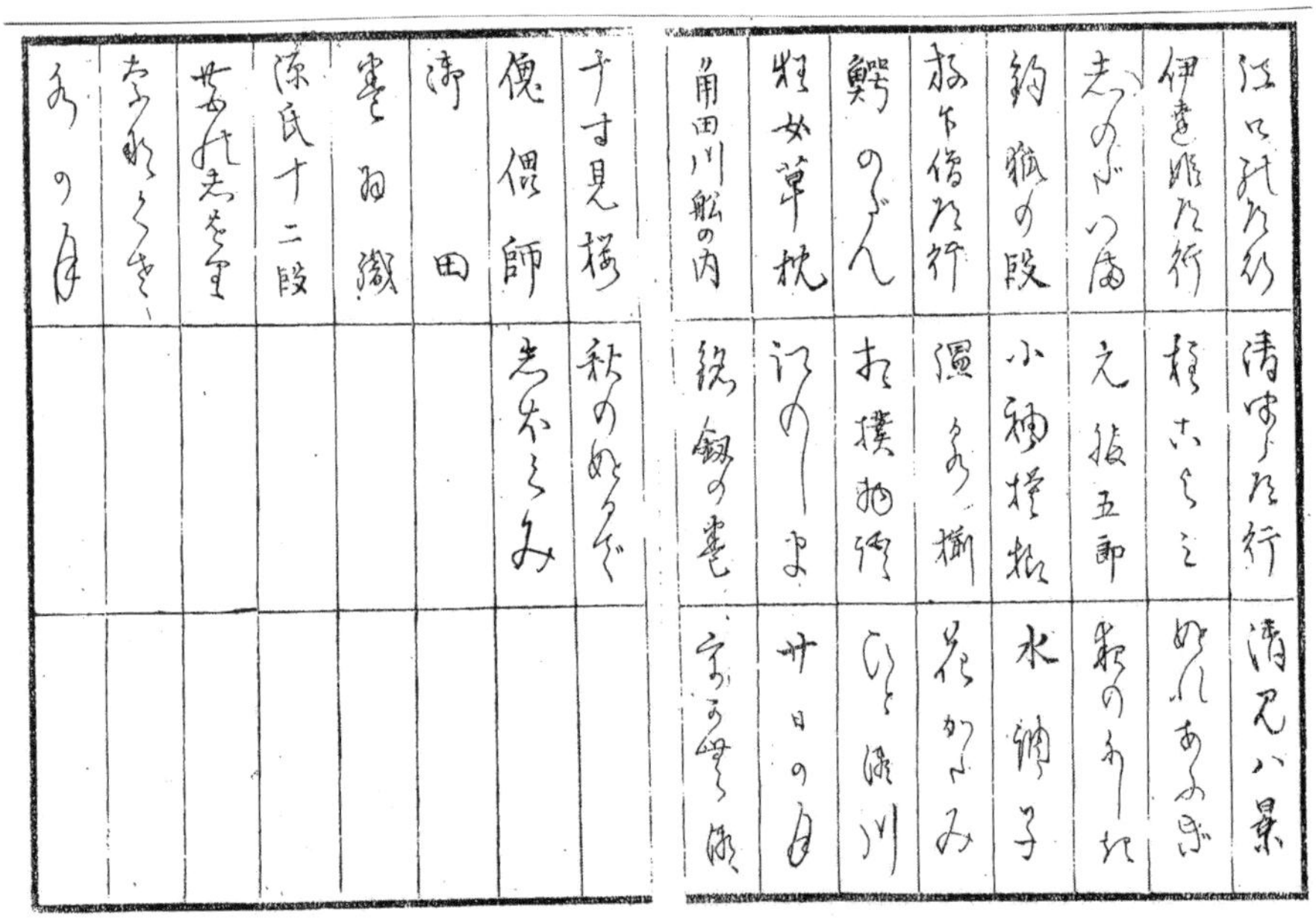

『十寸見要集』文政版「地」目録
(国立音楽大学附属図書館蔵　02-1010)

文政六年　癸未（一八二三年）

○十一月、市村座顔見世番付。

隠翁東雲
江戸太夫河東

十寸見蘭示
十寸見河洲
十寸見東暁
十寸見東市
十寸見東栄
十寸見東示
十寸見東和
十寸見河厂

山彦新治郎
山彦文治郎
山彦良波
山彦鉄治郎
山彦河良

文政七年　甲申（一八二四年）

○春刊の『吉原細見』に、十寸見河洲の名がみえる。

○今年、《**江**《え》**戸**《ど》**鶯**《うぐいす》》。鶯邨作。「三絃工小林幸栄、柳橋河内屋半次郎方にて、一世一代の会をなせし時の浄る理なり」（『編年集』）。

十寸見　蘭洲	山彦　文次郎
十寸見　河洲	山彦　小源二
十寸見　東暁	山彦　良波

（『編年集』）

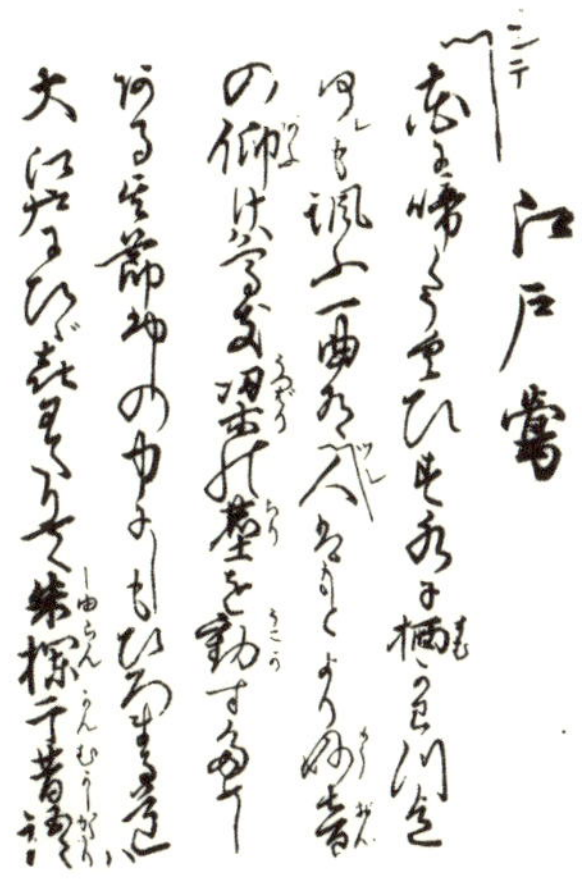

『十寸見要集』（明治39年刊）

●今年か、**《和久羅婆《わくらば》》**。松蘿（都一閑斎の別号）作。「秋、蘭爾事四代目蘭洲と改、名弘メの浄瑠璃なり」（『編年集』）。

◇『編年集』ではこの曲を文政五年とするが、文政五年、文政六年の市村座顔見世番付に「蘭示」の名があり、蘭爾（示）が蘭洲と改名した時期は文政七年と推定する。

十寸見蘭洲　山彦文次郎
都秀太夫千中　菅野忠次郎

（『編年集』）

○十一月、市村座顔見世番付。

隠翁東雲
江戸太夫河東
十寸見蘭洲
十寸見河洲
十寸見東暁
十寸見東市
十寸見東栄
十寸見東示
十寸見東和
十寸見河厂
山彦文治郎
山彦良波
山彦河良

文政八年　乙酉（一八二五年）

○秋刊の『吉原細見』に、十寸見河洲の名がみえる。

○十一月、市村座顔見世番付。

隠翁東雲
江戸太夫河東
十寸見蘭洲
十寸見河洲
十寸見東暁
十寸見東市
十寸見東栄
十寸見東示
十寸見東和
十寸見河鴈
十寸見伝之助
山彦文治郎
山彦良波
山彦小源治
山彦河良

○十一月二十四日、七世河東事二世十寸見東雲没。六十四歳。清閑院紫光東雲居士。辞世　さま〱なかけもうつりし水のあや。俗称伝蔵。六世河東に学び、はじめ三世沙洲、のち養子となり四世河東となる。文化九年に隠居して二世東雲となる。

○今年、『十山集《じゅうざんしゅう》』刊。横本五巻五冊。第五巻の末尾に「十山集五巻誤あらは見玉／はむ人あらため給へと云爾／文政八乙酉冬／芝生「芝生」（朱印）」

曲目（カッコ内は内題）

〔巻之一〕三番叟（三番叟）・松内（松内）・四季蓬莱（四季蓬莱）・京童（京童）・禿万歳・（禿万歳）貝尽（貝尽）・蓬莱（蓬莱）・高砂（祝言・高砂）・竹馬（竹馬）・松之後（松之後）・千歳枝（千歳枝）・四季屏風（四季屏風）・仕形松（仕形松）・雛磯（雛磯）・鐺踊（鐺踊）・いの字扇（いの字扇）・傀儡師（傀儡師）・住吉踊（住吉踊）・里神楽（里神楽）・桜曙（桜曙）・常陸帯（常陸帯）・御田（御田）

〔巻之二〕名剱（名剣）・角力（相撲物語）・水上蝶（水上蝶）・帯曳（帯曳）・江ノ島（江之島）・小袖模様（小袖模様）・温泉揃（温泉揃）・放下僧道行（放下僧道行）・鍔之段（鍔之段）・清見八景（清見八景）・鞨鼓（鞨鼓之段）・神楽獅子（神楽獅子・忍の段）・金山（金山物語）・幕紋尽（幕紋尽）・伝教祈（伝教祈）

〔巻之三〕草枕（草枕）・隅田川（舟の内）・新世帯（新世帯）・雛出遣（雛出遣）・傾城請状（契情請状）・唐団扇（唐団扇）・天皇忍（天皇忍）・悉多太子（悉多太子道行）・蝉丸（蝉丸・道行・逢坂山・笠之段・悟之段・鐘之段）

〔巻之四〕江口（江口）・伊達姫（伊達姫）・信田（信田）・お僊（お僊）・柱暦（柱暦）・黒小袖（黒小袖）・大和之介（大和之介）・景清（景清）・鳴神（鳴神）・虎少将（虎少将）清貫（清貫）・鎌倉（鎌倉）・金輪（鉄輪）・公家（公家踊）・草花尽（草花尽）・道成寺（道成寺）・砧（砧）・常磐声（常磐声）・濡浴衣（濡浴衣）・相山（相山）・籬錦（籬錦）

〔巻之五〕灸するゑ（灸するゑ）・編笠（編笠）・口舌鶏（口舌鶏）・黒髪（黒髪）・反魂香（恋桜反魂香）・傾城反魂香（契情反魂香）・家桜（家桜）・江戸桜（江戸桜）・廓花道（廓花道）・巣籠（巣籠）・かし小袖（かし小袖）・元服曽我（元服曽我）・扇八景（扇八景）・駕蒲団（駕蒲団）・酒中花（酒中花）・三之朝（三朝）・虎か文（虎文）・花記念（花記念）・一瀬川（一瀬川）・浮瀬（浮瀬）・夜錦（夜錦）・水調子（水調子）・濡扇（濡扇）・廿日月（廿日月）・十寸見桜（十寸見桜）

〔追加〕四時（四の時）・宝舟（宝舟）・都鳥（都鳥）・四季調（四季調）・源氏十二段（源氏十二段）・墨絵（墨絵）・竹生島（竹生島）

文政九年　丙戌（一八二六年）

○十一月、市村座顔見世番付。

隠翁東雲
江戸太夫河東
十寸見蘭洲

十寸見河洲
十寸見東暁
十寸見東市
十寸見東栄

十寸見東示
十寸見東和
十寸見河鳫
*十寸見伝之助
十寸見東作

山彦文治郎
山彦良波
山彦小源治
山彦河良

*佐の誤リカ

◇右の通り、隠翁東雲の名がある。前年に死んだというのと合わない。

文政十年　丁亥（一八二七年）

○《**松竹梅**《しょうちくばい》》（別名《**老松**《おいまつ》》）。文魯（伊勢屋安右衛門）作。「十寸見東栄事東洲と改、名弘メ、柳ばし河内屋半次郎方にて語る」（『編年集』）。

十寸見東洲
十寸見東和
十寸見蘭示

山彦文次郎
山彦小源二
山彦良波
山彦河良

（『編年集』）

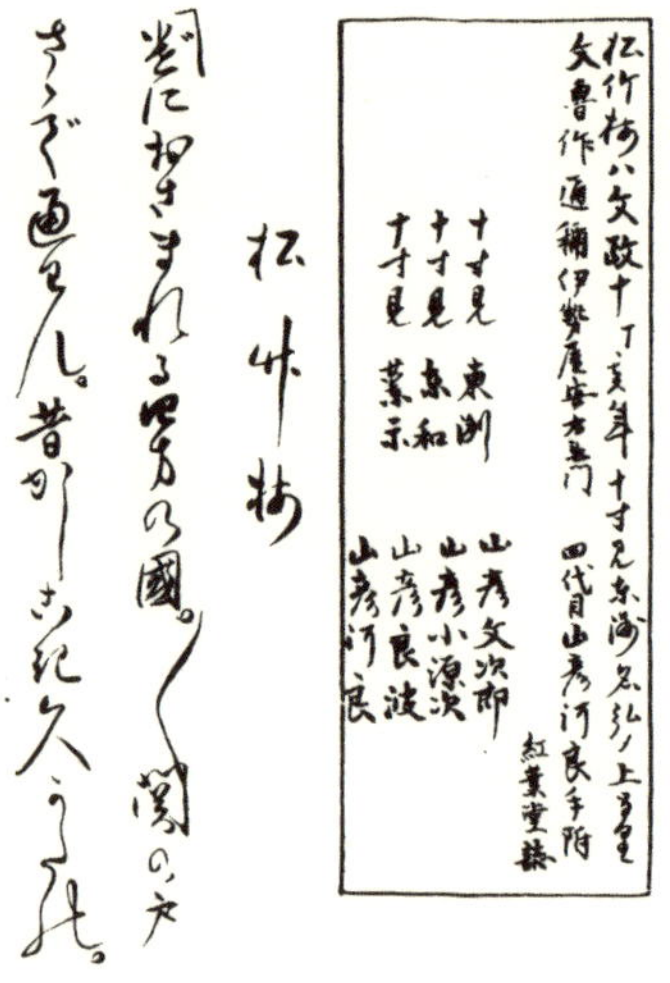
松竹梅ハ文政十丁亥年十寸見東洲名弘ノ上るり
文魯作通称伊勢屋安右衛門　四代目山彦河良手附
紅葉堂録

十寸見東洲
十寸見東和
十寸見蘭示

山彦文次郎
山彦小源次
山彦良波
山彦河良

松竹梅

『十寸見要集』（明治39年刊）
紅葉堂蘭洲解題

○十一月、市村座顔見世番付。

十寸見蘭洲
江戸太夫河東

十寸見河洲
十寸見東暁
十寸見東市
十寸見東洲
十寸見東和
十寸見河鳫
十寸見伝之助
十寸見東佐

山彦文治郎
山彦良波
山彦小源治
山彦秀二郎
山彦河良

文政十一年　戊子（一八二八年）

○三月五日より、市村座「楼門五山桐《さんもんごさんのきり》」大切《助六所縁江戸桜《すけろくゆかりのえどざくら》》。番付に「追善狂言」とある。助六（七世市川団十郎）、揚巻（二世岩井粂三郎のちの六世岩井半四郎）、意休（三世坂東三津五郎）ほか。

十寸見蘭洲
江戸太夫河東
十寸見河洲

十寸見東暁
十寸見東市
十寸見東洲
十寸見東和
十寸見河鳫
十寸見伝之助
十寸見東佐

山彦文治郎
山彦良波
山彦小源治
山彦秀治郎
山彦河良

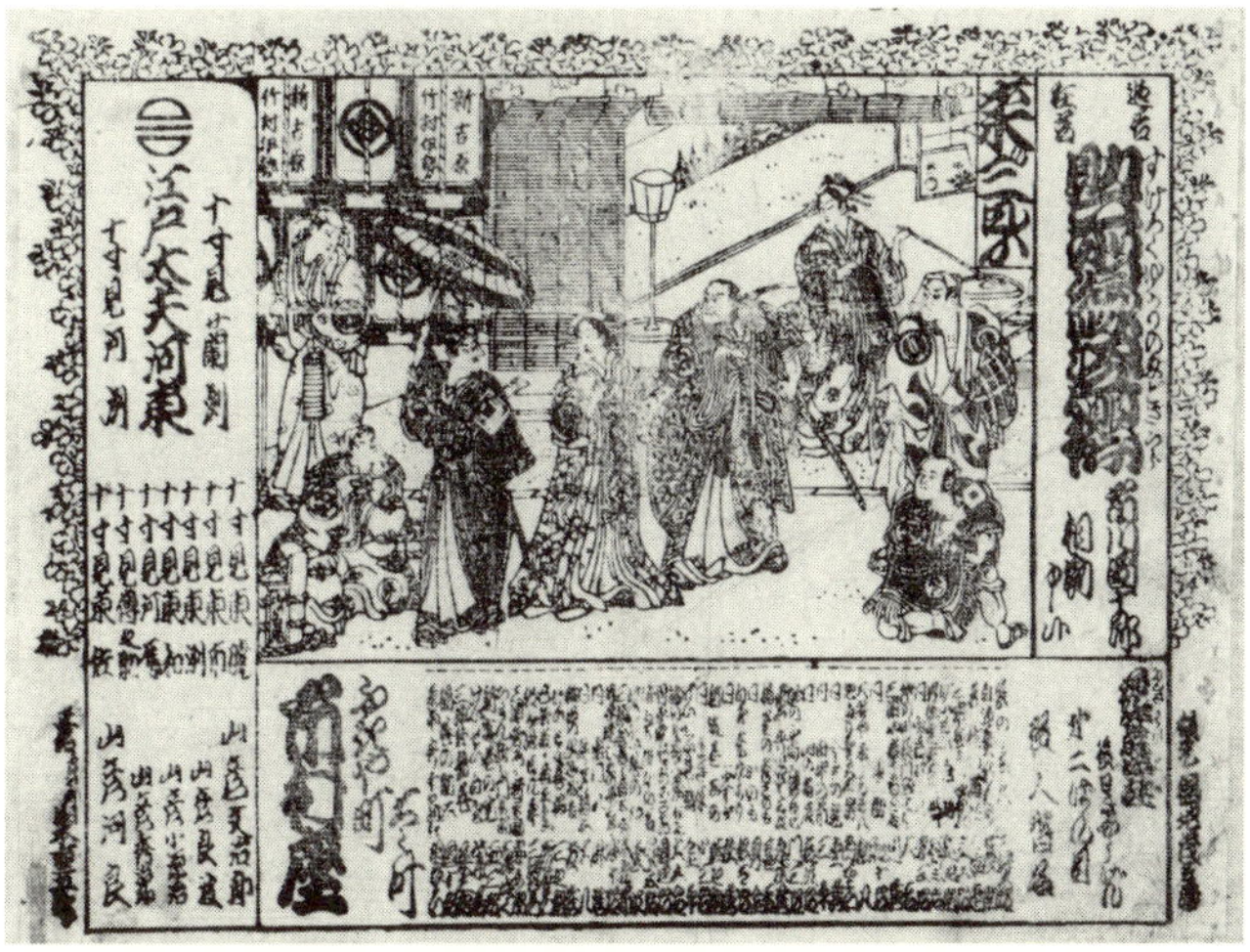

（早稲田大学坪内博士記念演劇博物館蔵　ロ22-16-43）

○秋刊の『吉原細見』に、十寸見河洲の名がみえる。

○十一月、市村座顔見世番付。連名は前の二つの番付と同じであるが、山彦小源治の名前だけない。

●樋口素堂著『一中譜史』にも同じ顔見世番付の写しがあるが、少し差違がある。

●『十寸《ます》見要集《みようしゅう》』天保版。半紙本。天地二冊。松寿庵蛙兄の序文、目録、跋文あり。板元は武江浅草御地内伊勢屋吉十郎。

「天」曲目（内題による）

〔祝詞の部〕式三番翁・三番叟・京わらんべ・四季のほうらひ・蓬莱・貝つくし・やりおどり・放下僧　同　かっこの段・風流しかた松

〔飾声の部〕元服五郎序・げんぶく五郎・傾城うけ状・天皇忍びのだん・おせん物ぐるひ・とらがふみ・源氏十二段浄瑠理供養（恵井志述）

〔思懐の部〕きぬた・丑の時参り鉄輪

〔紀行の部〕きよつら道行・放下僧道行序・放下僧の道行・ほうか僧三段目　八郎鰐の段・信田妻序（小鍛治初午祭五段目之口）・しのだづま・釣狐之段・江口の道行・伊達ひめ道行・柱ごよみ・狂女のだん・隅田川舟の内　上の巻・すみだ川　下の巻

〔物語の部〕祐成相撲物語・小鍛治名剱之巻序・小鍛治名剱のまき・清見八景序・清見八景・小袖模様の段・温泉揃・江のしま・うき世くわいらいし

「地」曲目（内題による）

〔祝詞の部〕まつのうち・まつののち・かぶろ万歳（竹婦人述）・酒中花・千とせのえだ（訥子述）・竹馬の鞭・いの字扇（竹婦人）・きやう女新所帯・金作初瀬出端　雛の出づかひ・四季の屏風・御田（三舛述）・雛の磯・三つの旦・さくらの曙・巻羽織（克従述）・七重八重花の栞・な丶くさ（佳続述）・汐汲里の小車（伴清述）

〔飾声の部〕灸すゑ巌の畳夜着・丹前里神楽・水上蝶の羽番・帯曳男結び・紋づくし翼の竹輿蒲団・二星鵲のかし小袖・班女扇八景・ぬれゆかた地主の桜・乱髪夜編笠・介六廓の家桜・助六廓花道・ゆかりの江戸桜・恋桜反魂香・契情反魂香・巣

籠花有里（作者壕越二三治）・常陸帯花柵
〔思懐の部〕 くぜつの鶏・梳櫛男の黒かみ・ときはのこゑ
〔追福の部〕 華がたみ・飛東瀬川・水調子・よるのにしき・ぬれあふぎ・はつかの月・うかふ瀬（竹婦人述）・ますみさくら・追善水の月（都友述）・秋の白膠木（友我述）・式三献神楽獅子　上の巻・神楽獅子忍びの段　下の巻

◇『十寸見要集』天保版は四世十寸見蘭洲（隠居魯生）によるもので、文政版をもとに、順序を入れ替えたものである。従来、天保年間に出版されたと考えられていたが、文政十一年頃の連名を持つ本が見つかった。文政十一年頃には、文政版と天保版の両方が出版されていたことがわかった。天保版の特色は、目録に〔祝詞の部〕〔飾声の部〕〔思懐の部〕〔紀行の部〕〔物語の部〕〔追福の部〕という見出しが付けられていることである。これは河東節として最初の詞章集『鳰鳥』（享保四年）にある〔賀之部〕〔飾声部〕〔思懐部〕等に倣ったものかもしれない。収録曲は《三つの旦》を除き、文政版と同じ。文政版以降の新曲は含まれていない。なお《三つの旦》は、初版、明和版、安永版には収録されている。

文政十二年 己丑（一八二九年）

○十一月、市村座顔見世番付。

十寸見蘭洲
江戸太夫河東
十寸見河洲

十寸見東暁
十寸見東市
十寸見東洲
十寸見東和
十寸見河厂
十寸見伝之助
十寸見東佐

山彦文次郎
山彦秀次郎
山彦河良

天保元年　庚寅（一八三〇年）〈十二月十日改元〉

○初春刊の『吉原細見』に、十寸見河洲、同東洲の名がみえる。

○十一月、市村座顔見世番付。

十寸見　蘭洲
江戸太夫河東
十寸見　河洲

十寸見東暁
十寸見東市
十寸見東洲
十寸見東和
十寸見河鳫
十寸見伝之助
十寸見東佐

山彦　文治郎
山彦　秀治郎
山彦　双二郎
山彦　小新二
山彦　河良

天保二年　辛卯（一八三一年）

●《よしや男《おとこ》》。五世沙洲（八世河東）の養子伝之助（初名松之助）が六世沙洲と改名した名弘め浄瑠璃。河内屋半次郎方で語ったという（『編年集』）。

六代目
十寸見沙洲
十寸見蘭示
十寸見東佐

三代目
山彦文次郎
山彦秀次郎
山彦雙次郎

（『編年集』）

○十一月、市村座顔見世番付。

十寸見　蘭洲
江戸太夫河東
十寸見　河洲

十寸見東暁
十寸見東市
十寸見東□
十寸見東□*
十寸見河鳫
十寸見伝之助
十寸見東雅

山彦文治郎
山彦秀二郎
山彦*羽二郎
山彦小新二郎
山彦河良

＊和カ　＊双の誤リカ

天保三年　壬辰（一八三二年）

○初春刊の『吉原細見』に、十寸見河洲、同東洲の名がみえる。

○三月十五日より、市村座「隅田川花御所染《すみだがわはなのごしょぞめ》」第二番目《**市川流寿十八番の内　助六所縁江戸桜《すけろくゆかりのえどざくら》**》。助六（七世市川団十郎改め市川海老蔵）、揚巻（六世岩井半四郎）、意休（五世松本幸四郎）ほか。

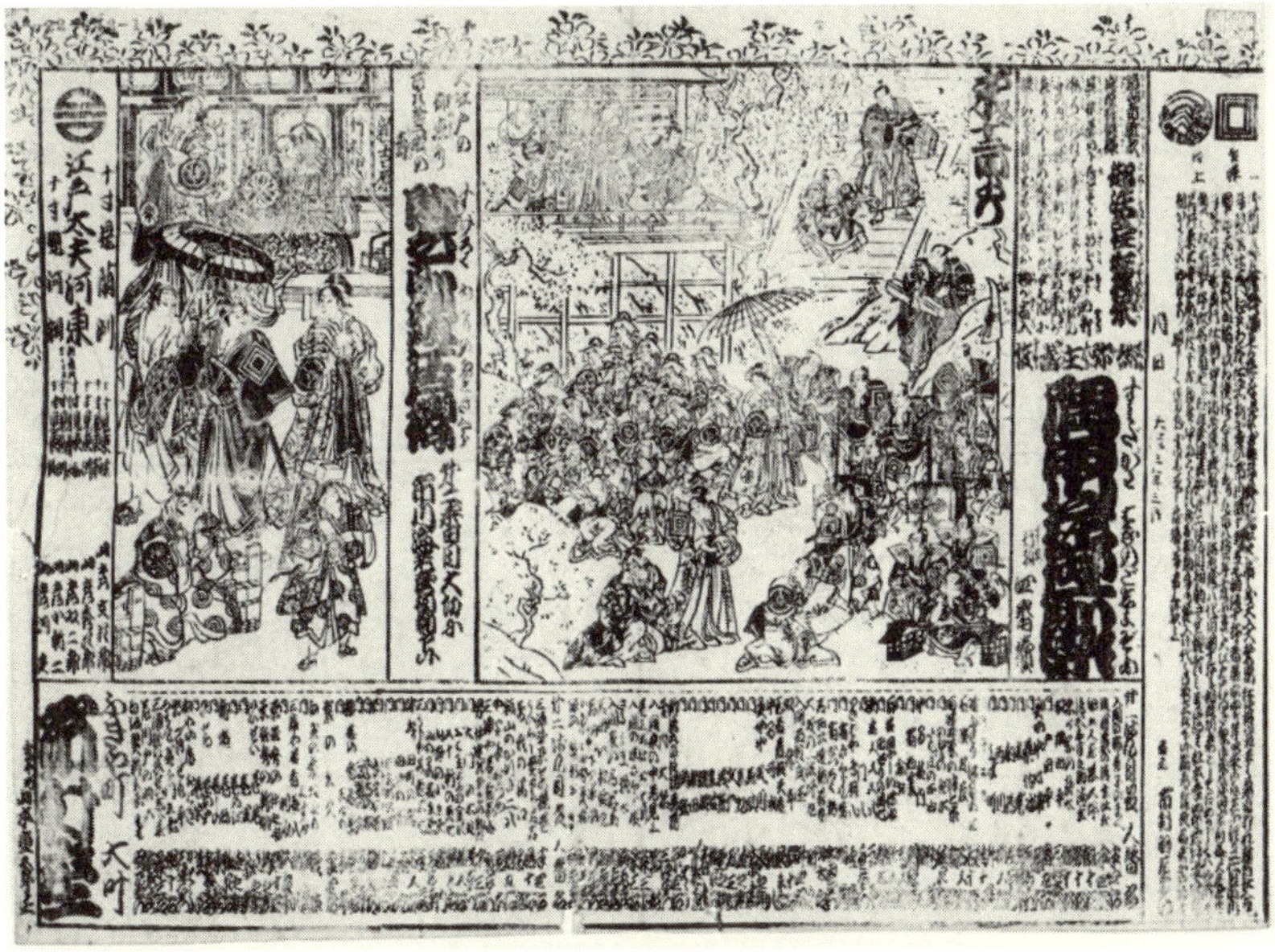

（早稲田大学坪内博士記念演劇博物館蔵　ロ22-42-144）

大江戸の
御恵に
百八十二歳の寿

助六所縁江戸桜

十寸見蘭洲
江戸太夫河東
十寸見河洲

十寸見東暁
十寸見東市
十寸見東洲
十寸見東和
河厂改 十寸見蘭示
伝之助改 十寸見沙洲
十寸見東雅

山彦文次郎
山彦秀次郎
山彦双次郎
山彦小新次
山彦河良

（『編年集』附録）

●今年か。《邯鄲《かんたん》》上の巻（半太夫節取）。「七代目河東七回忌（取越か）追善浄るり、河内屋半次郎方にて語る。催主、魯生」「当日　河東節　夜の編笠、同　鎗おどり、人形　西川伊三郎、足遣　同　力蔵、同　断」（『編年集』）。

◇『編年集』は天保元年（一八三〇）とするが、顔見世番付の連名等から、四世蘭洲が魯生と改名したのは天保三年と推定する。

○十一月、市村座顔見世番付。

十寸見　河　洲
江戸太夫河東
蘭洲剃髪魯生

十寸見東市
十寸見東洲
十寸見東和
十寸見蘭示
十寸見沙洲
十寸見東雅

山彦文次郎
山彦秀次郎
山彦双二郎
山彦小新二
山彦河良

天保四年　癸巳（一八三三年）

○二月、『東花集《とうかしゅう》』刊。袖珍本。五巻五冊。天地十二・七センチ、左右九・四センチ。百曲所収。

東花集　序（句読点筆者）

神楽催馬楽など、あがりたる世のうたひ物は、今をさ〳〵まねびつたふる人もなかンめれば、いかにもいひがたし。中ごろよりこなた、其ふしのさだかに伝り来つるは、たゞ平家と猿楽のふたつになんあるを、されはた平家はこわねかすかにして物どほく、猿楽はしらべうるはしきに過て、おのがどちのもてあそびにはいさゝか似つかはしからずやあらん。また今の世にもはらもてはやすめる何くれのふしども、年月にさへてつくり出つゝ、いとこちたきまで多かれど、いづれもたはれあだめきたるかたにて、まめなるあたりには、かたはしうち出んもかたはらいたく、つゝましきこゝちするを、たゞ此ますみの一ふしなん、しらべなだらかに、こはねおかしうて月花のまとゐ酒のむしろなどに物せんに、いみしう興ありていやしからぬもてあそびものには有ける。其ふみ詞板にゑりたるもこれかれあれど、もれたるもすくなからぬを、今かく百段の数をとゝのへてあらたにすり、巻となし、東花集と名づけられしは、この道のすき人何がしぬしの思ひはかりなりけり。蒲田葛飾の梅にもおくれず、上野隅田川の桜におとらで、大江戸の花とめではやさんもの、げに此一ふしをおきてまた何かあらん。かくいふは浅草の里人、千種庵のあるし諸持、時は天保四とせの春、きさらき十日あまりになんありける。

曲目（カッコ内は内題、三巻は思情之の部と追福の部とを収める）

〔一之巻・祝詞之部〕三番叟（式三番翁・三番叟）・京わらべ（京童）・四季の蓬莱（四季の蓬莱）・ほうらい（蓬莱）・貝づくし（貝つくし）・鑓おどり（鑓おどり）・小唄羯鼓（放下僧　同　かつこの段・かつこの段）・しかた松（風流しかた松）・源氏十二段（源氏十二段浄瑠理供養）・松の内（松の内）・松の後（松の後）・禿万歳（かぶろ万歳）・酒中花（酒中花）・千とせの枝（千とせの枝）・竹馬の鞭（竹馬の鞭）・いの字扇（いの字扇）・あら世帯（きやう女新所帯）・雛の出遣ひ（ひなの出づかひ）・四季の屏風（四季の屏風）・御田（御田）・ひなの磯（ひなの磯）・花のしおり（花のしをり）・七くさ（七くさ）・汐くみ（汐汲里の小車）・住吉踊（泰平住吉踊）・四季の探題（四季の探題）・傀儡師（傀儡師）・神楽　獅子（神楽獅子）・神楽獅子下の巻（神楽獅子　下の巻）

〔二之巻・飾声の部〕元服五郎（元服五郎序・元服五郎）・傾城請状（傾城請状）・天皇忍び（天皇忍びの段）・おせん物狂ひ（おせん物ぐるひ）・とらが文（とらが文）・灸すゑ（灸すゑ）・里神楽（丹前里神楽）・水上蝶（水上蝶の羽番）・帯引（帯引男結び）・駕ぶとん（駕籠蒲団）・かし小袖（かし小袖）・扇八景（班女扇八景）・ぬれゆかた（ぬれゆかた）・相の山（咲分相の山）・夜のあみ笠（乱髪夜の編笠）・家ざくら（助六廓の家桜）・廓の花道（助六廓の花道）・江戸ざくら（ゆかりの江戸桜）・恋桜反魂香（恋桜反魂香）・花ある里（巣籠花有里）・常陸帯（常陸帯花の柵）・まがきの錦（籬の錦）・橋弁慶（橋弁慶）・公家踊り（公家）

〔三之巻・思情之の部〕きぬた（きぬた）・かな輪（丑の時参り鉄輪）・口舌の鶏（口舌の鶏）・黒かみ（梳櫛男の黒髪）・常盤の聲（常盤の聲）・唐団扇（唐団扇）・粟のだん（山椒太夫粟の段）・禅師坊説法（禅師坊説法）・三輪の山（恋慕三輪山　上の巻）・同　下の巻（三輪の山　下の巻）・日蓮山入（日蓮山入）

〔追福の部〕花がたみ（花がたみ）・ひとせ川（ひとせ川）・水調子（水調子）・夜のにしき（夜のにしき）・ぬれあふぎ（ぬれあふぎ）・廿日の月（はつかの月）・うかむ瀬（うかふ瀬）・ますみ桜（十寸見桜）・露の二葉（露の二葉）・秋のぬるで（あきのぬるで）

〔四之巻・紀行之部〕清貫道行（清貫道行）・放下僧道行序（放下僧道行序）・放下僧道行（放下僧の道行）・わにの段（八郎鰐の段）・しのだ妻（信田妻序・しのだづま）・釣狐の段（釣狐の段）・江口の道行（江口の道行）・伊達姫道行（伊達姫道行）・はしら暦（柱ごよみ）・草まくら（狂女のだん）・角田川（隅田川　上の巻・すみだ川　下の巻）・黒小袖（黒小袖）・大和介（大

和介）・虎少将（虎少将）・鳴神（鳴神）・景清（景清）〔五之巻・物語之部〕祐成相撲（祐成相撲物語）・名剱揃（名剱の巻序・名剱の巻）・清見八景（清見八景序・清見八景）・小袖模様（小袖模様の段）・温泉揃（温泉揃）・江のしま（江のしま）・幕紋尽（幕紋尽）・道成寺（道成寺）・金山物語（金山物語）・伝教祈（伝教祈）

◇「千種庵のあるし諸持」は都一閑斎（のち初世宇治紫文）。

○今年、築地成勝寺の初世河東の墓、再建。初世河東の最初の墓は、享保十年（一七二五）の没後、弟子の河丈・夕丈の二人の連名で建てられたが、文政二年（一八二九）の火災により焼失したため、今年再建された。しかし翌天保五年の火災で、再び焼けたという（『声曲類纂』）。

○十一月、市村座顔見世番付。

十寸見　河洲
江戸太夫河東
隠居　魯生

十寸見東市
十寸見東洲
十寸見東和
十寸見蘭示
十寸見沙洲
十寸見東雅

山彦文次郎
山彦秀次郎
山彦双二郎
山彦河良

○十一月二十三日、四世山彦河良没。初名青巴。三世河良の門に入り良波。のち四世河良となる。また隠居して紫存と号し、晩年山彦検校となる。幽弦院前検校河良居士（『編年集』）。

天保五年　甲午（一八三四年）

天保六年　乙未（一八三五年）

○春刊の『吉原細見』に、十寸見河洲、同東洲の名がみえる。

天保七年 丙申（一八三六年）

○春刊の『吉原細見』に、十寸見河洲、同東洲の名がみえる。

●《露《つゆ》の園《その》》。寿阿弥作。東湖（下谷池の端住吉屋）追善のため、木端（鈴木市兵衛）催にて、橋場甲子屋楼上に於て語る（『編年集』）。

木端　山彦秀次郎
霧晴　山彦文子
東寿　山彦桃子

天保八年 丁酉（一八三七年）

○秋刊の『吉原細見』に、十寸見東洲の名がみえる。

○十一月、市村座顔見世番付。

十寸見　河洲
江戸太夫河東
隠居　魯生
十寸見東市
十寸見東洲
十寸見東和
十寸見蘭示
十寸見*河洲
十寸見東雅
文次郎改 山彦思聲
山彦秀次郎
山彦河良

*沙洲の誤りなるべし

天保九年　戊戌（一八三八年）

○十一月、市村座顔見世番付。

十寸見河洲
江戸太夫河東
隠居魯生

十寸見東市
十寸見東洲
十寸見東和
十寸見蘭示
十寸見沙洲
十寸見東雅

山彦思聲
山彦河良
山彦秀治郎

天保十年　己亥（一八三九年）

●《四《し》季《き》浄《じょう》瑠《る》璃《り》》。寿阿弥作。玄治店杉坂（俳優坂東三津右衛門宅）にて語る（『編年集』）。

春　蔵ひらき　柳漁
夏　お夏笠物狂ひ　霧晴
秋　廓富士　味好
冬　江戸見物左衛門　木端
手附二代目　秀次郎改　山彦紫存

柳　通称　柳屋長次郎
霧　〃　太田屋
味　〃　角松
木　〃　鈴木市兵衛

（『編年集』）

○十一月、市村座顔見世番付。

十寸見河洲
江戸太夫河東
隠居魯生

十寸見東市
十寸見東洲
十寸見蘭示
十寸見沙洲
十寸見東雅
十寸見東永

山彦思聲
山彦河良
秀二郎改　山彦紫存

天保十一年　庚子（一八四〇年）

天保十二年　辛丑（一八四一年）

○《邯鄲《かんたん》》下の巻。七世河東の十七回忌追善浄瑠璃。

◇『編年集』には天保十一年とするが、天理図書館蔵の摺物には左のようにあり、天保十二年が正しい。

十寸見魯生　山彦紫存
十寸見河洲　山彦河良
都一閑斎　都松兵衛
都秀太夫千中　都二松

（表紙見返し）

天保十二辛丑歳初冬為七代目
河東今茲隠居魯生新作邯鄲曲
下篇并為一中之曲相加共述伝者也

（本文の終り）

連名
十寸見河洲
十寸見東寿
十寸見蘭示
十寸見東雅
十寸見東永
山彦紫存
山彦福三
山彦金次
山彦常吉
山彦河良

（裏表紙見返し）

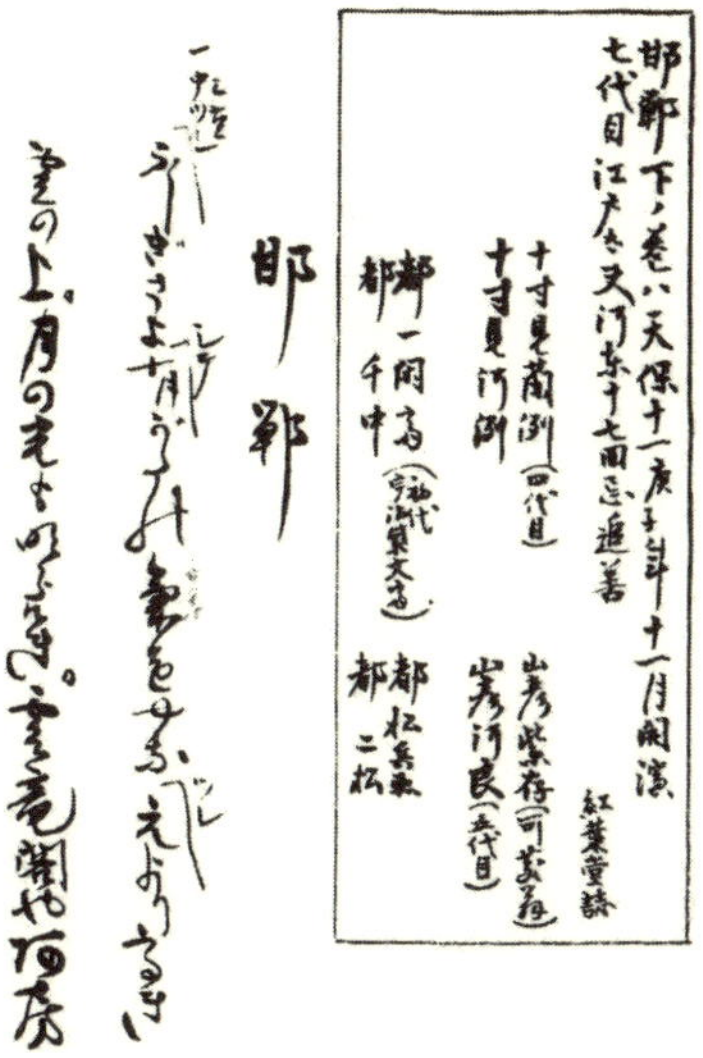
邯鄲下ノ巻ハ天保十一庚子年十一月開演
七代目江戸太夫河東十七回忌追善
紅葉堂誌
十寸見蘭洲（四代目）
十寸見河洲
山彦紫存
山彦河良（五代目）
都一閑斎
都千中
都松兵衛
都二松
邯鄲

『十寸見要集』（明治39年刊）
紅葉堂蘭洲解題

天保十三年　壬寅（一八四二年）

天保十四年　癸卯（一八四三年）

●《曽《そ》我《が》兄弟《きょうだい》道行《みちゆき》》。寿阿弥作。鯉藤（鯉屋藤右衛門）追善浄瑠璃。安針町桶口市兵衛宅にて語る（『編年集』）。

十寸見魯生　山彦紫存
十寸見魚洲　山彦文子

○春および秋刊の『吉原細見』に、十寸見河洲の名がみえる。

○十一月、市村座顔見世番付。

スケ
江戸太夫河東
十寸見連中
山彦連中

弘化元年　甲辰（一八四四年）〈十二月二日改元〉

○春刊の『吉原細見』に、十寸見和洲の名がみえる。

●《廓八景《くるわはっけい》》。寿阿弥作。「四代目十寸見河洲一周忌追善浄るり。河内屋半次郎方にて語る、催主、魯生」（『編年集』）。

▽「四代目河洲の父は、二代目山彦源四郎の弟子山彦文四郎也。其男にて、初名文吉、三代目河良に学び、又七代目河東に随ひ、四代目河洲と成、補佐の三代目を勤めし也」（『編年集』）。作者の寿阿弥は劇通だった神田の菓子商で、宝田寿莱に師事し二代目劇神仙とも名乗った。長唄《小鍛治》の作詞者としても知られる。

十寸見魯生
東栄事 十寸見東寿
十寸見蘭示

山彦河良
山彦小文次
山彦小勢次*
山彦紫存

*小新次の誤りカ（『編年集』）

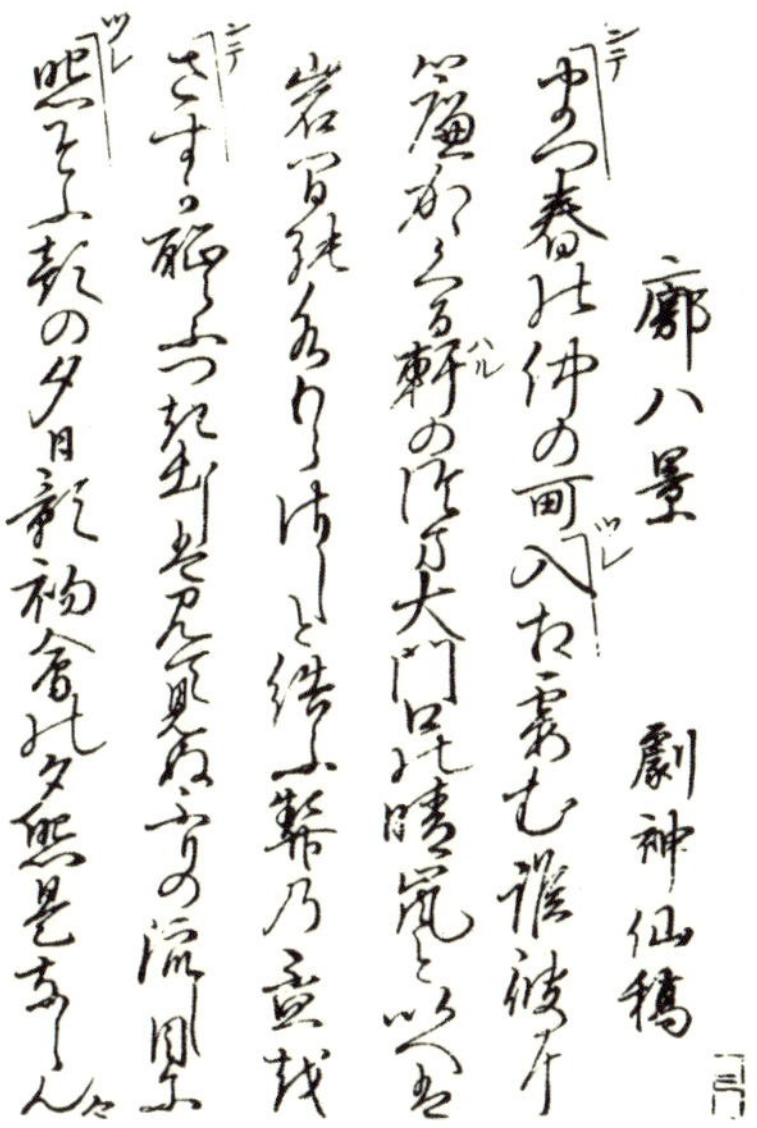

『十寸見要集』（明治39年刊）

○十一月、市村座顔見世番付。

十寸見東洲
江戸太夫河東
隠居 魯*

十寸見蘭示
十寸見東雅
十寸見東永

三弦 山彦源四郎

*生の字脱

弘化二年 乙巳（一八四五年）

○秋刊の『吉原細見』に、十寸見和洲の名がみえる。

○十一月、市村座顔見世番付。

十寸見東洲
江戸太夫河東
隠居魯生

十寸見蘭示
十寸見東雅
十寸見東觚
十寸見東永

山彦河良
山彦小新治
山彦小文治
山彦常吉

弘化三年　丙午（一八四六年）

○春刊の『吉原細見』に、十寸見和洲の名がみえる。

○十一月、市村座顔見世番付。

十寸見東洲
江戸太夫河東
隠翁魯生

東和改 十寸見沙洲
十寸見東雅
十寸見東觚
十寸見東栄
十寸見和洲

山彦河良
山彦小新次
山彦小文次
山彦小源次
山彦良波

弘化四年　丁未（一八四七年）

●《班女《はんじょ》の段《だん》》。薬研堀東觚宅にて初て語る（『編年集』）。

山彦紫存改 十寸見東觚
都一閑斎
都梅中

山彦河良
山彦小文次
都勇治

○十一月、市村座顔見世番付。

隠翁魯生
江戸太夫河東
隠居東寿

十寸見東雅
十寸見東觚
十寸見東栄
十寸見和洲

山彦河良
山彦小新次
山彦小文治
山彦二朝
山彦百次

嘉永元年　戊申（一八四八年）〈二月二十八日改元〉

○秋刊の『吉原細見』に、十寸見和洲の名がみえる。

○十一月、市村座顔見世番付。

隠翁魯生
江戸太夫河東
隠居東寿

十寸見東雅
十寸見東觚
十寸見東栄
十寸見和洲

山彦河良
山彦小新次
山彦小文治
山彦二朝
山彦百次

嘉永二年　己酉（一八四九年）

○春刊の『吉原細見』に、十寸見和洲の名がみえる。

●《**三曲《さんきょく》月《つき》の筵《むしろ》**》。寿阿弥作。「都一閑斎事宇治紫文斎と改めし名弘メ。湯島松金屋にて語る」（『編年集』）。

十寸見東觚
琴　橋倉さま
宇治紫文斎

山彦小文治
三弦　山本さい
宇治倭文

（『編年集』）

●《弓《ゆみ》はじめ》。寿阿弥作。「通二丁目橋倉さま宅にて語る」（『編年集』）。

十寸見東觚	山彦河良
十寸見東佐	山彦小文次
十寸見蘭示	山彦小新次

（『編年集』）

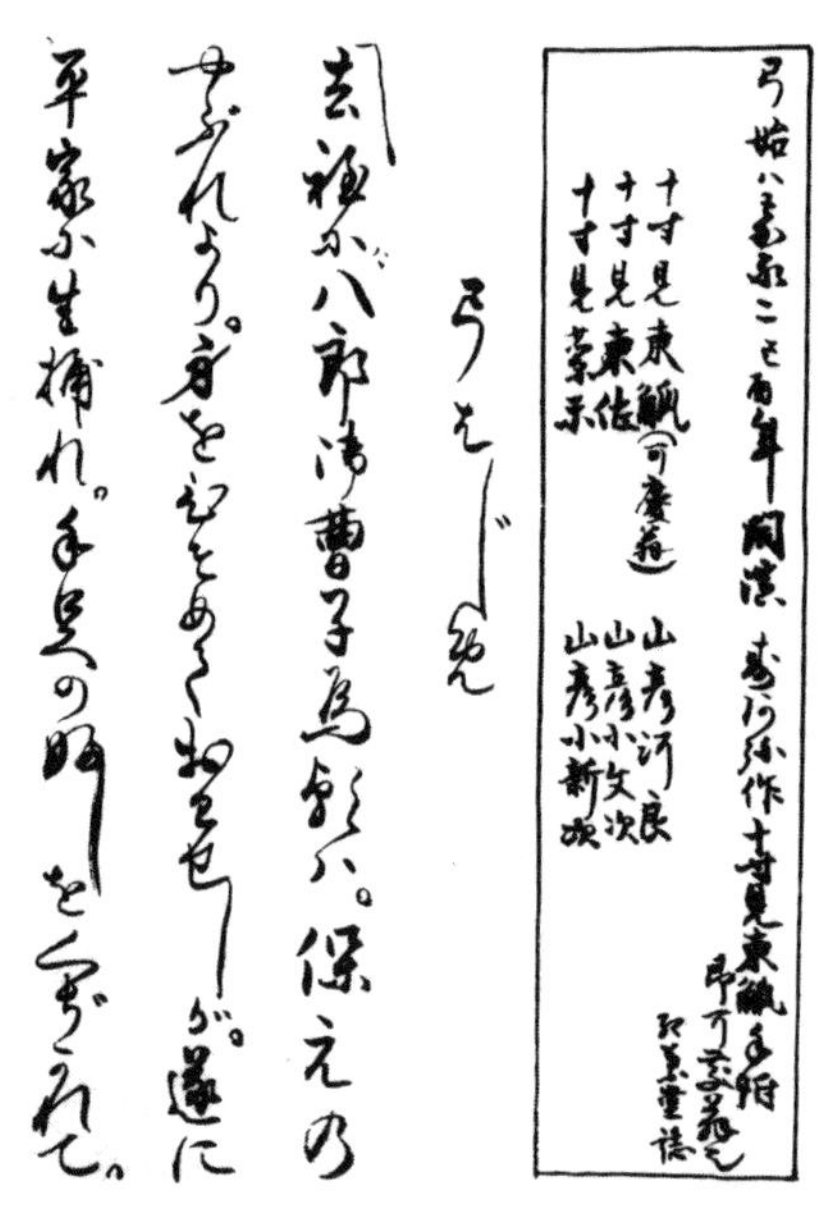

『十寸見要集』（明治39年刊）
紅葉堂蘭洲解題

●この時、《宗盛花見《むねもりはなみ》の段《だん》》（別名《熊野《ゆや》》）も語る。安政四年（一八五七）に「文の段」を増補した。

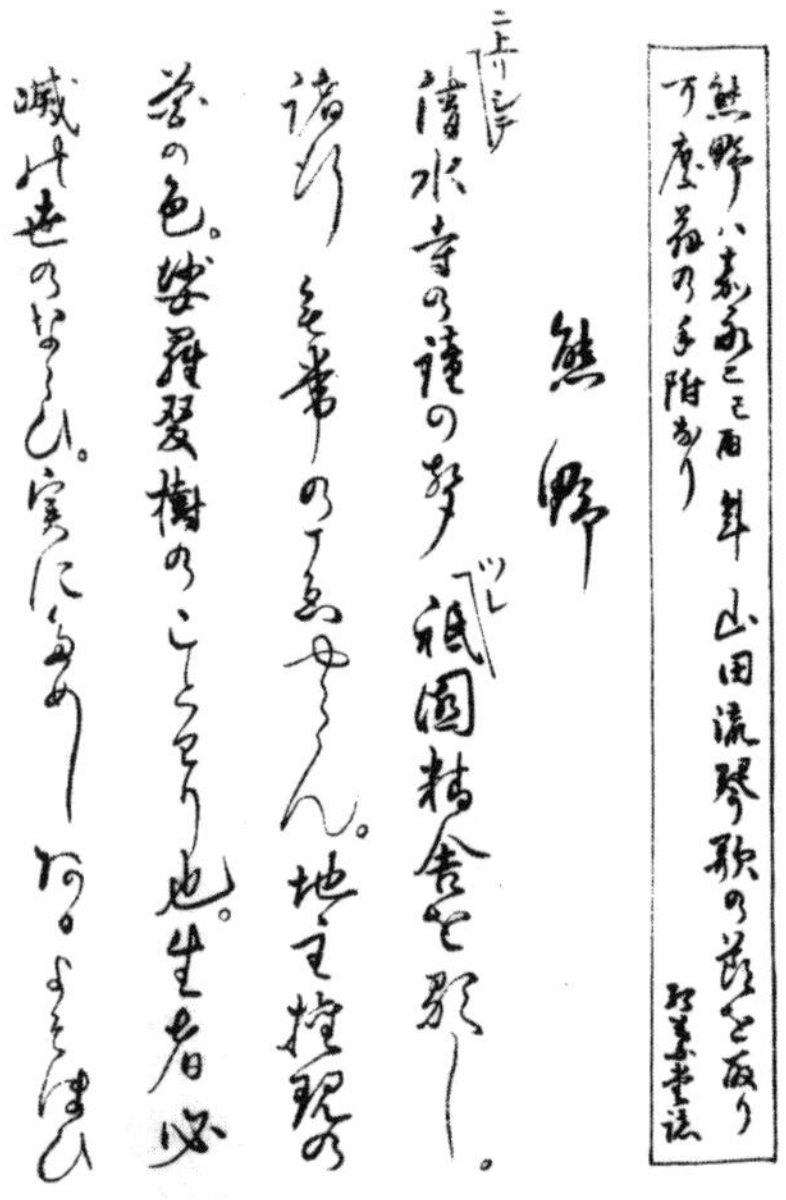

『十寸見要集』（明治39年刊）
紅葉堂蘭洲解題

○十一月、市村座顔見世番付。

隠翁魯生
江戸太夫河東
隠居東寿
十寸見東雅
十寸見東觚
十寸見魚洲
十寸見和洲
山彦河良
小新次改 山彦新次郎
山彦小文二
山彦二朝
山彦百次

嘉永三年　庚戌（一八五〇年）

▼三月、中村座《助六廓《すけろくくるわ》の花見時《はなみどき》》。助六（八世市川団十郎）、揚巻（坂東しうか）、意休（四世市川小団次）。浄瑠璃は半太夫節。

○《花《はな》くらべ》（別名《御祭礼花《ごさいれいはな》くらべ》）。「山王祭礼本船町外七（一説に五）ヶ町附祭、隅田川風景の内、川狩の学び。三弦手附東觚」（『編年集』）。

山王祭礼附祭番付（部分）

河東節
十寸見東雅
十寸見東觚
十寸見魚洲
十寸見河洲
十寸見東洲
十寸見和洲
三味線
山彦新次郎
山彦小文二
山彦文四郎
山彦新九郎
長唄連中

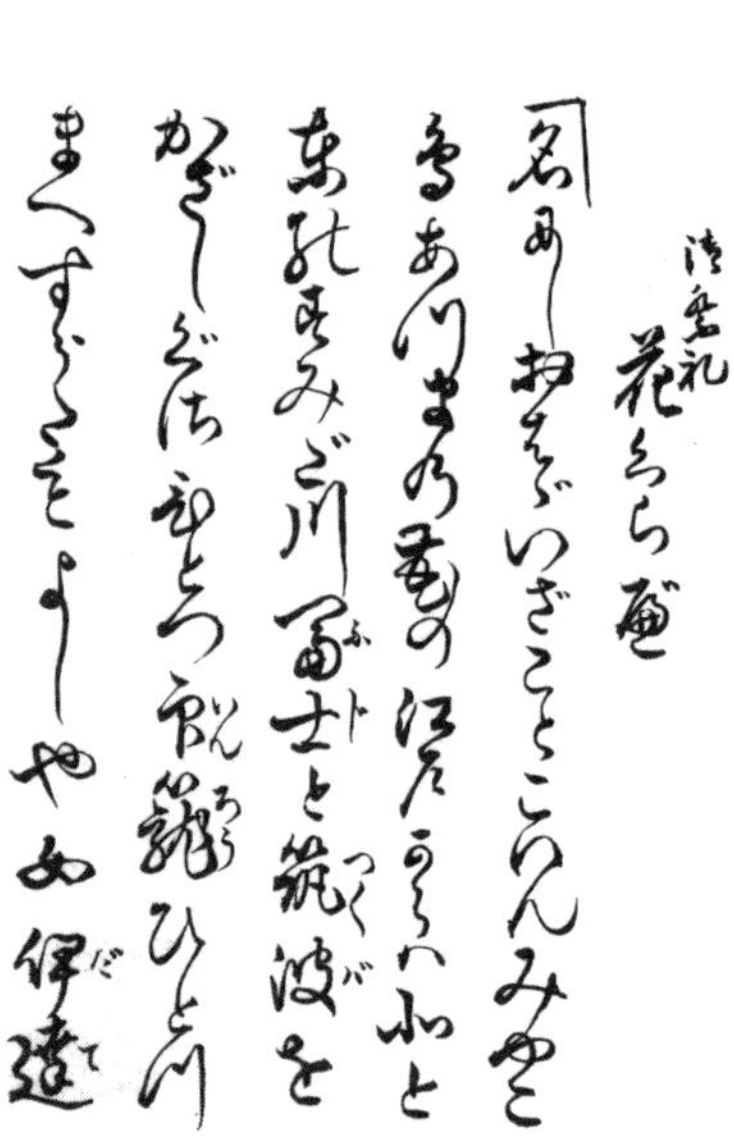

『十寸見要集』（明治39年刊）

○秋、《新曲《しんきょく》　廓《くるわ》の傀儡師《かいらいし》》。「嘉永三年庚戌歳中秋」。月日・場所など未詳。

（国立音楽大学附属図書館蔵　02-0011）

○春および秋刊の『吉原細見』に、十寸見和洲の名がみえる。

○初秋刊の「江戸砂子・高名五幅対」（一枚刷。金湧舎青山蔵板）に左の如くある。

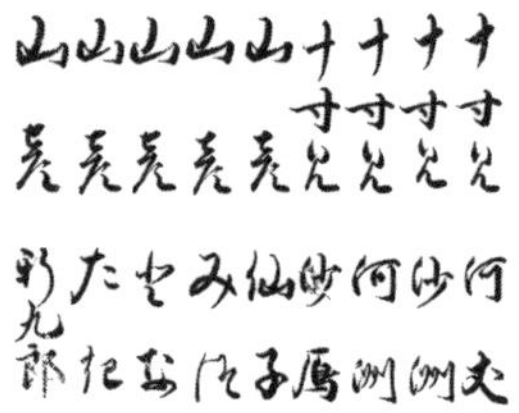

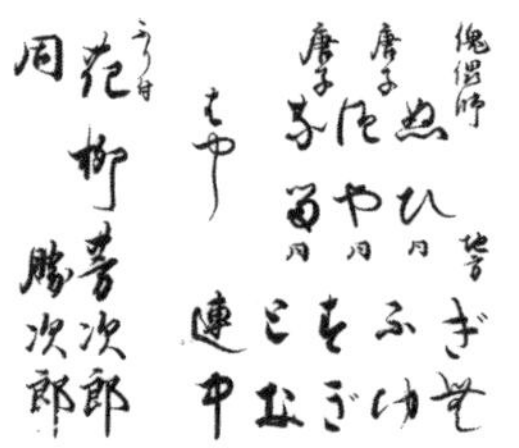

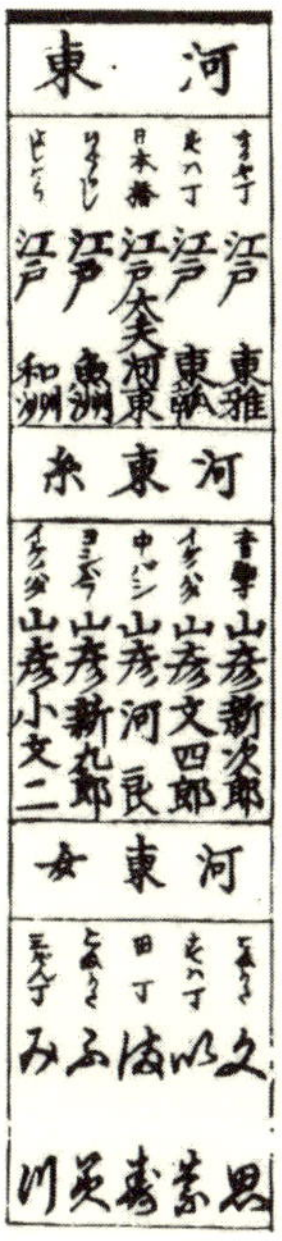

河東
まるや丁 江戸 東雅
すはま丁 江戸 東觚
日本橋 江戸太夫 河東
ひぐらし 江戸 魚洲
よしはら 江戸 和洲
糸東河
青物丁 山彦新次郎
イケノハタ 山彦文四郎
中バシ 山彦河良
ヨシハラ 山彦新九郎
イケノハタ 山彦小文二
女東河
こまかた 文
すは丁 い
田丁 ま
こまかた ふ
三げん丁 み
思
な
す
み
つ

○十一月、市村座顔見世番付。

十寸見 東雅
江戸太夫河東
隠居 東寿
十寸見河丈
十寸見魚洲
十寸見沙洲
十寸見河洲
十寸見沙鳫
山彦河良
山彦新次郎
山彦新九郎
山彦青巴

嘉永四年 辛亥（一八五一年）

○正月刊『吉原細見』に、十寸見和洲の名がみえる。

●《追善《ついぜん》さゝら波《なみ》》。麓園述。東觚手附。「坂倉屋長右衛門追善、浅草諏訪町の骨董家山吉方にて語る、催主、其道、南汀」（『編年集』）。

○秋刊の『吉原細見』に、十寸見沙洲の名がみえる。

嘉永五年 壬子（一八五二年）

○初春刊の『吉原細見』に、十寸見河洲の名がみえる。

●閏二月、《東《ひがし》山《やま》掛物《かけもの》揃《そろえ》》。宇治紫文齋作。「九代目江戸太夫河丈名弘メ、柳橋河内屋半次郎方にて開く」（『編年集』）。

●《川社《かわやしろ》》。「千俣遺稿、友人銀槎浄書」（『十寸見要集』）。「同時に語る。三絃手附　四代目山彦河良」（『編年集』）。

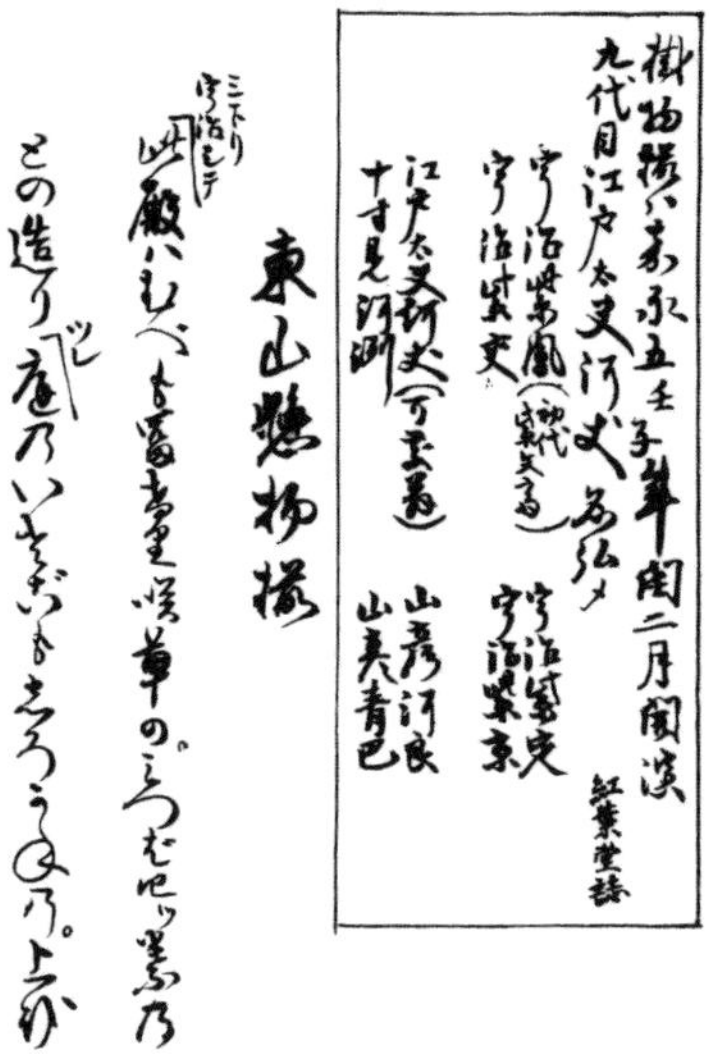

『十寸見要集』（明治39年刊）
紅葉堂蘭洲解題

宇治紫鳳
宇治紫交
江戸太夫河丈
十寸見河洲

宇治　紫定
上てうし
宇治紫京
山彦河良
山彦青巴

（『編年集』）

○三月、『十寸《ます》見《み》要集《ようしゅう》』刊。半紙本一冊。松寿庵蛙兄の序文、連名、目録あり。連名に「干時嘉永五壬子年弥生吉日改版」とある。

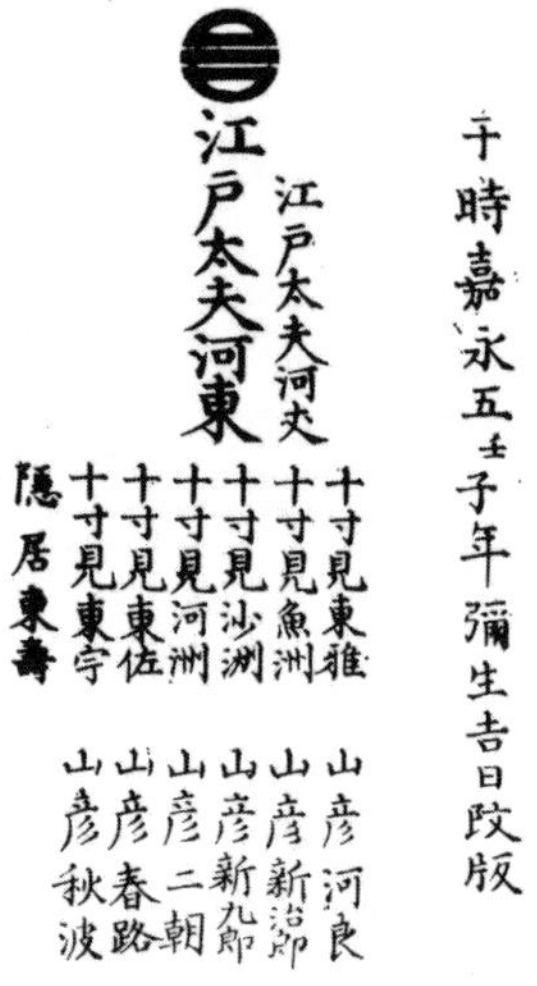

江戸太夫　河丈
江戸太夫河東

十寸見東雅
十寸見魚洲
十寸見沙洲
十寸見河洲
十寸見東佐
十寸見東宇
隠居東寿

山彦河良
山彦新治郎
山彦新九郎
山彦二朝
山彦春路
山彦秋波

◇右の資料は筆者未見であるが、『河東節二百五十年』によると、目次は天保版と同じという（文政十一年の条参照）。板元についての記録はないが、おそらくこの嘉永五年版『十寸見要集』が、宝暦期から続いた伊勢屋吉十郎板『十寸見要集』の最後の出版であろう（吉野）。

◇『編年集』の「十寸見可慶略伝」には、左のようにある。

嘉永三年庚戌　八月十寸見可丈と改名し、
同　五年壬子　二月江戸太夫と成、
同　六年癸丑　江戸太夫の称を魚河岸連中へ預け、
同年十一月八日、剃髪して可慶と更名す

十寸見可慶は、嘉永三年に前名の十寸見東觚から十寸見河東となり、嘉永五年に家元格の「江戸太夫可丈」を名乗った。閏二月《東山掛物揃》で名弘め、三月には『十寸見要集』を出版したが、苦情が出たのか、翌嘉永六年に江戸太夫の称を魚河岸へ預け、剃髪して十寸見可慶と名を改めた。なお嘉永五年閏二月《東山掛物揃》で「九代目江戸太夫河丈名弘メ」とあるが、家元としては初世河東から数えて「九代目」にあたる。ただし「河東」は名乗らず、名前は「可丈」のままであった（吉野）。

嘉永六年　癸丑（一八五三年）

● 《信田《しのだ》妻《づま》釣《つり》狐《ぎつね》の段《だん》》。「浅草堀田原坂上玄丈宅にて開く」（『編年集』）。

◇「釣狐の合調ハ　信田道行と釣狐とを合せ作りしものなり　嘉永六癸丑可慶翁の作」（紅葉堂誌『十寸見要集　完』大正十三年刊）。

江戸太夫河丈	山彦河良
宇治紫文斎	山彦小文治
	宇治倭文
	宇治二松

（『編年集』）

▼『江戸明治流行細見記』(平成六年九月、太平文庫。花咲一男解説)によると、
▽嘉永六年版『細撰記』「江戸十寸見男女二」

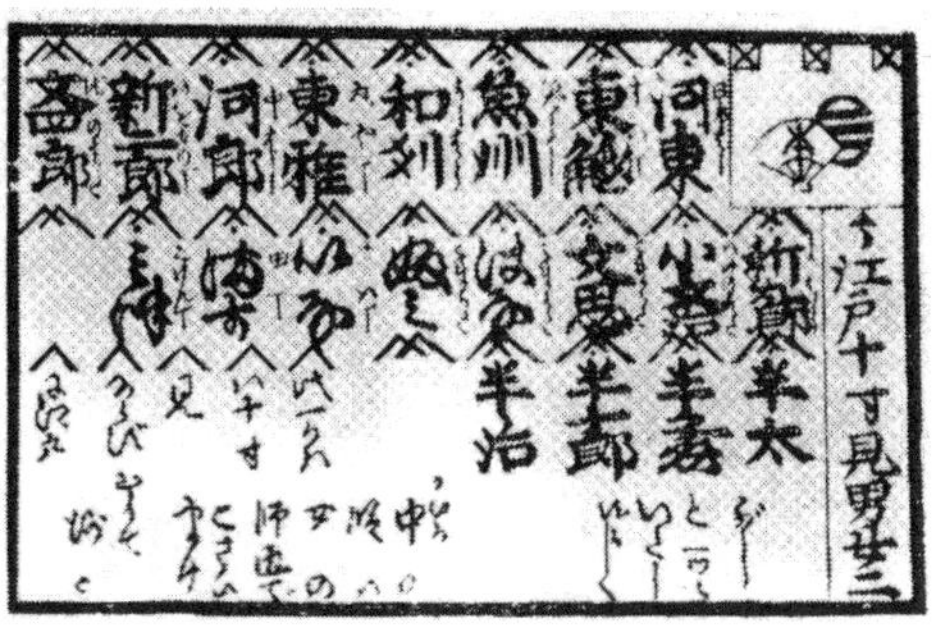

江戸十寸見男女二

日本はし 河東
すは丁 東觚
ひぐらし 魚州
よしはら 和州
丸や丁 東雅
中はし *河郎
あをもの丁 新二一郎
池のはた 文四郎

よしはら 新九郎
いけのはた 小文治
こまかた 文思
こまかた はな
こまかた ふみ
すは丁 いな
田丁 ます
こけん丁 みつ

半太
半之丞
半十郎
半治
此一かは
は十寸
見
ならび
に江戸

ぶし
と一つに
いたし
候かしく
かむろ
中の
段は
女の
師匠で
こさい
ます
やりて
沙上

*河良

安政元年　甲寅(一八五四年)〈十一月二十七日改元〉

●《初《はつ》ふみ》。「伊勢屋平左衛門(雅名草屋)宅にて開く」(『編年集』)。

江戸太夫河丈事
十寸見可慶　山彦河良
十寸見東佐　山彦文子
十寸見蘭示　山彦ふみ

(『編年集』)

◇右の如くあるが、左に掲げる《はつ文《ふみ》》で見ると、《東山掛物揃》(嘉永五年)と同時に語られたようである。全八丁。天地二十六センチ、左右十七・八センチ。表紙は彩色。出演者連名は記されていない。《東山掛物揃》初演の案内状でもあろうか。そ

れとも当時流行の茶番狂言の会の案内状ででもあろうか。

(国立音楽大学附属図書館蔵　02-0018)

はつ文

一蒲写之

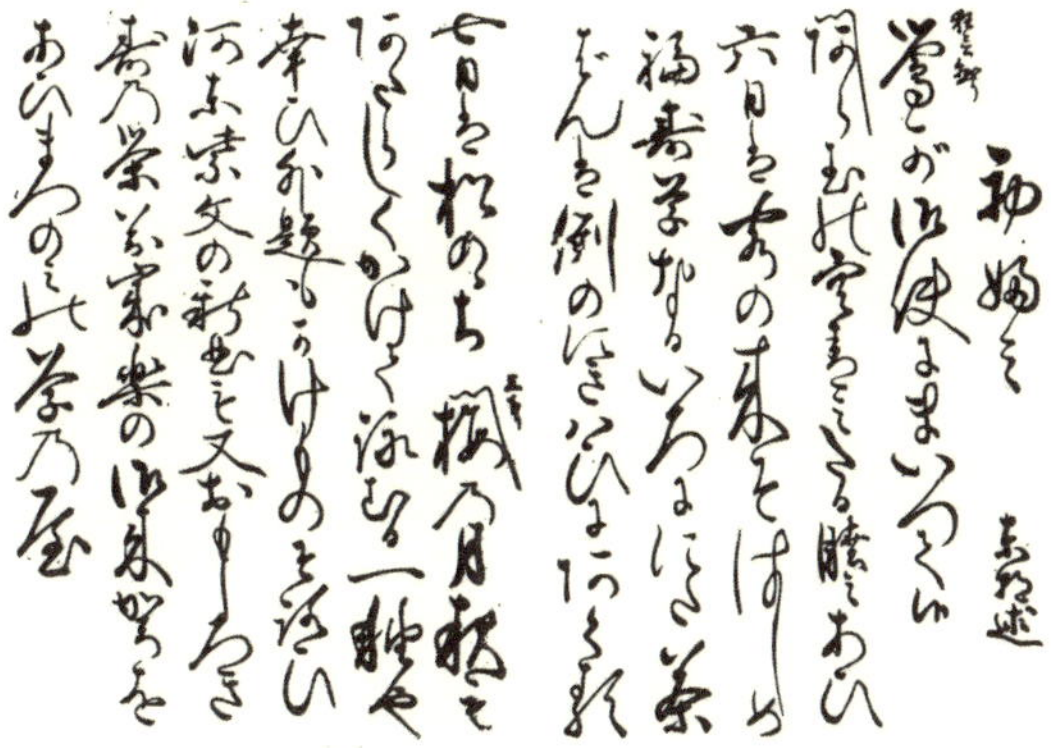

初ふみ　　東朝述

狂言掛 鶯が御使にまいって候

〽あら玉の空青みたる睦ミあひ

六日は客の来そはしめ

福寿草なるいろにた茶

ばんは例のにきはいにあくる

七日は松のゝち 三下り〽梅の月夜も

あたらしくかけて詠むる一軸や

幸ひ外題もかけものそろひ

河東紫文の新曲も又おもしろき

寿の栄萬歳楽の御来駕を

あひまつのみの草の屋

●《竹生島《ちくぶしま》》。「大音前駈春亭にて語る。催主坂上玄丈」（『編年集』）。

宇治紫文斎
宇治紫鳳
十寸見可慶
十寸見沙鴈

宇治倭文
宇治二松
山彦河良
山彦文子

安政二年　乙卯（一八五五年）

●《琵琶行《びわこう》》。「浅草広小路美濃屋にて開く、催主、紫文斎」（『編年集』）。

宇治紫文斎
宇治紫鳳
十寸見可慶
十寸見東佐

宇治倭文
宇治二松
山彦河良
山彦文子

（『編年集』）

安政三年　丙辰（一八五六年）

●《追善《ついぜん》　八日《ようか》の月《つき》》。文政三年（一八二〇）に蔵前の札差大谷善八（通称十一屋善八）の一周忌追善浄瑠璃として作られた。鶯邨作。前沢検校節附。今年、可慶（九世河東）が手附を加えて再演（『編年集』）。

●三月、《業平《なりひら》吾妻下《あづまくだ》り》。「東佐女たか事桂子と改めし名弘メ、河内屋半次郎方にて開く」（『編年集』）。

十寸見可慶
十寸見東佐
宇治紫文斎
宇治紫鳳

山彦河良
山彦小文治
宇治倭文
宇治二松

（『編年集』）

▼なおこの浄瑠璃は、「先年可慶事東觚といひし頃出来しなり、其時のかけ合」。

琴　橋倉さま	三弦　山彦河良
三弦　山本さい	山彦文子
十寸見東觚	

（『編年集』）

安政四年　丁巳（一八五七年）

○《**志能婦**《しのぶ》》。泊応（金工法橋一乗）作。日本橋数寄屋町割烹家嶋村半七方にて語る。催主三金（市ヶ谷田町通称三河屋金兵衛）（『編年集』）。

十寸見可慶	山彦河良
十寸見東佐	山彦文子
十寸見蘭示	山彦桃子

（『編年集』）

●《**宗盛**《むねもり》**花見**《はなみ》**の段**《だん》》（別名《**熊野**《ゆや》》）。山田唄取。十一月。

▼この浄瑠璃は、先年可慶東觚といいしころ、《弓はじめ》（嘉永二年）とともに通二丁目新道橋倉さま宅にて語りしを、今年宇治紫欣事柳橋万八楼にて声曲会を催すによりて、文の段を増補して、当日語りしなり（『編年集』）。

宇治紫文斎	宇治紫欣
宇治紫鳳	宇治桂紫
十寸見可慶	山彦河良
十寸見東佐	山彦文子

（『編年集』）

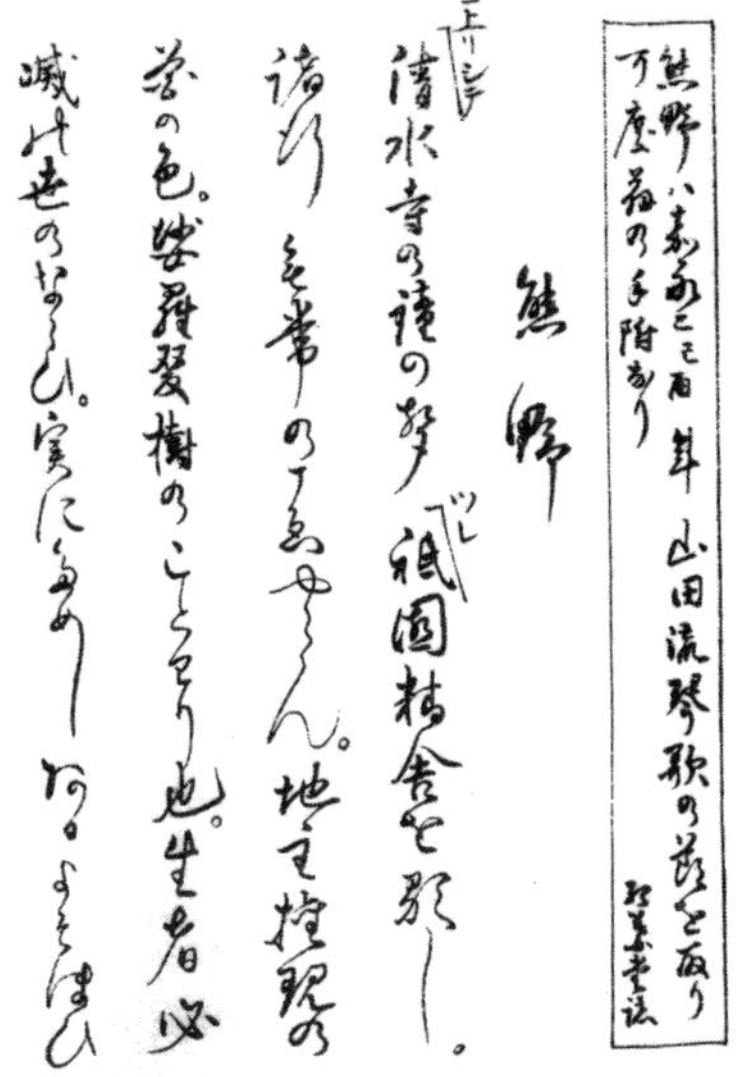

『十寸見要集』(明治39年刊)
紅葉堂蘭洲解題

安政五年　戊午(一八五八年)

○初春刊の『吉原細見』に、十寸見平洲の名がみえる。

●《葵《あおい》の上《うえ》》。如童(代作梅之坊日観=画工交山の養子亀岳)作。深川八幡宮境内川上氏(了伯、茶人)宅にて語る。催主松山如童(『編年集』)。

十寸見可慶　山彦河良
十寸見東佐　山彦栄子
十寸見蘭示

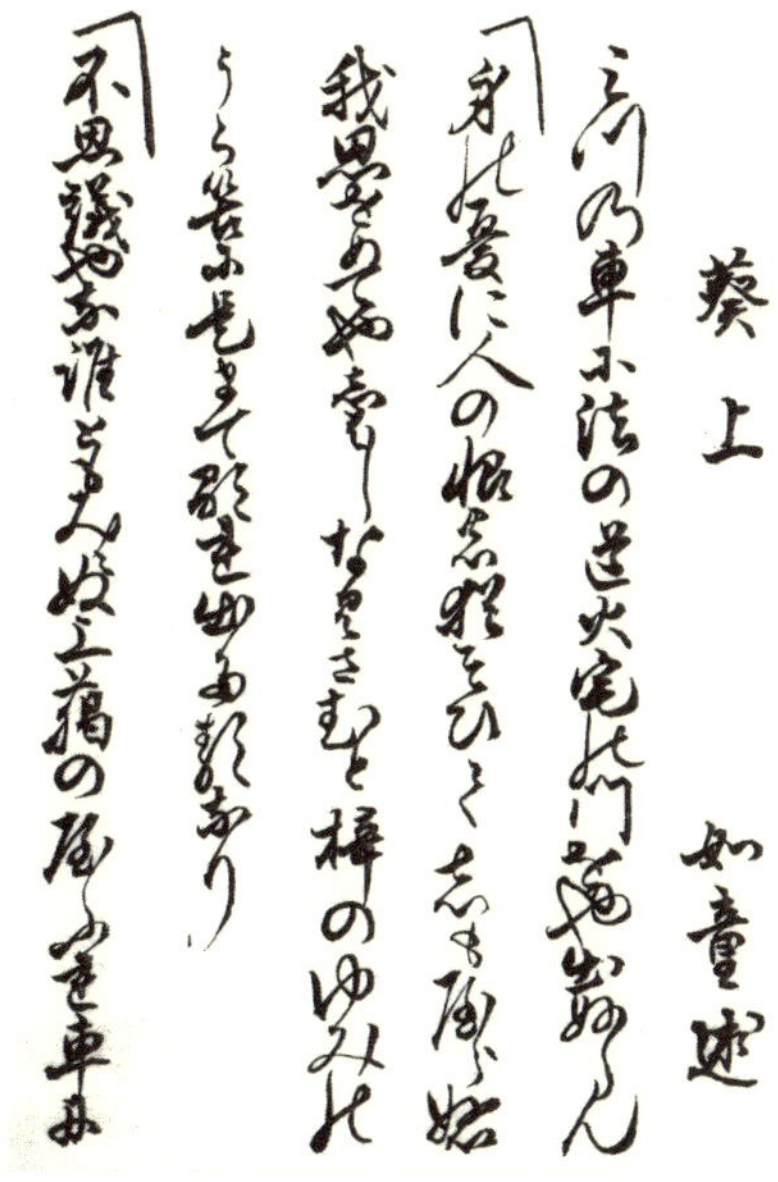
葵上
如童述

『十寸見要集』（明治39年刊）

●《霞《かすみ》の島台《しまだい》》。十市作。閑阿翁六十一の賀の祝いに出来し浄瑠璃なり（『編年集』）。

十市*
十寸見可慶
十寸見東佐
十寸見蘭示
山彦河良
山彦文子
山彦栄子
山彦桂子

＊この名を記さないものもある。

●《追善《ついぜん》　秋《あき》の霜《しも》》。亀岳作。山彦文子（可慶の妻）今年八月六日死去。十一月、右追善会、河内屋半次郎方にて語る（『編年集』）。

十寸見東佐
十寸見蘭示
十寸見東魚
山彦ふみ
山彦桃子
山彦栄子
山彦河良

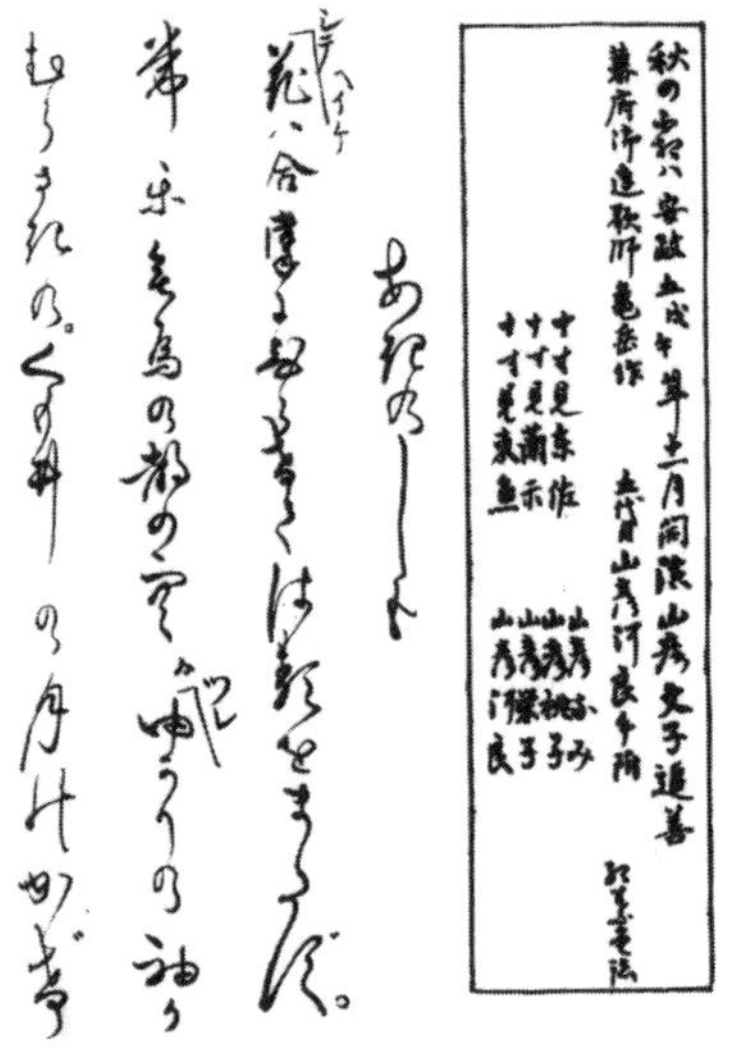

『十寸見要集』（明治39年刊）
紅葉堂蘭洲解題

○今年秋『十寸見要集《ますみようしゅう》』刊。序に「此度新古浄瑠理本再板致初心手引上御慰のため御覧入候　真寿見可慶　戊午初穐」とある。
所収曲目は左の二十曲である。曲名は内題（内題下）。

霞島台・江戸鶯、青簾春の曙（鶯村述）、橋弁慶、甲子祭（宝泉述）、御祭礼花くらべ、放下僧三段目八郎鰐の段、筆始四季探題（文魚述）、八日の月、追善新曲さゝらなみ（麓園述）、露のふたは（存義述）、道成寺、花の八重盛、葵上（如童述）、四季の花園（閑月庵述　一蒲書）、廓八景（劇神仙稿）、河社（故仙俣遺稿　友人銀槎浄書）、志能婦（伯応述、末尾「安政巳四のとしなる」とあり）、魚賀司（敬忠作）、末広。なお裏表紙に左の連名あり（以上、加賀文庫蔵本による）。

江戸太夫河東	山彦源四郎
十寸見沙洲	山彦河良
十寸見東佐	山彦二朝
十寸見東洲	山彦良波
十寸見蘭示	山彦文次郎
十寸見巴洲	山彦文子
十寸見平示	山彦仙子

安政六年　己未（一八五九年）

●五世山彦河良、九月八日の夜家出して行方を知らず。四世河東の弟子にて初名良鶴。のち河良を相続して神田に住居す。実相良顕信士。墓所不詳（『編年集』）。

○秋刊の『吉原細見』に、十寸見平示の名がみえる。

萬延元年　庚申（一八六〇年）〈三月十八日改元〉

●**《花街《さと》のなごり》**。稲本楼小稲述。「十月、新吉原稲本楼の娼妓小稲、木綿屋松居勇助と云人に身うけされ、出廓せるニ付て出来し浄るり也。此時新吉原回祿（火事で焼けること）の後にて、本所松井町に仮宅せしその楼上にて語る。当日小稲三人並居て聞しとぞ。

十寸見可慶
十寸見沙洲
十寸見蘭示
十寸見巴洲
十寸見東魚

山彦仙子
山彦山子
山彦二三

○先年出廓して角力年寄追手風喜太郎の妻なりし　小稲
○この時出廓の　小稲
○右近改名して　今小稲

（以上『編年集』）

文久元年　辛酉（一八六一年）〈二月十九日改元〉

○**《袷《あわせ》小《こ》袖《そで》》**。筝子述。「四月朔日、新吉原尾張屋彦太郎抱娼妓玉葛并ニ唄女はな追善、同楼上にて語る。催主筝子（西宮平左衛門、男也）」「娼妓玉葛ハ誰袖カ」（『編年集』）。

十寸見可慶
十寸見沙洲
十寸見東佐
十寸見蘭示
十寸見巴洲
十寸見東魚

山彦秀示
山彦桃子
山彦山子
山彦桂子
山彦栄子

◇なお、当時の『吉原細見』をみても、尾張屋彦太郎抱に玉葛の名の見えるのは嘉永四年までである。何回忌であろうか。

●《**浅草八景**《あさくさはっけい》》。梅之述。「六月朔日、浅草新堀端蔵宿坂倉屋長右衛門十三回忌追善、当主坂倉屋利左衛門催、於橋場川口楼上に語る」（『編年集』）。

十寸見可慶	山彦栄子
十寸見東佐	山彦桂子
十寸見蘭示	山彦ふみ

●《**鞍馬天狗**《くらまてんぐ》》。都草撰。「十一月、日本橋通壱丁目新道木原店可慶宅に於て開く、催主、都草」（『編年集』）。

十寸見可慶	山彦秀示
十寸見東佐	山彦ふみ
十寸見巴洲	山彦山子
十寸見蘭示	山彦桂子
十寸見東魚	山彦可運子
十寸見半示	

●《**胡国**《ここく》**の夢**《ゆめ》》。故織錦翁。「山谷新鳥越八百屋善四郎方にて開、催主、永居」（『編年集』）。

永居	山彦秀示
十寸見可慶	山彦桂子
十寸見東佐	山彦可運子

文久二年 壬戌（一八六二年）

○三月一日より、市村座「青砥稿花紅彩画《あおとぞうしはなのにしきえ》」第二番目大切《**助六所縁江戸桜**《すけろくゆかりのえどざくら》》。助六（河原崎権十郎のちの九世市川団十郎）、揚巻（三世岩井粂三郎のちの八世岩井半四郎）、意休（六世市川団蔵）ほか。

文久三年　癸亥（一八六三年）

●四月二十五日、**《田《た》植《うえ》三番《さんば》叟《そう》》**。文喜、有松、両撰。「都草亡親（常阿翁七回忌、涼意尼百ヶ日）追善浄るり、右同人宅にて語る」（『編年集』）。

十寸見可慶　山彦秀示
十寸見東佐　山彦山子
十寸見東魚　山彦可運子

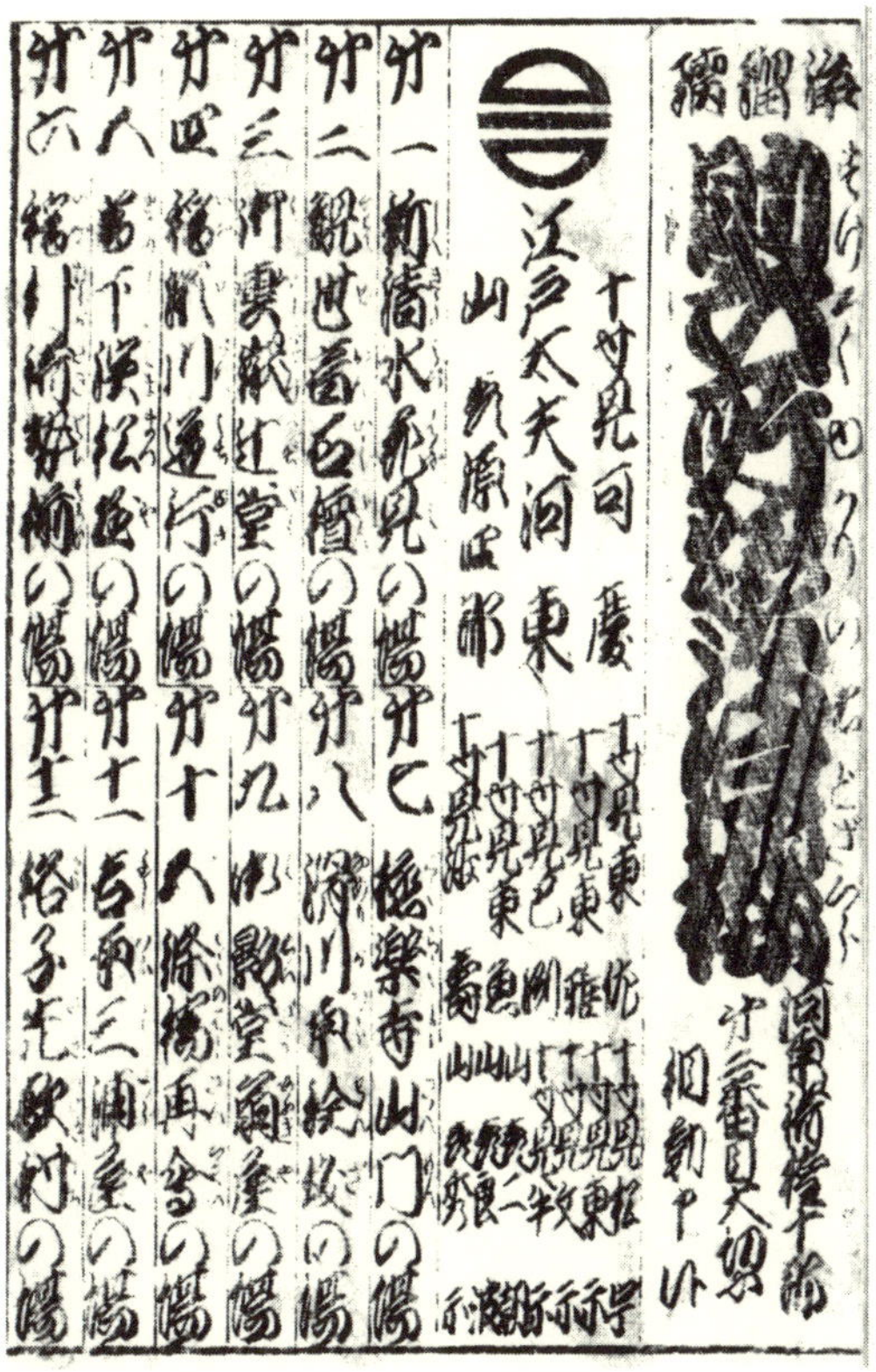

（早稲田大学坪内博士記念演劇博物館蔵　ロ22-1-716-4）

十寸見可慶
江戸太夫河東
山彦源四郎

十寸見東佐
十寸見東雅
十寸見巴洲
十寸見東魚
十寸見沙寿

十寸見松宇
十寸見東示
十寸見文示
十寸見半示
山彦二朝
山彦良波
山彦秀示

○初秋《かのえ詣《もうで》》。文賀述。「秋、橋倉さま、今年七十八にて終る、右追善浄るり也」（『編年集』）。大判。天地三一センチ、左右二二・五センチ。表紙左上に「柴又」とある。表紙の絵は是真。

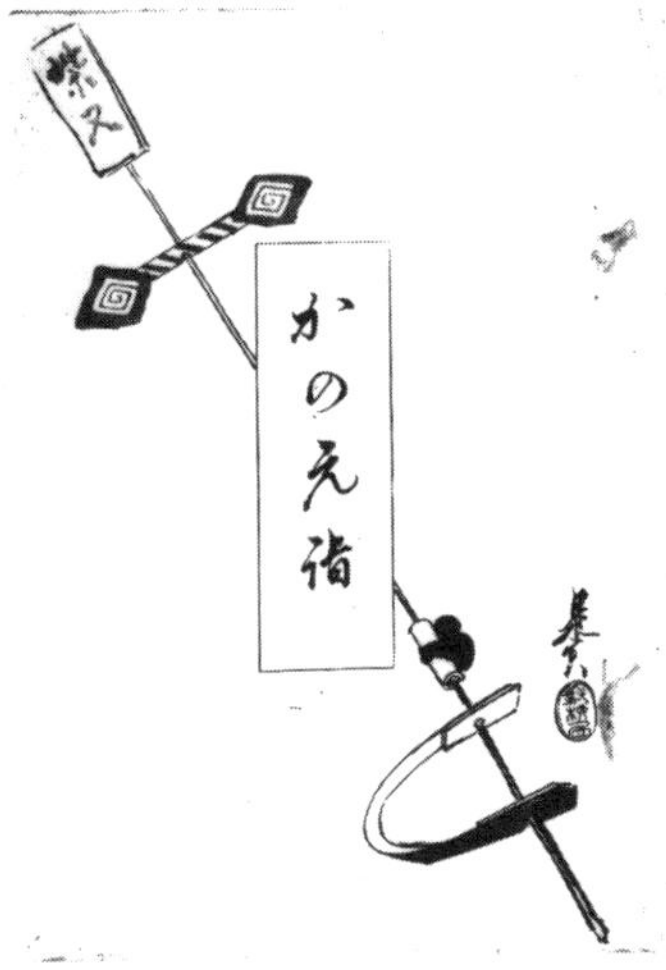

（国立音楽大学竹内文庫蔵　02-0030）

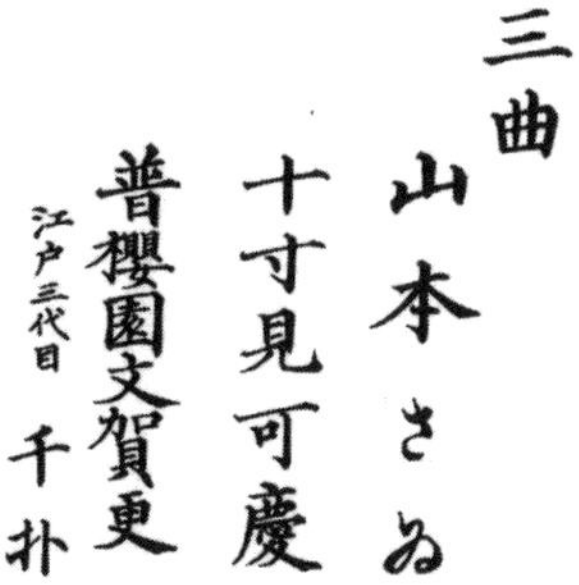

（表紙見返し）

文久三亥初秋
七十八女橋倉さま
追善の為につくる

（裏表紙見返し）

元治元年　甲子（一八六四年）〈二月二十日改元〉

●《初《はつ》わたし》。「正月、東魚宅にて開く」「文喜、小泉氏、通称丸角や仁兵衛」（『編年集』）。

文喜　　　　山彦秀示
十寸見東佐　山彦桂子
十寸見東魚　山彦可運子

慶応元年　乙丑（一八六五年）〈四月七日改元〉

●《蜀江時雨《しよつこうしぐれ》の錦《にしき》》。成之撰。「深川八幡境内松茂堂にて開く」「成之、永岡氏、舞楽咸陽宮を以て撰」（『編年集』）。

成之
十寸見可慶　山彦秀示
十寸見東佐　山彦桃子
十寸見東暁　山彦可運子

▽慶応元年板『歳盛記』「十寸見屋河東」
河慶・沙寿・東佐・巴洲・東暁・松宇・東味・源四郎／良波・秀示・青巴・桃子・良子・山子・桂子・栄子・可運子／和歌・波津
十二段・三番叟・船ノ内・江口・江戸桜・金輪・編笠・夜錦・御田・三燕・桜曙・四季・屏風／かぶろがふでにかさゝぎのはしたないやらこひじやらたまぎくついぜんみづてうし、やりをどり

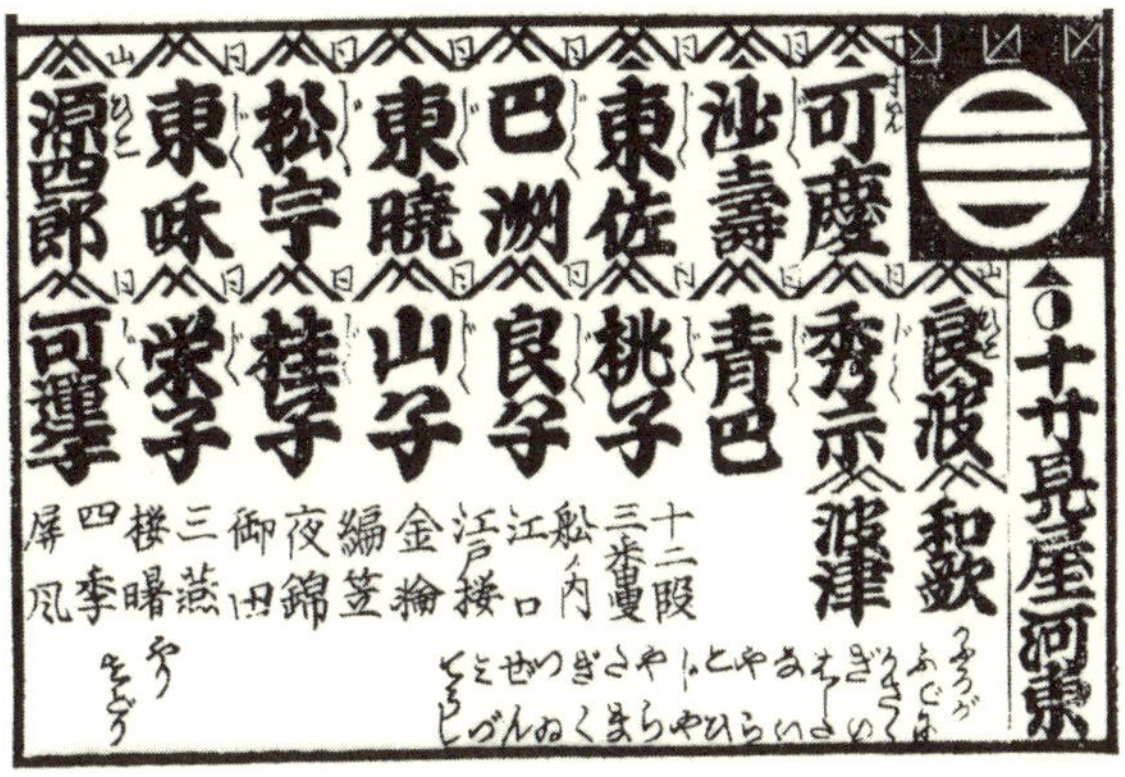
〇十寸見屋河東
可慶　沙壽　東佐　巴洲　東暁　松宇　東味　源四郎
良波　秀示　青巴　桃子　良子　山子　桂子　栄子　可運子
和歌　波津
十二段　三番叟　船ノ内　江口　江戸桜　金輪　編笠　夜錦　御田　三燕　桜曙　四季　屏風
かぶろがふでにかさゝぎのはしたないやらこひじやらたまぎくついぜんみづてうし
やりをどり

慶応二年　丙寅（一八六六年）

慶応三年　丁卯（一八六七年）

●**《村雨《むらさめ》須磨《すま》の調《しらべ》》**。鳰の屋蘆丈撰。「八月十八日、今戸有明楼に於て開く、催主、東佐」「永成之撰置、同家松暁開く、舞楽絃上をもって撰む」『編年集』）。

松晩　山彦秀示
十寸見東佐　山彦桃子
十寸見東晩　山彦桂子
十寸見東和　山彦やす

（『編年集』）

明治元年　戊辰（一八六八年）〈九月八日改元〉

○**《追善《ついぜん》　月《つき》のもなか》**。有松（松沢氏、大坂屋栄蔵。俗に大栄という）今年八月十五日五十八にて終る。十月十八日、向島有松宅に於いて語る。手向　竹馬の昔語りや月の雲　可慶（『編年集』）。

十寸見可慶　山彦桂子
十寸見東佐　山彦可運子
十寸見東晩　山彦やす

（『編年集』）

○冬『歳盛記』（吉原細見風の評判記）の「家元屋音治郎」。『江戸明治流行細見記』（太平文庫27、平成六年）はじめに「半太夫、可慶」があり、三段目筆頭に「山彦」と見える。

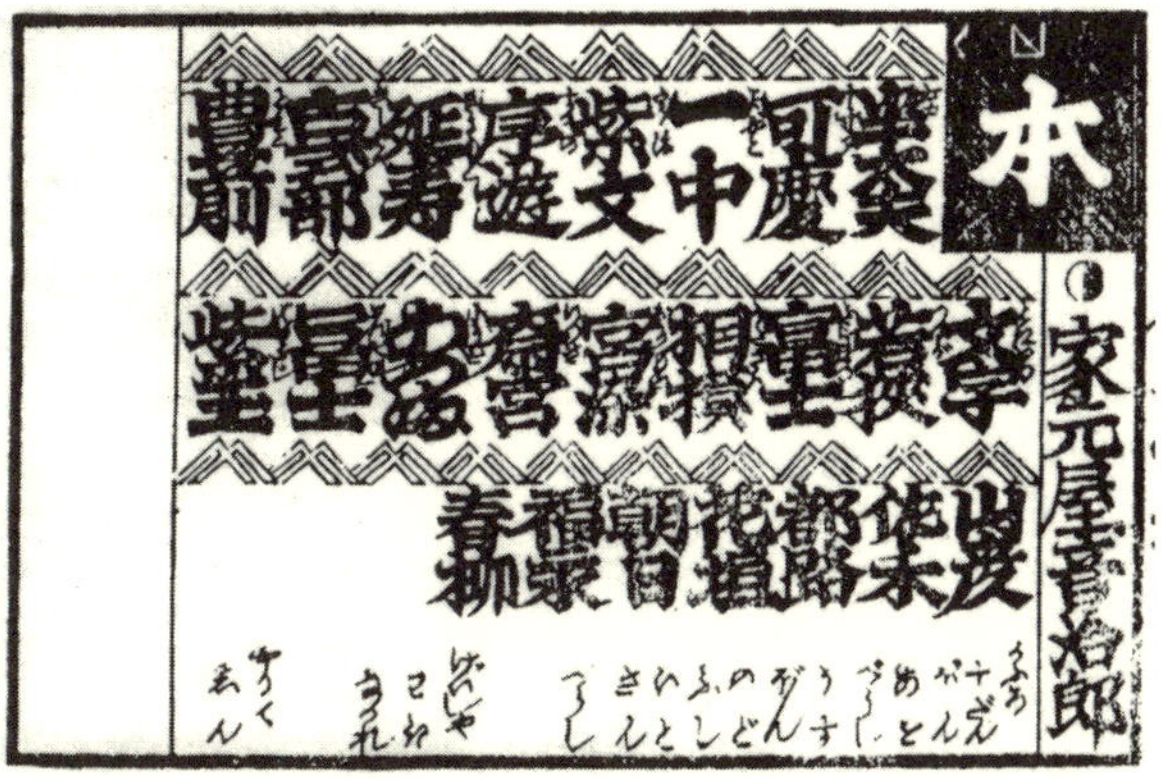

明治二年　己巳（一八六九年）

○《街《まち》の柳《やなぎ》》泉語述。柳漁（柳屋長二郎）追善。泉語宅にて語る。喜久雅は可慶の別号なり（『編年集』）。

泉語	山彦喜久雅
十寸見東佐	山彦栄子
十寸見東暁	山彦可運子

（『編年集』）

明治三年　庚午（一八七〇年）

○五月、当年明治三庚午五月廿二日。十寸見山彦連中にて、元祖河東が百五十年忌（実は今年迄百四十六年なれど、取越したるなりと）追善の為、柳橋楼上に於いて声曲の会をなし、又、牛島宝寿山長命寺なる河東代々の墳墓の傍らに山彦源四郎三代の法号を壱基の墓碑に彫て建て、又、竹婦人が辞世の句を根府川石に彫らせ、同所に建てたり。右二碑落成せしかば、同年八月十一日、同寺に於いて十寸見連中浄瑠璃を語り、并に能間人形をまはして追善とす。これみな可慶翁が周旋芳志なりけり（『編年集』）。

◇右の墓碑その他は別項「河東節の墓」参照のこと。

○『**十寸見《ますみ》声曲《せいきょく》編年集《へんねんしゅう》**』成る。芳室恵洲編。十寸見可慶の跋文がある。和装、七十四丁。大型本。本年表に『編年集』として引用した。恵洲の序文にもあるように、印刷、刊行の意志はなく、稿本を清書して同好の士に配ったもので、写本として伝わってきた。ここで利用したのは早稲田大学演劇博物館所蔵。黒木勘蔵旧蔵本。天地二六・九センチ、左右十八・九センチ、享保三年（正しくは二年）の「松の内」から十寸見可慶没の明治四年までの年表。ただし明治四年に作曲され、同五年に発表された《六夜の月》までを収めている。現在から見れば誤りもあるが、他にない資料もあり、この時代とすれば、かなりていねいな仕事であるといえよう。『未刊随筆百種』十九、雑誌『古曲』三号～七号に翻刻がある。編者の芳室恵洲は十寸見可慶の門人で、本書の終りに「此書の作者恵洲ハ俗ヲ川尻甚七トイフ金座の下役人ナリ明治十一二年ノ頃没スト　右益田香遠翁ヨリ聞ケリ　癸未（明治十六年）十月　如電居士しるす」と大槻如電の説明があり、別に「此の恵は中々奇人にて老年に及び夫婦して知己の家をかなたこなた食客せしよし」とあるほかは不明。

明治四年　辛未（一八七一年）

○**《六夜《むつよ》の月《つき》》**。永機作。可慶作曲。近兼（近江屋兼二郎）亡父の追善浄瑠璃として、今年正月にできたが、間もなく可慶が没したので、発表は翌年となる（『編年集』）。

○三月二十日、十寸見可慶没、六十五歳。智山定慧可慶居士。没後九代目河東を追号する（『編年集』）。

明治五年　壬申（一八七二年）

○二月二十七日、《**六夜《むつよ》の月《つき》**》発表。近兼亡父追善、可慶一周忌を兼ねる。菊屋橋近江屋兼次郎方にて語る（『編年集』）。

近兼
十寸見東佐
十寸見東洲
山彦秀示
山彦桂子
山彦可運子

（『編年集』）

○二月三十日より四月二十三日まで、守田座「会稽山咲分源氏《やまとみるやまさきわけげんじ》」大切、歌舞伎十八番の内《**助六由縁江戸桜《すけろくゆかりのえどざくら》**》。半太夫連中、河東連中、助六（河原崎三升のちの九世市川団十郎）、揚巻（岩井半四郎）、意休（中村仲蔵）ほか。なお『編年集』には《**助《すけ》六所縁八重桜《ろくゆかりのやえざくら》**》とあり、『続々歌舞伎年代記』には二月二十日から河原崎権之助とある。

太夫河丈
＊江戸太夫河東
十寸見河洲
十寸見東和
十寸見東川
十寸見沙厂
十寸見巴重
十寸見東翠
十寸見河厂
隠居巴翁
山彦秀次郎
山彦七平
山彦六寿
山彦良蔵
＊山彦源四郎

＊この分は朱書

（『編年集』）

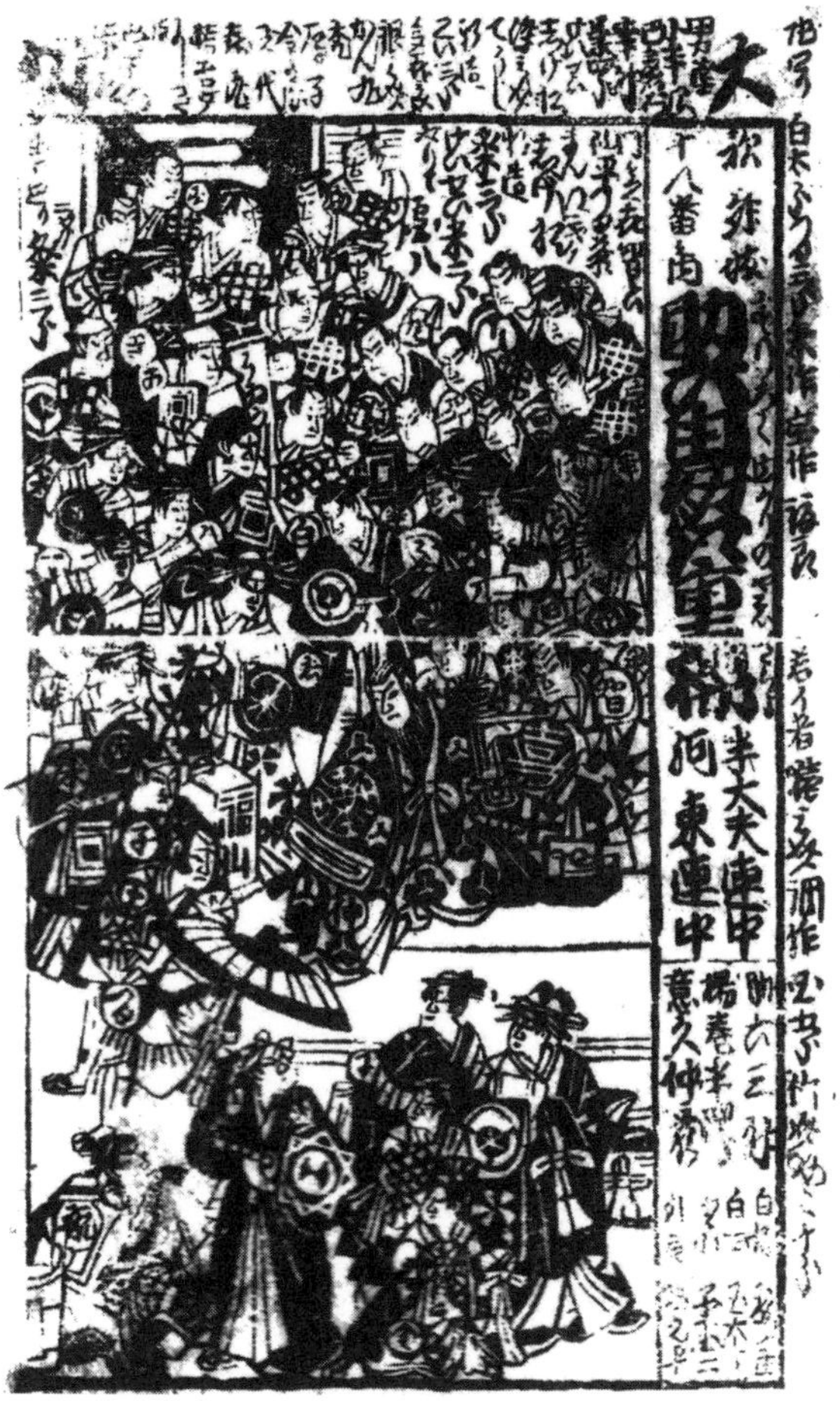

絵本番付（国立音楽大学附属図書館蔵　64-0071）

○今度芝居相勤に付、十寸見東佐事江戸太夫河丈と成。東洲事河洲と成。山彦秀示事四代目秀次郎と改名（『編年集』）。

◇左の刷物には、「江戸太夫名跡御披露として・・柳橋万八楼上におゐて河東浄瑠理一会催候」「六月廿九日当日　江戸太夫」とある。十寸見東佐が江戸太夫河丈と改名した記念演奏会のものと推定する。

番組は《式三番叟》、《江戸桜》、《邯鄲》、《熊野》、《小袖模様》、《江の島》、《千年の枝》。間に、原口喜運の平曲、人形（《三人長者》《太々神楽》《福寿万歳》）を挟む。

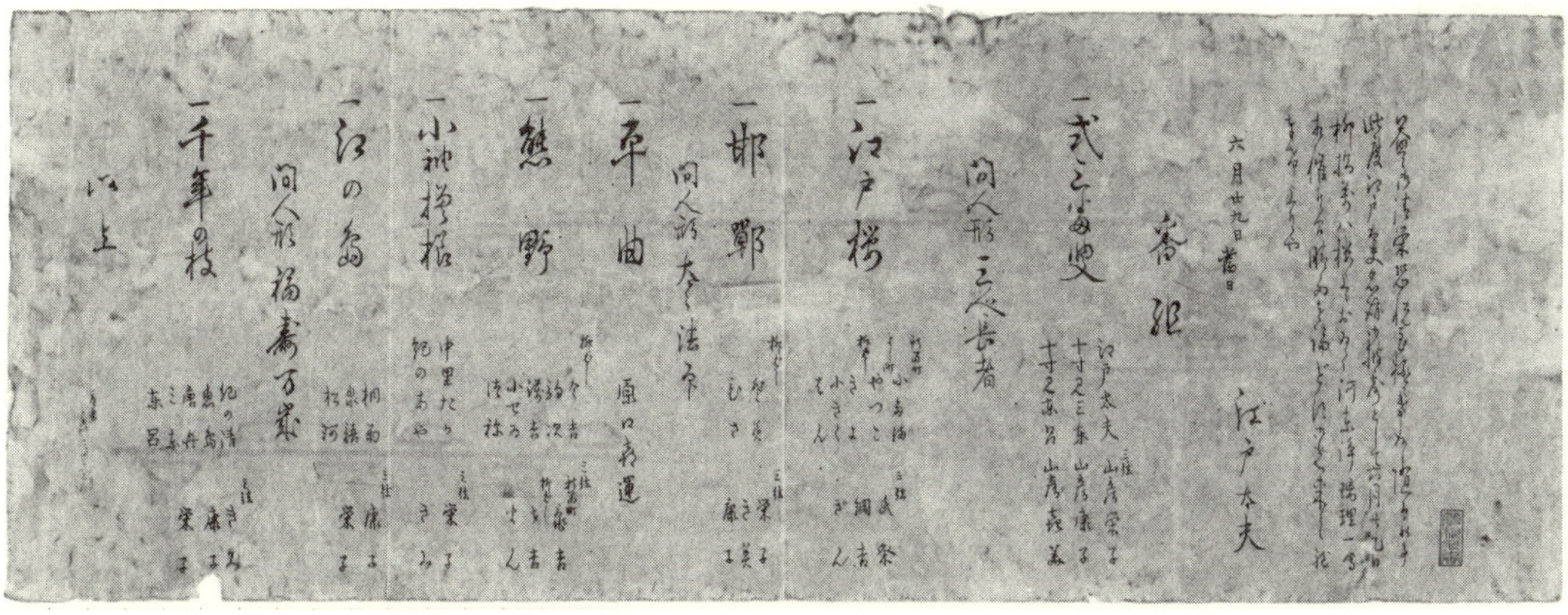

江戸太夫名跡披露浄瑠璃会（国立音楽大学附属図書館蔵　92-0019）

番　組

一、三番叟

間人形　三人長者

一、江戸桜

一、邯鄲

間人形　太々神楽

一、平曲　原口喜運

一、熊野

一、小袖模様

一、江の島

間人形　福寿万歳

一、千年の枝

明治七年　甲戌（一八七四年）

○今年春刊『根元・諸芸東京自慢』（顔見世番付風の刷りもの）に左のようにある。

太夫　夕丈
江戸太夫河東
十寸見河洲
十寸見東和

十寸見東川　山彦秀次郎
十寸見沙凮　山彦七平
十寸見巴帝　山彦六寿
十寸見東翠　山彦良造
隠居巴翁　山彦源四郎

（『編年集』）

明治八年　乙亥（一八七五年）

○今年十月刊『諸芸人名録』のうち、河東節関係のみを左に紹介する。
天地七・二センチ、左右十五・五センチ、本文百五十八丁、目次三・五丁、附一言、索引など三丁。

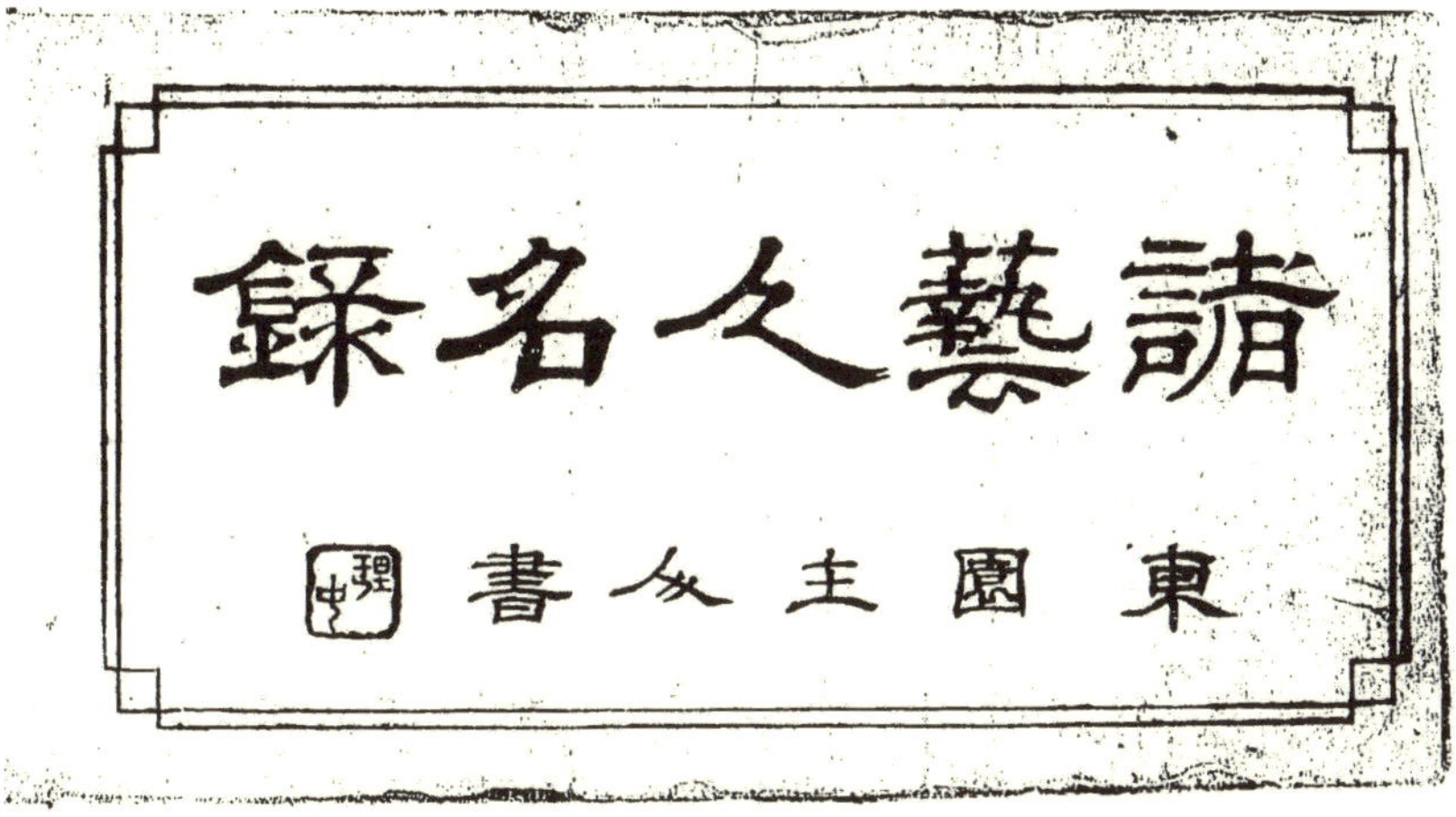

諸藝人名録

東園主人書

理中

竹内道敬蔵

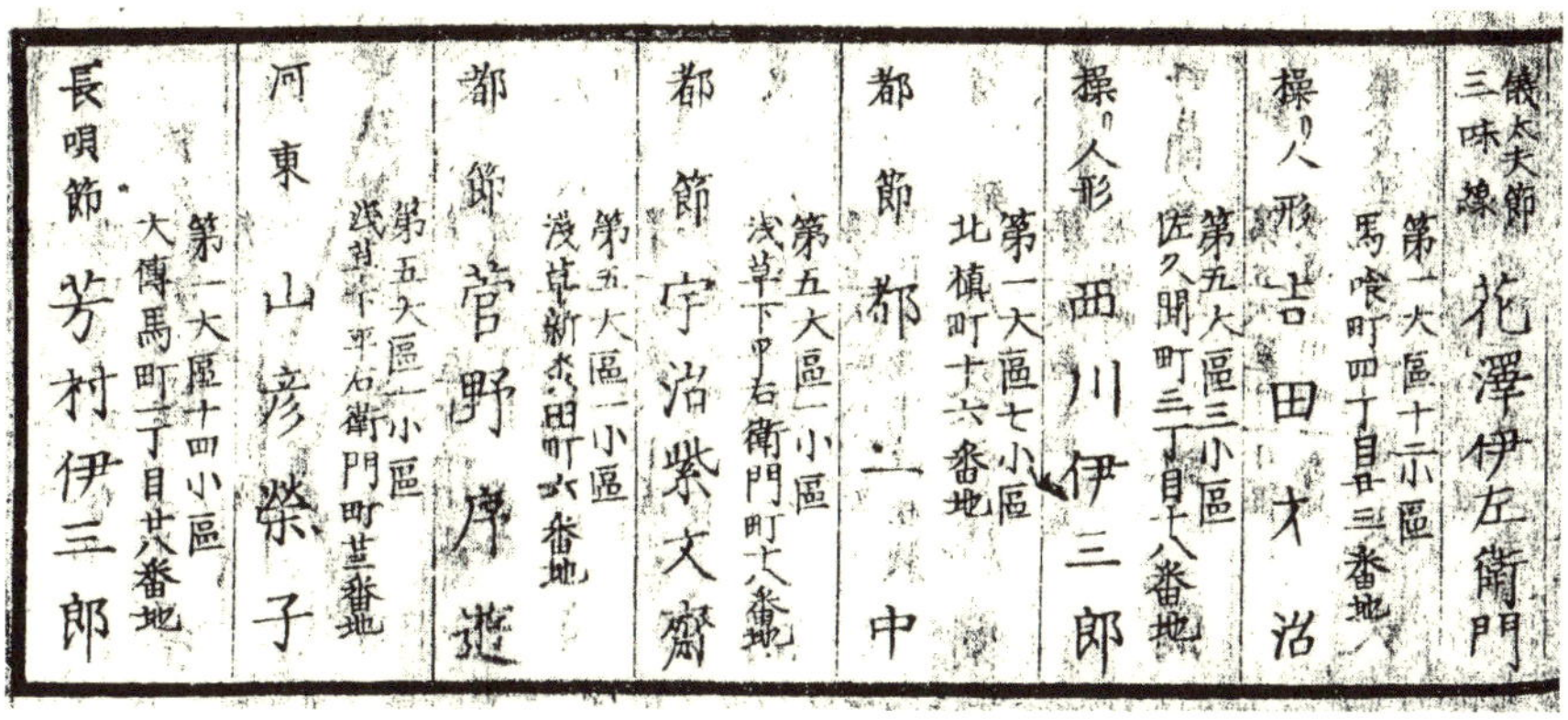

義太夫節三味線　第一大區十六小區　馬喰町四丁目廿三番地　花澤伊左衛門

操り人形　第五大區三小區　佐久間町三丁目十八番地　吉田才治

操り人形　第一大區七小區　北槇町十六番地　西川伊三郎

都節　都一中

都節　第五大區一小區　浅草下平右衛門町十八番地　宇治紫文齋

都節　第五大區一小區　浅草新森田町六番地　菅野序遊

河東　第五大區一小區　浅草下平右衛門町廿三番地　山彦榮子

長唄節　第一大區十四小區　大傳馬町一丁目廿六番地　芳村伊三郎

第五大区一小区
浅草下平右衛門町廿三番地
河東　山彦　栄子

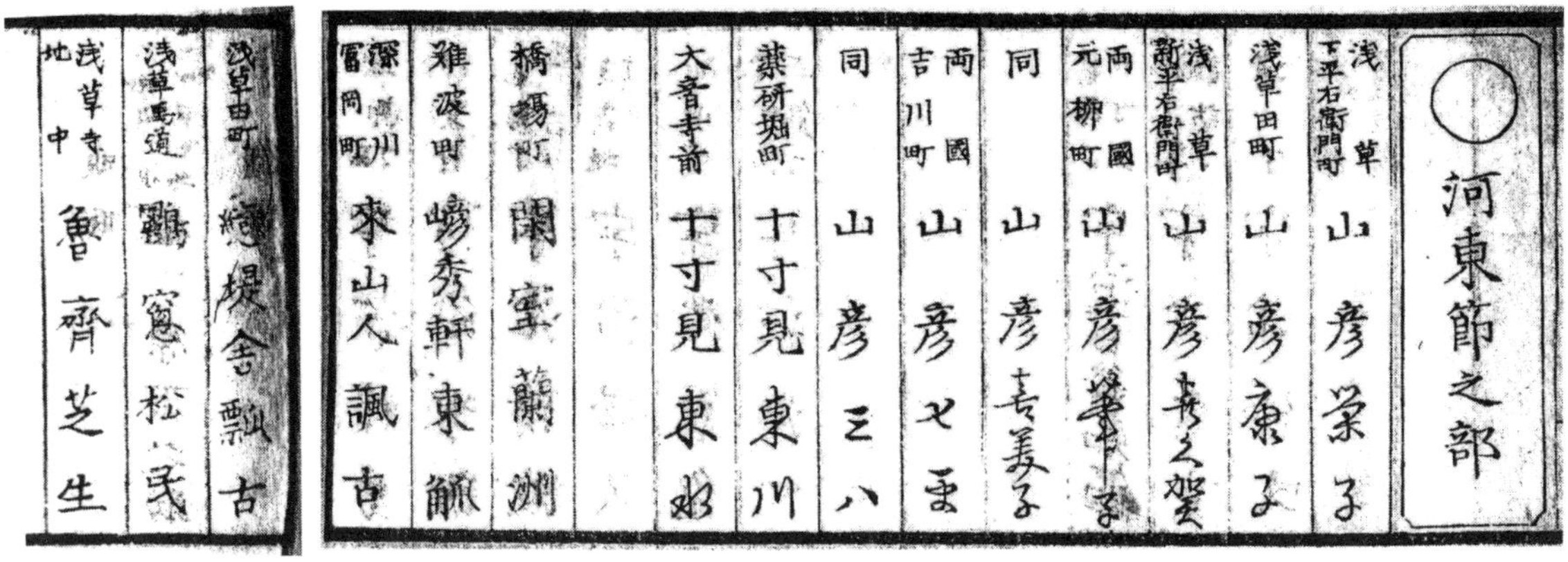

河東節之部
浅草下平右衛門町 山彦栄子
浅草田町 山彦康子
浅草新平右衛門町 山彦喜久賀
両國元柳町 山彦筆子
同 山彦喜美子
両國吉川町 山彦七平
同 山彦三八
薬研堀町 十寸見東川
大音寺前 十寸見東水
橋場町 閑室蘭洲
難波町 嵺秀軒東觚
深川富岡町 來山人諷古
浅草田町 戀堤舎飄古
浅草馬道 鶴窓松民
浅草寺地中 魯齊芝生

○河東節之部

浅草下平右衛門町	山彦栄子
浅草田町	山彦康子
浅草新平右衛門町	山彦喜久賀
両国元柳町	山彦筆子
同	山彦喜美子
両国吉川町	山彦七平
同	山彦三八
薬研堀町	十寸見東川
大音寺前	十寸見東水
橋場町	閑室蘭洲
難波町	嵺秀軒東觚
深川富岡町	来山人飄古
浅草田町	恋堤舎飄古
浅草馬道	鶴窓松民
浅草寺地中	魯齊芝生

男藝妓之部
柳橋 山彦七平
同 山彦三八
同 山彦ふく
同 山彦きみ
同 山彦いく

▼上のほか、「男芸妓之部」を見ると

柳橋	山彦七平
同	山彦三八
同	山彦ふく
同	山彦きみ
同	山彦いく

の名がある。

明治九年　丙子（一八七六年）

○六月『開化東京土産』刊。その廿六が「諸芸人」。

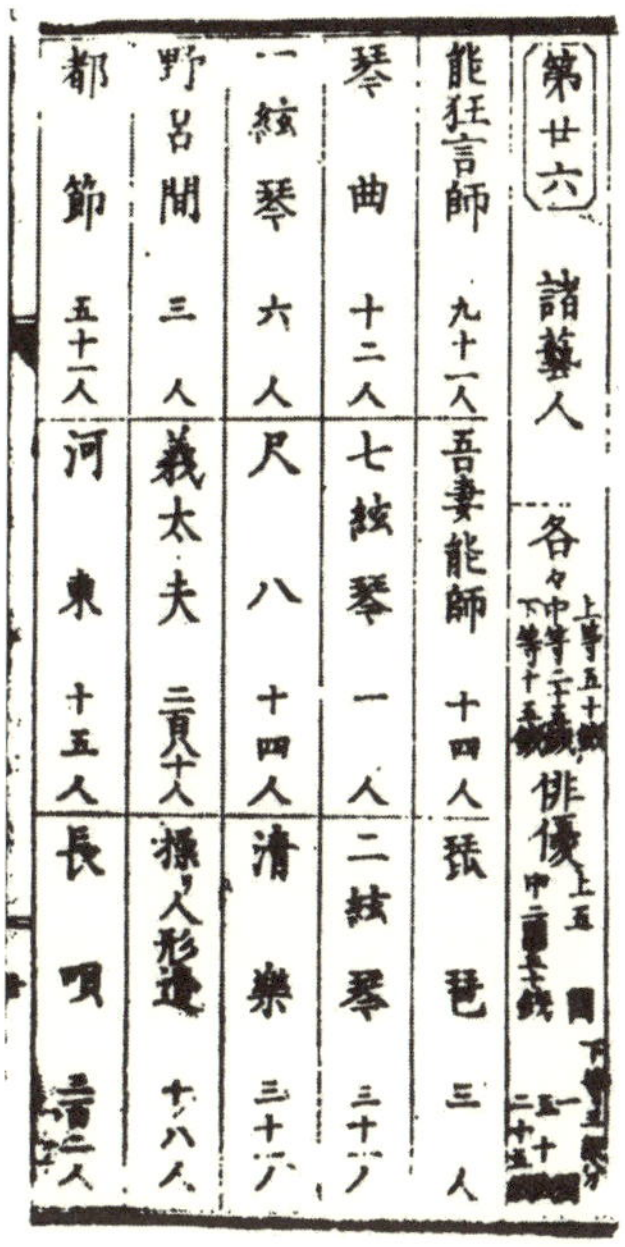

第廿六　諸藝人　各 上等五十銭 中等二十五銭 下等十五銭　俳優 上五円 中二円五十銭 下 [illegible]

能狂言師　九十一人	琴曲　十二人	一絃琴　六人	野呂間　三人	都節　五十一人
吾妻能師　十四人	七絃琴　一人	尺八　十四人	義太夫　二百十人	河東　十五人
琵琶　三人	二絃琴　三十六	清楽　三十六	操り人形遣　十八人	長唄　二百二人

上等　五十銭
中等　二十五銭
下等　十五銭
※金額は当時の税金の額

明治十二年　己卯（一八七九年）

○《竹生島《ちくぶしま》》四代目源四郎手附。この浄瑠璃は安政六年（正しくは元年）出来せしものにて、一中節との合調なりしを、このたび当流のみに改作せしなり（紅葉堂蘭洲編『真澄声曲外題鑑』）。

○三月刊『諸芸商業取組評』の芸妓家の部に山彦三八の名が見える（中央二段目）。

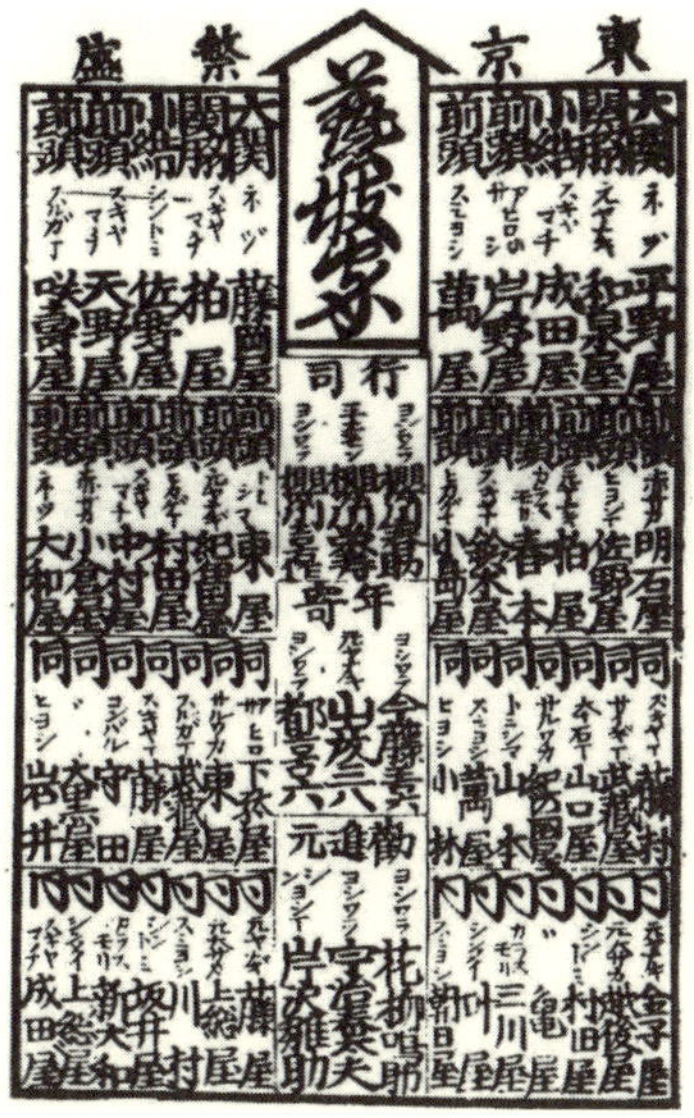

東京繁盛
藝妓家

明治十七年　甲申（一八八四年）

○四月二十八日（絵本番付および『続々歌舞伎年代記』は二十九日）より、新富座《**助六由縁江戸桜**《すけろくゆかりのえどざくら》》。助六（九世市川団十郎）、揚巻（助高屋高助）、意休（中村芝翫）ほか。大当たりにつき六月も興行。出演者は『続々歌舞伎年代記』にも下の通り。

十寸見東和
江戸太夫河東
十寸見河洲
十寸見三東
十寸見東呂
十寸見東洲
山彦秀二郎
山彦栄子
山彦康子
山彦君子
山彦源四郎

（絵本番付）

国立音楽大学附属図書館（80-1384～1386）

明治十八年　乙酉（一八八五年）

▽明治十八年刊『東京流行細見記』に左の通りある。『江戸明治流行細見記』（太平文庫27、平成六年）。

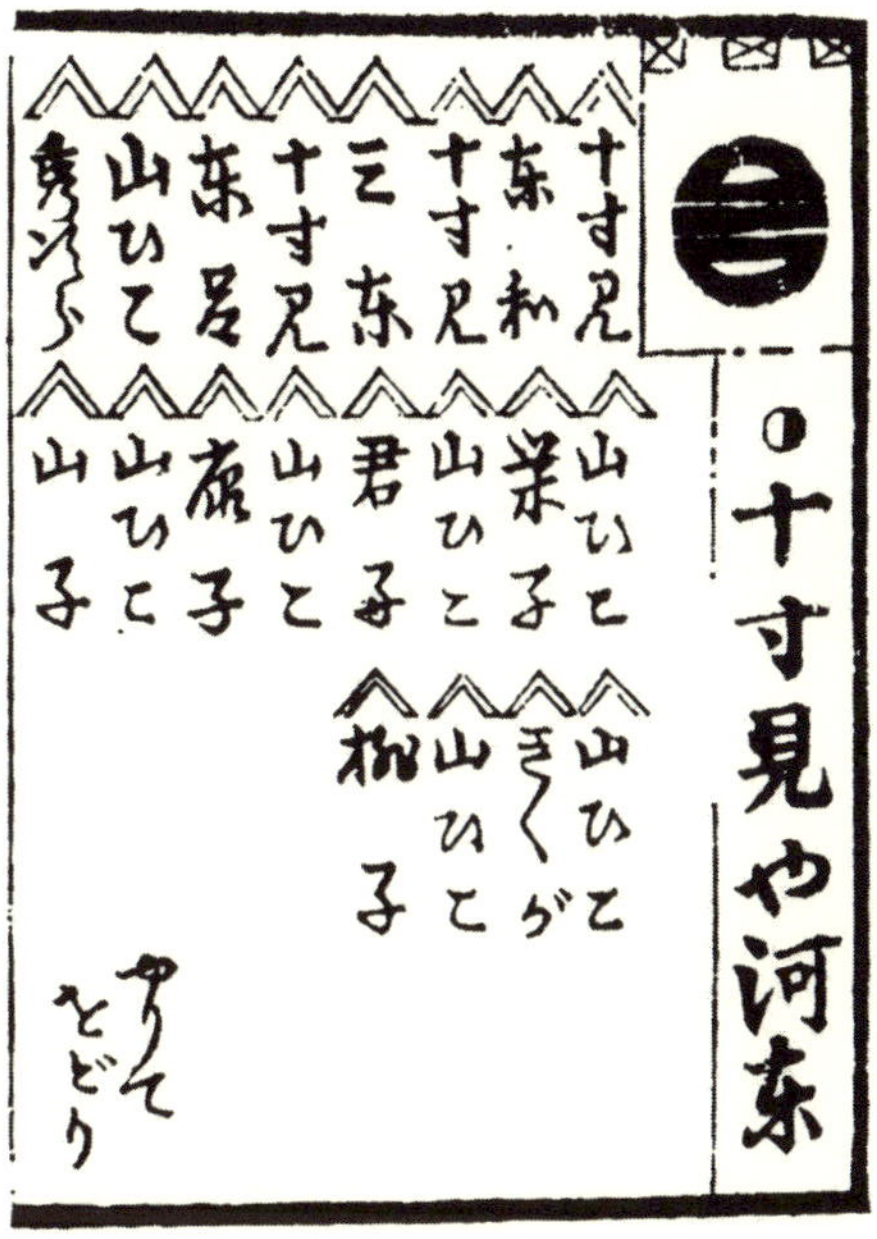

紋　十寸見や河東

十寸見　東和　十寸見　三東　十寸見　東呂　山ひこ　秀次郎

山ひこ　栄子　山ひこ　君子　山ひこ　康子　山ひこ　山子

山ひこ　きくが　山ひこ　桃子

やりてをどり

明治十九年　丙戌（一八八六年）

○三月十八日、九世江戸太夫河丈（十寸見可慶）十七回忌追善会を両国柳橋万八楼において開催。催主は山彦秀次郎。演目は、《式三番叟》《源氏十二段》《恋桜反魂香》《東山掛物揃》《神楽獅子》。余興に三遊亭圓朝、野呂松人形。

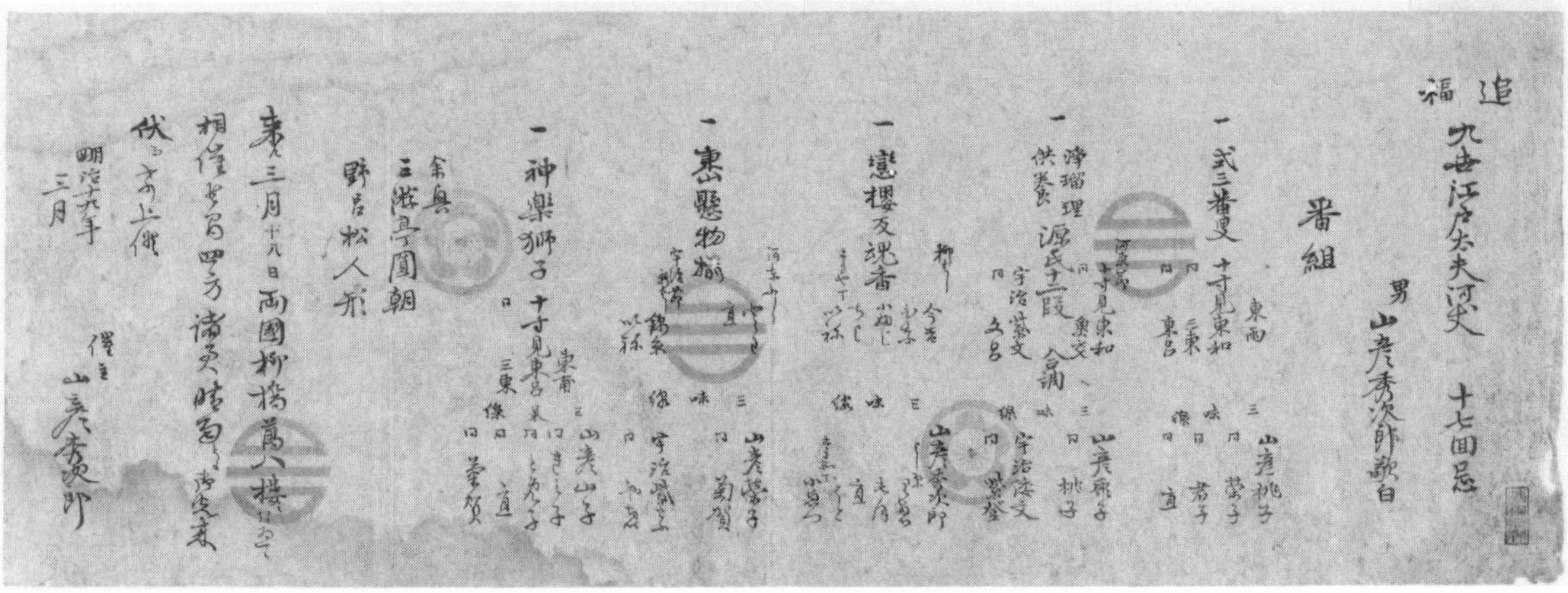

九世江戸太夫河丈十七回忌（国立音楽大学附属図書館蔵 92-0021）

追福　九世江戸太夫河丈　十七回忌
男　山彦秀次郎敬白

番組

一　式三番叟
十寸見東雨
東和
同　三東
同　東呂
三味線　山彦桃子
同　栄子
同　君子
同　直

一　浄瑠理
供養　源氏十二段　合調
河東節
十寸見東和
同　魚交
宇治紫文
同　文呂
三味線　山彦□子
同　桃子
宇治倭文
同　紫登

一　恋桜反魂香
柳ばし
今吉
国葉
小ふじ
ちよ
いね
すきや丁
三味線　山彦秀次郎
よし原
わか
しほ
貢
もと
すきや丁
小ゑつ

一　東山掛物揃
河東ふし
うた
直
宇治節
錦糸
新はし
いね
三味線　山彦栄子
同　菊賀
宇治紫奈
同　才吉

一　神楽獅子
十寸見東甫
東呂
同　三東
三味線　山彦山子
同　きミ子
同　とめ子
同　直
同　菊賀

余興
三遊亭圓朝
野呂松人形

来ル三月十八日両国柳橋萬八楼ニおゐて
相催候間四方諸君晴雨とも御光来
伏而□上候
明治十九年／三月　催主／山彦秀次郎

明治二一年　戊子（一八八八年）

○十二月二十三日、東京千歳座、演芸矯風会第二回。河東節（曲目不明）。出演は浄瑠璃吉原のお直、柳橋の小常、三味線山彦君子（依田魚交夫人）、山彦栄子（藤岡栄子）（『続々歌舞伎年代記』明治二十九年の条）。

明治二九年　丙申（一八九六年）

○四月三十日より、東京歌舞伎座、歌舞伎十八番之内《助六《すけろく》由縁《ゆかりの》江戸桜《えどざくら》》。助六（九世市川団十郎）、揚巻（中村福助）、意休（中村芝翫）ほか。この時の配り物、および吉原仲の町、魚河岸連中の見物のことなどは、『続々歌舞伎年代記』にくわしい。

○「明治二十九年の時、三味線は山彦秀次（秀翁）、太夫は江沢梅逸、安井梅雪、福島盧橋、依田漁交、瓢屋、角海太夫、清元菊輔らであったが、素人で声が通りかねたので、中途よりスケとして芳村伊十郎、岡安喜代八（今の南甫）、芳村孝三郎、杵屋六左衛門、勘五郎らが出た」（「助六雑話」。岡村柿紅、『演芸画報』大正四年六月号）。

○「団十郎一世一代の時の太夫は、依田、安井らであったが、足りないので、団十郎の指図により、長唄の伊十郎、喜代八、幸三郎らをスケに出した」（「助六と河東節」山彦栄子、同右）。

○芳村伊十郎「四月三十日より歌舞伎座にて「重盛諫言」の中幕「助六」に河東節の太夫無人のため団十郎宅にて二ヶ月程山彦秀次郎及山彦栄子の両人に稽古をし貰ひ、団十郎より十寸見舛魚の名目を貰ひ出演した」（『芳村家の代々』四五ページ）

○「団十郎は助六を勤むるに付、脇差と尺八とは伝来の品を用ひ、又印龍は一蝶の下画なる鯉の図あるもの、是又伝来のものなれど、根付は今回新調したり。彫刻家香川勝広氏に依頼し、経一寸五分の大珊瑚へ沢蟹を彫る注文にて、勝川氏はわざわざ箱根より蟹の現物取寄せたれど、何分急場の事とて間に合ひかね、余儀なく全体を柿なりに彫刻せしものなりき。

因に云ふ、助六の狂言に就き三名物と云ふ物あり。第一は前に掲げたる印龍、第二は十寸見の見台なり。

這者山城河岸の大尽とうたはれたる香以山人が材を首尾の松に採り、厚さ一寸程、面上に金を以て軽く浪型を蒔絵し、形ちも又首尾の松に擬したる高尚優雅の物にて、左の如き金文字あり。

あさくさのみくらまちに、としへて川水にのそめるまつあり　たはれをのとも。これをなづけて首尾松といふ。
その木もてつくれる也

第三は十寸見要集なり。是も香以山人のものにありけるを、十寸見平兵衛の需に依りて、之を贈りしものなり。箱の裏に香以の筆にて、

此要集一巻は、先考平常所愛の物にして、遺物中の其一なり。今需に応じて十寸見平兵衛老人に贈り畢

午仲秋　破笛山　香以　花押

但、外箱には加藤千蔭筆にて、安永七年師走河東に贈る裏書あり。

右に記したる見台と要集は、河東節の或る家に蔵しありしを、今回助六の印龍と合せて三名物となし、後世に伝へんため然る人の好みに依り、村田金陵、久保田金遷の二氏これを写生し、一双の屏風となしたり。又此屏風も、頗る意匠を凝らし、縁は助六の衣装切レを用ひ、印龍は表に文晁の鯉を顕はし、裏に抱一の牡丹を出したりと（『続々歌舞伎年代記』、句読点筆者）。

○右の首尾松見台は『編年集』に形寸法が詳しく記されている。写真参照。筆者蔵。

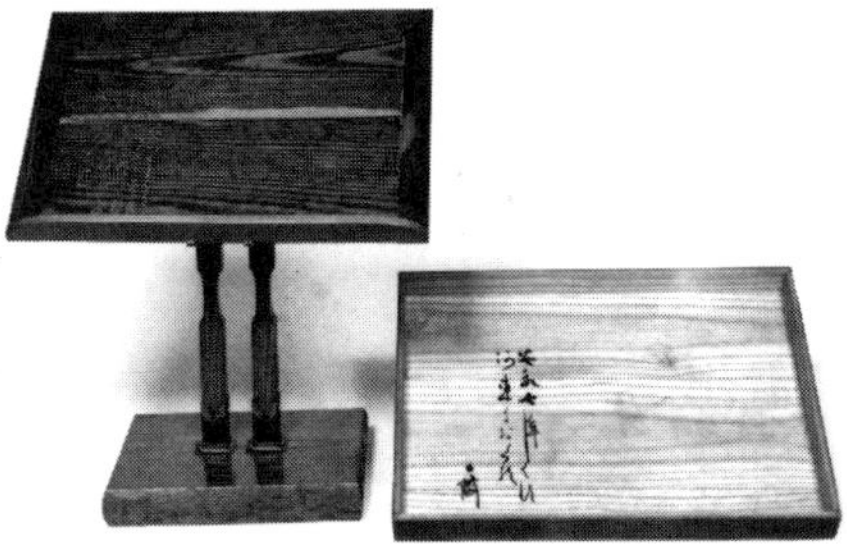

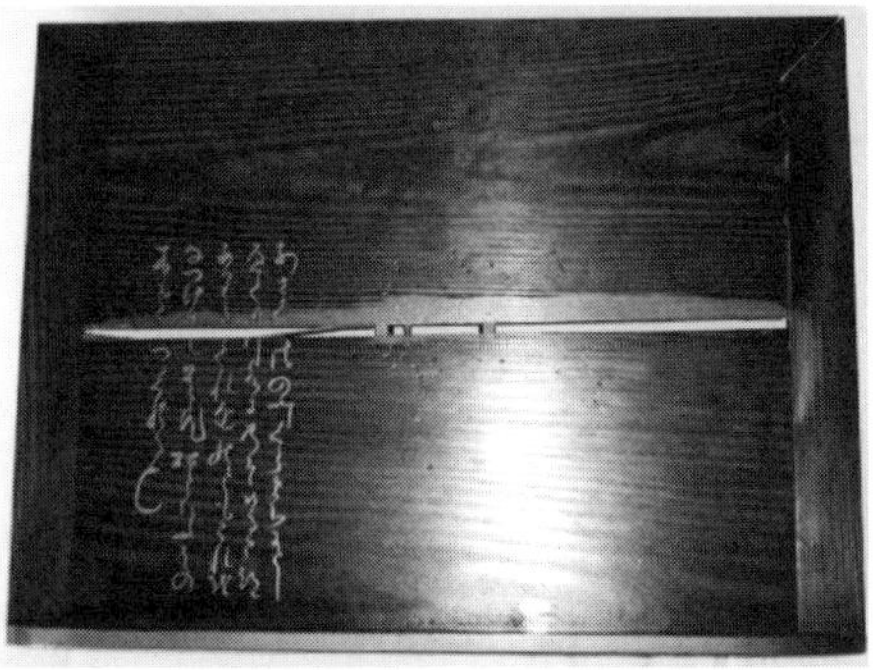

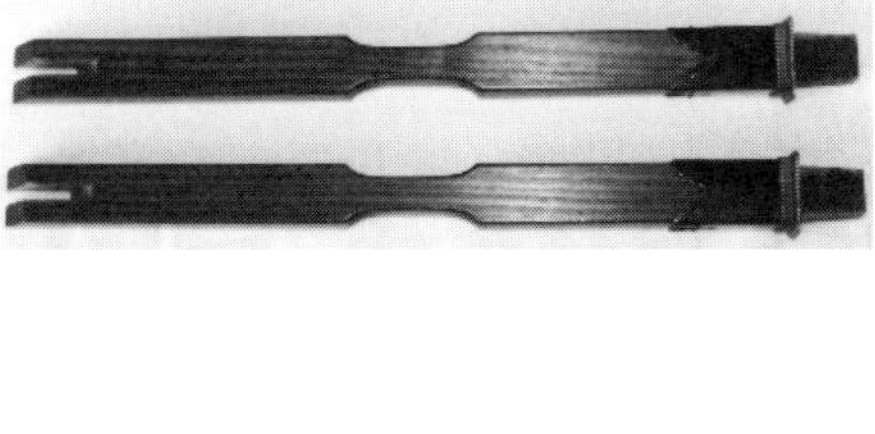

明治三二年　己亥（一八九九年）

○十二月五日出版、三十三年五月十日発行、橋本素行著『恩』に「冴返る月や砧は千代の音　山彦秀老」の句がある。

○今年から明治三十五年の間に、ニッポノホン・レコード（SP）発売。
《常陸帯》（録音時期不明）　浄瑠璃：山彦栄子、三味線：山彦錦子、江本舜平
《夜の編笠》（録音時期不明）　浄瑠璃：山彦栄子、三味線：山彦八重子

明治三六年　癸卯（一九〇三年）

○**《もつれ柳《やなぎ》》**。秀翁手附。明治座にて新演劇「オセロ」の狂言に、川上音二郎の依頼にて新作せしものなり。其後、其狂言の京都、大阪、神戸等にて、演ぜられし時にも使用せるよし。（紅葉堂蘭洲編『真澄声曲外題鑑』）。なおこれでは明治三五年としている。

○川上音二郎が明治座で「オセロ」を出しました時、蓄音機から聞える唄を河東節にするといふ事で私が節を附けましたが、何しろたつた四分間といふのですから、十分に河東節らしくする訳にも行きませんでしたが、幸にピアノにも好く合ひまして、大分喝采を受けましたが、其後此狂言を京大阪へ持歩いた時には、彼地でもお蔭様で、珍しいといふ所で、大分此唄が賞玩されたさうです。（山彦秀次郎直話、文芸倶楽部定期増刊『芸人出世譚』二九四ページ。明治三十九年一月発行）。

○二月十一日より、東京明治座、セーキスピヤ四大悲劇の内「翻案オセロ」。川上音次郎、川上貞奴その他。川上帰朝後捲土重来の勢ひで、爰に正劇と名乗って旗を上げ、狂言に沙翁が四大悲劇の中なる「オセロ」を江見水陰に嘱して上演。一座も高田、藤沢などを加へ、大道具萬端、すべて西劇に倣ふ（『歌舞伎年表』）。

○三月五日より三月十一日、京都歌舞伎座「オセロ」。川上一座。高田、藤沢、服部、貞奴、九女八（『歌舞伎年表』）。

○三月二十日より四月三日まで、大阪浪花座「オセロ」。その前は神戸大黒座（『歌舞伎年表』）。

○十月、**『十寸見《ますみ》要集補《ようしゅうほ》』**刊。半紙本一冊。序文なし。十寸見蘭洲編書。なお、「享保四己亥春三月梓鳰鳥集之跋元祖河東書」として、『鳰鳥』の初世河東の跋文を収めてある。

曲目（カッコ内は内題）

壱　熊野（熊野）・弐　松竹梅（松竹梅）・三　弓はじめ（弓始）・四　合調邯鄲（邯鄲　天保十一年子十一月　四代目蘭洲）・五　合調東山掛物揃（東山掛物揃　嘉永五年子閏二月　江戸太夫二代目可丈）・六　あきのしも（山彦文子追福　秋のしも　五代目山彦河良調）・七　合調釣狐（釣狐　合調）・八　四季の探題（筆始四季探題　文魚述）・九　秋のぬるで（あきの白膠木　友我述）・十　花のしほり（七重八重花の栞）十一　住吉踊（住吉踊）

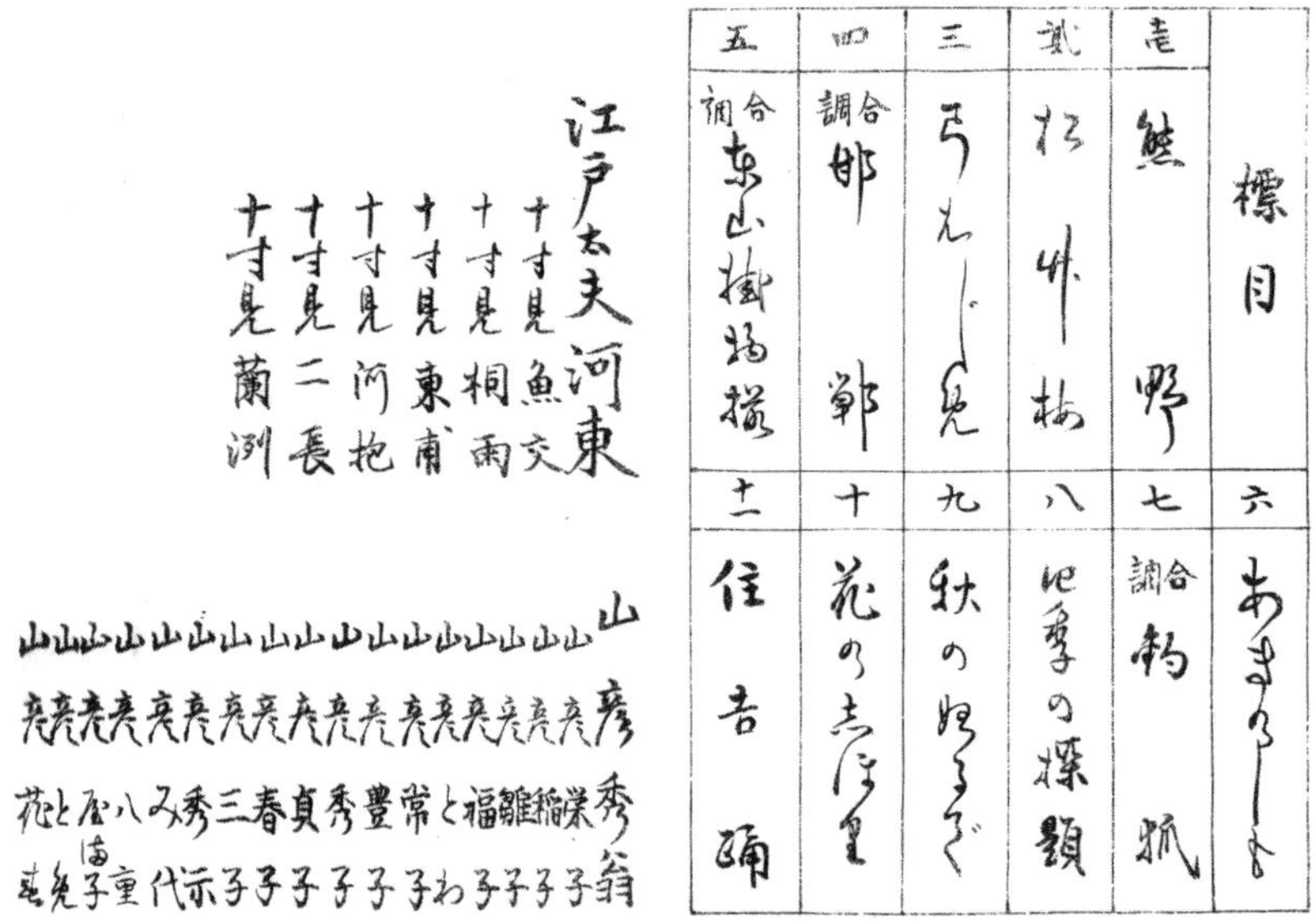

標目	
壱	熊野
弐	松竹梅
三	弓はじめ
四	合調 邯鄲
五	合調 東山掛物揃
六	あきのしも
七	合調 釣狐
八	四季の探題
九	秋のぬるで
十	花のしほり
十一	住吉踊

『十寸見要集補』（国立音楽大学附属図書館蔵　02-1014）

江戸太夫河東
十寸見魚交
十寸見桐雨
十寸見東甫
十寸見河抱
十寸見二長
十寸見蘭洲

山彦秀翁
山彦栄子
山彦稲子
山彦雛子
山彦福子
山彦とわ
山彦常子
山彦豊子
山彦秀子
山彦貞子
山彦貞子
山彦春子
山彦三子
山彦秀示
山彦み代
山彦八重
山彦やま子
山彦とめ
山彦花春

○この頃から大正三年頃まで、田中正平邦楽研究所において日本音楽の五線譜への採譜が行われた。河東節は山彦秀翁と山彦栄子の演奏を山田（当時の姓は江本）舜平が採譜した。

◇田中正平（一八六二―一九四五）は純正調オルガンの発明で知られる音響学者であり鉄道技師でもある。明治三十六年頃から日本音楽の採譜を始め、また美音会を組織し邦楽演奏会を開催した。

山田舜平（旧姓江本）（一八八六―一九三二）は長唄の小十郎譜で知られる吉住小十郎。田中正平邦楽研究所では、研究所員として日本音楽の採譜を行った。河東節では十寸見東舜を名乗った。

田中正平邦楽研究所における河東節の採譜により、山彦秀翁、山彦栄子が伝承した楽曲のほとんどが五線譜に残ったというが、田中正平所蔵のものは戦火で大半が焼失した。山田舜平の草稿は遺族が保管し、昭和三十二年頃、古曲会の吉田幸三売、吉田正一が山田未亡人から借用して同じものを三部写譜したという逸話が、「明治・大正の頃（座談会）」（『古曲』第二号、昭和三十二年五月刊）で語られている。この楽譜はその後、《翁三番叟》（昭和三十一年）、《松の内》（昭和三十二年）、《児桜竹馬鞭》（昭和三十三年）の復活演奏の貴重な資料となったという。現在この楽譜の一部は、山彦千子師が所蔵されている。

なお昭和六年刊の楽譜集、田辺尚雄編『世界音楽全集』（春秋社刊）の『第廿五巻　近世日本音楽集』に収録された《傀儡師》、《小袖模様》、《助六》、『第十八巻　日本音楽集』の《邯鄲》は、田中正平邦楽研究所での採譜をもとにした五線譜である（吉野）。

○今年、アメリカ・コロムビアSPレコード吹き込み。

《東山掛物揃》浄瑠璃：山彦住江、三味線：山彦秀子

《熊野》浄瑠璃：山彦住江、三味線：山彦秀子

《邯鄲》浄瑠璃：山彦住江、三味線：山彦秀子

《江戸桜（助六）》浄瑠璃：山彦住江、三味線：山彦秀子

明治三九年　丙午（一九〇六年）

○五月二十七日より、東京歌舞伎座、歌舞伎十八番之内《**助六由縁江戸桜**《すけろくゆかりのえどざくら》》。河東節御連中。助六（十五世市村羽左衛門）、揚巻（尾上梅幸）、意休（市川八百蔵）ほか。

○「助六に芸者が出るのは、羽左衛門がやるようになってからです」（「助六と河東節」山彦栄子、『演芸画報』大正四年六月号）。

○この時の役者と河東節連中の出した配り物については雑誌『歌舞伎』七十四号にくわしい。

○九月、『十寸見要集《ますみようしゅう》』刊。十寸見蘭洲編・解題、山彦秀翁訂正。「十一世山彦秀翁訂正　明治三十九年菊月」（目録末尾）。

曲目（カッコ内は内題）

壱　松竹梅（松竹梅）・二　熊野（熊野）・三　弓始（弓はじめ）・四　合調邯鄲（邯鄲）・五　合調掛物揃（東山掛物揃）・六　合調釣狐（信田妻釣狐之段）・七　秋乃霜（あきのしも）・八　秋のぬるて（秋の白膠木）・九　花の栞（七重八重花のしほり）・十　住吉踊（住よし踊）・十一　蝉丸笠の段（笠の段）・十二　合調十二段（源氏十二段）・十三　江戸桜（ゆかりの江戸桜）・十四　傀儡師（うき世くわいらいし）・十五　老鶯（老の鶯）・十六　霞の嶋台（霞島台）・十七　四季の探題（筆始四季探題　文魚述）・十八　江戸鶯（江戸鶯）・十九　八日の月（八日の月）・廿　廓八景（廓八景　劇神仙稿）・廿一　さゝら波（追善新曲　さゝらなみ　麓園述）・廿二　川社（河社　故千俣遺稿　友人銀槎浄書）・廿三　橋弁慶（橋弁慶）・廿四　露の二葉（露のふたは　存義述）・廿五・道成寺（道成寺）・廿六　花の八重盛（花の八重盛）・二十七　花くらへ（御祭礼花くらべ）・廿八　葵の上（葵上　如童述）

◇明治三九年刊『十寸見要集《ますみようしゅう》』は、安政五年刊『十寸見要集』（十寸見可慶編）と明治三六年刊『十寸見要集補』（六世十寸見蘭洲編）からの抜粋に蘭洲が解題を加えたものである。「壱　松竹梅」から「十五　老鶯」までは明治三六年刊『十寸見要集補』にある曲で、各曲の内題の前に、曲の由来・作者・手附・連名などを記し、「紅葉堂誌」と記名がある。ここまでは蘭洲の筆による。「十六　霞の嶋台」から「廿八　葵の上」は安政五年版『十寸見要集』からの抜粋で、解題は本文の後にまとめて記載し、末尾に「明治三十九年仲秋　紅葉堂誌」と記す（吉野）。

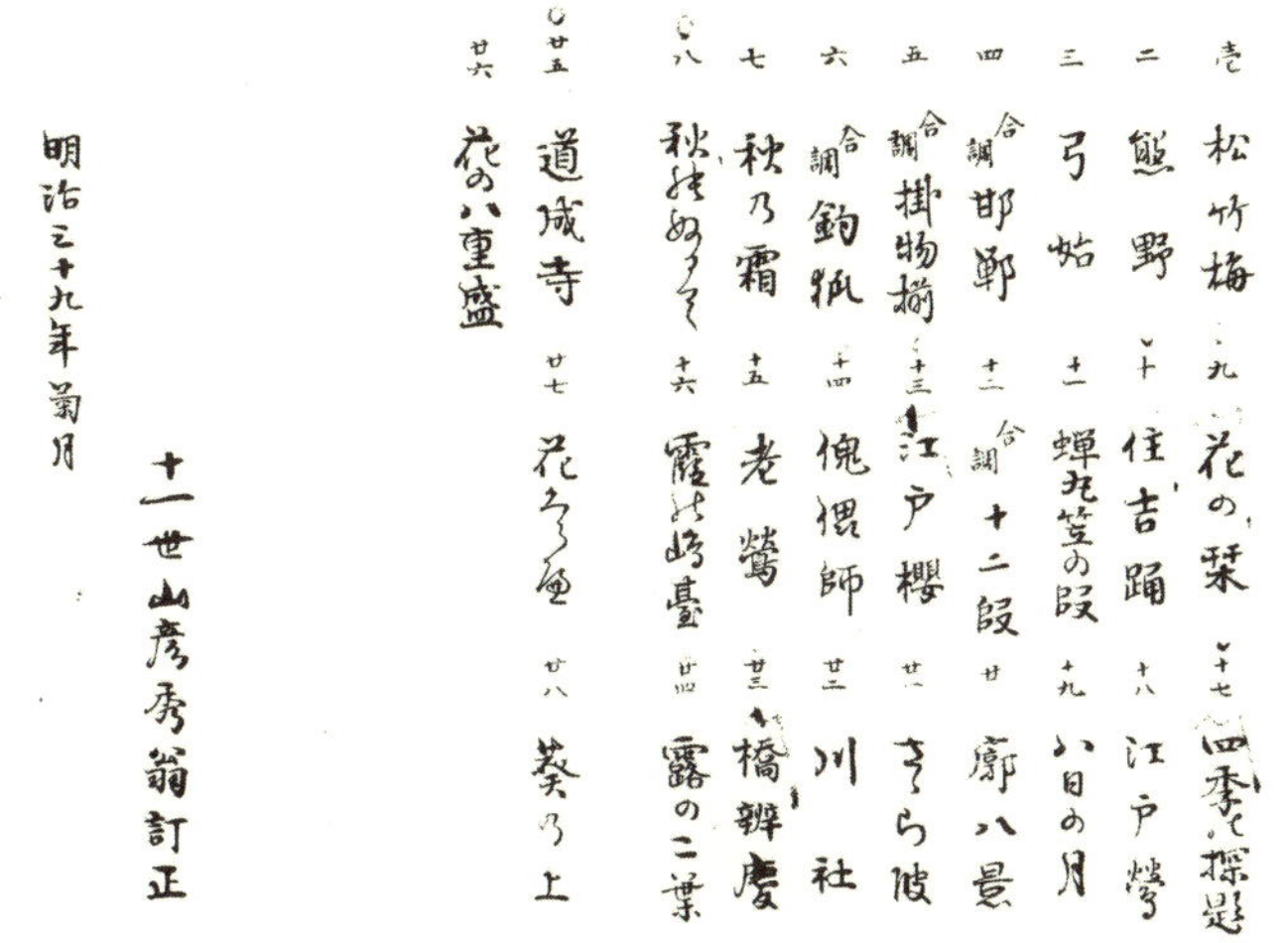
壱 松竹梅　九 花の栞　十七 四季の採題
二 熊野　十 住吉踊　十八 江戸紫
三 弓始　十一 蟬丸笠の段　十九 八日の月
四 合調 邯鄲　十二 合調 十二段　廿 廓八景
五 合調 掛物揃　十三 江戸櫻　廿一 さゝら波
六 合調 釣狐　十四 傀儡師　廿二 川社
七 秋乃霜　十五 老鶯　廿三 橋辨慶
〇八 [illegible]　十六 [illegible]　廿四 露の二葉
〇廿五 道成寺　廿七 [illegible]　廿八 葵乃上
廿六 花の八重盛

十一世山彦秀翁訂正
明治三十九年菊月

『十寸見要集』目録（国立音楽大学附属図書館蔵　02-1015）

明治四〇年　丁未（一九〇七年）

〇今年、アメリカ・ビクターレコード（SP）吹き込み。
《四季の採題》浄瑠璃：山彦やま子、三味線：山彦秀翁、山彦八重子
《秋の霜》浄瑠璃：山彦やま子、三味線：山彦秀翁、山彦八重子
《助六江戸桜》浄瑠璃：山彦やま子、三味線：山彦秀翁、山彦いね子

《東山掛物揃》浄瑠璃：山彦秀子、三味線：山彦秀翁、山彦八重子
《夜の編笠》浄瑠璃：山彦やま子、三味線：山彦秀翁、山彦八重子

明治四一年　戊申（一九〇八年）

○四月、紅葉堂蘭洲編『真澄《ますみ》声曲《せいきょく》外題《げだい》鑑《かがみ》』刊。小型本、一冊。七六ページ。自家本。河東節曲目の解説を収める。

○五月から、紅葉堂蘭洲は雑誌『歌舞音曲』に河東節に関する連載を開始。
五月、河東節外題年鑑　附代々の河東其他の略伝（一）紅葉堂蘭洲編
六月、河東節外題年鑑　附代々の河東其他の略伝（二）紅葉堂蘭洲編
七月、河東節外題年鑑　附代々の河東其他の略伝（三）紅葉堂蘭洲編
八月、河東節外題年鑑　附代々の河東其他の略伝（四）紅葉堂蘭洲編
十月、江戸節に就て（一）紅葉堂蘭洲
十二月、江戸節に就て（二）紅葉堂蘭洲

○今年度から大正五年度まで、山彦秀翁は「邦楽《ほうがく》調査《ちょうさ》掛《がかり》」の嘱託員となり、河東節の五線譜化に協力し、また演奏会に出演した。また秀翁の門弟の天沼熊作（六世十寸見蘭洲、紅葉堂蘭洲）は調査嘱託として河東節の楽曲調査、解題などに携わった。

◇邦楽調査掛は、明治四十年十月、日本音楽の調査と保存を目的として東京音楽学校（現在の東京藝術大学音楽楽部）に設立された官立の音楽専門機関。全十七種目の日本音楽を五線譜化すること、演奏会の開催、『近世邦楽年表』の編纂と刊行などが行われた。

邦楽調査掛での採譜は、《小鍛冶名剣の巻》《鐺踊》《松の内》《式三献神楽獅子》《水調子》《濡扇》《助六廓の家桜》《助六所縁江戸桜》の八曲のほか、新曲《縺れ髪》《御大典奉祝曲 御代の秋》の二曲がある。《縺れ髪》は、明治三十六年川上音二郎が明治座で「オセロ」を上演した際に劇中歌として山彦秀翁が作曲した曲。《御大典奉祝曲 御代の秋》は、大正天皇の即位を祝して、大正四年に山彦秀翁が作曲した曲である。山彦秀翁の演奏を、大正四年までは三宅延齢と本居長世が、大正四年以降は弘田龍太郎が五線譜に採譜した。

その他、江戸節（半太夫節・河東節等）に関する江戸時代の研究書である『江戸節根元集』に記載された「フシ」（旋律型）を五線譜化した楽譜集が残る。この楽譜集は一曲全部の採譜ではなく、『江戸節根元集』に記載された「フシ」（「レイゼイ」「ユリ」など）を、その部分だけを演奏し五線譜に採譜したもの。明治四十一年当時、すでに伝承されていない曲も多数あり、実際に演奏して採譜してみると、記されたフシ名とは違う旋律になっている例もあった。演奏は山彦秀翁、採譜は、明治四十年当時は三宅延齢が担当、その後大正五年に弘田龍太郎が山彦秀翁の家へ出張して採譜の続きを行った記録がある。なお採譜を担当した三宅延齢、本居長世、弘田龍太郎は、後に作曲家として活躍した。本居長世は童謡《赤い靴》、弘田龍太郎は《鯉のぼり》《春よこい》などの作曲者として知られる。

この時採譜された楽譜の一部は現在、東京芸術大学附属図書館貴重資料データベースで閲覧できる（登録が必要）。また邦楽調査掛の活動記録は、『東京藝術大学百年史　東京音楽学校篇第二巻』による。

河東節の五線譜化はすでに明治三十六年頃から田中正平邦楽研究所で行われており、山彦秀翁も参加していた。天沼熊作（紅葉堂蘭洲）は、明治三十六年刊『十寸見要集補』、明治三十九年刊『十寸見要集』で、山彦秀翁とともに明治版『十寸見要集』の編集に携わった。明治三十九年の『十寸見要集』では、曲の解題も執筆している。これらの成果が評価されて、邦楽調査掛の調査嘱託に選出されたのかもしれない。またこの年、『真澄声曲外題鑑』の出版、雑誌『歌舞音曲』で「河東節外題年鑑」の連載も行っている。

なお邦楽調査掛の調査員にはもう一人、歌舞伎評論でも知られる幸堂得知の名もあるが、幸堂得知が具体的に何をしたのかは不明である（吉野）。

明治四三年　庚戌（一九一〇年）

○秋、『**十寸《ます》見要集《みようしゅう》**』刊。乾坤二巻二冊。五十九曲所収。山彦秀翁古希記念出版。なお坤の巻の終りに「十一世山彦秀翁訂正　明治三十九年菊月」とある。

序

高く澄るは水涸て低く濁れるに就く俗流の多き中に河東の流を汲て古きみやひのわたらん事を惜まるゝ人々の志こそ嬉しけれおのれ今年古稀の齢に達したれは聊か祝意を表し且は年頃眷願の厚に酬んと廃れたる稽古本を刊行して参らせんと思ひしに高弟東甫の君余が微志を好し費を扶け賜事と成ぬ芳情の忝き忘まじく更に桜木に彫て同好の人々に贈り不朽に伝ん事願けれ

明治四十三年仲秋　十一世　秀翁　誌

〔乾の巻〕三番叟・蓬萊・鐺おどり・きぬた・信田妻・釣狐・相撲・名剣・清見八景・小袖模様・江の島・松の内・雛の出遣・四季の屛風・七艸・汐汲・灸すへ・帯引・夜の編笠・助六廓家桜・反魂香・花筐・一瀬川・水調子・夜の錦・ぬれ扇・常磐の声・神楽上・同忍の段・隅田川舟の内・常陸帯

〔坤の巻〕松竹梅・熊野・弓始・邯鄲・掛物揃・釣狐・秋の霜・秋のぬるで・花の栞・住吉踊・蝉丸笠之段・十二段・江戸桜・傀儡師・老鶯・霞の島台・四季の探題・江戸鶯・八日の月・廓八景・さゝら波・川社・橋弁慶・露の二葉・道成寺・花の八重盛・花くらべ・葵の上

◇『河東節二百五十年』に右のようにあるが、筆者は未見である。関東大震災後の大正十三年秋に十寸見会から出版された『十寸見要集』とほぼ同じ内容で、本書をもとに大正十三年版が再版されたと思われる。

「東甫」とは秀翁の後援者の一人で、愛知県刈谷出身の代議士の三浦逸平。大正八年、秀翁の没後、笹川臨風らと「十寸見会」を作った。また大正十年には笹川臨風と三浦逸平が中心となり、秀翁の追善のために長命寺に碑を建てた（後に見囲神社に移転した）。大正十三年秋刊の『十寸見要集』にも、「三浦東甫氏の刊本を原として重刊するものなり」と記されている（吉野）。

明治四四年　辛亥（一九一一年）

○五月二十日、二十一日、東京音楽学校にて「奨学金募集　邦楽演奏会」が開かれ、以下の曲が演奏された。

〔二十日〕河東節一中節かけ合《浄瑠璃供養　源氏十二段》シテ十寸見秀翁、ワキ十寸見東觚、三味線　山彦秀子、上調子　山彦八重子、シテ　都太夫一中、ワキ　菅野序遊、三味線　菅野吟平、上調子　都一濱

〔二十一日〕河東節《乱髪夜編笠》山彦山子、山彦蝶子、山彦濱子、三味線　山彦秀翁、上調子　山彦英子

◇この演奏会は、邦楽関係の書物、資料類が失われる事を危惧し、演奏会の収益全部を同校の奨学金に寄付し、邦楽資料の蒐集保存を求めるという目的で行われた。発起人は、東京音楽学校邦楽調査嘱託の以下の八人（いろは順）。山彦秀翁事伊藤（東）秀次郎、都一中事伊藤楳太郎、杵屋勘五郎事石原廣吉、菅野吟平事西山亀助、常磐津文字太夫事常岡丑五郎、清元延寿太夫事岡村庄吉、名見崎得壽齋事吉野萬太郎、菅野序遊事菅野藤次郎（『東京藝術大学百年史』による）。

大正二年　癸丑（一九一三年）

○十一月二十五日、十寸見夕丈没。十一世河東（秀翁）の妻。没後十代目河東を追号。亀室妙鑑大姉。羽田海岸寺に葬る（『演劇百科　大事典』による）。

大正四年　乙卯（一九一五年）

○四月、東京歌舞伎座、《**助六由縁江戸桜**《すけろくゆかりのえどざくら》》。河東節十寸見会連中。助六（十五世市村羽左衛門）、揚巻（五世中村歌右衛門）、意休（七　世市川八百蔵）ほか。

◇この時の写真が、六月号『演芸画報』の口絵にある。『古曲』九号に再録。それによると助六出演者は、家元山彦秀翁、家元山彦栄子、新橋の丸子、花吉、しん、若吉、瓢箪、まる、〆子、りゑ次、喜代次、綾龍、直次、きん助、綾子、久男、かね、下谷の八重、いね、新富町の婦美、みや子、日本橋の八重、千代、やま子、赤坂の住江、柳橋の小とよであった。

○十二月二十三日、大正天皇の即位を祝して、東京音楽学校で「御大礼奉祝音楽演奏会」が開かれ、《**御代**《みよ》**の秋**《あき》**（二人**《ににん》**翁**《おきな》**）**》が演奏された。出演は、山彦秀翁事伊東秀次郎、江本舜平、三味線　落合康恵、同　山彦かん子、上調子　山彦錦子。

◇《御代の秋（二人翁）》（高野辰之作歌）は、各流の邦楽調査掛嘱託員に委嘱した新作された（『東京藝術大学百年史』）。

大正五年　丙辰（一九一六年）

○二月十六日、十寸見蘭洲（通称天沼蘭洲、紅葉堂蘭州、天沼熊作）没、六十八歳。雄心院匏阿浄念信士。

○『**十寸見要集**《ますみようしゅう》』刊。十一世山彦秀翁訂正。

曲目（カッコ内は内題）

壱　松竹梅（松竹梅）・二　熊野（熊野）・三　弓始（弓はじめ）・四　合調邯鄲（邯鄲）・五　合調掛物揃（東山掛物揃）・六

常陸帯花柵（常陸帯花柵）・七　秋乃霜（あきのしも）・八　秋のぬるて（秋の白膠木）・九　花の栞（七重八重花のしほり）・十　住吉踊（住よし踊）・十一　蝉丸笠の段（笠の段）・十二　合調十二段（源氏十二段）・十三　江戸桜（ゆかりの江戸桜）・十四　傀儡師（うき世くわいらいし）・十五　老鶯（老の鶯）・十六　霞の嶋台（霞島台）・十七　四季の探題（筆始四季探題　文魚述）・十八　江戸鶯（江戸鶯）・十九　白鷺（白鷺）・廿　廓八景（廓八景　劇神仙稿）・廿一　さゝら波（追善新曲　さゝらなみ　麓園述）・廿二　川社（河社　故千俣遺稿　友人銀槎浄書）・廿三　橋弁慶（橋弁慶）・廿四　露の二葉（露のふたは　存義述）・廿五・道成寺（道成寺）・廿六　花の八重盛（花の八重盛）・二十七　花くらへ（御祭礼花くらべ）・廿八　葵の上（葵上　如童述）

◇明治三九年刊『十寸見要集』の復刻版。ただし明治三十九年版と入れ替えた曲が二曲ある。六の《釣狐》は《常陸帯花柵》に、十九の《八日の月》は《白鷺》変更された。また明治三十九年版とは版木が異なる。

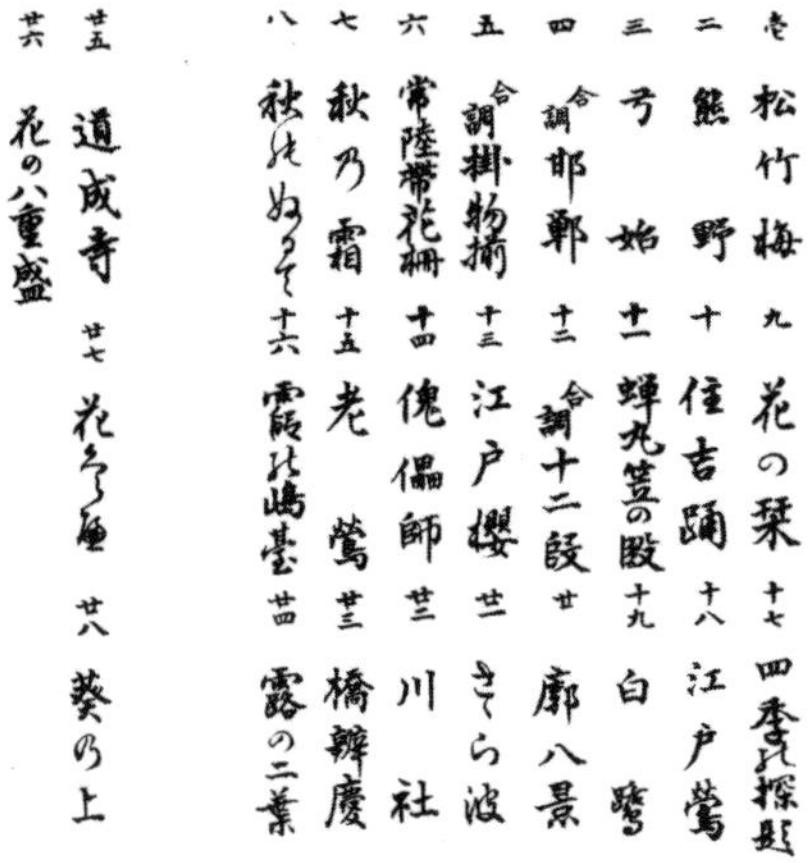
壱 松竹梅　九 花の栞　十七 四季の探題
二 熊野　十 住吉踊　十八 江戸鶯
三 弓始　十一 蝉丸笠の段　十九 白鷺
四 合調 邯鄲　十二 合調十二段　廿 廓八景
五 合調 掛物揃　十三 江戸櫻　廿一 さゝら波
六 常陸帯花柵　十四 傀儡師　廿二 川社
七 秋乃霜　十五 老鶯　廿三 橋辨慶
八 秋のぬるて　十六 霞の嶋臺　廿四 露の二葉
廿五 道成寺　廿七 花くらへ　廿八 葵の上
廿六 花の八重盛
大正五年初夏
十一世山彦秀翁訂正

『十寸見要集』目録（国立音楽大学附属図書館蔵　02-1016）

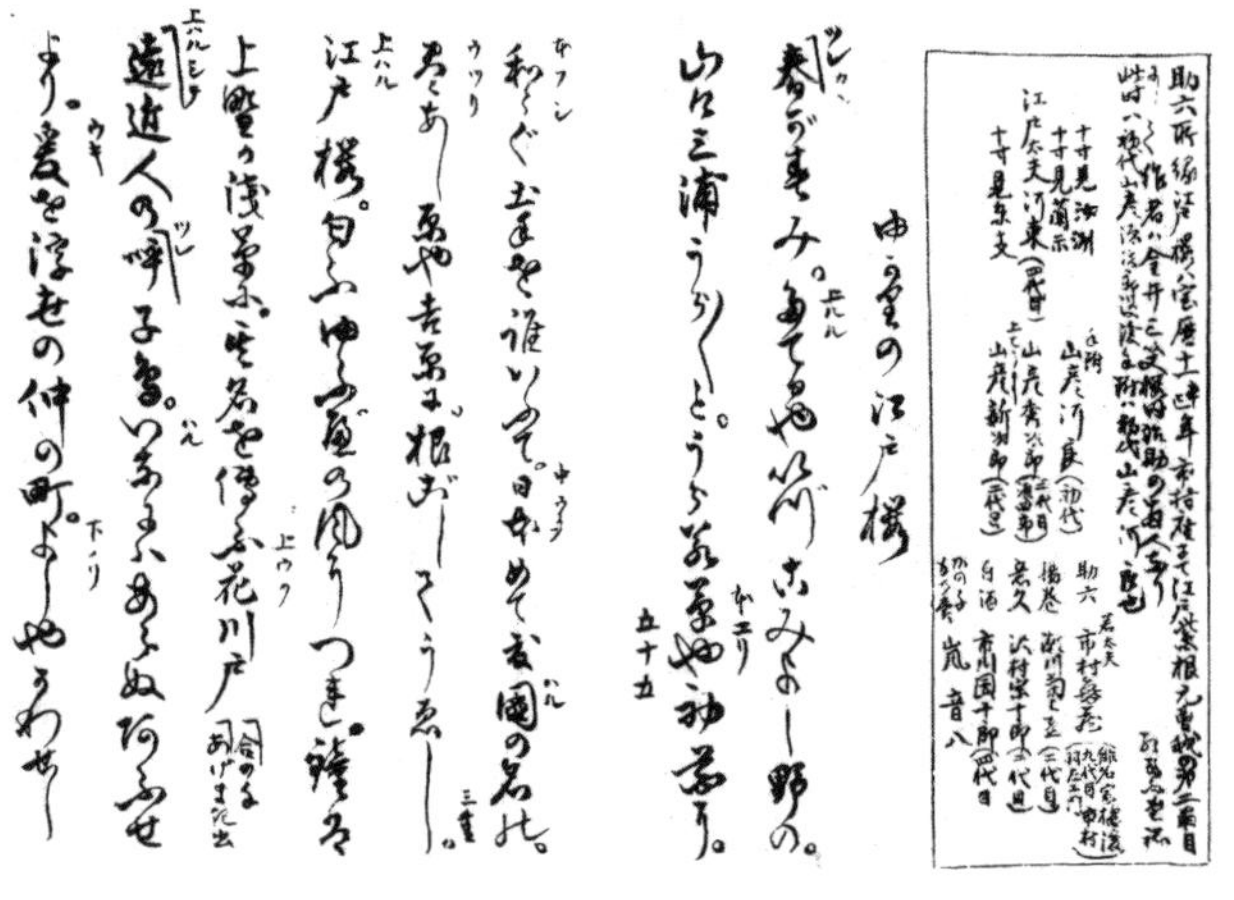

《ゆかりの江戸桜》紅葉堂蘭洲の解題

大正六年　丁巳（一九一七年）

○三月、『鳰鳥柳花鈔《におどりりゅうかしょう》』刊。上下二冊。帙入り。天地二四センチ、左右一六・二センチ。初めに「はちまきの　むらさき匂ふ江戸桜　かすむつくはや　富士の山彦」の句があり、山彦栄子の「寿」の字。あと永井荷風の　序文がある。

序文（本文句読点なし。句読点を付した）。

江戸節河東一流の声曲、享保の昔よりいさゝかたがはす語り伝へて、十寸見の鏡さらに曇らず、さてもこの一流のけいこ本、古きは始祖河東が鳰鳥、夜半楽、近くは十山集、また東花集のたぐひ。折々の刊本その数すくなしとにはあらねども、月日ふるまま、いつしかに好事の人の文庫に収め尽されて世に流布せざれば、この道に遊ぶものゝたより甚だすくなきを、茲に多年斯道の嗜み浅からぬ歌舟子深くなげきて、累代河東家元の正本より、今の世に語伝る曲のみを選み、辞句を正して、新に一本を綴らむと企てたまへる折から、恰もよしや、今年は初代河東一流を起せし年より数へて正に二百年、又今の世に専らこの一流の師と仰がるゝ藤岡てい女が、目出度き八十の賀に当りぬれば、それやこれやをかねかねて、山彦の音〆床しき糸桜、それにちなみも桜木の、きざみをこゝに急がせて、新に成りし一流の稽古本、巻の初に目出度いはれ、歌舟子がすゝめいなみ難く、をこがましくも認め侍る。

大正六年丁巳春三月東都西のはづれ筑波は見えねど富士ならばいつも窓なる大久保の村居にて

荷風小史

目次

〈上巻〉式三番叟・三番叟・江の島・傀儡師・きぬた・鑓をどり・灸すゑ・ぬれ扇・夜の編笠・江戸桜・四季の探題・常陸帯・源氏十二段

〈下巻〉花の栞・七草・橋弁慶・汐汲・ぬるで・江戸鶯・邯鄲・熊野・花くらべ・掛物揃・霞島台・葵の上・秋の霜

※なお巻末に作曲年表を付してある。

○四月、帝劇、二番目、歌舞伎十八番之内《助六由縁江戸桜《すけろくゆかりのえどざくら》》。河東節御連中。助六（松本幸四郎）揚巻（尾上梅幸）、意休（市川小　団次）ほか（筋書による）。河東節は山彦栄子ほか。

○四月、樋口素堂著『ますみのかゝみ』成る。一冊。謄写版。和装。三十丁六十ページ。同氏の著書『一中譜史』に似て、河東節古正本の表紙などを、謄写版にして収めてある。

大正６年４月、帝劇での助六出演写真。前列右から五番目山彦栄子、その隣り山彦錦子
後列左から二人目助高屋高助、三人目江本舜平

大正八年　己未（一九一九年）

○四月十一日、山彦秀翁（伊東秀二郎）没、七十九歳。高吟東疇居士。羽田海岸寺に葬る。

大正九年　庚申（一九二〇年）

○四月十一日、《**追善《ついぜん》・おぼろ夜《よ》**》。十寸見東寿（笹川臨風）作詞、山彦小文次作曲。大正十三年刊『十寸見要集』に、「河東節十一世の家元山彦秀翁ぬし歿後一周忌辰に当り追善の為め作る」とある。稽古本にも「大正九年四月十一日　十寸見会」とある。

○五月五日、十一世の子山彦小文次、日本橋倶楽部にて十二代家元襲名披露会を催し、《翁三番叟》《源氏十二段》を語った（『現代音楽大観』）。

○古曲保存会レコード頒布開始。

◇大正八年に町田佳聲（嘉章）が中心となり設立した「古曲保存会」は、大正九年から十年にかけて、「古曲蓄音機レコード」（第一期、第二期）を頒布した。河東節（外記節、半太夫節含む）は、次の六曲が収録されている。

＜第一期＞

《傀儡師》（外記節）　浄瑠璃：江本舜平、三味線：山彦錦子

《神刀小鍛冶初午参》（信田妻、釣狐）（半太夫節）　浄瑠璃：江本舜平、三味線：山彦錦子

《松の内》　浄瑠璃：江本舜平、三味線：山彦錦子

《乱髪夜編笠》　浄瑠璃：江本舜平、三味線：山彦錦子

＜第二期＞

《きぬた》　浄瑠璃：山彦小文次、三味線：山彦八重子、上調子：山彦姫子

《助六由縁江戸桜》　浄瑠璃：山彦千代子（シテ）、山彦栄子（ワキ）、三味線：山彦姫子、上調子：山彦八重子

大正十年　辛酉（一九二一年）

○四月、『**十寸見要集**《ますみようしゅう》』、十寸見会刊、縮刷版。乾坤二冊。大正十年四月十一日山彦秀翁三回忌に際し、十寸見会が作成。秀翁の明治四十三年本を乾とし、明治三十九年蘭洲本を坤とする。巻末の《追善おぼろ夜》を加え、更に秀翁追慕の碑の写真、および跋文を付す。

曲目（カッコ内は内題）

〔乾の巻〕一　三番叟（式三番翁／三番叟）・二　蓬莱（蓬莱）・三　鑓おとり（やりおどり）・四　きぬた（きぬた）・五　信田妻（信田妻序　小鍛冶初午祭五段目之口／しのだづま）・六　釣狐（釣狐之段）・七　相撲（祐成相撲物語）・八　名剣（小鍛冶名剱之巻序／小鍛冶名剱のまき）・九　清見八景（清見八景序／清見八景）・十　小袖模様（小袖模様の段）・十一　江の島（江のしま）・十二　松の内（まつのうち）・十三　雛の出遣（金作初瀬出端　雛の出づかひ）・十四　四季の屛風（四季の屛風）・十五　七艸（ななくさ　佳続述）・十六　汐汲（汐汲里の小車　伴清述）・十七　灸すへ（灸すゑ巌の畳夜着）・十八　帯引（帯曳男結び）・十九　夜の編笠（乱髪夜編笠）・廿〇　助六廓家桜（介六廓の家桜）・廿一　反魂香（恋桜反魂香）・廿二　花筐（華がたみ）・廿三　一瀬川（飛東瀬川）・廿四　水調子（水調子）・廿五　夜の錦（よるのにしき）・廿六　ぬれ扇（ぬれあふぎ）・廿七　常磐の声（ときはのこゑ）・廿八　神楽上（式三献神楽獅子　上の巻）・廿九　同忍の段（神楽獅子忍びの段　下の巻）・卅〇　隅田川舟の内（隅田川舟の内　上の巻／すみだ川　下の巻）・卅一　常陸帯（常陸帯花柵）

〔坤の巻〕壱　松竹梅（松竹梅）・二　熊野（熊野）・三　弓始（弓はじめ）・四　合調邯鄲（邯鄲）・五　合調掛物揃（東山掛物揃）・六　合調釣狐（信田妻釣狐之段）・七　秋乃霜（あきのしも）・八　秋のぬるて（秋の白膠木）・九　花の栞（七重八重　花のしほり）・十　住吉踊（住よし踊）・十一　蝉丸笠の段（笠の段）・十二　合調十二段（源氏十二段）・十三　江戸桜（ゆかりの江戸桜）・十四　傀儡師（うき世くわいらいし）・十五　老鶯（老の鶯）・十六　霞の嶋台（霞島台）・十七　四季の探題（筆始四季探題　文魚述）・十八　江戸鶯（江戸鶯）・十九　八日の月（八日の月）・廿　廓八景（廓八景　劇神仙稿）・廿一　さゝら波（追善新曲　さゝらなみ　麓園述）・廿二　川社（河社　故千俣遺稿　友人銀槎浄書）・廿三　橋弁慶（橋弁慶）・廿四　露の二葉（露のふたは　存義述）・廿五・道成寺（道成寺）・廿六　花の八重盛（花の八重盛）・二十七　花くら

へ（御祭礼花くらべ）・廿八　葵の上（葵上　如童述）・（追善　おぼろ夜）

（国立音楽大学附属図書館蔵　02-1017）

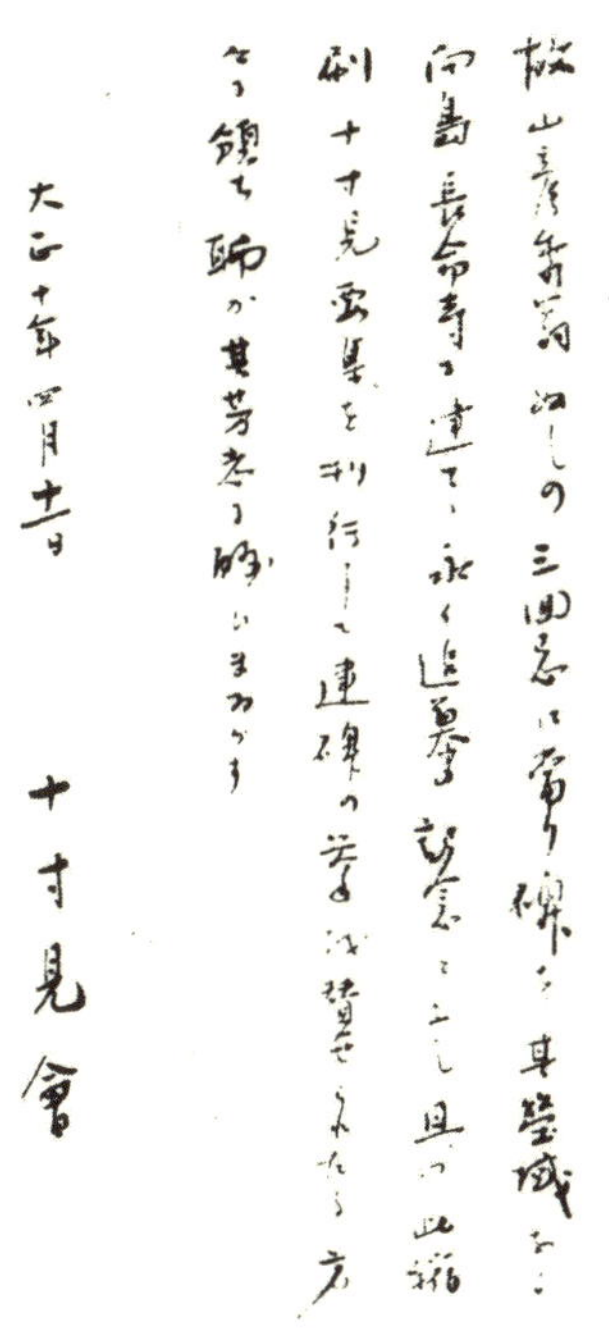

故山彦秀翁ぬしの三回忌に当り碑を其塋域なる向島長命寺に建てゝ永く追慕記念となし且つ此縮冊十寸見要集を刊行して建碑の挙を賛せられたる方々に頒ち聊か其芳志に酬ひまゐらす

大正十一年四月十一日　十寸見会

◇向島長命寺に建てられ右の碑は、その後三囲神社境内に移転した。碑文の内容は以下の通り。

「富士と筑波の山あひに生て出でたる江戸一流の河東節は／連綿として十一代山彦秀翁に至りぬ翁は本姓伊東氏秀／次郎の名を襲ぎ晩に秀翁と改む妙技神に入りて絶えて所／謂芸人肌なるものなく気随気儘の畸人にして殆ど廃絶せん／とする此流を伝へて門下に秀才少からず大正八年四月十一／江戸桜咲き匂ひて浅草寺の鐘霞む頃古稀を超ゆること九／つの高齢を以て身まかり永く長命寺の花の下露に臥しぬ／今茲其三回忌を営むに当り碑を建てゝ此流の名残を留め／んとするものは十寸見会の人々及翁に由縁ある誰彼　大正十年四月　笹川臨風、三浦東甫書」

大正十一年　壬戌（一九二二年）

○十一月一日、山彦栄子（本名大深てい）没、八十五歳。是法院妙修日貞信女。下谷初音町長明寺に葬る。

大正十二年　癸未（一九二三年）

○九月一日、関東大震災。

大正十三年　甲子（一九二四年）

○秋、『十寸《ます》見《み》要集《ようしゅう》』再版。明治四十三年版に《追善・おぼろ夜》を加えたもの。
同書に「客秋の震火災にて十寸見要集を焼亡すること夥しく此流を汲む人々困じければ茲に三浦東甫氏の刊本を原として重刊するものなり　大正十三年の秋　十寸見会」とある。

○秋、『十寸《ます》見《み》要集《ようしゅう》　仁之巻』発行。大阪にて山彦小文次撰。これは仁、義、礼、智、信、忠の六冊本にする予定であったが、この仁之巻以外は出版されなかった。
※のち昭和二年に『十寸見撰集』となる。
内容は、春の七艸（な、くさ）・霞の島台・花の八重盛・江戸鶯・廓八景・白さぎ（乱髪夜編笠）・熊野・蝉丸笠の段（笠の段）・秋の霜・助六ゆかりの江戸桜（ゆかりの江戸桜）。以上の十段を収める（カッコ内は内題）。

大正十四年　乙丑（一九二五年）

○二月、東京歌舞伎座、《助六《すけろく》由縁《ゆかりの》江戸桜《えどざくら》》、河東節十寸見会御連中。助六（十五世市村羽左衛門）、揚巻（尾上梅幸）、意休（松本幸四郎）ほか（筋書による）。

大正十五年　丙寅（一九二六年）〈十二月二十五日より昭和元年〉

○四月七日（水曜日）山彦秀翁七回忌追福莚開催。当日の番組を入れた白い袋の表に左のようにある。

当日の番組は

花の朧夜、秋の霜、水調子、花の八重盛、熊野、四季の採題
松竹梅、花のしほり、夜の編笠、廓八景、葵の上、傀儡師、
橋弁慶、江戸鶯、反魂香、弓はじめ、邯鄲、助六由縁江戸桜
常陸帯、

出演は日本橋、吉原、赤坂、新橋、下谷の連中ほか。会場は上野公園東照宮前梅川。

昭和二年　丁卯（一九二七年）

○十一月『十寸見《ますみ》撰集《せんしゅう》』刊。乾坤二冊。初めに「昭和丁卯の年霜月吉祥日　河東節家元　山彦小文次とある。五十七曲を収める。

〔乾の部〕霞の島台、七艸、花くらべ、露の二葉、鑓おどり、花の八重盛、老鶯、松竹梅、弓始、花の栞、常盤の声、江戸鶯、秋のぬるで、川社、常陸帯、廓八景、熊野、秋の霜、蝉丸笠の段、四季の探題、汐汲、夜の編笠、江戸桜、ぬれ扇、邯鄲、掛物揃、釣狐、十二段、隅田川舟ノ内、葵の上。

〔坤の部〕夜の錦、雛の出遣、四季の屏風、反魂香、水調子、灸すへ、傀儡師、助六廓家桜、小袖模様、花筐、きぬた、江の島、一ト瀬川、帯引、清見八景、橋弁慶、信田妻、釣狐、相撲、名剣、神楽、同忍の段、住吉踊、道成寺、三番叟、松の内、おぼろ夜。

NHK 愛宕山放送局にて《助六》を放送した時のスナップ。
右から山彦八重子（佐橋章）、山彦山子（伊藤やま）、
十寸見東和（味沢貞次郎）、山彦小文次。以下は不明
（年月不明、昭和二、三年か）

昭和四年　己巳（一九二九年）

○三月、東京歌舞伎座、《助六由縁江戸桜《すけろくゆかりのえどざくら》》。河東節十寸見会連中。助六（十五世市村羽左衛門）、揚巻（尾上梅幸）、意休（松本幸四郎）ほか。

昭和六年　辛未（一九三一年）

○一月刊、『婦人世界』新年号附『日本音曲舞踊家元名流大鑑』（町田嘉章編）のうち、河東節関係者を左に記す。なお、口絵写真には山彦米子、山彦秀子、山彦八重子、の写真がある。○印は専門師匠の意味。

〔十寸見会派〕

○山彦やま子（伊藤やま）麹町区三年町一
○山彦秀　子（片山ふさ）同平河町九ノ二二
○山彦八重子（佐橋章子）本郷区湯島同朋町一一
○山彦米　子（岡田米子）麹町区中六番町三八
山彦ふじ子
山彦とく子（白根とく）
○山彦小文次（伊東猛二郎）
十寸見東甫（三浦逸平）
十寸見東寿（笹川種郎［臨風］）本郷区西片町一〇
十寸見東和（味沢貞次郎）麻布区六本木一九
十寸見東佐（脇田福太郎）府下大森木原山一六〇八
十寸見東里（三上勝）芝区白金今里町九六

〔山彦栄子派〕

○山彦徳　子（藤岡とよ）芝区三田小山町三
○山彦錦　子（村山きん）神奈川県鎌倉町
山彦米　子（関口よね）京橋区新富町七ノ一一
山彦不二子
山彦久子
山彦文子

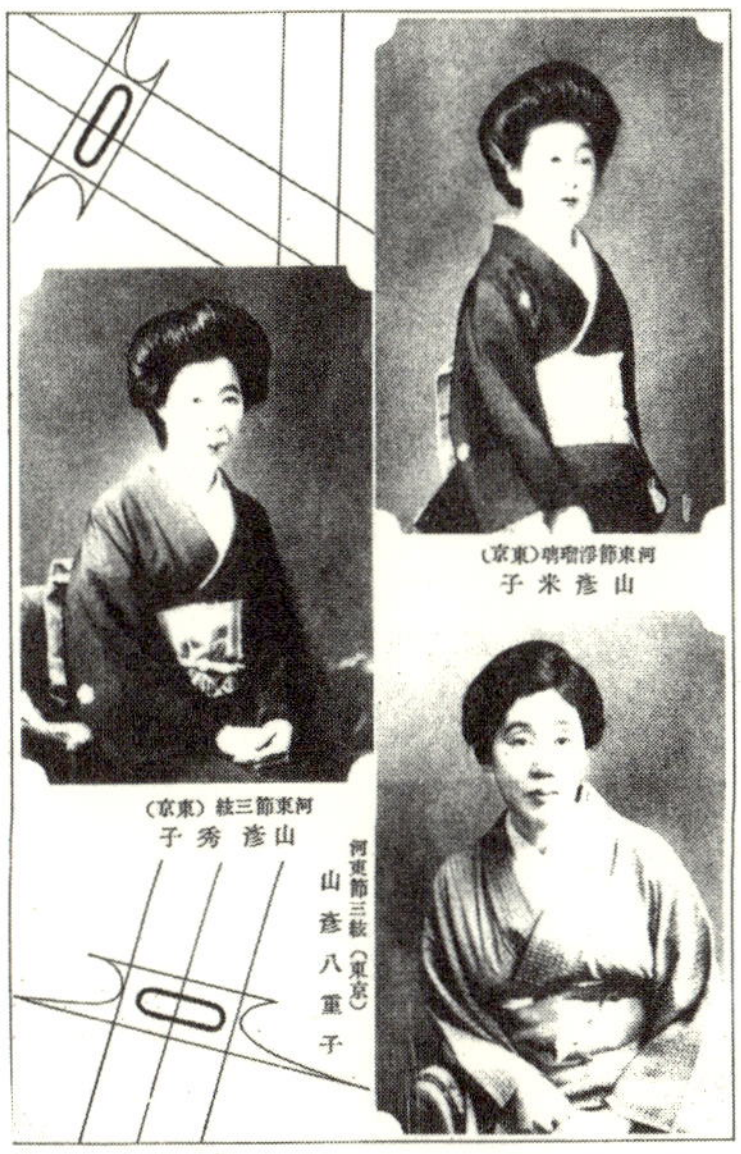

『婦人世界』口絵写真

○今年、田辺尚雄編『世界音楽全集』（春秋社）刊。『第廿五巻　近世日本音楽集』に《傀儡師》《小袖模様》《助六》、『第十八巻　日本音楽集』に《邯鄲》を収録。これは、田中正平邦楽研究所における採譜をもとにした五線譜である。

春秋社刊『近世日本音楽集』

昭和七年　壬申（一九三二年）

○十一月、東京歌舞伎座《**助六由縁江戸桜**《すけろくゆかりのえどざくら》》。河東節十寸見会御連中。助六（十五世市村羽左衛門）、揚巻（尾上梅幸）、意休（松本幸四郎）ほか。

昭和八年　癸酉（一九三三年）

○四月、東京歌舞伎座、《**助六由縁江戸桜**《すけろくゆかりのえどざくら》》。河東節十寸見会御連中。助六（松本幸四郎）、揚巻（尾上菊五郎）、意休（実川延若）ほか。

昭和九年 甲戌（一九三四年）

○コロムビア・レコードから伊庭孝編『日本音楽史レコード』発売。
河東節《助六》浄瑠璃：山彦米子、三味線：山彦秀子、上調子：山彦八重子、
薗八節《鳥辺山》宮薗千香、宮薗千秀、
荻江節《短か夜》荻江壽々子、荻江章子、

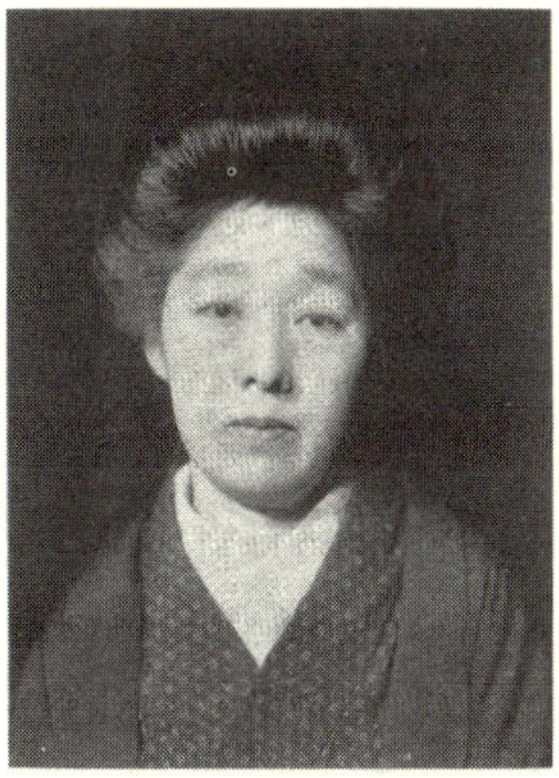

河東節　山彦米子

河東節　山彦秀子
薗八節　宮薗千秀

河東節　山彦八重子
荻江節　荻江章子

『日本音楽史レコード』解説書

昭和十年 乙亥（一九三五年）

○九月二十二日、山彦錦子（村山錦）没、錦室貞寿大姉、入谷正覚寺に葬る。

昭和十一年 丙子（一九三六年）

○春、『**十寸見要集**《ますみようしゆう》　**上巻**《じょうかん》』刊。環堂三輪善兵衛刊。「昭和十一年の春　而楽荘の主じ環堂誌す」（末尾）。

曲目

一　松竹梅・二　助六所縁江戸桜・三　浮世傀儡師・四　きぬた・五　弓始・六　邯鄲・七　河社・八　橋弁慶・九　江

戸鶯・十　廓八景・十一　熊野・十二　乱髪夜編笠・十三　秋の白膠木・十四　七重八重花の栞・十五　筆始四季探題・十六　霞島台

○七月二十九日、山彦小文次（伊東猛二郎）没、釈露秀信士。羽田海岸寺に葬る。

昭和十三年　戊寅（一九三八年）

○五月《**玉菊**《たまぎく》》。伊東深水作詞、山彦八重子作曲。藤間春枝（のちの吾妻徳穂）が十五世市村羽左衛門の許しを得て、吾妻流家元四代目を継いだが、家に伝わる独特の舞踊がないので、羽左衛門自筆の十二ケ月の舞扇による「小曲女十二姿」を舞踊にした。そのうちの七月の部。五月、新橋演舞場で発表会が開催された。

昭和十四年　己卯（一九三九年）

○三月、東京歌舞伎座《**助六由縁江戸桜**《すけろくゆかりのえどざくら》》。河東節十寸見会連中。助六（十五世市村羽左衛門）、揚巻（片岡仁左衛門）、意休（大谷友右衛門）ほか。

昭和十六年　辛巳（一九四一年）

○四月、東京歌舞伎座《**助六由縁江戸桜**《すけろくゆかりのえどざくら》》。河東節十寸見会連中。助六（十五世市村羽左衛門）、揚巻（片岡仁左衛門）、意休（大谷友右衛門）ほか。

●十二月八日、太平洋戦争始まる。アメリカに宣戦布告

○国際文化振興会（国際交流基金の前身）からSPレコード出版。音源は、昭和九年の伊庭孝編『日本音楽史レコード』と同じ。
河東節《助六》浄瑠璃：山彦米子、三味線：山彦秀子、上調子：山彦八重子

昭和二一年　丙戌（一九四六年）

○一月六日、山彦八重子没。六十九歳、本名佐橋しやう。「章」あるいは「章子」とも書いた。香雲院妙春日章信女。谷中瑞林寺に葬る。墓の写真は雑誌『古曲』十六号にある。

○五月、東京劇場《**助六由縁江戸桜**《すけろくゆかりのえどざくら》》。助六（七世松本幸四郎）、揚巻（六世尾上菊五郎）、意休（初世中村吉右衛門）

○六月、東京劇場《**助六由縁江戸桜**《すけろくゆかりのえどざくら》》。詳細不明。助六（九世市川海老蔵、後の十一世団十郎）、揚巻（六世中村芝翫、後の六世歌右衛門。同三世尾上菊之助、後の七世梅幸）、意休（五世市川三升、後の十世団十郎）。

○七月十六日、十寸見東和没。七十二歳。本名味沢貞次郎。宝徳院釈慈光居士。羽田海岸寺に葬る。河東節代々の墓地を整理するのに功績があった。

○十月三日、山彦秀子没。六十八歳。本名片山房枝。妙徳院蓮房秀香大姉。宮薗節では三世宮薗千之、荻江節では荻江ふさ。くわしくは雑誌『古曲』第一号「片山さんを語る座談会」参照。台東区上野天王寺墓地に葬る。墓の写真は同じ『古曲』第一号にある。

昭和二四年　己丑（一九四九年）

○一月、河東節十寸見会が発足し、二十八日、木挽町田中家にて発会式を開催。

○一月、新橋演舞場《**助六由縁江戸桜**《すけろくゆかりのえどざくら》》。河東節十寸見会連中。助六（九世市川海老蔵、後の十一世団十郎）、揚巻（七世尾上梅幸）、意休（二世尾上松緑）ほか。※雑誌『古曲』第一号に詳しい報告がある。

○四月十三日、笹川臨風没。八十歳。本名種郎。文学博士。東洋大学、駒沢大学教授。邦楽協会会長など。「古曲鑑賞会」を主催。河東節では十寸見東寿。

○四月、山彦米子、二代目山彦文子を継ぎ、十寸見会技芸総代となる。二十四日、木挽町田中家にて披露会を開催。

昭和二五年　庚寅（一九五〇年）

○五月、東京劇場《**助六桜**《すけろくさくら》**の二重帯**《ふたえおび》》。河東節十寸見会連中。助六（七世坂東三津五郎）、揚巻（十六世市村羽左衛門）、意休（八世沢村訥子）ほか。※雑誌『古曲』第一号に詳しい報告がある。

◇この公演は「踊り半分芝居半分の助六」の所作事で、『三津五郎舞踊芸話』（昭和二十五年、和敬書店）によると、花道だけ河東節で踊り、それ以外は常磐津節だったという。

昭和二六年　辛卯（一九五一年）

○三月、東京歌舞伎座《**助六由縁江戸桜**《すけろくゆかりのえどざくら》》。河東節十寸見会連中。助六（九世市川海老蔵、後の十一世団十郎）、揚巻（七世尾上梅幸）、意休（二世尾上松緑）ほか。※雑誌『古曲』第一号参照

昭和二八年　癸巳（一九五三年）

○三月、東京歌舞伎座《**助六由縁江戸桜**《すけろくゆかりのえどざくら》》。河東節十寸見会連中。助六（九世市川海老蔵、後の十一世団十郎）、揚巻（七世尾上梅幸）、意休（五世市川三升、後の十世団十郎）ほか。

○六月、京都南座《**助六由縁江戸桜**《すけろくゆかりのえどざくら》》。河東節十寸見会連中。助六（九世市川海老蔵、後の十一世団十郎）、揚巻（七世尾上梅幸）、意休（五世市川三升、後の十世団十郎）ほか。

昭和二九年　甲午（一九五四年）

○春、『**十寸見集**《ますみしゅう》』刊。一冊。所収曲目は次の通り。

三番叟・霞の島台・七重八重花の栞・浮世傀儡師・廓八景・傾城水調子・筆始四季の探題・戀桜反魂香・江戸鶯・葵の上・

秋の白　膠木・秋の霜・砧・熊野・乱髪夜の編笠・松竹梅・助六由縁江戸桜・邯鄲。

跋文

ことし昭和二十九の年より、十寸見河東一流をおこせし享保のはじめは、二百三十数年の古に当りぬ。語りつぎ、弾きつぎ、今に至りて連綿たる、これみなこの道を愛せる人々の厚き心のしるしにて茲に昭和版稽古本を刊行せんとするも、江戸随一のほまれある名調に、一脈の清風を吹きおくりて、幾千代の末をなほ萬代にのべて、伝へ栄えしめむ願ひにぞありける。

甲午の春　十寸見会

昭和三一年　丙申（一九五六年）

○十月二十四日、新橋四丁目叶家に於て、十寸見会主催にて、河東節《翁《おきな》三番叟《さんばそう》》の復活演奏が行わる。浄瑠璃：山彦いね子、山彦梅子、山彦ひな子、三味線：山彦ふみ子、山彦とり子、上調子：山彦光子（『古曲』第二号）。

昭和三二年　丁酉（一九五七年）

○六月六日、東京美術倶楽部にて、山彦文子八十壽祝賀演奏家で、《松《まつ》の内《うち》》復活演奏。浄瑠璃：田中青滋、三味線：山彦ふみ子（『古曲』第三号）。

昭和三三年　戊戌（一九五八年）

○五月十日、山彦いね子（加藤いね子）が三代目山彦紫存を、山彦ふみ子（飯箸ふみ子）が六代目山彦河良を、それぞれ襲名することが、十寸見会より発表された。そして山彦紫存は六月七日、山彦河良は九月二十三日に、浜松町東京美術倶楽部にて襲名披露演奏会を開催した。

○九月二十三日、東京美術倶楽部にて、六世山彦河良襲名披露演奏会。《竹馬《たけうま》の鞭《むち》》復活演奏。浄瑠璃：吉田正一、三味線：山彦河良（『古曲』第五号）。

昭和三四年　己亥（一九五九年）

○十一月十七日、二代目山彦文子没。八十三歳。本名岡田米子。

昭和三五年　庚子（一九六〇年）

○《**山姥**《やまんば》》。六世山彦河良作曲。十月三日、銀座東の金田中にて発表会が開催された。

○十一月四日、新橋演舞場で開催された「古曲鑑賞会」で《**助六由縁江戸桜**《すけろくゆかりのえどざくら》》の大合唱が行われた。浄瑠璃は男性六十人、三味線は女性三十一人であった。

昭和三七年　壬寅（一九六二年）

○三月二十六日、山彦仲子没、八十四歳。本名田中なか。

○四月、五月、東京歌舞伎座《**助六由縁江戸桜**《すけろくゆかりのえどざくら》》。河東節十寸見会連中。助六（九世市川海老蔵改め十一世市川団十郎襲名披露興行）、揚巻（六世中村歌右衛門）、意休（六世坂東簑助、後の八世三津五郎）ほか。

○九月二十日、文化財保護委員会（文化庁の前身）より財団法人古曲会認可、二十五日登記完了。

設立認可当時の役員は、会長都一広、理事長吉田幸三郎、常務理事田中秀男、池田鉄之助理事都一中ほか。詳しくは『古曲会五十年のあゆみ』参照。

○十月、大阪新歌舞伎座。《**助六由縁江戸桜**《すけろくゆかりのえどざくら》》。河東節十寸見会連中。同右。助六（十一世市川団十郎襲名披露興行）。揚巻（六世中村歌右衛門）、意休（二世市川猿之助）ほか。

昭和 35 年 11 月 4 日「古曲演奏会」（『古曲』第八号）

昭和三八年　癸卯（一九六三年）

○九月、名古屋御園座。《**助六由縁江戸桜**《すけろくゆかりのえどざくら》》。河東節十寸見会連中。十一世市川団十郎襲名披露興行。助六（十一世市川団十郎）、揚巻（七世尾上梅幸）、意休（十七世市村羽左衛門）ほか。

○十二月、京都南座、《**助六由縁江戸桜**《すけろくゆかりのえどざくら》》。河東節十寸見会連中。同右。助六（十一世市川団十郎）、揚巻（七世尾上梅幸）、意休（八世坂東三津五郎）ほか。

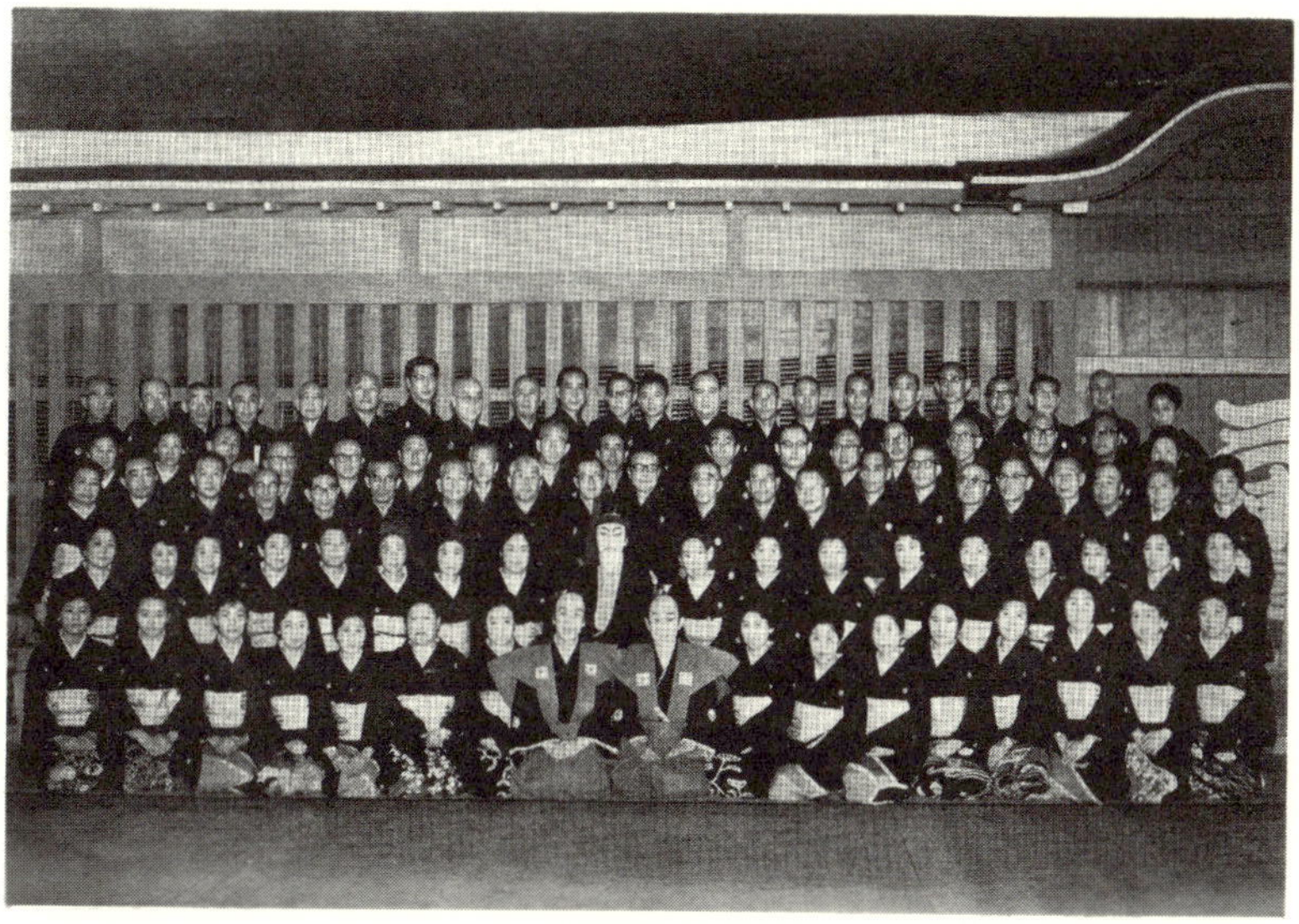

『古曲』第十号

◇以上右四つの興行については雑誌『古曲』十四号に詳しい報告がある。

昭和三九年　甲辰（一九六四年）

○十月、東京歌舞伎座、《助六由縁江戸桜《すけろくゆかりのえどざくら》》。河東節十寸見会連中。助六（十一世市川団十郎）、揚巻（七世尾上梅幸）、意休（八世坂東三津五郎）ほか。

昭和四二年　丁未（一九六七年）

○二月、東京歌舞伎座、河東節《松廼寿翁三番叟《まつのことぶきおきなさんばそう》》。二人翁（三世市川左団次、松本白鸚）、千歳（七世尾上梅幸）、三番叟（二世尾上松緑）ほか。河東節十寸見会連中。

○十月、『十寸見集《ますみしゅう》』刊。昭和二十九年刊の上巻を再版し、新たに下巻を発行。上下二巻二冊。下巻の所収曲目は、泰平住吉踊・蝉丸笠の段・松の内・隅田川舟の内・式三献神楽獅子・灸すゑ巌畳夜着・一瀬川・濡れ扇・助六廓の家桜・常陸帯花の柵・道成寺・源氏十二段・七草・弓始・東山掛物揃・橋弁慶

跋文

流祖この道をひらきて二百五十年に当る年、さきに刊行せる上の巻を再版し、さらに下巻をも加ふることゝはなりぬ。今に語り継がれたる数曲、又新曲も二三あれど、そはまたの機会にゆづりつ。

昭和四十二年秋　河東芸統を守りて　十寸見会

○十一月六日より十二日まで、日本橋三越百貨店にて「河東節二百五十年記念展示」。

○十一月十日　日本橋三越劇場。「河東節二百五十年記念講演会」。講師・町田佳声、吉田五十八、團伊玖磨氏。

○十一月二十七日、東京歌舞伎座で河東節開曲二百五十年記念演奏大会開催。

女性連中、男性連中による《助六由縁江戸桜《すけろくゆかりのえどざくら》》二番のほか、《松廼寿翁三番叟《まつのことぶきおきなさんばそう》》翁（三世市川左団次）、千歳（七世尾上梅幸）、三番叟（二世尾上松緑）上演。二月に続いて吉田五十八の美術が好評だった。

○十一月十五日、『河東節二百五十年』刊。

○七月十九日、山彦寿美江没。本名中川とり。戦後赤坂で河東節を盛んにした功労者。

開曲二百五十年記念　河東節演奏大会の一部

昭和四十三年十一月二十七日　於　歌舞伎座

助六由縁江戸桜　男性連中

松廼寿翁三番叟

助六由縁江戸桜　女性連中

『古曲』第二十号

昭和四四年　己酉（一九六九年）

○十一月、東京歌舞伎座、《**助六由縁江戸桜**《すけろくゆかりのえどざくら》》。河東節十寸見会連中。六世市川新之助改め十世市川海老蔵襲名披露興行、助六（海老蔵、後の十二世団十郎）、揚巻（六世中村歌右衛門）、意休（八世坂東三津五郎）ほか。

昭和四五年　庚戌（一九七〇年）

○八月十三日、二世都一広没、九一歳（明治十二年三月十八日生れ）。一中節浄瑠璃の重要無形文化財保持者（人間国宝）、古曲会会長。作曲作品に《花の段》《松風》《関寺小町》、著書に『菊がさね』『続菊がさね』がある。戦後の河東節についてはたいへん功績があった。河東節では山彦治子。

○十月、名古屋御薗座、《**助六由縁江戸桜**《すけろくゆかりのえどざくら》》。河東節十寸見会連中。十世市川海老蔵襲名披露興行。助六（海老蔵、後の十二世市川団十郎）、揚巻（七世尾上梅幸）、意休（八世坂東三津五郎）ほか。

昭和四六年　辛亥（一九七一年）

○十一月一日、六世山彦河良、河東節十寸見会二代目技芸総代になる。山彦紫存、山彦やな子、山彦静子は総代補佐。

昭和四七年　壬子（一九七二年）

○五月、東京歌舞伎座、十五世市村羽左衛門二十七回忌追善興行、《**助六由縁江戸桜**《すけろくゆかりのえどざくら》》。河東節十寸見会連中。助六（十七世市村羽左衛門）、揚巻（七世尾上梅幸）、意休（八世坂東三津五郎）ほか。

昭和五二年　丁巳（一九七七年）

○五月、東京歌舞伎座、《**助六由縁江戸桜**《すけろくゆかりのえどざくら》》。河東節十寸見会連中。助六（十世市川海老蔵、後の十二世団十郎）、揚巻（四世中村雀右衛門）、意休（三世市川権十郎）ほか。
○七月十八日、山彦やな子（渡辺やな子）没、七十五歳。
○七月二十六日、四世宮薗千之没、宮薗節浄瑠璃重要無形文化財保持者。作曲作品に《祝言廓万歳》《三勝》など。
○十月、六世山彦河良、モービル音楽賞受賞。

昭和五三年　戊午（一九七八年）

○十一月二十五日、『**河東節全集**』第一集発売（ＣＢＳソニー）。
○十二月二十一日、『**河東節全集**』第二集発売（ＣＢＳソニー）。

昭和五四年　己未（一九七九年）

○一月二十一日、『**河東節全集**』第三集発売（ＣＢＳソニー）。
これは平成二十九年、ＣＤで再発行された（ＣＢＳソニー）。

昭和五五年　庚申（一九八〇年）

○三月七日、吉田幸三郎没、九十四歳。財団法人古曲会設立時の理事長。古曲全体の世話役であり、功績は大きかった。
○十一月二十九日、六世山彦河良没、六十六歳。作曲作品に《山姥《やまんば》》《奥《おく》の細道《ほそみち》》がある。

昭和五六年　辛酉（一九八一年）

○一月、浅草公会堂、《**助六由縁花川戸**《すけろくゆかりのはなかわど》》河東節十寸見会連中。助六（十世市川海老蔵、後の十二世団十郎）、揚巻（九世沢村宗十郎）、意休（七世坂東簑助、後の九世三津五郎）ほか。

昭和五七年　壬戌（一九八二年）

○二月二十四日、三世山彦紫存没、八十七歳。格調高い河東節をきかせた。

○十月二十一日、テイチクレコードより『一中節古典名作選』発売。

昭和六〇年　乙丑（一九八五年）

○四月、東京歌舞伎座を初めとして十世市川海老蔵改め十二世団十郎襲名記念興行が一年間続いた。すべて歌舞伎十八番の内**《助六由縁江戸桜《すけろくゆかりのえどざくら》》**。河東節十寸見会連中。

四月　東京歌舞伎座　十二世市川団十郎（助六）、六世中村歌右衛門（揚巻）、十三世片岡仁左衛門（意休）

六月　東京歌舞伎座　十二世市川団十郎（助六）、七世尾上菊五郎（揚巻）、八世松本幸四郎（意休）

十月　名古屋御園座　十二世市川団十郎（助六）、四世中村雀右衛門（揚巻）、十七世市村羽左衛門（意休）

十二月　京都南座　十二世市川団十郎（助六）、六世中村歌右衛門（揚巻）、十三世片岡仁左衛門（意休）

六月　大阪新歌舞伎座　十二世市川団十郎（助六）、四世中村雀右衛門（揚巻）、十七世市村羽左衛門（意休）

昭和六一年　丙寅（一九八六年）

○三月十三日、池田鋏之助没、八十五歳。法人設立以来の常務理事。私家版『古曲歌詞集』上下を発行した。

昭和六三年　戊辰（一九八八年）

○一月、東京歌舞伎座、**《助六由縁江戸桜《すけろくゆかりのえどざくら》》**。河東節十寸見会連中。助六（十二世市川団十郎）、揚巻（五世坂東玉三郎）、意休（十七世市村羽左衛門）ほか。

平成元年　己巳（一九八九年）〈一月七日改元〉

○一月十二日、山彦静子（永井静）没、八十四歳。河東節十寸見会技芸顧問。東京新橋組合頭取。

平成二年　庚午（一九九〇年）

○三月二十日、山彦節子は平成元年度芸術選奨文部大臣賞受賞。

○四月十六日、国立劇場で河東節十寸見会四十星霜記念演奏会開催。

平成四年　壬申（一九九二年）

○五月、東京歌舞伎座、《**助六由縁江戸桜**《すけろくゆかりのえどざくら》》。河東節十寸見会連中。助六（十二世市川団十郎）、揚巻（四世中村雀右衛門）、意休（四世市川左団次）ほか。

○十二月、京都南座、《**助六由縁江戸桜**《すけろくゆかりのえどざくら》》。河東節十寸見会連中。助六（十二世市川団十郎）、揚巻（四世中村雀右衛門）、意休（四世市川左団次）ほか。

平成五年　癸酉（一九九三年）

○三月二十日、団体総合指定重要無形文化財として古曲が認定された。（文部省告示第五十六号）。河東節では、山彦節子、山彦綾子、山彦ちか子、山彦貞子、山彦廣子の五人。

○十月、名古屋御園座、《**助六由縁江戸桜**《すけろくゆかりのえどざくら》》。河東節十寸見会連中。助六（十二世市川団十郎）、揚巻（四世中村雀右衛門）、意休（四世市川左団次）ほか。

平成六年　甲戌（一九九四年）

○三月二十日、山彦節子は河東節浄瑠璃の重要無形文化財保持者（人間国宝）に認定された。

○十一月八日、国立小劇場で河東節演奏会開催。

平成七年　乙亥（一九九五年）

○一月、東京歌舞伎座、《**助六由縁江戸桜**《すけろくゆかりのえどざくら》》。河東節十寸見会連中。助六（十二世市川団十郎）、揚巻（四世中村雀右衛門）、意休（四世市川左団次）ほか。

○二月二日、田中青滋（秀男）没、九十二歳。法人設立以来の常務理事、平成五年から理事長。

○十二月、京都南座、《**助六由縁江戸桜**《すけろくゆかりのえどざくら》》。河東節十寸見会連中。助六（十二世市川団十郎）、揚巻（七世中村芝翫）、意休（市川段四郎）ほか。

平成九年　丁丑（一九九七年）

○五月、東京歌舞伎座、《**松廼寿翁三番叟**《まつのことぶきおきなさんばそう》》。河東節十寸見会連中。三番叟（十二世市川団十郎）、千歳（尾上菊五郎）、翁（河原崎権十郎）ほか。

平成十一年　己卯（一九九九年）

○六月二十一日、団体総合指定重要無形文化財保持者の追加認定者に山彦さち子が認定された。

平成十二年　庚辰（二〇〇〇年）

○一月、新橋演舞場、《助六由縁江戸桜《すけろくゆかりのえどざくら》》。河東節十寸見会連中。十一世団十郎三十五年祭、助六（七世市川新之助）、揚巻（四世中村雀右衛門）、意休（四世市川左団次）ほか。

平成十四年　壬午（二〇〇二年）

○七月八日、団体総合指定重要無形文化財保持者の追加として、山彦音枝子、山彦百子が認定された。

平成十五年　癸未（二〇〇三年）

○一月、東京歌舞伎座、《助六由縁江戸桜《すけろくゆかりのえどざくら》》。河東節十寸見会連中。助六（十二世市川団十郎）、揚巻（四世中村雀右衛門）、意休（四世市川左団次）ほか。

○二月十五日、山彦貞子（齋藤貞）没、八十七歳。六世山彦河良没（昭和五十五年）後、河東節立三味線を弾いた。

平成十六年　甲申（二〇〇四年）

○六月、東京歌舞伎座、《助六由縁江戸桜《すけろくゆかりのえどざくら》》。河東節十寸見会連中。十一世市川海老蔵襲名披露興行。助六（十一世市川海老蔵）、揚巻（五世坂東玉三郎）、意休（四世市川左団次）ほか。

○九月、名古屋御園座、《助六由縁江戸桜《すけろくゆかりのえどざくら》》。河東節十寸見会連中。十一世市川海老蔵襲名披露第四十回記念吉例顔見世。助六（十一世市川海老蔵）、揚巻（五世尾上菊之助）、意休（四世市川段四郎）ほか。

○十二月、京都南座、《助六由縁江戸桜《すけろくゆかりのえどざくら》》。河東節十寸見会連中。十一世市川海老蔵襲名披露吉例顔見世。助六（十一世市川海老蔵）、揚巻（五世尾上菊之助）、意休（四世市川左団次）ほか。

平成十七年　乙酉（二〇〇五年）

○六月、博多座、《助六由縁江戸桜《すけろくゆかりのえどざくら》》。河東節十寸見会連中。十一世市川海老蔵襲名披露六月博多座大歌舞伎。助六（十一世市川海老蔵）、揚巻（五世尾上菊之助）、意休（四世市川左団次）ほか。

平成十八年　丙戌（二〇〇六年）

○九月六日、『古曲の今』（CD十二枚組）が、日本伝統文化振興財団から発売された。

○九月十五日、団体総合指定重要無形文化財保持者の追加として山彦幸子、山彦千子、山彦東子が認定された。

収録曲　熊野、常陸帯花の柵、泰平住吉踊、霞の島台、邯鄲下の巻、七重八重花の栞、児桜竹馬の鞭、助六由縁江戸桜

平成二〇年　戊子（二〇〇八年）

○一月、東京歌舞伎座、《助六由縁江戸桜《すけろくゆかりのえどざくら》》。河東節十寸見会連中。歌舞伎座百二十年寿初春大歌舞伎。助六（十二世市川団十郎）、揚巻（九世中村福助）、意休（四世市川左団次）ほか。

平成二一年　己丑（二〇〇九年）

○九月一日、河東節三味線の重要無形文化財保持者（人間国宝）として山彦千子が認定された。

平成二二年　庚寅（二〇一〇年）

○四月、東京歌舞伎座、《助六由縁江戸桜《すけろくゆかりのえどざくら》》。河東節十寸見会連中。歌舞伎座さよなら公演御名残四月大歌舞伎。助六（十二世市川団十郎）、揚巻（五世坂東玉三郎）、意休（四世市川左団次）ほか。

○五月、新橋演舞場、《**助六由縁江戸桜**《すけろくゆかりのえどざくら》》。河東節十寸見会連中。助六（十一世市川海老蔵）、揚巻（九世中村福助）、意休（五世中村歌六）ほか。この時は水入りまで上演。

○十月二日、山彦東子（上原啓子・荻江都世）没、六十六歳。素晴らしい音色をきかせた。

○十二月十五日、『**古曲の今**』**第二集**（CD十枚組）が、日本伝統文化振興財団から発売された。
収録曲　松の内、きぬた、乱髪夜の編笠、浮世傀儡師、助六由縁江戸桜、廓八景、道成寺、松竹梅、弓始

平成二三年　辛卯（二〇一一年）

○十月、名古屋御園座、《**助六由縁江戸桜**《すけろくゆかりのえどざくら》》。河東節十寸見会連中。助六（十二世市川団十郎）、揚巻（九世中村福助）、意休（四世市川左団次）ほか。

平成二四年　壬辰（二〇一二年）

○四月一日、昭和三十七年に認可された「財団法人古曲会」が、法律改正のため「一般財団法人古曲会」と改めた。

平成二五年　癸巳（二〇一三年）

○六月、東京歌舞伎座、《**助六由縁江戸桜**《すけろくゆかりのえどざくら》》。河東節十寸見会連中。十二代目市川団十郎に捧ぐ。助六（十一世市川海老蔵）、揚巻（九世中村福助）、意休（四世市川左団次）ほか。

平成二六年　甲午（二〇一四年）

○五月九日、山彦良波（荻江里泉）鈴木信男（庸生）没、六十三歳。平成十八年九月、団体総合指定重要無形文化財荻江節三味線方に認定された。

○十月八日、山彦音枝子（小合音枝）没、八十七歳。平成十四年七月、団体総合指定重要無形文化財河東節浄瑠璃方に認定された。

平成二七年 乙未（二〇一五年）

○六月一日、山彦佳子（高橋朗子）没、六十八歳。

平成二八年 丙申（二〇一六年）

平成二九年 丁酉（二〇一七年）

○三月、東京歌舞伎座、《**助六《すけろく》由縁《ゆかりの》江戸桜《えどざくら》**》。河東節十寸見会連中。河東節開曲三百年記念。助六（十一世市川海老蔵）、揚巻（五世中村雀右衛門）、意休（四世市川左団次）ほか。

てぅし竹　　　河東述

やほかゆくこしの長浜はる〱となみなき
空にゆく舟を君と臣とにたとへたりまた
あまさかる身なからも二万のさと人ぅちむれて
みつきのよほろ君か代にすめるをよしと
ゆぅなきにやくやもしほのぅすけふり
民のかまとのにきわひはきやぅしゆんのよに
ことならすとけにたのみあるけしきかな
丁未初春　　　紅葉堂主人書　印

丁未は明治四十年。画像は享保八年版『鳰鳥万葉集』の挿絵を写して着色したものと推定される。画家は不明。「てうし竹」はやはり右の本の巻頭に記されている。紅葉堂主人とは、紅葉堂蘭洲、天沼熊作。

初世河東像
（掛軸・天沼家旧蔵・彩色）
天地 71.8　左右 26.8 センチ

河東節略史

はじめに

　河東節は初世十寸見河東が享保二年（一七一七）二月、江戸市村座の「傾情富士高根」に《松の内》を語ったのを始まりとして、この年表をスタートさせた。しかし最初のページを見る限りでは正式な「河東節」という名称は見当らない。「江戸太夫河東」とあるが、初演当時の正本には、「江戸半太夫ぶし」あるいは単に「半太夫ぶし」とあるだけである。

　これにこだわると、半太夫節を語る河東という太夫である。したがってこの河東は半太夫の一門であることは確かである。一門の弟子ならばほかの弟子のように「江戸××太夫」と名乗るのが当然である。そうではなく「江戸半太夫ぶし」と名乗っているところに同門から独立したと考えざるを得ない部分があると思うのである。

　なぜ「江戸」にこだわるのであろうか。そのあたりのことはまだ誰も考えていないように思われる。

一、「江戸」について

　初世河東は《松の内》の正本に「江戸太夫」と名乗っている。今さらいうまでもなく、半太夫は「江戸太夫」と名乗っている。そしてその師は江戸肥前掾である。彼は寛文元年（一六六一）に受領して肥前掾になったが、その父は杉山丹後掾。受領後およそ二十年間活躍した人で、その浄瑠璃の語り口は肥前節として流行した。肥前座を建てたと伝えるが、その活動は未詳。名称は歌舞伎の下座音楽に「肥前節の合方」として残っているだけ。それよりもなぜ「江戸肥前」と名乗ったのであろうか。ちなみにこの肥前節、半太夫節、河東節をまとめて「江戸節」というのだが、芸の系譜からとしても、その理由に納得できる説明はなかったように思われる。

　それと似ているのが一中節の「都」であろう。初世から「都太夫一中」と名乗っているのだが、これは寛文十一年（一六七一）ごろからのこと。これについての説明も十分ではない。彼は都越後掾の弟子ということで名乗ったらしいが、この「都」について苦情があったことは知らない。

　それよりは少し後のことになるが、宮古路豊後掾が幕府から禁止された後、高弟の文字太夫が新しく流儀を始めるとき、「関東」という芸姓を名乗ったが、幕府から苦情が出て「常磐津」にしたと伝える。延享四年（一七四七）のことであった。（その顔見世番付が現存する）。同じく新内節の富士松薩摩掾の門人敦賀太夫が、宝暦元年（一七五一）に朝日姓を名乗ったが同七年に苦情が出て、「敦賀」を「鶴賀」に変更して鶴賀若狭掾と名乗った例や、富本斎宮太夫が豊後路清海太夫を経て清本流を考えたとき、御三卿に触るというので止められ、清元に変えたという例などがある。

二、河東節演奏家の芸姓

河東節の太夫（語り手）は十寸見（東）××、三味線方は山彦××（子）と名乗ってきた。ではその根拠は何か。まず「十寸見」については口頭伝承しかない。もっともよく知られているのは、真澄の鏡が曇ることがないのと同じく、この節も曇りなく語り継ぐようでありたいという願いを、この文字であらわしたというもの。

つぎに「河東節」という名称は、初世河東の住んでいた所が大川（隅田川）の東であった、あるいは魚河岸の東に住んでいたので、「川」を「河」に変えて「河東節」にしたというもの。もう一つは、本人の姓名が「伊東藤十郎」、あるいは母の実家の姓が河辺（部）といったので、河藤とし、その「藤」を「東」にしたというもの。後者をそのまま信ずれば、初世あるいはその母は武士出身でなければならない。これは俗説であるから、初世が江戸品川町の魚商天満屋藤左衛門の子というのは、信用できるかも知れない。姓を許されていたのは武士だけであり、町人には許されていなかったことが無視されている。

もう一つは、親交のあった市川団十郎の紋が「三升（みます）」なので、それにあやかって読み方をひっくり返して「ますみ」とし、それに凝った字を当てて「十寸見」としたというもの。しかしこれもどのような交流があったのか、具体的な証拠がない。

次に三味線方の「山彦」という姓であるが、これは河東節の三味線方村上源四郎が「山彦」という銘のある三味線を手に入れたとき、その銘に因んで姓を山彦と改めたというもの。よく知られた話であるが、その年代も三味線の作者名も伝わっていない。このことは後に触れる。三味線方がすべて「山彦」姓になるのはかなり後のことで、初期には「十寸見」姓の三味線方がいた。

さらにこの「山彦」も「やまひこ」と濁らないのが昔からの伝統だと聞いたことがあるが、その根拠は知らない。江戸時代にはひらがなに積極的に濁点を付けない（書かない）習慣だったから、印刷されたものに頼るのは正しくない。しかしずっとのちの印刷物にも「やまひこ」とあるから、江戸時代には濁らないのが正しかったのかもしれない。最近では放送局も濁って「やまびこ」と発音しているようである。

三、河東節の紋について

《松の内》
正本の紋

河東節の紋は通称「口一口（くちひとくち）」といい、また「獅子口（ししぐち）」という説がある。「口一口」は文字を連想させる形であり、「獅子口」も同じ理由だと思われるが、縁起から連想したものであろう。そこで沼田頼輔著『紋章学』をはじめ、いくつかの紋章に関する参考書を見たが、河東節と同じ紋は見つからなかった。ただ類似の紋はあった。それは丸の中に二本の棒が並んでいるもので、これは「二両引（にりょうびき）」あるいは「二引」「二つ引両」といい、「二引」は将軍家で使用していたとある。これはかなり太い棒線で、切り離されていないし、河東節のとは印象がまったく違う。結局のところ河東節の紋は、他では使用されていないということであった。前述した「三升」と同じように想像すれば、「引両」を加工してこの形にしたと言えそうである。

初世河東使用の見台（復原）

つけ加えると、『編年集』に記載のある「初代河東使用の見台」は、寸法が記されているので、それを復元したのを見ると、腰板の部分の左側に河東節の紋、右側には菊（?）が透かし彫になっている（写真参照）。これを見ると正しく「三両引」であり、反転してみれば「二両引」である。紋についてはさらなる考証を続けたい。

四、江戸半太夫（初世）

享保二年（一七一七）二月十七日、江戸市村座の「傾情富士高根」に《松の内》を初世河東が語ったのを、河東節の始まりとするが、この時には「河東節」の名称はまだ使用されていない。この時に発行されたと思われる正本がいくつかあるが、「江戸太夫　河東」とあり「半太夫ぶし」あるいは「江戸半太夫ぶし」とある。つまり、半太夫節を語る河東という意味である。ではその江戸半太夫とはどういう人なのか。

初世江戸半太夫は修験者の子と言われ、幼名は半之丞。

はじめ説経、歌祭文の上手として知られたが、勧められて江戸肥前掾の弟子となり、江戸半太夫と称した。土佐節、永閑節などを加味して貞享・元禄（一六八四〜一七〇二）のころ半太夫節を創始したと伝える。「浄雲以後江戸にての名人」（『声曲類纂』）といわれ、正徳二年（一七一二）には堺町に操座を興したが、操芝居よりも歌舞伎芝居に多く出演した。正徳年間に出家して坂本梁雲と号した。寛保三年（一七四三）一月二十三日没。深川霊岸町浄心寺に葬るとあるが、享年の記録はない。

半太夫より少し早い土佐節は、ストーリーの展開を主にして、金平物から抜け出てやわらか味のある浄瑠璃を目ざしたといわれる。半太夫はその後を受けて、段ものの中の一節（節事といった）、あるいは一幕もののような浄瑠璃にていねいな語り方をして、ようやく落ち着いてきた江戸人の好みに適合したものと思われる。

それを代表するもっとも有名なのが正徳六年（＝享保元年）二月中村座上演の《式例和曽我》で、二世市川団十郎の助六が大当り（助六実は曽我五郎で髪梳きの場面だったらしい）と伝える。題名の通り、荒事だった助六を和事にしたもので、半太夫によって江戸の助六になったのである。

ここで初世半太夫の記録を見てみると初見は貞享四年（一六八七）で、同年刊の『江戸鹿子』に甚左衛門町に浄瑠璃座を経営している。そしてしばらくは座敷浄瑠璃が喜ばれ、宝永三年（一七〇六）には森田座に出演、正徳二年には堺町に浄瑠璃座を興したが三年で休座となったという。正徳六年の《式例和曽我》までは三十一年間である。もうかなりの年齢であろう。

こうして江戸で流行した半太夫節は、江戸を代表する音楽として、当時の出版物に「吾妻浄瑠璃」として曲名が紹介されている。もっとも早い元禄十六年（一七〇三）刊の『松の葉』には半太夫節十四、永閑節三、土佐節二、式部節一が紹介されている。その後の『落葉集』『若みどり』『増補松の落葉』でも同じで、貞享〜元禄年間（一六八四〜一七〇三）には、いかに半太夫節がもてはやされていたかがわかる。江戸には半太夫節以外の音楽はなかった感がある。

そのもっとも頂点に達した半太夫節を語る江戸河東は、師の紹介か後押しで歌舞伎の舞台にデビューしたのである。まことに優れた弟子であったと言えよう。初世半太夫の年齢であるが、初見のとき三十歳とすれば、《式例和曽我》のときには六十歳になるし、それより前後五歳を仮定して見ても、《式例和曽我》のときには五十五〜六十五歳になる。天才的な語りで、ある時代の寵児となり、一代で終ったと言えるであろう。その半太夫に認められて、後継者となったと考えられるが、いかがであろうか。

河東は半太夫の弟子であったが血縁はなかった。半太夫の子か弟子らしい名に、初期のころの初太夫、中期の吉太夫、後期の半之丞、半十郎、三味線方には半四郎の名が見えるが、後継者にならなかった。初世半太夫は享保三年（一七一八）ごろに隠居して坂本梁雲と改めている。「正徳年間に出家して坂本梁雲と号した」という説は訂正しなければならない。

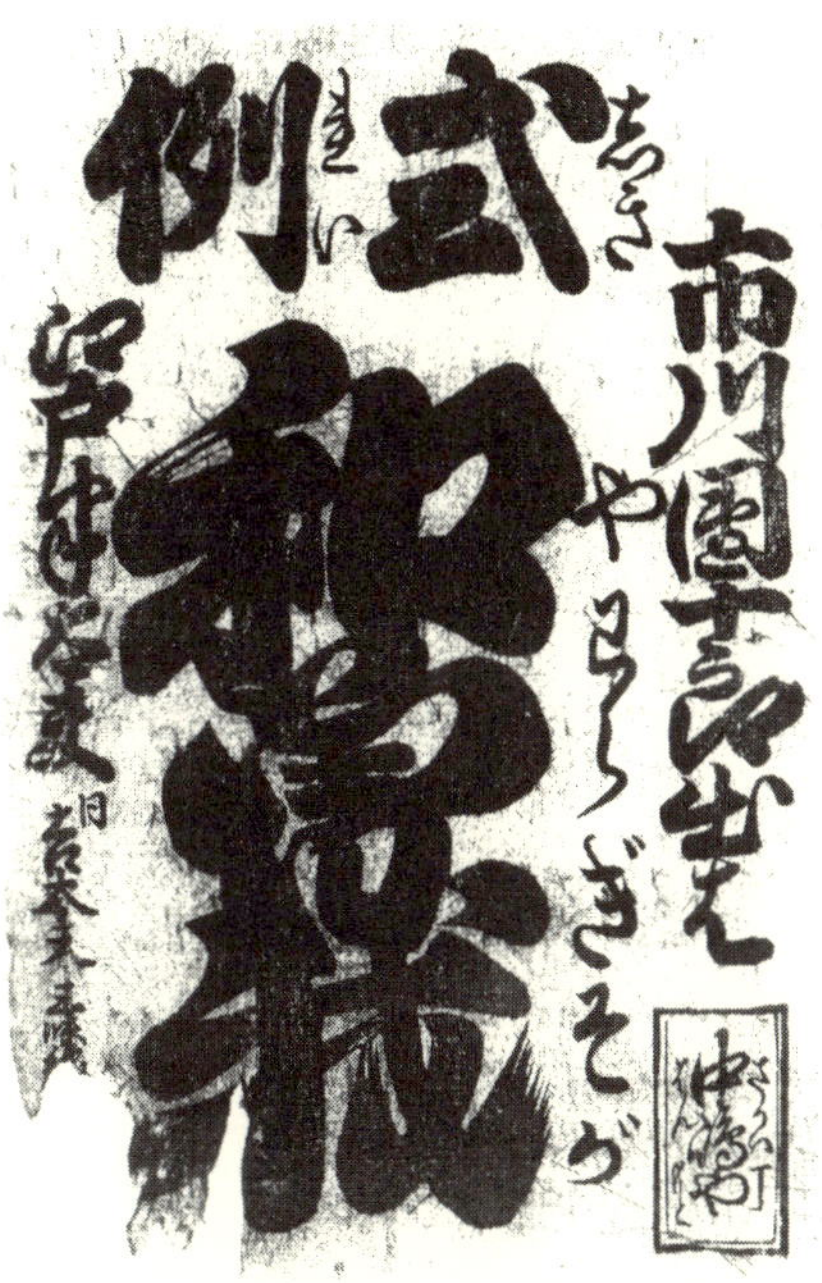

国立音楽大学附属図書館蔵
02-1041-01

初世半太夫は寛保三年（一七四三）に没したと伝えられるが、この没年は隠居から二十五年も経ていて信用できない。また二世についても、初世の子で元文・宝暦（一七三六～一七六三）頃に活躍したとする説があるが、これも時代があわない。

『鳰鳥』（享保二年刊）の序文の後に名前のある「江戸半太夫子　坂本半次郎」が、おそらく二世半太夫を継いだと思われる。享保八年（一七二三）正月中村座上演《傾城道中双六》の江戸半太夫は、この半次郎であろう。また『声曲類纂』によると、享保十四年（一七二九）に、同年正月二日に亡くなった市川門之助の追善浄瑠璃として《かたみ送り》という曲を作ったのが二世半太夫であるという。

そして『声曲類纂』にある次のような記述が、半太夫の代々の混乱のもとと考えられる。

「半太夫男宮内は早世し、半次郎後に二代目半太夫となり、二代目半太夫梁眠といふ。元文より宝暦の頃にいたるか。半三郎、或は享蔵、後に梁雲といふ」。

初世半太夫の子も、二世半太夫の子も同じ半次郎という名前であったために、ここで一代ズレが生じたと考える。すなわち、二世半太夫の長男の宮内は早世、次男の半次郎は三代目半太夫となり、三男の半三郎は後に梁雲となったということではないか。早世したという宮内は、寛保元年（一七四一）正月中村座《廓の錦》、寛保二年（一七四二）四月市村座《市川団十郎ついぜん　夜の巣籠》、寛保三年正月市村座《契情十二段》と三年続いて市村座に出演したが、その後記録が途絶える。寛保三年（一七四三）に没したという「半太夫」は、この二世半太夫の長男で早世した宮内（三世半太夫になるはずだった人物）かもしれない。次の四世半太夫については天明元年（一七八一）に没したという以外に、ほとんど情報がない。

五世以降の半太夫については、歌舞伎の狂言作者三升屋二三治の『紙屑籠』に記述がある。天明二年（一七八二）、中村座と市村座で同時に「助六」が上演されて以降、中村座では半太夫節、市村座では河東節が出演することが恒例となった。六世の半太夫は「村松町刀やの千代といふ人」、七世は「田町の籠屋」（『紙屑籠』）といい、他の仕事をしながら助六上演の時にだけ「江戸半太夫」を名乗って浄瑠璃を語っていたようである。半太夫節としての最後の助六は安政四年（一八五七）で、この時には江戸中で半太夫節を知る人が三人しかいなかったという。

　以上のように、半太夫は七世まであったと伝えられ、顔見世番付にも毎年のように連名が掲載されているが、結果として初世半太夫の浄瑠璃を伝えたのは代々の半太夫ではなく、弟子の河東であった。現在河東節では、《きぬた》《翁三番叟》《蟬丸笠の段》を半太夫節からの「預かり浄瑠璃」として大切にしている。

国立音楽大学附属図書館蔵
02-0003

五、初世河東

　今までに知られた経歴を整理すると貞享元年（一六八四）生れ。幼名未詳。初世江戸半太夫の弟子。ただし入門の時期や前名は未詳。江戸品川町の魚商天満屋藤左衛門の子と伝える。享保二年二月、江戸市村座で「傾情富士高根」に出演、その《松の内》で江戸太夫河東と名乗って初出演。この時には「半太夫ふし」であった。『根元集』によると、このとき師と不和になったために分派したとあるが、これはまったくの俗説。酒が好きで「酒乱漢」をもじって「手欄干」と号した。

　その後の演奏活動は年表を見ていただくとして、およそを以下に整理しておくと、二月の《松の内》から始まり五月に《貝づくし》、翌年には「七種福寿曽我」に《咲分あいの山》《松の後》、七年には中村座「大竈商曽我」に《式三献神楽獅子》《同忍の段》で大当り、《水上蝶の羽番》《帯曳男結》。七月には弘前藩邸に招かれて《式三献神楽獅子》《松の内》《水上蝶の羽番》などを小山次郎三郎ほかの碁盤人形でみせている。その他《児桜竹馬の鞭》や《閨の班女扇八景》などを語っているが、享保十年（一七二五）七月二十日（十三日トモ）没。享年四十二歳だった。釈清西居士。このほか年代不明のものに《丹前里神楽》、《隅田川舟の内》、《二ツ星／鵲のかし小袖》、《袖かがみ》、《禿万歳》、《雛の磯》などがある。

◇　◇

こうしてあらためて初世河東の演奏活動をみると、《松の内》初演から《狂女新世帯》まで、わずか八年間である。その間の劇場出演は市村座に二回、中村座に四回で、決して多いとはいえない。師の半太夫と比べるまでもない。半太夫の項でも触れたがこの初世河東は、半太夫が後継者と認め、半太夫節を託した人であった。それが《松の内》での「江戸太夫河東」の表記になったのであろう。「江戸半太夫」の「江戸」が重要なヒントになる。誰でも勝手に「江戸」は名乗れない。

初世河東は短い間にすばらしい成果をあげている。《松の内》に続いて五月には《貝づくし》。こうした成果を見て、初世半太夫はそのみきわめがついたのであろう。それから間もなく翌々年の暮れごろに隠居して坂本梁雲と改めた。果たして享保七年の《式三献神楽獅子》も大当りであった。そうした実演の成果より重要なのが、師の隠居を記念して発行されたと思われる『鳰鳥』（享保四年三月）である。

◇　◇

『鳰鳥』は一口でいうと半太夫節の詞章集である。詳しくは年表を見ていただくとして概略を記すと、まず合歓堂（俳人沾徳）と江戸半太夫事坂本梁雲の序文があり、そのあと「江戸半太夫子坂本半次郎、江戸半太夫弟子　手欄干河東、同閑室蘭洲」の連名がある。そして五十五曲を五部に分け、賀之部、飾声部、思懐部、紀行部、物語部としている。「鳰鳥の息長く伝わる」ことを目的とした『鳰鳥』は、邦楽の詞章集としてはまったく新しく、分類・整理されたものである。これ以前の詞章集は、恣意的なものがほとんどで趣味的であった。これを編輯した閑室蘭洲については項をあらためるが、好評だったのであろう、四年目の享保八年八月に『にほとり万葉集』（二冊）が発行された。こちらはなんと八十五曲を収めて、さしづめ「半太夫節大全集」のおもむきがある。これも閑室蘭洲が関係しているかと思うが、その名はない。そしてさらに享保十年四月には『夜半楽』（上下二冊）が発行されている。各冊二十四曲で合計四十八曲。ただし目次には八十五曲あるから、初めの『鳰鳥』にならったものであろう。これにはもう半太夫の名はなく、手欄干河東、河丈、夕丈、三味線源四郎の名だけで、蘭洲の跋文だけはある。蘭洲は享保十六年没。追善曲に《濡《ぬれ》扇《おう》子《ぎ》》がある。

六、蘭洲、河丈（二世河東）、夕丈（藤十郎）、双笠

ここで河東節の基礎を固めるのに功績のあった蘭洲、河丈、夕丈（藤十郎）、双笠について記しておこう。

まず十寸見**蘭洲**である。別に閑室蘭洲とも書いた。初世河東とは半太夫の同門であったが、浄瑠璃に通じていたことでは初世河東以上と伝えられている。新吉原江戸町二丁目の娼家の主人で蔓蔦屋庄次郎。家田氏。初世河東と同じく半太夫へ入門の時期は未詳。享保四年（一七一九）三月に

発行された『鳰鳥』（仁本鳥）は長く河東節詞章集の基本とされた。曲名も分類法も独自のものである。序文に「江戸半太夫事坂本粱雲」とあるので、初世半太夫の隠居の時期がわかる。初世河東独立後わずか二年目であった。さらにその四年後には『にほとり万葉集』を発行している。細井広沢に師事して能書のほまれ高く、『鳰鳥』は彼の筆になる。享保十六年（一七三一）六月二十五日没、四十一歳。これから逆算すると、初世河東独立のとき、わずか二十六歳であった。

◇　◇

次が**河丈**である。「河常」とも書いた。初世河東の筆頭弟子のように見えるが、生年・前名未詳。新吉原大門外に住んでいた下駄屋で、通称庄右衛門。初世河東のワキを長くつとめていた。年代が特定できる資料で初めて名がみえるのは、享保五年刊『丹ほ鳥大林集』で、初世河東のワキに「河常」とある。

初世河東の没後に二世河東を継いだというが、同門に夕丈がいたし、また藤十郎と双笠がいたので、誰が二世河東を継ぐのか、しばらくかかったらしい。正本で見る限りでは、享保十四年（一七二九）の「年賀／絵蓬莱」に「河丈改／江戸太夫河東」と「享保十四己酉中秋六日賀」とあるのが初見。それまでは初世河東在世と同じ形の正本が発行されていて、河丈、夕丈は同じように扱われている。

したがって河丈が二世河東を継いだのは、享保十四年九月のことである。その前、秋の玉菊三回忌追善《傾情水調子》には河丈・夕丈の連名がある。夕丈、藤十郎、双笠については順を追って記すが、ここでは《絵蓬莱》の三味線が鳥羽屋三右衛門であることを覚えておきたい。それから間もなく享保十九年三月五日に没しているから、わずか五年ほどの二代目であった。詳しくは年表を参照いただきたい。

この庄右衛門河東は、二世河東を継いだ後、おもに吉原の座敷浄瑠璃として活動したようで、芝居には出演していない。『吉原細見』には、享保十七年（一七三二）に河丈の名がある。吉原では河東ではなく、河丈の名のままで通したようである。家元になってから三味線方の山彦源四郎と組むことがなくなり、河東襲名の正本には鳥羽屋三右衛門の名があるが、その後は『吉原細見』に河丈三味線「宇右衛門」の名がみえる。なおこの宇右衛門は、享保十六年に夕丈が江戸太夫藤十郎と名乗って市村座に出演した時には、山彦源四郎の「三味線弟子　山彦宇右衛門」として出演している。

師の初世河東とおなじく五年間という短い家元であったが、享保十五年以降も曲を発表している。

享保十五年《月見》《十寸鏡》
享保十六年《春駒》《夕涼大さかづき》《きのへね》
享保十七年《たからふね》《恋慕三輪山》《今様四季》
享保十八年《ゑほうみやげ》など。

なお河丈が亡くなった享保十九年の『吉原細見』に、「河丈（宇平次事）」の名前があり、吉原では河丈が亡くなってすぐに宇平次が次の家元として河丈の名を継いだのかもしれない。また晩年の享保十八年の曲は、宇平次の曲かもしれない。そのあたりはよくわからない。

なお寛保二年（一七四二）の《髪梳ゑもん作》の江戸太夫河丈は、二世の河丈（前名金治）で、蘭洲追善《濡扇子《ぬれおうぎ》》も、成立年は不明であるが二世河丈と思われる。

◇　◇

次にやはり初世河東の弟子であった**夕丈**について触れておこう。常に河丈とコンビのように出演し、河丈の次に記録されているから、続けて述べておくのがわかりやすい。その記録をわざわざ記すまでもないと思うので、興味のある方は年表を参照していただければ幸いである。

夕丈についての記録は河丈以上には多くない。河丈とともに初世河東のワキを語り、二世河東を継ぐこともなかったし、二世河東（河丈）の没した後にもそのきざしはみえない。かなりの年齢になっていたのだろう。

それよりも次に述べる藤十郎について考えてみたい。

◇　◇

次に**藤十郎**について見てみよう。

初世河東が日本橋品川町の魚商天満屋藤左衛門の子藤十郎というのを信ずれば、初世河東の実子かとも思えるが、そうでもないらしい。ただ、今までの説では、夕丈は師である初世河東の本名を継いで、二世河東となり、別になったといのがある。もちろん河丈が二世河東を襲名したのが享保十四年九月のことなので、四年ほど時間が経過しているので、その間に生まれた説であろう。

それはともかく、夕丈と藤十郎の関係を調べてみると、初見が享保十六年（一七三一）二月の《爪櫛／柳の紙雛》《三つかさね／難波笠》で、いきなり「江戸太夫藤十郎」としてタテを語っている。三味線は山彦源四郎。そしてその二年後には《富士筑波／二重霞》、そして元文四年（一七三九）には《品定間垣の錦》、いずれも山彦源四郎が三味線を弾いている。元文五年（一七四〇）四月没と伝える。

こうして見るとこの藤十郎は、この名前で享保十六年から元文四年まで九年間、家元格として河東節を伝えた人であった。なかでは『歌舞伎年表』に「助六を河東節でする始也」という《富士筑波／二重霞》を江戸太夫藤十郎の名で初演していることを評価したい。ただし前名、享年ともに未詳。ただ『編年集』によると、針医を業として桜井東寿といい、土佐節を学び、のち河東の門に入って夕丈、初世河東存命中に養子となり、没後藤十郎をつぐ。源四郎を相三味線にして一時名を売ったが、その後引退して清海栄軒と改め、藤十郎の名は東佐（前名藤四郎）に譲り、松浦家へ医師として召し抱えられたというが、記録とあわせてみると、河東節の家元と医者をかねていたようである。

やはり初世河東の没後には、誰が二代目をつぐのか、候補者が多かったので、内部事情はかなり複雑な時代だったのだろう。いろいろな事情があったが、まず筆頭弟子の河丈が二世河東（庄右衛門河東）となり、相弟子だった夕丈が藤十郎になり、ようやく納まるところに納まったが、二世河丈（河丈）はまもなく享保十九年に没し、藤十郎（夕丈）もその五年後に没している。さらに述べる双笠も、まもなく没したようなので、初世河東の直接の弟子たちはすべてこの世にいなくなったのである。時代は替わり、三世河東（宇平次）から四世伝之助河東の時代へと移って行くのである。

◇　◇

続いて**双笠**をここで紹介するのにはいささかためらいがあるが、前にも述べたように、彼の「江戸太夫」という名乗りが気になる。その初見は享保十年（一七二五）十一月市村座の《愛別璃苦三つのかなわ》で、ワキ以下三味線方まで半太夫の弟子である。三ケ月ほど前に初世河東が没したばかり。そこで「江戸太夫双笠」と記した正本を発行しているのである。同じ時期に河丈、夕丈が健在である。したがってその後の《恋慕の闇黒小袖》や《しめの内》や《虎が石投》、《けいせい見馴棹／せんべい紋づくし》なども、半太夫の弟子たちである。したがってこのようすでは、河東節の後継者の一人というよりは、半太夫節の後継者と思われる。ここでの「江戸太夫」は、半太夫節の後継者の意味であろうか。

だがその後の消息はしばらく途絶えて、七年後の享保十七年（一七三二）刊『鳰鳥新万葉集』の奥付に、江戸半太夫と並んで江戸双笠の名がみえる。この江戸半太夫は、おそらく二世半太夫であろう。さらに四年後の元文元年（一七三六）正月に中村座で《明烏口説の枕》を語り、双笠と半十郎で大当り（『歌舞伎年表』）であった。同四年三月市村座での《杜若縁丹前》は別名題《助六定紋ノ英》で、この芝居から初めて意休が登場し、また白酒売りを市村宇左衛門がつとめている。しかしこの時の三味線は山彦源四郎でワキは古笠と夕丈であり、助六は二世市川団十郎。このように見てくるとこの曲は半太夫節ではなく、河東節の形である。

この双笠についても資料は少ない。出身地も生没年もわからない。それでも享保十三年刊の『役者評判一の富』に「浄るり太夫半太夫フシ江戸雙笠」とあるし、また少し後のことになるが、大田南畝の『壬申掌記』上、文化九年三月十八日の条に、

「半太夫弟子に双笠というものあり　双笠ぶしをかたり出して一流とす　これは新場の髪結也　今の人河東節の名をしりて双笠ぶしをしるものなし」

とあると、故野間光辰先生から教えていただいた。これに「半太夫弟子」とあるが、「河東弟子」としたケンブリッジ本《式三献神楽獅子》のあること、これも故祐田善雄先生から教えていただいた。

以上記した蘭洲、河丈、夕丈、藤十郎、双笠についてはさらなる研究が必要であろうし、またすべてが「江戸太夫」と名乗っていることが重要であると思う。

七、三世河東　宇平次河東

三世河東は通称菓子屋宇平次、宇平次河東。享保十九年（一七三四）に二世河東が没した後、間もなく三世を継いだと思われる。前名河洲と伝えるが、その初見は元文二年（一七三七）。そして同五年、寛保二年（一七四二）まで続いているから、にわかに信じられない。今は通説としておく。ただその生存中の功績として、寛保二年春中村座で《乱髪夜編笠》を山彦源四郎の三味線で語ったことが記憶されよう。同時代には双笠、藤十郎がいたので、あまり活躍する余地がなかった。しかし名曲《乱髪夜編笠》だけを残してくれた。三世河東は、延享二年（一七四五）七月二十一日没。享年未詳。

八、四世河東　伝之助河東

四世河東は三世河東の甥で通称伝之助。三世の没後わずか一ヶ月ほどで四世を継いだらしい。延享二年（一七四五）八月《千年の枝》で名弘め。正本表紙に「河東倅伝之助改」とあり、山彦源四郎を初め一門の名前が掲載されている。沢村訥子の作詞であり、これらを考え合わせると、三世の生前に四世襲名のことがきまっていたらしいし、三世は早くから病気ででもあったのか。ただこの伝之助の前名がわからない。これは私の想像だが、双笠の追善浄瑠璃らしい《時雨傘》と《わすれ艸》の十寸見小平治が、あるいは四世の前名であろうか。

翌年正月の吉原細見に「あげ屋町中ノ丁より左りかわ」に江戸太夫河東とあるのがこの四世のことであろう。そして七月には三世の追善浄瑠璃《ときはの声》を発表している。その後の動静は左の通りである。

宝暦　元年（一七五一）二月《恋桜返魂香》（お七吉三郎）
　　　六年（一七五六）四月《富士筑波卯月里》
　　　※五月二十日山彦源四郎没
　　　七年（一七五七）初世河東三十三回忌、三世河東十三回忌《ますみさくら》
　　　九年（一七五九）※二月十七日竹婦人（竹島正朔）没
　　　十一年（一七六一）一月《助六所縁江戸桜》
　　　十二年（一七六二）一月《巣籠花有里》
　　　※江戸三座とも「助六」で大当り
明和　元年（一七六四）二月《三燕桜朧夜》（助六）
　　　八年（一七七一）十一月十五日四世河東没、享年未詳

以上で明らかなように四世河東は《助六所縁江戸桜》を完成させた人であり、河東節の恩人である。それも創流以来の三味線方山彦源四郎の没後、また同じく創流以来の作詞家であった竹婦人の没後という時であった。時代が大き

く変わったのであり、その新しい時代に乗れた人であった。新しい時代の新しい河東節を創りあげた人であった。四世を継いでおよそ二十五年、河東節中興の祖と言えよう。タテ三味線の山彦河良については別項で示す。

なお『根元集』によると宝暦年中、中村座で春狂言に《助六》を出すことをきめて、看板まで出したところ、伝之助が無断で伊勢参りに出かけてしまった。中村座では困り果てて、沙洲、蘭洲にかけ合ったが不承知だったので、中村座では腹を立てて、半太夫連中に頼むことにした。そのためそれ以降中村座では助六以外でも河東節連中とは契約しなくなったとある。

この当否を調べて見ると、宝暦六年（一七五六）中村座の助六（富士筑波卯月里）には、伝之助河東、沙洲が出演しているし、その後の宝暦年中に半太夫連中が助六に出演した記録はない。明和元年（一七六四）には三座とも助六で大当り。中村座は半太夫節だった。この時に何か揉めることがあったのかも知れない。少し後の安永八年（一七七九）一月中村座の助六《助六廓夜桜》には河東節が出演している。中村座との縁が切れるのはその後のことのようで、天明以降（一七八一〜）になると半太夫節連中は中村座とだけ契約するようになる。

したがって『根元集』にいう伊勢参りの件は、少なくともこの四世の時代のことではない。しかし伊勢参りの話が事実であったかどうか、今のところ確かめることが出来ない。

九、五世河東　平四郎河東

通称薪屋平四郎。いつ五世河東を継いだのかはっきりしない。三世河東の門人で前名沙洲といった。

沙洲の初見は元文二年（一七三七）で、その後七年ほど記録がないが、今は同じ人としておこう。次に見えるは延享元年（一七四四）からで、四世河東襲名からはずっと筆頭のワキをつとめている。次の河洲は初め沙洲より早く筆頭のワキだったが、沙洲が出ると二番目になっている。この沙洲と河洲は、初世河東のワキを語っていた河丈、夕丈とたいへんよく似ている立場に見える。四世河東時代の名作《助六廓の家桜》《恋桜返魂香》《富士筑波卯月里》《助六所縁江戸桜》にはすべて筆頭のワキを語っている。

明和八年（一七七一）に四世河東が没したあと、いつごろ五世河東を襲名したのかわからないが、三年後の安永三年（一七七四）正月に森田座で、名作《乱髪夜編笠》を再演している江戸太夫河東が、もしかしたら五世河東かもしれない。これは好評で続演となった。この時の弟子の連名に沙洲の名が見えるが、これは二代目であろう。とすれば襲名は前年暮あたりであろうかと思える。同年十一月の中村座の顔見世番付に沙洲の名が見えるは、やはり二代目の沙洲であろう。続く安永四年には、やはり名作《恋桜返魂香》を書き直した《契情反魂香》を再演している。そして翌年正月には市村座で《助六廓花道》（別名《助六由縁はつ桜》を語っているが、この年に隠居して東雲と改めた。連名に沙洲の名があるのは二代目であろう。

この「助六」は大好評で五月下旬まで続演となった。あまりに長いので出演俳優も病気になる者が続出、主役も代わったほどだったが、それが逆に評判になったという。その上演途中、五世河東も三月十三日没と伝える。享年未詳。五世河東を継いでわずか五年あまりだったし、四世河東時代の名作の再演、書き直しの演奏で終わったので、これという功績はなかった。しかし四世河東のよき助演者であった。これを反対の立場で考えると、四世河東が如何に優れた演奏家であったかを証明していたことになる。

十、六世河東　黒河東

六世河東は俗称「忠次郎河東」。また「黒河東」という。三世河東の門人で前名は蘭示（爾）。初見は元文五年（一七四〇）であるが、前項の沙洲とは関係が深く、延享一年から安永五年まで三十年間ほど一緒している。名コンビで五世河東を助けた。

四世河東の時代には沙洲、蘭爾の助演が続いた。それに河洲も五年間ほどしたがっている。五世河東が《助六由縁江戸桜》の上演中に急死（?）したので、興行の都合上もあって六世を継いだものであろう。この六世は「助六」に縁のあった人で、四世五世河東の「助六」にはすべて出演していたし、六世になってからは《助六廓花道》（一七七六）、《助六廓夜桜》（一七七九）、《助六由縁江戸桜》（一七八二）、《助六花街二葉艸》（一七九一）など。そのほかでは閑室蘭洲五十回忌追善《おきなが鳥》（一七七七）、《丹前里神楽》（一七八二）、《筆始四季探題》（一七八三）、《乱髪夜編笠》（一七八五）、《露の二葉》（一七八八）、《御田》（一七九〇）、年代不明だが名曲の誉れの高い《常陸帯花の柵》と《道成寺》を残している。

寛政八年（一七九六）一月二十一日没、七十歳と伝える。六世河東の時代は二十年間、その前蘭爾（示）時代を含めると五十六年間になる。これだけの間、河東節一筋で過ごしたことになる。これで計算するとわずか十四歳でのスタートということになる。伝承と新作のために功績は大きいものがあったと思われる。

なお伝之助河東のところで記した伊勢参りの件だが、この人ならばありそうな気がするがいかがなものか。それよりも重要なことは、河東節代々の墓を牛島長命寺に整理したことである。のちこの墓は大田区羽田の海岸寺に移されているが、この六世河東の働きがなければならなかった。それがなければ今日の海岸寺の墓地は存在しなかった。

十一、七世河東　平四郎河東、東雲

宝暦十二年（一七六二）生れ。俗称「伝蔵河東」。安永末

か天明初めごろ六世河東に入門、三世沙洲を経て六世河東の養子になったという。ただしその年月は不明。寛政八年（一七九六）に六世が没した後、いつごろ七世を継いだかわからないが、六世没後の翌年一月河原崎座で《助六由縁江戸桜》に江戸太夫河東で出演している。これが正しければこの時三十五歳。その後は享和二年（一八〇二）に《松の内》を再演、文化四年（一八〇七）八月、一中節と掛合いで《源氏十二段》を語ったときは、まだ沙洲でいたのか、この沙洲は四世なのだろうか。同年の顔見世番付にも沙洲の名があるのが気にかかる。その後文化八年に市村座で《助六由縁江戸桜》を語ったが、翌年五十歳で隠居、《七重八重花の栞》を記念に二世東雲となった。

これで河東の名は空白になり、以後は八世を追贈された五世沙洲（実際は四世沙洲）とともに河東節の後見となった。その後文政八年（一八二五）十一月二十四日に隠翁東雲は六十四歳で没した。この人は家元としてはわずか五年ほどで、河東節にはあまり積極的ではなかったようである。それというのも養父六世河東があまりにも名人だったからであろう。なおこの年『十山集』が刊行されている。

十二、八世河東（追贈）五世沙洲（実際は四世沙洲）

八世河東は死後の追贈。通称大岩才助。享和二年（一八〇二）東川で初舞台らしい（《松の内》のトメ）。そして文化三年（一八〇六）の顔見世番付にあらわれるが翌年に東洲と改め、《乱髪夜編笠》の三枚目を語っている。同八年の顔見世番付の筆頭に東洲とある。

同九年に七世河東が隠居して二世東雲となったあと、文化十三年ごろに五世沙洲（実は四世沙洲）とあらためた。今までは七世河東の沙洲を三世沙洲とし、この沙洲が六世河東の没後すぐに七世河東を継いだと考えたので、そのあとに見える沙洲を四世沙洲としたのであるが、前項で述べたように、七世河東は六世河東の没後しばらく沙洲のままでいたらしいから、四世沙洲は実際にはいなかったのである。それというのも、これは対外的にか歌舞伎の興行の名目のためかわからないが、顔見世番付などには、実際にいなくても、家元つまり十寸見河東の名を記していたからである。

それはともかく、七世河東が文化九年に隠居してからは、河東の名は空席で、二世東雲の後見のもと、この五世沙洲が家元格であったらしい。

そして『武江年表』に文化十四年十月二十六日没とし、「浄瑠璃十寸見沙洲死（山谷春慶院に葬す。死後贈して、七世河東とす。河東の名、是にて絶たり）」とある。この記事が何によったのかわからないが、没した月日は一致するから、このあたりから混乱したのであろう。

文化十四年（一八一七）神田祭礼の附祭に《七艸》、文政元年（一八一八）山王祭礼の附祭に《汐汲里の小車》を語ったのは、この沙洲である。その後は文政二年（一八一九）に玉川座で《助六由縁江戸桜》を語っただけで、翌三年の十月二十六日に没した。四十一歳という。これから計算すると安永八年生れであった。

ようやく顔見世番付の筆頭になり、《助六由縁江戸桜》を語っただけでその生涯を終った人であった。それにしても二世東雲という人の存在は大きかったと感じられる。二世東雲はこの沙洲の死後、五年ほど後の文政八年十一月に没している。六十四歳であった。

十三、九世河東（追贈）可慶

伝えるところによると北越の人。本姓伊藤、通称金次郎。文政四年（一八二一）十四歳のとき江戸に来て百瀬検校、山彦せき、四世河良に師事したという。
文政八年（一八二五）十一月、七世河東こと二世東雲の没後、実際の河東節の家元は不在だったが、顔見世番付などでは前例通り「江戸太夫河東」と表記されていたので、それらを見る限りでは家元はいたことになってしまう。そこで空白を埋める実力者があらわれてくるのだが、名を変えているのでややこしい。以下にこの可慶についての活動状況を見てみると
文化二年（一八〇六）北越に生れ、十六歳で江戸に来て、百瀬検校、山彦せき、四世河良に師事し、天保一年（一八三〇）に二世蘭示を経て同三年に三世山彦秀次郎になり《助六由縁江戸桜》に出演、同十年に二代目山彦紫存、そして弘化二年（一八四五）には紫存改二世東觚となり、三味線方から太夫に変わる。そしてさらに嘉永五年（一八五二）には五世河丈を継ぎ家元になる。安政一年（一八五四）には「江戸太夫河丈事十寸見可慶」とある。安政五年（一八五八）には妻の文子に死なれたが、文久二年（一八六二）には《助六由縁江戸桜》に出演、明治四年（一八七一）三月二十日没。没後九世河東を追贈された。

◇　◇

この可慶は河東節では一中節との掛合《邯鄲》下、《東山掛物揃》、《弓始》、《霞の島台》など。百瀬検校に師事したせいか箏曲と縁があり《葵の上》を作曲している。ただ《助六由縁江戸桜》は幕末という時代のせいか、生涯に三度しか上演されていない。その代わり一中節や箏曲との掛合など、他方面との交流につとめた。なお太夫に転向しても作曲では山彦喜久雅の名で作曲をしている。明治二年にその例がある。

十四、山彦源四郎の代々

［初世］
『根元集』によると相州戸塚在の修験者の弟で、本名村上源四郎。木村又八の門人で、はじめ半太夫座で弾いていたというが、今のところ源四郎あるいは村上源四郎という三味線方の名は見当らない。

享保二年（一七一七）《松の内》初演のときから源四郎が三味線を弾いた、とする説もあるが、上演当時のものと思われる正本に源四郎の名はない。正本に「山彦源四郎」として初めて名が見えるのは、享保七年の「式三献神楽獅子」からである。

源四郎が「山彦」の銘のある三味線を手に入れたのを記念して、姓を山彦に改めたというのは『根元集』にある有名な話だが、今までの説では《閨の班女扇八景》と《児桜竹馬の鞭》の時とするが、これはともに享保九年のことで二年のズレがある。

それからは河東節の三味線方として初世河東を弾き、その没後は河丈、夕丈のコンビを弾いている。ところが河丈が二世河東になると享保十六年（一七三一）からは藤十郎を弾くようになる。藤十郎が初世河東の養子というのを裏付けるように思えてならない。吉原を拠点に活動した河丈に対して、夕丈は江戸太夫藤十郎として市村座に出演した。このとき三味線は源四郎のほかに上調子として岡安新次郎がゲスト出演しているが、これは江戸の三味線音楽における上調子の初見と思われる。三味線の上調子は河東節から始まったと考えられ、山彦源四郎の功績と考えていいだろう。

藤十郎引退後は、一時双笠を弾いたこともあるが、元文五年（一七四〇）からは三世、四世の河東を弾いた。宝暦六年（一七五六）五月二十日没、享年未詳。河東節創流から三十年以上、河東節の基礎を固めた人であり、また家元の選定についても大きな影響力を持っていたと思われる。とくに四世河東の襲名について、この人が伝之助についたことが大きかったようである。

［二世］

初世源四郎の弟子孫四郎の子長蔵。秀次郎から初世源四郎の養子となり、宝暦末に二世源四郎となったと伝える。

孫四郎の初見は寛保二年（一七四二）、秀次郎の初見は宝暦十年（一七六〇）、二世源四郎の初見は安永三年（一七七四）。五世六世の河東を弾いた。寛政三年（一七九一）剃髪して存候、翌年十月十六日没、享年未詳。孫四郎時代を含めると五十年間、秀次郎からでも三十年間、河東節の三味線を弾いた人である。なお二世源四郎襲名記念に《さくらの曙》が発表されたと伝えるが曲は伝わらない。古格を伝えた人であった。

［三世］

二世の子で前名秀次郎。寛政三年に父が存候と改めたとき、三世源四郎を継いだと伝えるが、それ以前の記録が乏しいので、確かめられなかった。三世の初見は寛政六年（一七九四）で同十年に名弘め。文政元年（一八一八）五月七日没。享年未詳。これで源四郎の名は絶えた。

十五、山彦河良の代々

〔初世〕

初見は寛保二年（一七四二）。それから次第に位置が上り、宝暦六年（一七五六）に初世源四郎が没したあと、タテ三味線になる。そして同十一年には《助六由縁江戸桜》で四世河東と出演し、今日まで残る助六三味線の決定版を演奏した。先輩たちのほとんどが没したあとで、新しい時代を創りあげた。とくに三味線のハジキを最大限発揮させた功績は大きい。当時とすれば現代音楽であったとさえ言えるだろう。明和元年（一七六四）まではタテ三味線。以後の記録が不十分なので空白。十年後の安永三年（一七七四）からは二世源四郎のワキに回っているが、これが二世河良のことかもしれない。とすればこの間に没したことになる。なお『編年集』に初名良波とあるが、寛保二年以前に記録がない。

〔二世〕

前に述べたように、安永三年（一七七四）から二世源四郎のワキにいる河良を二世とすれば、これが初見。その後天明二年（一七八二）までタテ三味線の記録があるが、それ以後の記録はまったくない。間もなく没したのであろう。『編年集』によると前名良波。とすれば初見は宝暦十一年（一七六一）である。

〔三世〕

三世は二世の門人良波というのを信じれば、その初見は安永三年（一七七四）で、三世は天明七年（一七八七）に継いだらしい。河良時代は二十七年、良波時代を含めるとおよそ四十年間、二世三世の源四郎がいたが、たぶん年長者として伝承に功績があったと思われる。文化十一年（一八一四）没と伝える。

〔四世〕

三世の門人で初名青巴というがその記録は見当たらない。文化四年（一八〇七）に良波と改めたらしく、三世の没後の翌年に四世となった。三世源四郎が文政元年（一八一八）に没してからは、山彦新次（治）郎がタテをつとめていたので、別格だったらしい。新次郎は文政六年（一八二三）に没したらしく、その後は四世河良も隠居したらしく、弟子の文次（治）郎をタテにしている。天保四年（一八三三）没と伝える。享年未詳。

なお『編年集』には隠居して紫存、晩年山彦検校とあるが、その記録は見当たらない。

〔五世〕

四世の弟子で初名良鶴というが、良鶴の記録は見当たらない。『編年集』では四世の門弟良波は良波のままで終ったらしいから、五世の芸歴は未詳。五世の初見は天保八年（一八三七）で、同事に兄弟子の文次郎が思声と改名する。そして同十年には秀次郎が二世紫存と改名する。そして間もなく思声は引退したらしく、また二世紫存は東觚と改名して太夫になってしまう。この天保十年前後になにか揉めごとがあったのだろうか。

弘化元年（一八四四）以降はずっとタテ三味線として二世東觚を弾いたが、なぜか安政六年（一八五九）九月八日夜に家出して行方不明になってしまった。原因はわからない。

［六世］（一九一五～一九八〇）

本名飯箸ふみ。大正四年一月八日生れ。初め常磐津を学び昭和十三年文衛。河東節は山彦房子（片山ふさ、三世宮薗千之）に学び同十五年ふみ子。昭和三十三年十寸見会に推されて六世河良を襲名。同四十六年十寸見会二代目技芸総代。同四十二年度芸術選奨文部大臣賞、同五十二年モービル音楽賞など。同五十四年度に完成したCBSソニーレコード『河東節全集』にその名人芸が録音されている。能楽囃子方から習ったという河東節での掛け声は力強く絶品で、歌舞伎座の隅々までよく聞こえた。残念なことに昭和五十五年十一月二十九日没。作曲作品に《山姥》《奥の細道》がある。ほかに宮薗節、荻江節も堪能だった。なおこの『河東節全集』は平成二十九年十月に、CDで再発行されている。

十六、十寸見蘭洲の代々

［初世］元禄三年（一六九〇）～享保十六年（一七三一、六、二十五）

本姓家田氏。新吉原江戸町二丁目の娼家の主人で、蔓蔦屋庄次郎。閑室蘭洲とも。初世河東と初世半太夫門下であったが、浄瑠璃に通じていた点では、初世河東以上であったという。

初世河東が独立するのに際しては援助補佐して、その発展に寄与した。彼は細井広沢に師事して能書のほまれ高く、初世河東の最初の詞章集『鳰鳥』（仁保鳥 一七二三）は蘭洲が書いたものであること、同書の半太夫の序文であきらかである。同じく『夜半楽』（一七二五）には終りに彼の跋書がある。

享保十六年（一七三一）六月二十五日没、四十一歳。今戸潮江院に墓が現存。その追善浄瑠璃が《濡扇子（ぬれおうぎ）》。江戸太夫河丈、沙洲、理洲、十寸見東觚の名がある。能書家で初世河東のために協力した人であったが、作詞をしたという記録はない。能書家であったため、河東節創流当時の長老という人もあるが、創流当時は二十六歳であった。

［二世］

やはり新吉原の娼家の主人で佐倉屋又四郎。寛保二年

（一七四二）に見える蘭示がその初見らしく、その後閑爾。明和一年（一七六四）に二世蘭洲を継ぐ。この時の演目《三燕桜朧夜》（助六）。以後五世六世の河東のワキを語っている。天明七年（一七八七）に十寸見子明と改め、寛政三年（一七九一）までは舞台に出ていたらしい。もし事実とすればこの時七十三歳。江戸時代とすれば長生きである。河東節の長老と言われた蘭洲はこの人のことを混同したものであろう。寛政十二年（一八〇〇）没、八十二歳だった。なお八十歳の賀の祝いに《老の鶯》という曲が作られた。

［三世］

生没年未詳。龍岡氏と伝える。二世の門に入り、宝暦六年（一七五六）が初見。安永三年（一七七四）には三世蘭示。やがて三世の養子となり、寛政四年（一七九二）に三世蘭洲。同十年ごろ剃髪して千束其爪と号して俳諧師となり、抱一門下の俳人として知られた。文政十一年（一八二八）一、二十二没、享年未詳。保土ケ谷に其爪の句碑がある。

［四世］

生年未詳。三世の養子で齋藤正（庄）蔵。七世河東の門人で、寛政四年（一七九二）ごろ蘭示となり、文政七年（一八二四）ごろ四世蘭洲。天保三年（一八三二）秋ごろ剃髪して魯生。嘉永三年（一八五〇）以後芸人を止めたと伝える。嘉永五年十一月十二日没。

［五世］

生没年未詳。通称田川屋東太郎。安政一年（一八五四）が蘭示の初見。可慶（九世河東）の補佐役で、文久一年（一九六一）まで蘭示の記録はあるがその後の消息不明。ただし明治八年（一八七五）刊の『諸芸人名録』には「橋場町閑室蘭洲」とある。

▽つけたり、竹婦人について

河東節初期の作詞者として多くの佳作を残した竹婦人について、俳人岩本乾什と竹島正朔を同一人としてきた。それは二人とも通称「天満屋仁左衛門」だったのが第一の混同の理由。またほとんど同じ時代の俳人だったし、また岩本乾什の追善集や句碑建立に名を連ねているからである。長いあいだ間違いのまま過ぎてきた。たとえば、一九七九年刊の複刻版『日本人名大事典』では秋葉芳美が混同している。

まず、初めに混同された俳人岩本乾什について、正しい経歴を記しておくと、延宝八年（一六八〇）江戸浅草生れ。通称天満屋仁左衛門（三代目）。別号は千歳児、満足庵、鷹一叟、酒為郷。二十歳ごろから俳諧に親しみ、岩本子英の門で東曲、左英。『吉原雑話』に「雁金屋」とある。子英没（正徳二年＝一七一二）後は貴志沾洲の傘下に入り呉丈。「草市や夕べまで聞く風の音」の句がある。晩年の二年ほどは門人の珍重庵大塚雪齋に引き取られた。宝暦九年（一七五九）没。八十歳。その門人に珍重庵二世雪齋（東曲、呉丈）、その門人に満足庵二世乾什がいる。そして同十一年十一月十七日、辞世「雪解や八十年のつくり物」ほか三句を刻んだ句碑が浅草寺内に建てられた（以上『日本古典文学大辞典』によった）。

次に混同された竹島正朔について記すと、別名竹島春延。生年未詳。新吉原天満屋仁左衛門。享保四年（一七一九）刊の岩本乾什の句集『袖さうし』に呉丈を襲号している。貴志沾洲の門人。また同じく岩本乾什追善の句集や句碑には名を連ねている。安永七年（一七七八）没。享年未詳。

岩本乾什が竹婦人ではないことは、早く『武江年表』に記事があり、また『声曲類纂』にも訂正があったが、誰もこれらに気がつかなかったのである。

◇　◇

以上でわかるように、通称が同じで、俳人で貴志沾洲の門人。号も同じ。しかし岩本乾什が竹婦人を名乗った証拠はないし、また竹島正朔がいつから竹婦人を名乗ったかはっきりしない。さらに従来の説にしたがうと、岩本乾什が初世河東のために《提灯紋尽し》を享保四、五年ごろに作詞したというが、四年ならば乾什は三十九歳になるから、納得させられても当然ということになる。それはさておいて、竹婦人こと竹島正朔が作詞したという河東節の曲名を整理して見よう。たしかに竹婦人作詞とわかっている曲には▼印をつけた。そのほかは伝承なので、さらに調べてみたい。竹婦人は直接の歌舞伎関係者ではなかったので、歌舞伎の作詞はできなかったはず。追善か名弘めに限られていたと考えたい。

▽提灯紋尽し	▼禿万歳
▼江ノ島	▽児桜竹馬の鞭
▽紋尽し翅のかごふとん	▼一瀬川（一七二六）
▼花かたみ	▼傾情水調子（一七二八）
▼浮む瀬（一七三一）	▽濡扇子（よみ人しらず）
▼いの字扇	▽夜の錦

十七、明治以降

その一　戦前まで

幕末期にはほとんど追善曲ばかり作っていた河東節は、嘉永三年（一八五〇字）の《助六廓の花見時》くらいで、歌舞伎とも縁が薄かった。それが明治三年（一八七〇）に十寸見可慶こと九代目河東が没したあと、どうしたであろうか。芳室恵洲が編輯した『十寸見声曲編年集』も出版にはいたらず、写本で残されたままであった、文明開化の時代となり、古いものは無視されるようになり、河東節どころではなくなってきた。愛好者の質にも変化が生れ、世は混乱していた時代を迎えたのである。

九世江戸太夫河東（十寸見可慶翁）
『歌舞音曲』二年三月号（明治41年3月）

◇秀次郎の渡米と帰国

そのあとを継ぐべき山彦秀次郎（のちの秀翁）は、河東節に見切りをつけたのか、実際に食えなくなったのか道具屋になり、烏森のお茶屋の主人某と、だまってアメリカへ渡ってしまった。明治七年末か八年初めのことであった。明治八年（一八七五）に発行された『諸芸人名録』には秀次郎の名はなく、山彦栄子（えいし）が頭取世話人になっている。

この山彦栄子は安政五年に初めて名が見えているが、本名は大深てい。可慶の弟子と思われる。柳橋の藤岡という舟宿の出であった。秀次郎の渡米後に河東節の代表者におされたほどの人だから、年齢の割には（明治八年には三十八歳）かなりの演奏家であったことはたしかである。そのため明治初期しばらくは、この山彦栄子を中心にまとまっていたのである。

ところが秀次郎は、間もなく、多分明治の十五、六年ごろにアメリカから帰国したらしい。年月はわからないが、明治十七年四月の《助六由縁江戸桜》に出演している。そして河東節の師匠活動を始めるのである。秀次郎のアメリカでのようすはわからないし、また当人も語りたがらなかったという。こうした秀次郎の態度に好感を抱いていなかった栄子の弟子や関係者は、秀次郎を疎外するようになった。それで栄子のほうを藤岡派と呼ぶようになった。のち栄子が新富町に越してからは新富町派とも言われた。

ところが秀次郎はなんといっても可慶の子であり、男性である。実力はあるし、アメリカで知り合いになった平岡熙（ひろし。東明流の創始者）らの後援などもあって、次第に弟子も増えてきて、勢力を取り戻してきた。それで秀

山彦秀翁『歌舞音曲』二年二月号
明治41年2月発行

次郎派では「真澄会（十寸見会）」を作って流儀のさらなる拡大につとめた。

◇藤岡派と十寸見会

ただしこの二派には交流があった。ただ藤岡派は女性中心であり、有力な後援者もなかったので、大正十一年（一九二二）に栄子が八十五歳で没してからは、高弟の山彦錦子（村山きん）、山彦不二子（徳永直子）、山彦米子（関口よね）らが師匠として教える程度になってしまい、往年の力はなくなってしまった。

ところで秀次郎のほうは、大正八年に七十九歳で没するまでの間、前に記した平岡熙をはじめ、十寸見蘭洲（紅葉堂蘭洲、天沼熊作）、十寸見東甫（三浦逸平）、十寸見東和（味沢貞次郎）らの後援者がいたので、派手な活動が多かった。「助六」の出演も増加したし、詞章本の出版もあったりして、話題を欠くことはなかった。

秀次郎は多少は変人の部に入ったかも知れないが、教え方は厳しく、おおくの優れた弟子を育てた。河東節の恩人の一人であった。「オセロ」のために《もつれ柳》を作曲しているが、今日まで伝わっていない。

弟子には浄瑠璃の山彦山子（伊藤やま）、山彦治子（篠原はる）、山彦米子（のちの山彦文子、岡田米子）、山彦寿々子（竹村すゞ）、三味線には山彦まる子（丸山たか）、山彦秀子（片山ふさ。房枝とも、三世宮薗千之）、山彦八重子（佐橋しやう、章あるいは章子と書いた）らの人々がとくに優れていて、秀次郎没後の昭和期前半の河東節を支えていたのである。

秀次郎についてつけ加えておくと、明治初期に伝承する人が極端に少なかった荻江を、前記の優れた弟子たちに稽古させた結果、今日まで伝承されていることを忘れてはならないだろう。

山彦栄子

十寸見蘭洲（紅葉堂蘭洲）

◇秀次郎没後

秀次郎には男子が二人あった。長男は他家へ養子に行ったが、次男は河東節にとどまって山彦小文次（小文治）と称した。彼は父と不和になったままで、秀次郎の最期は十寸見東寿（笹川臨風）がみたと伝える。しかし父の死後、十二代目家元として披露会を開催したり、一周忌には追善曲《おぼろ夜》を発表したりしたが、いろいろな理由で東京では教えることができなくなり、大阪、名古屋方面で師匠活動をしていたという。たとえば大正十三年に小文次名義で刊行した『十寸見要集』も、震災後とはいえ、大阪で発行されている例があるのである。

さて東京では、秀次郎の没後、前記の笹川臨風が世話役となり、十寸見東甫（三浦逸平・愛知県の代議士）らとはかって十寸見会を作った。さらに笹川臨風は、邦楽調査会で行っていた「邦楽会」が廃絶したので、昭和八年に「古曲鑑賞会」を新たに組織して会長となり、河東節のほか一中節、宮薗節、荻江節、地歌の保存に力を入れた。この会は第二次世界大戦の影響で中断したが、その後を篠原はる、吉田幸三郎、田中青滋（秀男）、池田鋏之助らの世話で再興され、のち昭和三十八年に財団法人古曲会となり、その後平成二十四年に一般財団法人となって現在に至っている。

明治以降の河東節については前著『河東節二百五十年』を参照されたい。またそれ以前の演奏家については『優秀技能者調査報告―河東節の部―江戸時代編』（平成二七年度文化庁助成事業）を参照されたい。

山彦小文次

十寸見東寿（笹川臨風）

その二　戦後から現在まで

第二次世界大戦は明治維新にもまして河東節に大きな影響があった。細かいことは省略するが、まず昭和二十一年に山彦秀子と山彦八重子が没したのが大きな痛手であった。また笹川臨風も老齢になり、古曲鑑賞会も中断し、食を求めて右往左往する人が多かった。しかしそういう間にも、ようやく昭和二十四年には市川海老蔵（のちの十一世団十郎）が新橋演舞場で《助六由縁江戸桜》を上演するころには世の中も落ち着いてきたし、また河東節の出演も求められてきて、河東節再建の気運も高まってきた。

そこで従来の藤岡派、あるいは十寸見会派という行きがかりを捨てて、河東節一本にまとまろうということになった。新しい十寸見会を作ろうというのである。篠原はる、田中啓文、吉田幸三郎、田中青滋、池田鍈之助らが集まって新十寸見会が発足したのが昭和二十四年一月。木挽町田中家で発会式が行われた。そして会は会長は置かず、理事制で運営する方針や規約を定めた。そして同じ年、山彦米子が二世文子を襲名し、初代技芸総代に指名された。

◇　◇

ここまでは河東節中心に述べてきたが、河東節は「古曲会」の一員でもある。一中節、宮薗節、荻江節については、年表にも紹介したCD『古曲の今』その一と二、あるいは古曲会で報告した『古曲会五十年のあゆみ』(平成二四年九月、竹内道敬執筆）を参照されたい。

十八、吉原細見について

ここで年表に紹介してある吉原細見について説明しておく。明暦三年（一六五七）の振袖火事を機に江戸市中の遊女は浅草寺の裏に移住させられた。新吉原の始まりである。その前から遊女評判記が発行されていたが、およそ享保の頃から吉原細見が発行されるようになった。四方赤良、朱楽菅江、山東京伝らの文人の序文があり、遊びの実用案内書として毎年二回発行が原則だった。明和六年（一七六九）以降巻末に「吉原芸者の部」として、当時吉原にいた芸人の名前が記されている。これは安永三年（一七七六）から「男芸者之部」と「女芸者之部」に別れる。およそ文政年間までは一流の芸人だったが、明治以降には男芸者は「幇間」（たいこもち）に分類される。なお長唄の芸人は「荻江」姓を名乗った。

▼参考

拙稿「『吉原細見』にみる男芸者」（『近世芸能史の研究』南窓社　一九八二）
西山松之助編・日本史小百科『遊女』（近藤出版社　一九七九）
「江戸吉原叢書」第七巻（同刊行会編　八木書店　二〇一一）

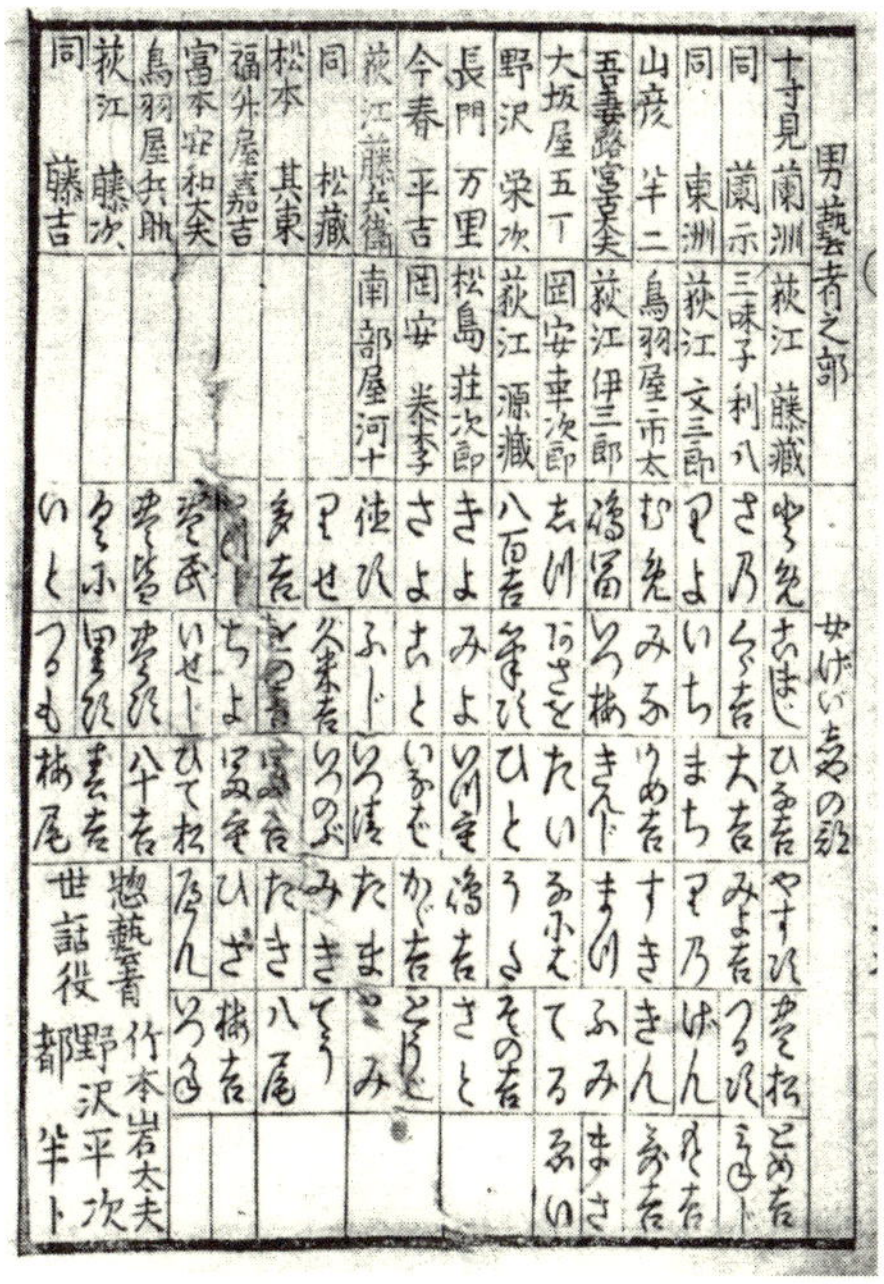
男藝者之部
女けいしゃの部

天明５年（1785）吉原細見

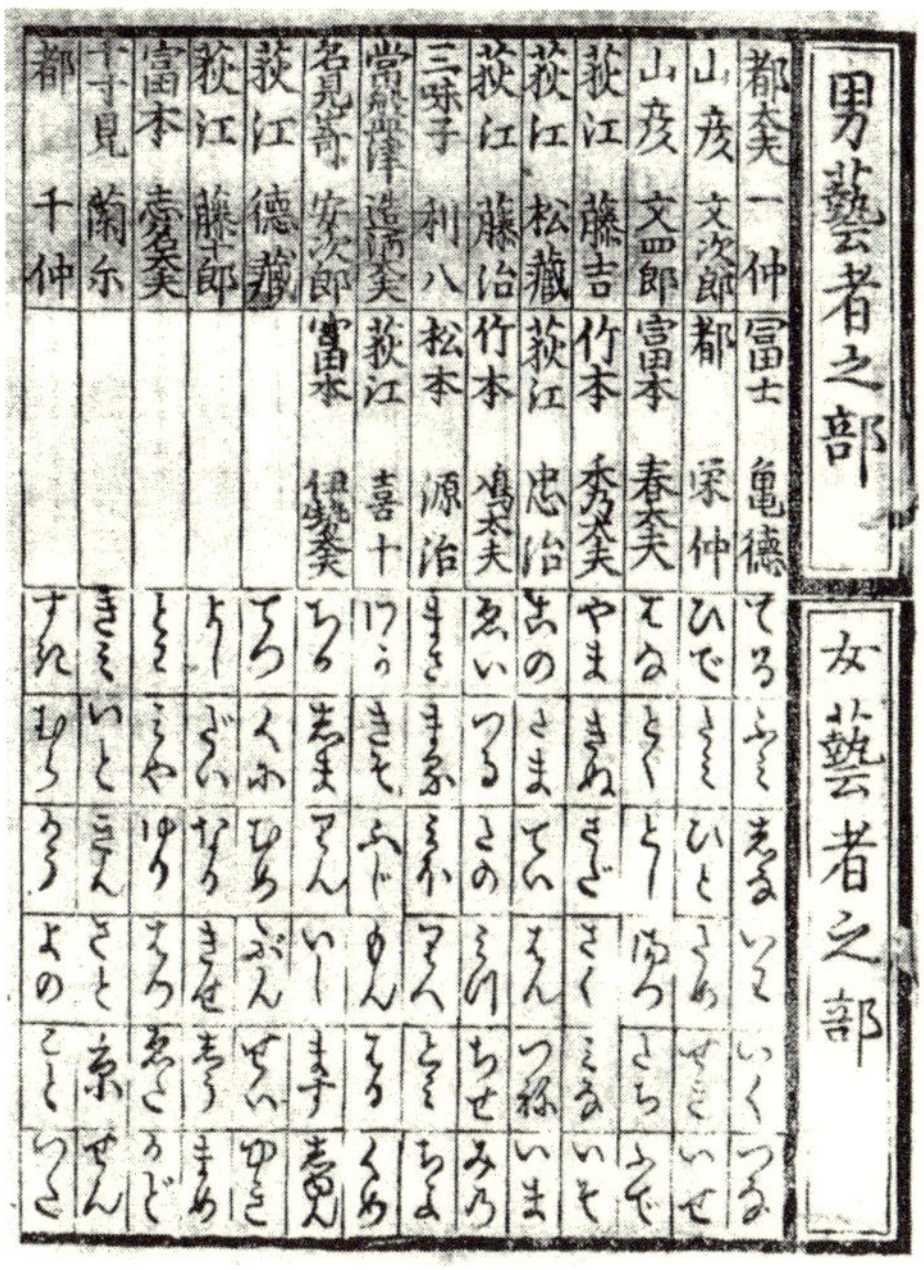
男藝者之部
女藝者之部

文化元年（1807）吉原細見『五葉松』

文化元年（1807）吉原細見『五葉松』表紙

十九、河東節の墓

海岸寺（東京都大田区本羽田三丁目十七番六号）

河東節に関係する墓は、そのほとんどが東京羽田の海岸寺に集められている。

海岸寺は浄土宗西本願寺派に属し、元は築地本願寺の地内にあったが、大正十二年の関東大震災後の区画整理で、昭和三年七月に現在の地に移転した。

初世河東の墓は、元は築地本願寺内の成勝寺《じょうしょうじ》にあり、この寺も関東大震災後の区画整理で移転を余儀なくされていた。

『河東節二百五十年』によると、山彦小文次（山彦秀翁の子息）から十寸見東和（味沢貞次郎、麻布の鰻屋「大和田」の主人）に、初世河東の墓の移転について相談があり、味沢氏の菩提寺であった海岸寺に移転することになったという。その際初世河東の墓以外にも、向島長命寺などから河東節に関係する墓を移転することになった。移転が終わったのは、昭和四年末という。『河東節二百五十年』に、そのいきさつが記されている。

海岸寺（平成28年3月撮影）

　現在の海岸寺の河東節の墓は、石の表面の剥離が進んで文字の読めないところもあるが、五十年前とそれほど大きく変わってはいない。それでもこの五十年の間には、昭和六十一年秋、六世山彦河良師の七回忌に、十寸見会により「山彦河良代々」という碑が建てられた。また以前入り口近くにあった伊東家、伊藤家の二つの墓は、今は一つの個人の墓としてこの一画の外にある。現在海岸寺にあるのは、初世河東の墓以外は、河東節代々の記念碑的な墓といえる。

　ここでは、今の海岸寺の河東節の墓を写真で紹介する。墓の由来などの詳細は、『河東節二百五十年』を見ていただきたい（吉野）。

＜参考資料＞

『声曲類纂』斎藤月岑著、岩波文庫。天保十年（一八三九）九月稿成り、弘化四年（一八四七）十二月刊行。
『夢跡集』山口豊山編。一九?・年（明治三三年以降か）。墓碑・石碑などを手書きの絵で解説。国立国会図書館近代デジタルライブラリーで公開されている。

全体の配置は図の通りである。

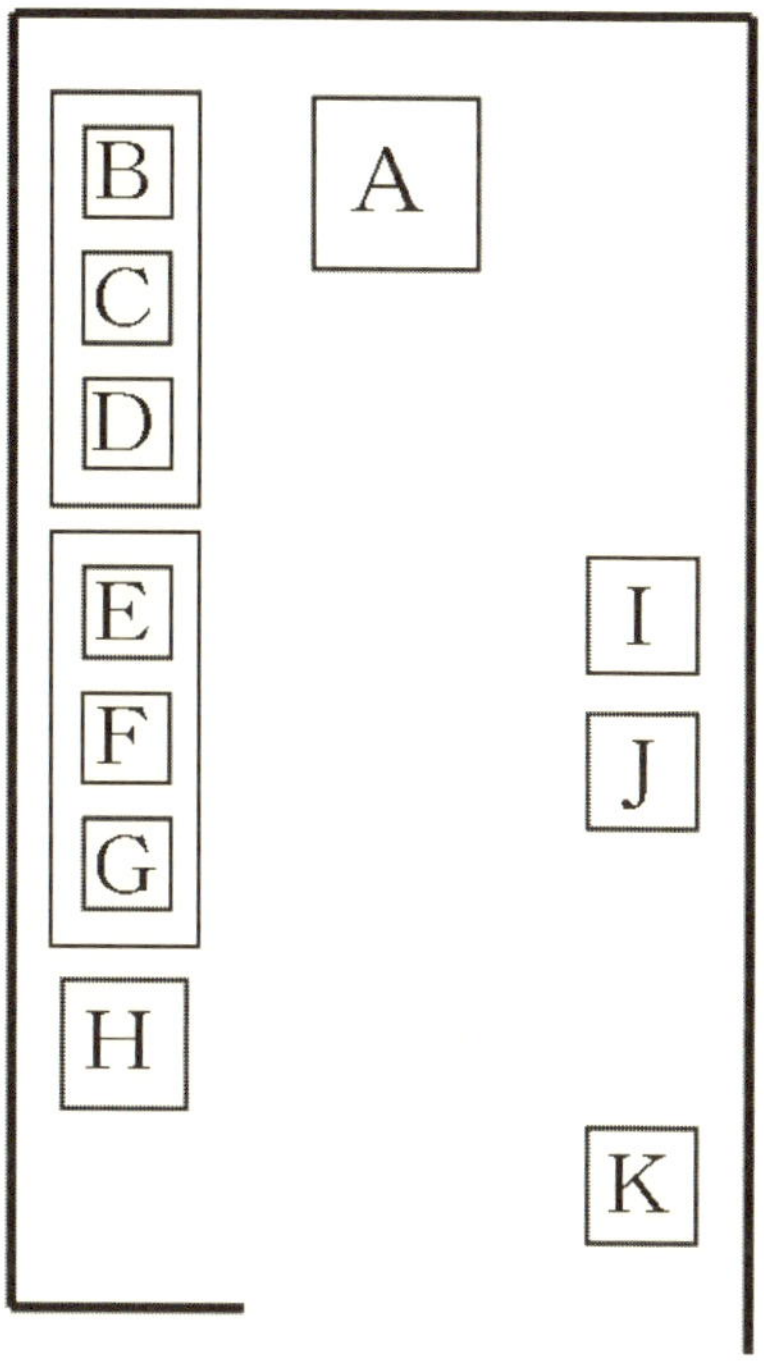

［A］初世河東の墓
［BCD］二世河東、三世・四世河東、五世・六世河東の墓（記念碑）
［EFG］七世・八世河東、十寸見河慶（九世追贈）、山彦秀翁（十一世追贈）の墓（記念碑）
［H］山彦源四郎三代の墓（記念碑）
［I］竹婦人の碑
［J］山彦河良代々（記念碑）
［K］三味線灯籠

［A］初世河東の墓　築地成勝寺より移転

初世河東の墓は、築地本願寺内の成勝寺《じょうしょうじ》にあった。『声曲類纂』（一九五ページ）によると、最初の墓は、享保十年の河東没後、弟子の河丈・夕丈の二人の連名で建てられた。棹石の文字は「始祖河東之墓」。漢文で書かれた碑文があったが、文政十二年（一八二九）の火災により焼失した。碑文の内容は『声曲類纂』（一九四〜一九五ページ）に記載されている。

その後天保四年（一八三三）に墓が再建された。この墓の棹石の文字は「元祖江戸河東墓」。この時は漢文から仮名に和らげた碑文が建てられたが、翌天保五年の火災で再び

焼けたという。こちらの碑文の内容は、『声曲類纂 補遺』（三七一～三七四ページ）にある。

関東大震災の後成勝寺へ行ってみると、墓碑の一部と亀形の石（亀趺《きふ》）がかろうじて残っていた。海岸寺に移転する時に、残っていた亀趺はそのまま運び、欠けたところを補い、棹石は新しく作って、滑川澹如《なめかわたんじょ》の筆で「元祖河東墓」としたという。

◇『夢跡集』で描かれている初世河東の墓は、文政十二年（一八二九）に火災で消失した最初の墓のようである。棹石に「始祖河東之墓」とあり、左側には「享保十年乙巳七月廿日　十寸見河丈　十寸見夕丈　建」とある。

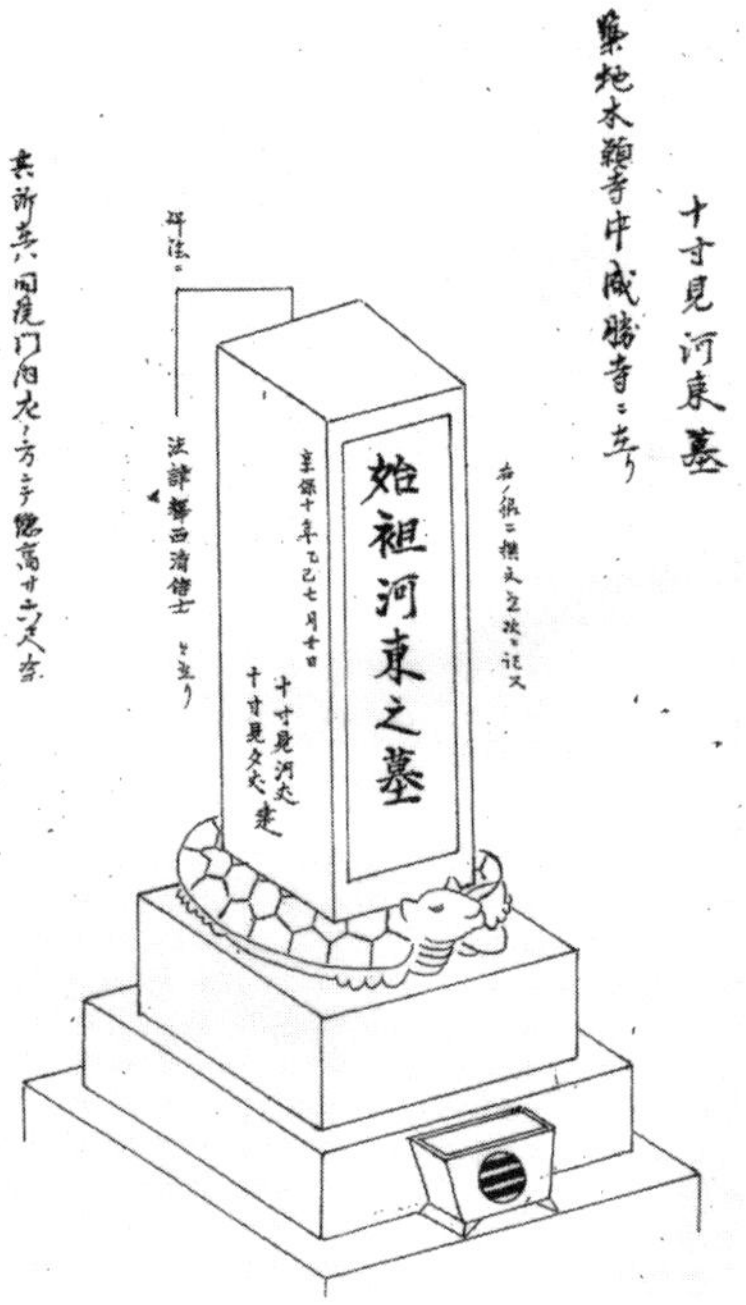

『夢跡集』

◇『声曲類纂』掲載の初世河東の墓は、天保四年（一八三三）に再建され、翌天保五年の火災で焼けた墓であろう。棹石には「元祖江戸河東墓」とあり、左側には「門葉　十寸見河洲、仝　東市、仝　東洲、仝　東和、仝　蘭示、仝河州、仝　東洲、山彦文次郎、仝　秀二郎、仝雙二郎、仝　河良」とある。

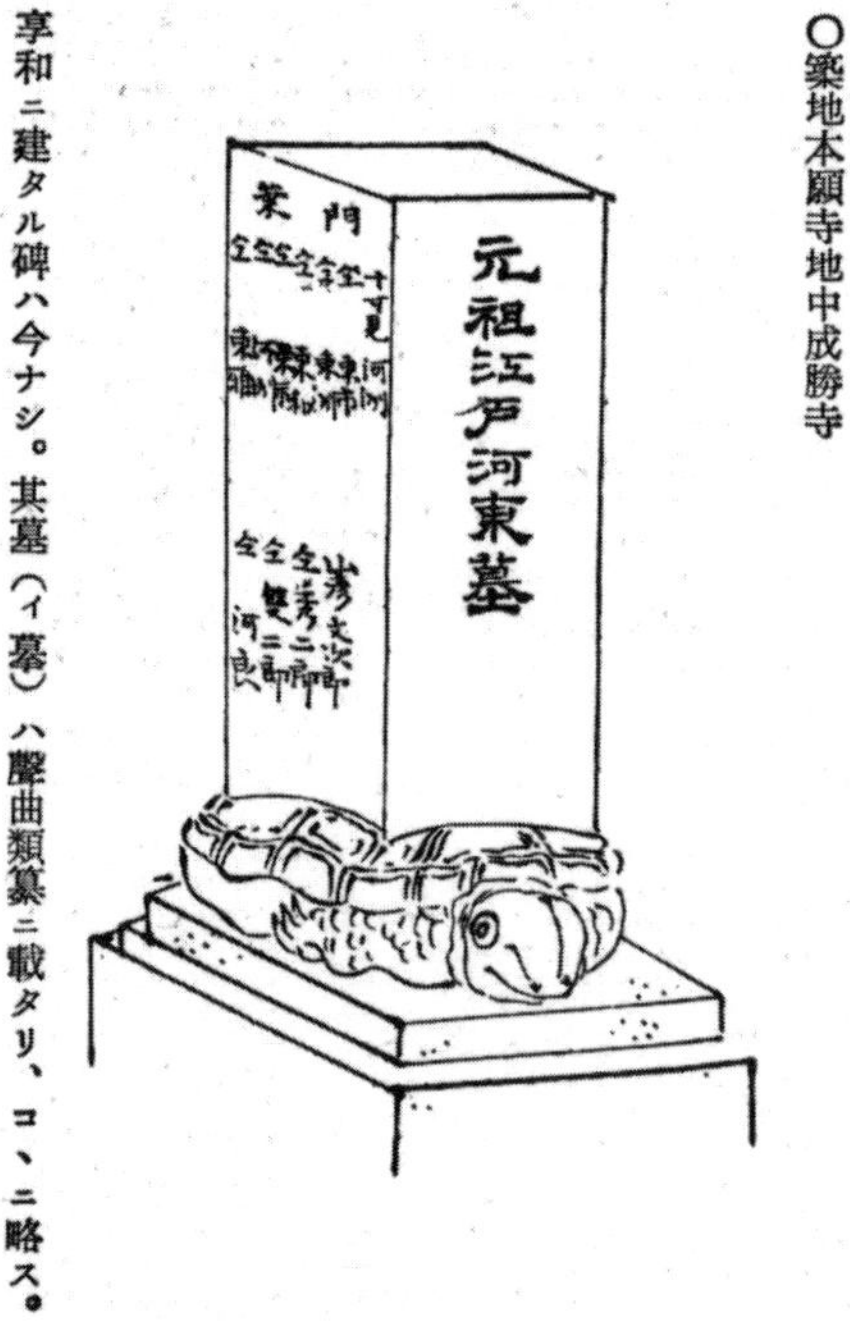

『声曲類纂』

［BCD］ 初世から六世河東の墓（記念碑）

宝寿山長命寺（向島）より移転

六世河東が本所牛島の宝寿山長命寺（向島長命寺）境内に建立した。台座の左端に「六世河東建之」とある。『編年集』寛政八年に「（六世河東）存生中本所牛島なる宝寿山長命寺境内に河東代々の墓を建立す」とある。

右より［B］［C］［D］

［B］元祖 釈清西居士／享保十乙巳年七月廿日
　　二世 妙屋紹音信士／享保十九甲寅年三月五日

［C］三世 潭誉澄瑞信士／延享二乙丑年七月廿一日
　　四世 一法円諦信士／明和八辛卯年十一月十五日

［D］五世 暁照院遊山東雲居士／安永五丙申年三月十三日
　　六世 妙音院正山道栄居士／寛政八丙辰年正月廿一日

左側に「辞世　極楽の道も明るし梅さくら　六世河東」とある。

［EFG］七世から九世、十一世河東代の墓（記念碑）

宝寿山長命寺（向島）より移転

中央の［F］は、表面の剥離が進み、文字はほとんど読めない。

右より［E］［F］［G］

［E］七世　清閑院紫光東雲居士

八世　琴斎院相誉覚円居士

「さま〳〵な　影もうつりし　水のあや　二世　東雲」

［F］九世　智山定慧可慶居士／

「江戸太夫河丈□□之□可慶□名を□□□流儀を丹精之□□□辛三月廿日没　寿□　六十六　九世河東云　施主」

「春の色はいや面白き　世の中に身の入相を　かねてしらまし　可慶」

［G］山彦秀翁墓／「大正八年四月十一日没　寿七十又九歳　笹川臨風誌」

〔H〕初世から三世の山彦源四郎の墓（記念碑）

宝寿山長命寺（向島）より移転

『編年集』によると、明治三年、元祖河東の百五十年忌（実は百四十六年だが取越した）追善のため、柳橋万八楼で声曲の会を催し、牛島宝寿山長命寺（向島長命寺）の河東代々の墓の傍らに山彦源四郎三代の墓を建て、また竹婦人の辞世の句を彫った石を建てた。催主は十寸見可慶。

『夢跡集』にもこの墓の記載がある。

初代　源四郎　利山㟁亭信士
　　　　　　　利　宝暦六丙子年五月十日
二代　源四郎　妙体院存候日敬
　　　／　　　妙　寛政四壬子年十月十六日
三代　源四郎　線勇院呻教日引信士
　　　　　　　線　文政元戊寅年五月七日

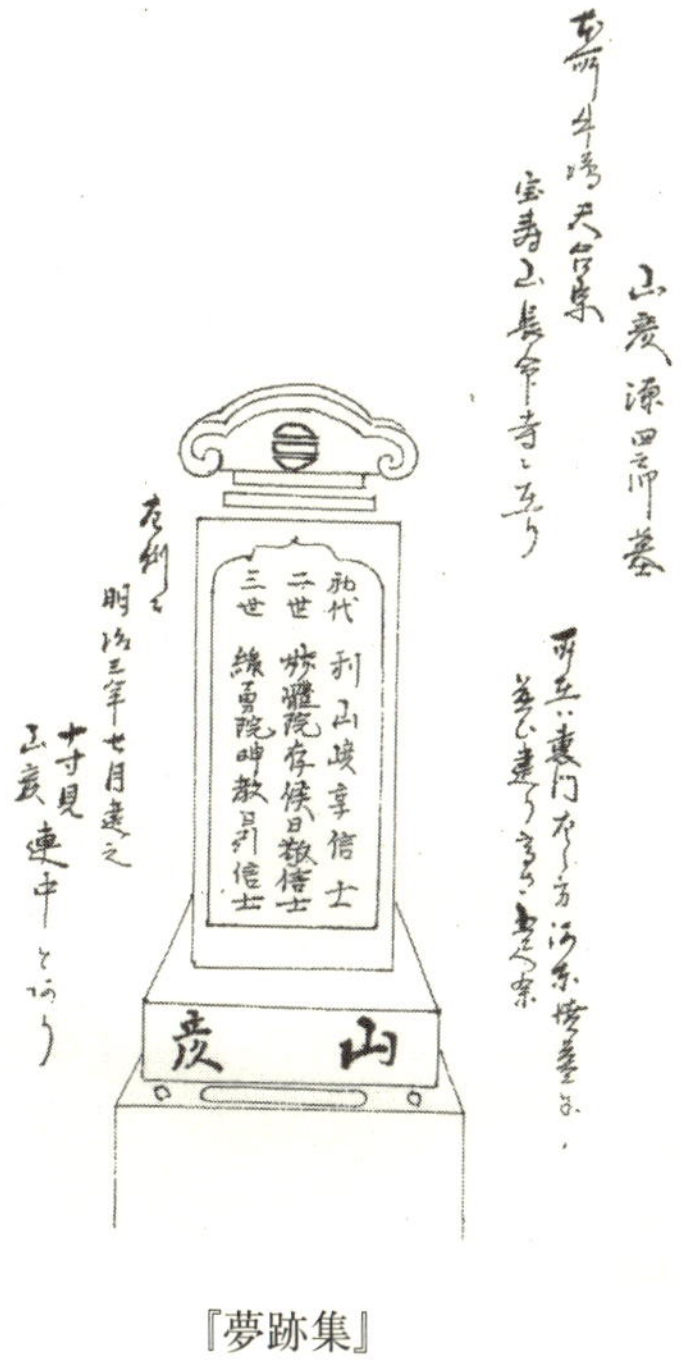

『夢跡集』

［I］竹婦人の碑

山彦源四郎三代の墓と共に宝寿山長命寺（向島）より移転か。

かつて浅草寺境内に、竹婦人の辞世の句「雪解や八十年のつくりもの」をしるした碑があった。それを明治三年、［H］の山彦源四郎三代の碑とともに復活させたという。ただし、三囲神社から移転したという説もある（『河東節二百五十年』）。

竹婦人は、河東節の作詞者として知られる。江戸吉原の娼家天満屋の主人で、本名は竹島正朔。俳人岩本乾什の弟子で、師の「呉丈」の号を継いでいることから二人の呉丈が混同され、竹婦人を岩本乾什とする説が生まれたが、現在はこれが誤りであることが判明している。

この碑が建立された明治三年はまだ「竹婦人」が「岩本乾什」と考えられていたため、碑の表に「乾什」、裏には「俳諧師岩本乾什翁は…」の文章が彫られている。

『河東節二百五十年』

［J］山彦河良代々（記念碑）昭和六十一年秋 十寸見會により建立

「山彦河良代々」の下に、左の碑文がある。

河良代々は河東節三味線の名手にして
初代は助六由縁江戸桜（宝暦元年）の
作曲者なり　六代河良 飯箸ふみ（大正三—昭和五五）
七回忌辰に当りこゝにその遺響をとどむ
昭和六十一年秋　　十寸見會

［宝暦元年→宝暦一一年の誤り］

［K］三味線灯籠　宝寿山長命寺（向島）より移転
三味線を形どった灯籠。山彦秀翁の七回忌に建てられた。

参考文献

▽事典

『演劇百科大事典』（平凡社、昭和三五年三月〜三七年五月）

『日本音楽事典』（平凡社、昭和二九年〜三二年）

『日本音楽大事典』（平凡社、平成元年）

▽年表・年代記

『声曲類纂』齋藤月岑編著、藤田徳太郎校訂、岩波文庫（岩波書店、昭和一五年四月）

『十寸見声曲編年集』芳室庵惠洲（川尻甚七）編。『未刊随筆百種』第十巻（中央公論社、昭和五一年）

『東都一流江戸節根元集』愚性庵可柳著、有銭堂清霞増補、『未刊随筆百種』第五巻（中央公論社、昭和五二年）

『江戸節根元由来記』愚性庵可柳著、『燕石十種』第四巻（中央公論社、昭和五四年）

『続々歌舞伎年代記』田村成義編（市村座、大正一一年）

『武江年表』今井金吾校訂（ちくま学芸文庫、平成一五年〜一六年）

『歌舞伎年表』伊原敏郎著（岩波書店、昭和三一年八月〜三八年五月）

『河東節二百五十年』竹内道敬編（財団法人古曲会、昭和四二年）

『正本による近世邦楽年表（稿）』（国立音楽大学音楽研究所、平成五年）

『古曲全集』中内蝶二、田村西男編（日本音曲全集刊行会、昭和二年一二月）

『俗曲評釈 河東』佐々醒雪著（博文堂、明治四三年）

『歌謡音曲集』黒木勘三校訂（日本名著全集刊行会、昭和四年十一月）

『日本歌謡集成』第十一巻、高野辰之編（東京堂、昭和三六年二月改版）

『歌舞伎図説』守随憲治、秋葉芳美共著（万葉閣、昭和六年）

『図説 江戸の演劇書 歌舞伎篇』早稲田大学坪内博士記念演劇博物館編、赤間亮著（八木書店、平成五年二月）

『古曲会五十年のあゆみ』竹内道敬編（一般財団法人古曲会、平成二四年）

『優秀技能者調査報告―河東節の部』竹内道敬著（財団法人古曲会、平成二七年）

▽研究・考証
原武太夫著「なら柴」『燕石十種』第六巻（中央公論社、昭和五五年）
町田博三著『江戸時代音楽通解』（古曲保存会、大正九年十月）
福島和夫「上野学園日本音楽資料室第六回特別展観　江戸浄瑠璃河東節資料展出陳目録」（昭和五五年）
福島和夫『日本音楽資料室展観 近世の音楽史料』（上野学園日本音楽資料室、平成二年）
竹内道敬『近世芸能史の研究』（南窓社、昭和五七年）
竹内道敬『近世邦楽研究ノート』（名著刊行会、平成元年）
竹内道敬『近世邦楽考』（南窓社、平成十年）
吉野雪子「江戸浄瑠璃、河東節とその正本『十寸見要集』の成立をめぐって」、『国立音楽大学研究紀要第三十五集』（平成一三年）
吉野雪子「江戸浄瑠璃、河東節正本集『十寸見要集』考（二）」、『国立音楽大学研究紀要第三十六集』（平成一四年）
吉野雪子「河東節正本集『十山集』と『東花集』」、『国立音楽大学研究紀要第三十七集』（平成一五年）
吉野雪子「江戸半太夫と半太夫節」、『国立音楽大学研究紀要第四十集』（平成一八年）
吉野雪子「河東節とその三味線方」、『国立音楽大学研究紀要第四十三集』（平成二一年）
吉野雪子『優秀技能者調査報告　河東節の部―江戸時代編』（古曲会、平成二四年）
吉野雪子『優秀技能者調査報告　河東節の部―明治時代以降編』（古曲会、平成二五年）

▽音源
『河東節全集 第一集―第三集』監修・解説 平野健次・竹内道敬（CBSソニー、昭和五三年）LP十五枚
　これは平成二九年にCD十二枚で再発行された。
『古曲の今』解説竹内道敬（財団法人　日本伝統文化振興財団、平成一八年）CD十二枚
『古曲の今　第二集』解説竹内道敬（財団法人　日本伝統文化振興財団、平成二二年）CD十枚

▽その他
雑誌『歌舞音曲』『古曲』『酒中花』『演芸画報』『歌舞伎』

おしまいに

前著『河東節二百五十年』から五十年が過ぎました。歳月の流れの早いのにおどろかされるこの頃です。まさか五十年目に、ふたたび河東節の年表を作成することになろうとは思いもよらぬことでした。

五十年前とはいろいろなことが大きく変わっています。わずか五十年前には、今のように簡略なコピー機はなかったし、ワープロ、パソコンの類もなかったのです。図版の類は自分のカメラで撮影しました。原稿はすべて手書きで、印刷は活字印刷（活版）で、校正には時間がかかりました。周辺機器は進歩しましたが、原稿を書くスピードは（年齢のためでしょう）遅くなってきたようです。さて本書の続き、たとえば『河東節三百五十年』とか『四百年』はどなたが執筆されるのでしょうか。ぜひ見てみたいと思うのです。

二〇一七年 九月

著者略歴

竹内 道敬（たけうち みちたか）

一九三二年　大連市生まれ
一九五七年　早稲田大学大学院文学研究科修士課程修了
一九九二年　国立音楽大学教授　一九九七年定年退職
一九九六年　放送大学客員教授　二〇〇六年任期満了退職

日本近世音楽史。武蔵野音楽大学、お茶の水女子大学、東京藝術大学などの非常勤講師ほか、文化庁芸術祭音楽部門審査委員、芸術選奨選考委員、芸術作品賞選考委員、文化財保護審議委員など歴任。一般財団法人古曲会の設立、運営に尽力。

主　著

『河東節二百五十年』（同刊行会、一九六七年）、『近世芸能史の研究』（南窓社、一九八二年）、『近世邦楽研究ノート』（名著刊行会、一九八九年、東洋音楽学会田邉賞）、『日本音楽の基礎概念』（放送大学教育振興会、一九九六年）、『近世邦楽考』（南窓社、一九九八年、日本演劇学会河竹賞）、『続近世邦楽考』（南窓社、二〇一二年）、『日本音楽のなぜ？』（左右社、二〇一七年）、『江戸の祭礼』（南窓社、二〇一七年）。

主な監修・解説のレコードアルバム

「荻江節考」（日本コロムビア、文化庁芸術祭優秀賞）、「一中節古典名作選」（テイチク、文化庁芸術祭大賞）、「七代目宇治紫文一中節選集」（テイチク、文化庁芸術作品賞）、「三世相綿繡文章」（ビクター伝統文化振興財団、文化庁芸術祭大賞）、「河東節全集」（ＣＢＳソニー）。

ゆかりの江戸桜
ゆかりのえどざくら
→　助六所縁江戸桜
すけろくゆかりのえどざくら

雪間
ゆきま　　36

弓はじめ
ゆみはじめ　　156

夢の秋
ゆめのあき 57

熊野
ゆや　　156, 165

八日の月
ようかのつき　　132, 164

吉野帰花雪ヲ保ツ桜
よしのかえりばなゆきをたもつさくら　29

よしや男
よしやおとこ　　144

吉原女郎　ふみまくら
よしわらじょろう　ふみまくら　　36

吉原　雪間
よしわら　ゆきま　　36

夜の編笠（乱髪夜編笠）
よるのあみがさ　　64, 91, 105

夜の錦
よるのにしき　　68

【ら行】

れんぼのやみ　くろ小袖
れんぼのやみ　くろこそで　　46

恋慕三輪山
れんぼみわやま　　53

和久羅姿
わくらば　　138

【わ行】

わすれ艸
わすれぐさ　　66

【ま行】

巻羽織
まきばおり　113

十寸鏡
ますかがみ　47

ますみさくら　77

街の柳
まちのやなぎ　175

松の内
まつのうち　9, 114, 213

松廼寿翁三番叟
まつのことぶきおきなさんばそう
216, 222

松の後
まつののち　14

水上蝶の羽番
みずあげちょうのはつがい　20

水調子（傾情　水調子）
みずちょうし　44

水の月
みずのつき　132

乱髪夜編笠
みだれがみよるのあみがさ　64, 91, 105

道行　形見車
みちゆき　かたみぐるま　54

三つかさね　難波笠
みつかさね　なにわがさ　48

三燕桜朧夜
みつつばめさくらのおぼろよ　87

御代の秋（二人翁）
みよのあき　ふたりおきな　197

結之神
むすぶのかみ　60

六夜の月
むつよのつき　176, 177

宗盛花見の段
むねもりはなみのだん　156, 165

村雨須磨の調
むらさめすまのしらべ　174

もつれ柳
もつれやなぎ　189

紋つくし翅のかご蒲団
もんづくしつばさのかごふとん　42

【や行】

屋形かくら
やかたかぐら　54

山姥
やまんば　214

結髪翡翠ノ柳
ゆいがみひすいのやなぎ　57

夕涼　大觴
ゆうすずみ　おおさかづき　49

年賀　絵蓬莱
ねんが　えほうらい　45

【は行】

橋弁慶
はしべんけい　129

はつかの月
はつかのつき　71

初ふみ、はつ文
はつふみ　162

初わたし
はつわたし　172

花かたみ
はながたみ　43

花くらべ（御祭礼花くらべ）
はなくらべ　157

花の栞（七重八重花の栞）
はなのしおり　126

春駒
はるのこま　47

はるのふみ　55

反魂香（恋桜返魂香）
はんごんこう　71, 95

班女の段
はんじょのだん　154

東山掛物揃
ひがしやまかけものぞろえ　160

常陸帯花の柵
ひたちおびはなのしがらみ　111

一瀬川
ひとせがわ　42

雛の磯
ひなのいそ　36

雛の出遣ひ
ひなのでづかい
→ 狂女あら所たい并ニひなの出つかひ
きょうじょあらじょたいならびにひなのでづかい

ひよみのとり　58

琵琶行
びわこう　164

富士筑波卯月里
ふじつくばうづきのさと　76

富士・筑波　二重霞
ふじつくば　ふたえがすみ　53

二つほし　鵲のかし小袖
ふたつぼし　かささぎのかしこそで　22

筆初　赫屋姫
ふではじめ　かぐやひめ　55

筆始四季探題
ふではじめしきのたんだい　104

舟の内
ふねのうち　35

ふみまくら　36

追善　おぼろ夜
　ついぜん　おぼろよ　　201

追善　さゝら波
　ついぜん　ささらなみ　　159

追善　月のもなか
　ついぜん　つきのもなか　　174

追善　はつかの月
　ついぜん　はつかのつき　　71

追善　水の月
　ついぜん　みずのつき　　132

追善　夢の秋
　ついぜん　ゆめのあき　　57

追善　八日の月
　ついぜん　ようかのつき　　164

突出の紋日　帯曳男結
　つきだしのもんぴ　おびひきおとこむすび　　20

月のもなか
　つきのもなか　　174

月見
　つきみ　　47

爪櫛　柳の紙雛
　つまぐし　やなぎのかみびいな　　47

露の園
　つゆのその　　149

露の二葉
　つゆのふたば　　106

手越少将　水上蝶の羽番
　てごしのしょうしょう　みずあげちょうのはつがい　　20

道成寺
　どうじょうじ　　111

ときはの声
　ときわのこえ　　68

年暦
　としごよみ　　21

虎が石投
　とらがいしなげ　　46

【な行】

七重八重花の栞
　ななえやえはなのしおり　　126

七種、七くさ
　ななくさ　　36, 128

難波笠
　なにわがさ　　48

業平吾妻下り
　なりひらあづまくだり　　164

ぬるで（秋の白膠木）　　133

濡扇子
　ぬれおうぎ　　65

濡浴衣地主の桜
　ぬれゆかたじしゅのさくら　　57

閨の班女あふぎ八景
　ねやのはんじょおうぎはっけい　　28

助六桜の二重帯［半太夫節］
すけろくさくらのふたえおび　118, 134

助六桜の二重帯［河東節］
すけろくさくらのふたえおび　212

助六廓夜桜
すけろくさとのよざくら　98

助六所縁江戸桜
すけろくゆかりのえどざくら
83, 102, 123, 130, 141, 145
170, 212, 214, 215, 216

助六由縁江戸桜
すけろくゆかりのえどざくら
112, 117, 177, 184, 187, 191, 197, 199
204, 207, 208, 210, 211, 218, 219, 220
221, 222, 223, 224, 225, 226

助六由縁はつ桜
すけろくゆかりのはつざくら　96

助六由縁花川戸
すけろくゆかりのはなかわど　219

助六縁牡丹［半太夫節］
すけろくゆかりのふかみぐさ　109

助六所縁八重桜
すけろくゆかりのやえざくら　177

巣籠花有里
すごもりはなあるさと　86

隅田川舟の内
すみだがわふねのうち　35

曽我兄弟道行
そがきょうだいみちゆき　152

袖かゞみ
そでかがみ　35

其霞五町曙
そのかすみごちょうのあけぼの　74

其衢夜半の髪梳［半太夫節］
そのちどりよわのかみすき　91

【た行】

田植三番叟
たうえさんばそう　171

たからぶね　49

竹馬の鞭（児桜　竹馬の鞭）
たけうまのむち　28, 213

玉菊
たまぎく　210

丹前里神楽
たんぜんさとかぐら　34, 104

探題（筆始四季探題）
たんだい　104

竹生島
ちくぶしま　164, 183

児桜　竹馬の鞭
ちござくら　たけうまのむち　28, 213

千年の枝
ちとせのえだ　67

追善　秋の霜
ついぜん　あきのしも　167

汐汲里の小車
しおくみさとのおぐるま　130

式三献神楽獅子忍びの段
しきさんごんかぐらじし　しのびのだん　19

式三献神楽獅子（初段）
しきさんごんかぐらじし　しょだん　19

四季浄瑠璃
しきじょうるり　150

四季の屏風
しきのびょうぶ　96

時雨傘
しぐれがさ　66

品定間垣の錦
しなさだめまがきのにしき　55

信田妻釣狐の段
しのだづまつりぎつねのだん　161

志能婦
しのぶ　165

島台（霞の島台）
しまだい　167

しめの内
しめのうち　46

尺八初音宝船
しゃくはちはつねのたからぶね　54

十二段（源氏十二段浄瑠璃供養）
じゅうにだん　118

酒中花
しゅちゅうか　44

手欄干
しゅらんかん　45

松竹梅（老松）
しょうちくばい　140

蜀紅時雨錦
しょっこうしぐれのにしき　172

白鷺（乱髪夜編笠）
しらさぎ　64, 91, 105

新曲　廓の傀儡師
しんきょく　くるわのかいらいし　158

梳櫛男黒髪
すきぐしおとこのくろかみ　61

助六廓家桜
すけろくくるわのいえざくら　70

助六廓桜人
すけろくくるわのさくらびと　112

助六曲輪名取草［半太夫節］
すけろくくるわのなとりぐさ　104

助六廓花道
すけろくくるわのはなみち　96, 117

助六廓の花見時［半太夫節］
すけろくくるわのはなみどき　113, 157

助六花街二葉草
すけろくくるわのふたばぐさ　108

助六曲輪菊［半太夫節］
すけろくくるわのももよぐさ　132

邯鄲
かんたん　146

邯鄲下の巻
かんたんげのまき　151

きのへね　49

甲子祭
きのえねまつり　116

きうすへ岩ほのたゝみよぎ
きゅうすえいわおのたたみよぎ　42

狂女あら所たい并二ひなの出つかひ
きょうじょあらじょたいならびにひなのでづかい　29

草枕狂女の段
くさまくらきょうじょのだん　35

鞍馬天狗
くらまてんぐ　170

廓の傀儡師
くるわのかいらいし　158

廓八景
くるわはっけい　152

契情反魂香
けいせいはんごんこう　95

傾情　水てうし
けいせい　みずちょうし　44

けいせい水馴棹せんべい紋づくし
けいせいみなれざおせんべいもんづくし　59

月宮殿
げっきゅうでん　68

源氏十二段浄瑠璃供養
げんじじゅうにだんじょうるりくよう　118

恋桜返魂香
こいざくらはんごんこう　71, 95

恋の題　かさねすゞり
こいのだい　かさねすずり　57

胡国の夢
ここくのゆめ　170

御祭礼花くらべ
ごさいれいはなくらべ　157

御所塗笠　野上抱帯　濡浴衣地主の桜
ごしょのぬりがさ　のかみのかかえおび　ぬれゆかたじしゅのさくら　57

【さ行】

さきけあいの山
さきわけあいのやま　13

さくらの曙
さくらのあけぼの　77

さゝら波
ささらなみ　159

花街のなごり
さとのなごり　169

三曲月の筵
さんきょくつきのむしろ　155

絵蓬莱
えほうらい　45

老の鴬
おいのうぐいす　113

老松（松竹梅）
おいまつ　140

扇八景
おうぎはっけい　28

おきなが鳥
おきながどり　98

翁三番叟
おきなさんばそう　213

お七吉三　恋ざくら返魂香
おしちきちざ　こいざくらはんごんこう
71

帯曳男結
おびひきおとこむすび　20

おぼろ夜
おぼろよ　201

御田
おんだ　107

おんど山
おんどやま　58

御匂油　款冬夜　梳櫛男黒髪
おんにおいざくら　やまぶきのよる
すきぐしおとこのくろかみ　61

【か行】

懐中操　有馬筆
かいちゅうのみさお　ありまふで　34

かいつくし　12

杜若縁丹前
かきつばたゆかりたんぜん　59

神楽獅子（式三献神楽獅子）
かぐらじし　19

掛物揃（東山掛物揃）
かけものぞろえ　160

鵲のかし小袖
かささぎのかしこそで　22

霞の島台
かすみのしまだい　167

河東追善　一瀬川
かとうついぜん　ひとせがわ　42

金沢八景
かなざわはっけい　114

かなわ　32

かのえ詣
かのえもうで　172

禿万歳
かぶろまんざい　35

髪梳ゑもん作
かみすきえもんつくり　64

川社
かわやしろ　160

曲名索引（五十音順）

【あ行】

愛別離苦三つのかなわ
あいべつりくのみつのかなわ　32

相宿情玉つばき
あいやどなさけのたまつばき　63

葵の上
あおいのうえ　166

青簾春の曙
あおすだれはるのあけぼの　128

秋の霜
あきのしも　167

秋の白膠木
あきのぬるで　133

明烏口説枕
あけがらすくぜつのまくら　55

蕣八一流の江戸紫　露八門出の武蔵鐙
追善花かたみ
あさがおはいちりゅうのえどむらさき
つゆはかどでのむさしあぶみ　ついぜ
んはながたみ　43

浅草八景
あさくさはっけい　170

有馬筆
ありまふで　34

有馬山湯女の巻筆
ありまやまゆなのまきふで　62

袷小袖
あわせこそで　169

家桜
いえざくら
→　助六廓家桜
すけろくくるわのいえざくら

糸竹に乗る心よし　春駒
いとたけにのるこころよし　はるのこま
47

いの字扇
いのじおうぎ　54

今様　四季
いまよう　しき　53

浮瀬
うかむせ　48

梅枕くぜつの鶏
うめまくらくぜつのにわとり　61

江戸鴬
えどうぐいす　137

江戸桜
えどざくら
→　助六所縁江戸桜
すけろくゆかりのえどざくら

江の島
えのしま　36

ゑほうみやげ
えほうみやげ　53

河東節 三百年

2017年9月30日 第一刷発行

著 者——竹内 道敬

発行者——河東節 十寸見會

発行所——河東節 十寸見會

〒105—0004

東京都港区新橋4—15—4（叶家内）

電 話 03—3431—3336

制 作——株式会社東洋書院

ISBN978−4−88594−513−7